长输管道企业基层单位 HSSE 指南

压气站
HSSE 风险控制实施指南

YAQIZHAN HSSE FENGXIAN KONGZHI SHISHI ZHINAN

主　编　陈　飞
副主编　袁献忠

图书在版编目(CIP)数据

长输管道企业基层单位 HSSE 指南. 压气站 HSSE 风险控制实施指南/陈飞主编. —武汉：中国地质大学出版社，2020.7

ISBN 978-7-5625-4808-9

Ⅰ.①长…
Ⅱ.①陈…
Ⅲ.①长输管道-天然气运输-压气站-工业企业管理-中国-指南
Ⅳ.①F426.22-62

中国版本图书馆 CIP 数据核字(2020)第 108699 号

长输管道企业基层单位 HSSE 指南	陈 飞 主 编
压气站 HSSE 风险控制实施指南	袁献忠 副主编

责任编辑:张旻玥 阎 娟	选题策划:张 琰 阎 娟	责任校对:张咏梅

出版发行:中国地质大学出版社(武汉市洪山区鲁磨路388号)	邮编:430074
电 话:(027)67883511 传 真:(027)67883580	E-mail:cbb@cug.edu.cn
经 销:全国新华书店	http://cugp.cug.edu.cn

开本:880毫米×1230毫米 1/16	字数:658千字 印张:20.75
版次:2020年7月第1版	印次:2020年7月第1次印刷
印刷:荆州鸿盛印务有限公司	
ISBN 978-7-5625-4808-9	定价:96.00元

如有印装质量问题请与印刷厂联系调换

《压气站 HSSE 风险控制实施指南》编委会

主　编：陈　飞

副主编：袁献忠

编　委：黄知坤　毕春波　闫井超　刘　明

　　　　韩　冲　邓同军　陈绍令　张　宇

　　　　张世杰　洪东亮　赵云胜　张　浩

　　　　王瑞强

序

基层是企业大厦的根基,基层不牢,地动山摇。长期以来,石油石化行业一直着力于夯实基础、扎牢根基,持续推动基层"三基"建设。而安全"三基"是整个"三基"建设的核心和基础,是"安全管理仍处于从严管理阶段"现状判断的立足点和着力点。

管道公司成立时间不长,面临管理战线长、管理力量不足,同时体系管理的基础尚弱等问题,公司从2019年开始启动基层HSSE体系建设项目研究,坚持问题导向,着眼于满足自身发展需要,解决基层执行标准不唯一、管理战线长、管理力量薄弱等问题;坚持目标引领,着力打造"上下全面承接、基层自主管理、公司远端评价"的基层HSSE体系。这是一件继往开来、自我超越、自我提升的大事,更是一件为公司可持续发展奠基的好事。它将成为公司基层HSSE管理长效机制建立的里程碑事件。

这套《长输管道企业基层单位HSSE指南》特点非常鲜明。一是突出承接规范,把HSSE法规标准串联进来,与上级制度对接起来,实现基层单位HSSE管理的横向到边、纵向到底。二是突出责任落地,明确各要素运行责任主体,从岗位职责、HSSE职责、HSSE工作内容、考核标准全方位明晰HSSE责任,确保制度落地、责任落地。三是突出风险可控,突出"安全管理就是风险管理"的思想,立足风险管控,体现问题导向,突出实用性和操作性,确保主要风险全面受控。四是突出管理闭环,分级建立HSSE审核标准、落实审核考核,实现基层HSSE工作的自我循环、自我管理、自我提升。

这套《长输管道企业基层单位HSSE指南》包括《基层单位HSSE工作指南》和《压气站HSSE风险控制实施指南》,分别针对基层单位和压气站建立,应用针对性非常强。《基层单位HSSE工作指南》建立在基层单位,按要素明确控制要求、责任主体,主要解决管理者管什么、怎么管、怎样考核评价的问题;《压气站HSSE风险控制实施指南》建立在压气站,按要素规定工作内容、按操作规范风险防控,主要解决操作层干什么、怎么干、怎样管控风险的问题。

  这两个指南是指导基层 HSSE 体系管理的总体原则和纲领性文件,是基层生产经营活动必须遵循的 HSSE 准则,也是基层管理和操作人员必须遵守的基本行为规范。公司各级领导和机关部门要发挥引领作用,率先学习遵守,规范管理行为;各级管理层要加强培训宣贯,确保全体员工理解、掌握和正确执行。

中石化天然气分公司总经理助理

2020 年 1 月 1 日

编 制 说 明

编写《基层单位 HSSE 工作指南》和《压气站 HSSE 风险控制实施指南》的目的是构建管道公司的基层 HSSE 长效机制，两个指南共同构成公司基层 HSSE 管理体系。《基层单位 HSSE 工作指南》承接公司的 HSSE 管理体系要求，《压气站 HSSE 风险控制实施指南》承接《基层单位 HSSE 工作指南》的管理内容，使公司的 HSSE 管理逐级向下延伸，到岗到人、落地生根。

指南的定位清晰。《基层单位 HSSE 工作指南》立足于满足管理处的 HSSE 管理控制要求，理清责任界面、重塑管理流程，解决管什么、怎么管和评价考核问题；《压气站 HSSE 风险控制实施指南》立足于满足各站（队）HSSE 风险全面受控，理透风险隐患，夯实管控措施，解决干什么、怎么干和执行到位问题。

指南的特点明确。一是突出合规性，符合法律法规，体现全面合规、显形管理标准，确保管理有效；二是凸显实用性，满足风险控制需要，体现问题导向，优化管理成果，确保管理落地；三是力求完整性。满足自我管理设定目标，引入体系思想、落实闭环管理，实现持续改进。

指南的依据宽泛。借鉴了国家、行业 HSSE 标准以及集团公司和管道储运企业管理规范，承接了集团公司、上级直属企业、公司三级 HSSE 管理体系，运用了公司生产运行、设备管理、管道管理等专业制度，依托了前期开展的试点单位 HSSE 管理现状评估结果。

指南的编写是在公司 HSSE 委员会的领导下进行的，安全环保部主导编写、专业部门深度参与。管理处经理亲自组织，管理处 HSSE 人员和各站（队）长严格按照"写你干的、干你写的"的原则自主编制完成，突出了固化传承和自我完善，为指南下一步有效实施打下了坚实基础。

指南是基于公司基层单位 2019 年的 HSSE 管理实际和风险现状建立的。指南中单项文件的变更应及时更新并建立变更表；重大 HSSE 变更和重大 HSSE 风险变化应考虑指南的整体修订和改版。

站长 HSSE 承诺

1. 遵守国家 HSSE 法律法规，贯彻落实上级 HSSE 管理体系与要求，最大限度地不发生事故、不损害员工健康、不破坏环境。

2. 全面建立运行 HSSE 管理体系，并提供有效的资源支持。

3. 建立完善全员 HSSE 责任制，持续开展 HSSE 培训，提高员工 HSSE 能力和水平；用实际行动鼓励安全行为，纠正预防不安全行为。

4. 全面落实压气站 HSSE 属地责任，持续开展风险识别管控和隐患排查治理，确保站场所有 HSSE 风险全面受控。

5. 突出"以我为主"，把承包商纳入站场 HSSE 一体化管理。

6. 推动绿色基层创建和企地和谐共建，履行企业的社会责任。

7. 每年开展一次管理评审，持续提高 HSSE 绩效。公布压气站 HSSE 表现，并征询相关方意见。

站长

HSSE 工作目标

一、安全生产指标
(1)避免一般及以上生产安全事故。
(2)从业人员事故死亡数(率)为零。
(3)从业人员事故重伤数(率)为零。
(4)承包商死亡事故为零。
(5)不发生危及周边社区的天然气泄漏、火灾、爆炸事故。
(6)无责任交通事故。

二、环境保护指标
(1)无环境污染、生态破坏的事件发生。
(2)外排工业废水达标率100%。
(3)矿物油回收处置率100%。
(4)固废处理处置率100%。
(5)碳排放量达标率100%。

三、职业卫生指标
(1)无职业卫生急性中毒事故发生。
(2)从业人员职业健康体检率达到100%。
(3)作业场所职业危害因素检测率100%。
(4)职业危害合同告知率达到100%。
(5)职业危害警示标识设置率达到100%。
(6)从业人员劳动保护设施使用覆盖率100%。
(7)岗位噪声强度消减措施执行率100%。

四、输气管道安全保护指标
(1)站内输气管道责任失效停输次数为零。
(2)投运压缩机组责任停运次数为零。
(3)站场隐患和重大风险告知率100%。

五、过程控制指标
(1)特殊作业和高风险作业现场视频监控率100%。
(2)现场高风险作业JSA分析率100%。

六、合法合规指标
(1)建设项目安全、环保、消防和职业卫生"三同时"执行率100%,杜绝出现新的未批先建、久试未验等违法问题。
(2)站长、副站长、安全管理人员安全考核取证率100%;从业人员持证上岗率100%。

七、应急管理指标
(1)应急物资储备完好率100%。
(2)应急演练任务完成率100%。
(3)应急事件反应迅速,协调、处置及时有效。

八、考核与问责
(1)未完成年度HSSE责任指标,按照相关规定追究责任。
(2)HSSE考核指标完成情况作为管理处生产经营考核和年度HSSE先进评比的依据。

目 录

1 管理概要 …………………………………………………………………………………………… (1)
    1.1 单位概况 ……………………………………………………………………………………… (1)
    1.2 组织机构 ……………………………………………………………………………………… (1)
    1.3 生产工艺流程 ………………………………………………………………………………… (2)
    1.4 风险四色图 …………………………………………………………………………………… (3)
    1.5 岗位危险事件清单 …………………………………………………………………………… (4)
    1.6 重点岗位应急处置卡 ………………………………………………………………………… (14)
    1.7 岗位员工安全行为负面清单 ………………………………………………………………… (17)
    1.8 相关方 HSSE 信息 …………………………………………………………………………… (19)
    1.9 危化品（天然气）信息 ………………………………………………………………………… (20)

2 HSSE 管理内容 …………………………………………………………………………………… (22)
    2.1 领导引领力 …………………………………………………………………………………… (22)
    2.2 HSSE 组织 …………………………………………………………………………………… (22)
    2.3 HSSE 责任 …………………………………………………………………………………… (23)
    2.4 风险识别管控 ………………………………………………………………………………… (23)
    2.5 隐患排查治理 ………………………………………………………………………………… (24)
    2.6 培训管理 ……………………………………………………………………………………… (24)
    2.7 生产运行管理 ………………………………………………………………………………… (26)
    2.8 施工作业管理 ………………………………………………………………………………… (28)
    2.9 设备设施管理 ………………………………………………………………………………… (29)
    2.10 承包商监管 ………………………………………………………………………………… (32)
    2.11 变更管理 …………………………………………………………………………………… (32)
    2.12 员工健康管理 ……………………………………………………………………………… (33)
    2.13 交通安全管理 ……………………………………………………………………………… (33)
    2.14 公共安全管理 ……………………………………………………………………………… (34)
    2.15 生态环境保护 ……………………………………………………………………………… (35)
    2.16 驻地安全管理 ……………………………………………………………………………… (36)
    2.17 消防安全管理 ……………………………………………………………………………… (37)

  2.18 应急管理 ……………………………………………………………………………………（37）
  2.19 HSSE 信息管理 ………………………………………………………………………（38）
  2.20 纪律和行为 …………………………………………………………………………（39）
  2.21 基层安全活动 ………………………………………………………………………（39）
  2.22 检查与审核 …………………………………………………………………………（40）
  2.23 事故事件管理 ………………………………………………………………………（40）
  2.24 绩效考核 ……………………………………………………………………………（41）
3 作业活动 HSSE 风险控制 …………………………………………………………………（42）
  3.1 作业活动清单 ………………………………………………………………………（42）
  3.2 作业活动 HSSE 风险控制指南 ……………………………………………………（44）
4 管理附录 ………………………………………………………………………………………（110）
  4.1 清单类附录 …………………………………………………………………………（110）
  4.2 应用类附录 …………………………………………………………………………（127）

1 管理概要

1.1 单位概况

压气站隶属于管道公司管理处,位于 H 省 A 市 B 区。现有员工 * 人,其中管理及专业技术人员 * 人,运行操作人员 * 人,有生产运行承包商 * 家,* 人。

站场主要设备设施有:离心式压缩机组 3 台,空冷器 3 台,空压机 3 台,增压加热撬 1 套,收发球筒各 1 台,旋风分离器 5 台,过滤分离器 7 台,110kV 变电所一座,湖北省分输计量、调压撬装各 1 套,排污罐,放空立管,自用气撬等。站场增压设计规模为 $150 \times 10^8 m^3/a$,最大设计输量为 $158.9 \times 10^8 m^3/a$。

主要工作:接收上游输气站来气,经旋风过滤分离后,由压缩机增压输往下游干线;经过滤分离、计量调压后外输给本地用气;同时具有清管器收、发,紧急切断,事故放空,数据采集与监控功能。

1.2 组织机构

压气站组织机构设置如图 1-1 所示。

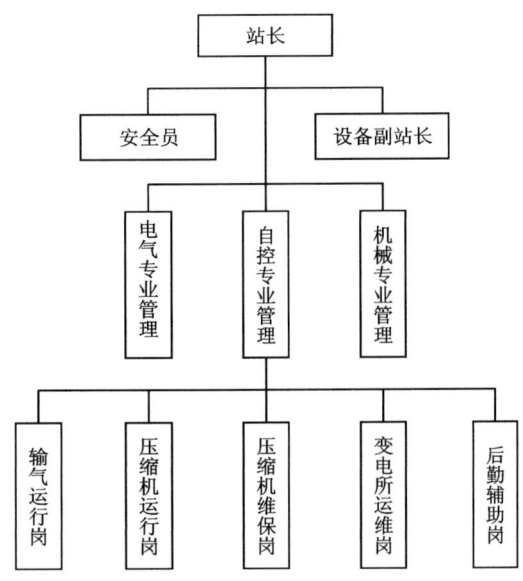

图 1-1 压气站组织机构图

1.3 生产工艺流程

压气站主工艺流程如图 1-2 所示。

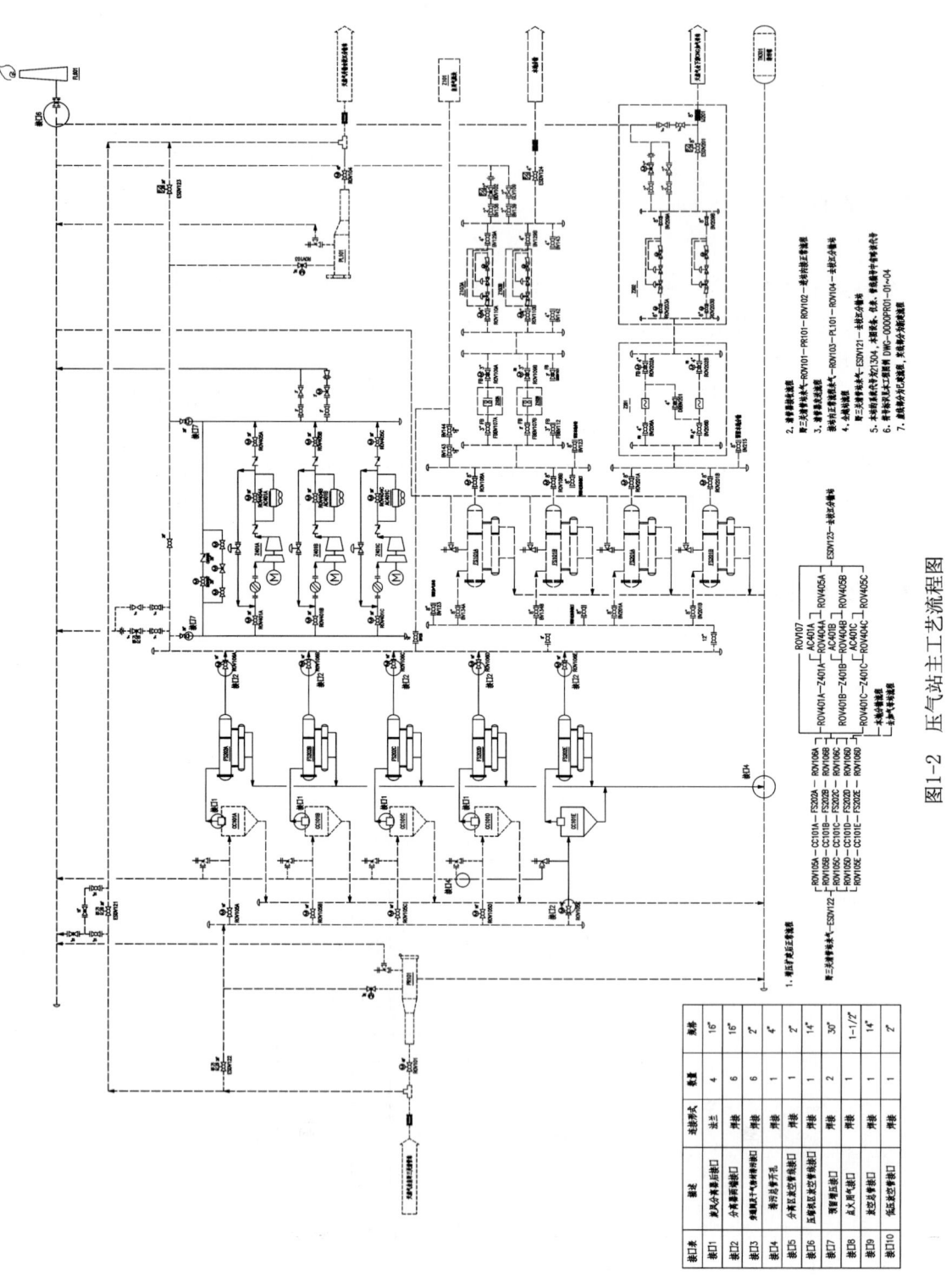

图 1-2 压气站主工艺流程图

1.4 风险四色图

压气站风险四色图如图 1-3 所示。

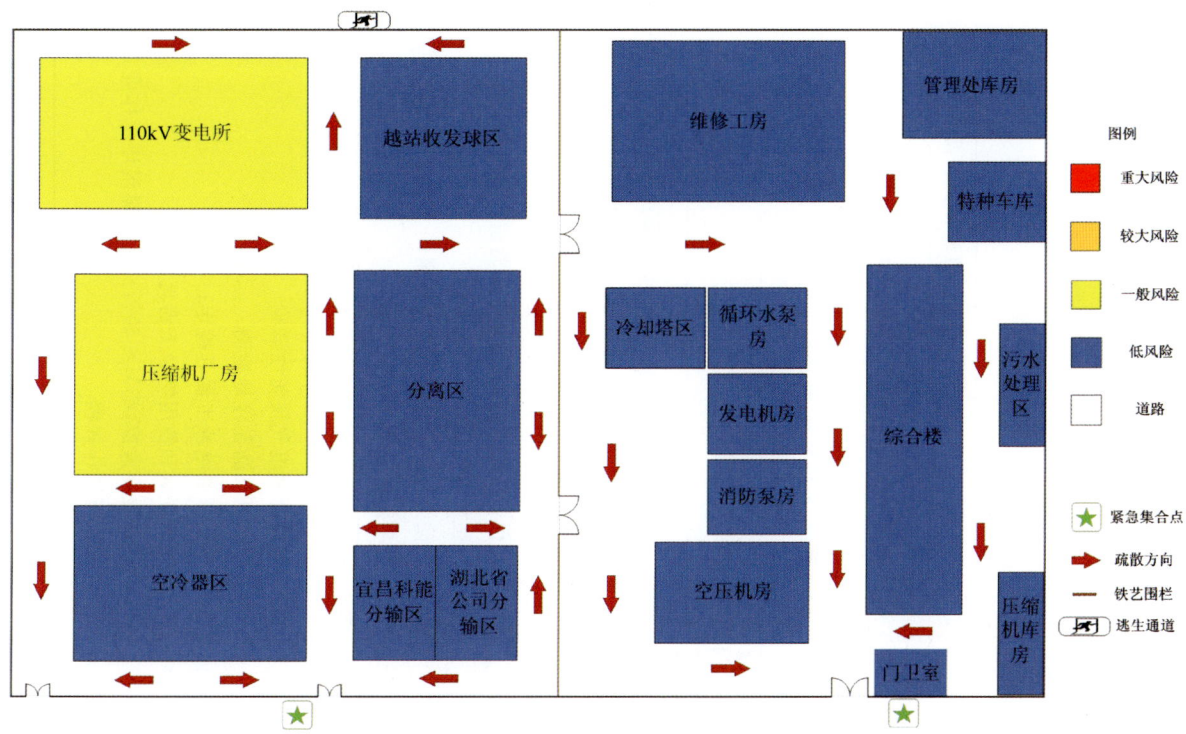

图 1-3 压气站风险四色图

1.5 岗位危险事件清单

1.5.1 输气运行岗（表1-1）

表1-1 输气运行岗危险事件清单

岗位名称	输气运行岗	
岗位作业活动	巡检、输气设备启停切换、日常维护保养	
岗位职责	岗位设备设施	输气工艺运行值班、巡检、设备操作及日常维护保养 管线阀门、收发球筒、旋风过滤器、卧室过滤器、计量橇、调压橇、自用气橇、排污罐、燃气发电机、污水处理装置、消防系统、PLC系统、ESD系统、UPS系统、火气系统、通信系统、低压配电柜
外部环境	工艺区、设备间	

序号	危险源	存在位置	危害因素	可能发生的危险事件	主要保护措施和管理程序（硬件、个人防护和程序等）	初期应急处置程序	备注
1	天然气	收发球筒、过滤器、计量橇、调压橇、自用气橇、排污罐、燃气发电机、管线阀门	密封失效；管线腐蚀穿孔；管线设备稳固设施失效；安防及控保设施失效；引压阀门及人为误操作	泄漏、窒息、火灾、爆炸	严格控密封件质量和安装质量；阴保系统正常运行，定期开展管道内外检测；加强管线支墩管卡日常巡检；安防及控保设施定期检查检测；严格巡检管理	按照天然气泄漏、火灾、爆炸应急处置程序执行	
2	电压（>50V）	低压开关柜、UPS、燃气发电机、电缆、配电箱	设备故障；设备超负荷运行；设备接零接地失效；电气元件失效；线缆绝缘损坏；绝缘工器具失效；环境潮湿；违章操作	触电、火灾	所有电气设备在额定范围内运行；定期开展电气预防性试验；定期开展防雷接地检测；正确穿戴和使用绝缘工器具；做好湿度监控（40%～60%），杜绝潮湿环境作业，严格执行操作规程	按照触电应急处置程序执行	

续表 1-1

序号	危险源	存在位置	危害因素	可能发生的危险事件	主要保护措施和管理程序（硬件、个人防护和程序等）	初期应急处置程序	备注
3	静电	未接地的设备、高速气体排放的位置、干爆环境	未进行静电释放；设备无接地设施；未穿戴防静电服等防护措施失效	火灾、爆炸	按规定佩戴好劳保防护用品；进入工艺区前释放静电；定期开展接地检测；规范接四孔法兰跨接	按照天然气火灾、爆炸应急处置程序执行	
4	含有旋转部件的设备	消防泵、稳压泵、污水系统鼓风机	旋转部件故障飞出；防护罩失效；人员误操作；劳保穿戴不规范	机械伤害、物体打击	定期对叶轮、风扇等旋转部件及防护罩进行检查维护；按规定佩戴好劳保防护用品；日常维护保养前确认设备处于断电状态，并实施锁定管理	按照人身伤害应急处置程序执行	
5	含硫化亚铁的废渣	危废库房	接触空气；高温	自燃	定期开展危废库房巡检；对废渣实施湿式储存；及时对废渣进行处理	按照火灾应急处置程序执行	

1.5.2 压缩机运行岗（表1-2）

岗位名称	压缩机运行岗
岗位作业活动	巡检、设备启停切换、日常维护保养
岗位职责	压缩机运行值班、巡检、设备操作及日常维护保养
岗位设备设施	压缩机、电机、齿轮箱、增压撬、仪表盘、润滑油站、空冷器、空压机、循环水泵、冷却水塔、防喘振阀、干式变压器 MNS柜、压缩控制系统机柜、火气机柜

表1-2 压缩机运行岗危险事件清单

序号	危险源	存在位置	危害因素	可能发生的危险事件	主要保护措施和管理程序（硬件、个人防护和程序等）	初期应急处置程序	备注
	外部环境				工艺区、设备间		
1	天然气	压缩机及辅助系统、管线设备设施	密封失效； 管线腐蚀穿孔； 管线设备稳固设施失效； 安防及栓保安保设施失效； 引压管及阀门人为误操作； 行车吊物坠落	泄漏、窒息、火灾、爆炸	严控密封件质量和安装质量； 阴保系统正常运行，定期开展管道内外检测； 加强管线支墩巡检； 安防及栓保安保设施定期检查检测； 严格巡检管理； 严格起重作业许可管理	按照天然气泄漏、火灾、爆炸应急处置程序执行	
2	电压（>50V）	干式变压器、UPS、低压开关柜、燃气发电机、电动机、电缆、配电箱	设备故障； 设备超负荷运行； 设备接零接地失效； 电气元件损坏； 线缆绝缘损坏； 绝缘工器具失效； 环境潮湿； 违章操作	触电、火灾	所有电气设备在额定范围内运行； 定期开展电气预防性试验； 定期开展防雷接地检测； 正确穿戴绝缘工器具； 定期开展绝缘工器具检定； 做好湿度监控（40%～60%），杜绝潮湿环境作业，严格执行操作规程	按照触电应急处置程序执行	

续表1-2

序号	危险源	存在位置	危害因素	可能发生的危险事件	主要保护措施和管理程序（硬件、个人防护和程序等）	初期应急处置程序	备注
3	静电	未接地的设备、高速气体排放的位置、干燥环境	未进行静电释放；设备无接地设施；未穿戴防静电服等防护措施失效	火灾、爆炸	按规定佩戴好劳保防护用品；进入工艺区前释放静电；定期开展接地检测；规范四孔法兰跨接	按照天然气火灾、爆炸应急处置程序执行	
4	高处作业	高位油箱、仪表风储罐、空冷器	未按要求佩戴使用安全带；未穿戴防滑鞋、笼梯、平台围栏损坏；人员突发疾病；大风、高温、冰雹等恶劣天气	坠落伤害	按规定佩戴好劳保防护用品；做好笼梯、平台维护；禁忌症禁止高处作业；恶劣天气下禁止高处作业	按照高处坠落应急处置程序执行	
5	含有旋转部件的设备	压缩机、空冷器、空压机、循环水泵、冷却塔、消防泵	旋转部件故障飞出；防护罩失效；人员误操作；劳保穿戴不规范	机械伤害、物体打击	定期对叶轮、风扇等旋转部件及防护罩进行检查维护；按规定佩戴好劳保防护用品；日常维护保养前确认设备处于断电状态，并实施锁定管理	按照人身伤害应急处置程序执行	
6	含硫化亚铁的废渣	危废库房	接触空气；高温	自燃	定期开展危废库房巡检；对废渣实施湿式存储；及时对废渣进行处理	按照火灾应急处置程序执行	

1.5.3 变电所运行岗（表1-3）

表1-3 变电所运行岗危险事件清单

岗位名称	变电所运行岗	岗位职责	变电站值班、巡检、设备操作及日常维护保养
岗位作业活动	电气设备巡视检查、倒闸操作、日常维护保养	岗位设备设施	主变压器、110kV GIS 设备、10kV 高压开关柜、SVG、母线、电缆(高压、低压)、控制屏、保护屏、直流屏、端子箱、配电箱、移动式及固定式插座、办公用电设施
外部环境		变电所各设备间	

序号	危险源	存在位置	危害因素	可能发生的危险事件	主要保护措施和管理程序（硬件、个人防护和程序和程序等）	初期应急处置程序	备注
1	电压(>50V)	主变压器、110kV GIS 设备、10kV 高压开关柜、SVG、母线、电缆(高压、低压)、微机综合自动化设备、交流屏、直流屏、远动屏、通讯屏、电压互感器屏、电流互感器屏、端子箱、配电箱、UPS电源、移动式及固定式插座、办公用电设施	作业时与高压带电体距离不足； 未使用绝缘工器具； 误操作； 安全闭锁装置失效； 绝缘工器具失效； 设备接零接地失效； 电气元件损坏； 绝缘老化或损坏	触电、火灾、雷击	与高压带电体保持安全距离； 严格遵守操作规程； 正确穿戴和使用绝缘工器具； 定期开展电气预防性试验； 定期开展绝缘工器具检定	按照触电、火灾应急处置程序执行	
2	六氟化硫	GIS设备	密封失效(应力腐蚀开裂、法兰连接失效)	泄漏、中毒与窒息	严控密封件质量和安装质量； 严格落实巡视管理； GIS设备室内应装设强力通风装置，封口应设置在室内底部； 在GIS设备室低位设备室入口应安装具有报警功能的氧量显示和六氟化硫气体泄漏报警仪； 进入GIS设备室若无六氟化硫气体含量显示器，应先通风15min，并用检漏仪测量六氟化硫气体含量合格	按照六氟化硫泄漏、中毒与窒息应急处置程序执行	

续表 1-3

序号	危险源	存在位置	危害因素	可能发生的危险事件	主要保护措施和管理程序（硬件、个人防护和程序等）	初期应急处置程序	备注
3	高处作业（人员在 2m 以上高度作业）	构架、支座、主变压器大盖、梯子	未按要求佩戴使用安全带；未正确穿戴劳动防护用品；构架锈蚀损坏；梯子支撑不合理；人员突发疾病；大风、高温、冰雹等恶劣天气；高处作业不使用工具袋；上下抛掷工具和材料	高处坠落，物体打击	按规定佩戴劳保防护用品；做好变电站构架的巡检维护及防腐；正确使用梯子；禁止恶劣天气下高处作业；传递工具材料使用工具袋和传递绳，禁止监护人及其他人员站在坠落范围内，其中杆下监护人及其他人员不得站在坠落半径 3m，5～15m 坠落半径 4m，15～30m 坠落半径 5m	按照高处坠落应急处置程序执行	
4	人员在 2m 以下高度作业	高低不平的路面、楼梯、电缆沟	雨雪天气地面湿滑；地面不平；电缆沟盖板缺失	摔伤	按规定穿戴好劳保防护用品；及时补充损坏、缺失的盖板；上下楼梯不分心；室外台阶处做好防滑措施	按照外伤包扎应急处置程序执行	
5	含有旋转部件的设备	手持式电动工具	旋转部件未装防护罩；防护罩失效；人员误操作；劳保穿戴不规范	机械伤害，物体打击	定期对风扇等旋转部件及防护罩进行检查维护；定期维护保养前确认设备处于断电状态，并实施锁定管理	按照外伤包扎应急处置程序执行	
6	雷电	变电站防雷接地网	防雷接地网未检测或检测不合格	雷击	定期对变电站防雷接地网开展防雷接地检测，不符合要求时及时修复；雷雨天气，巡视室外高压设备时，应穿绝缘靴，并不准靠近避雷器和避雷针；雷电一般不进行倒闸操作，不应就地进行倒闸操作，操作室外高压设备无论晴天还是雨天都应穿绝缘靴；接地网电阻不符合要求的，操作室外高压设备无论晴天还是雨天都应穿绝缘靴	按照心肺复苏应急处置程序执行	

1.5.4 压缩机维保岗（表1-4）

表1-4 压缩机维保岗危险事件清单

岗位名称	压缩机维保岗	岗位职责	遵守压缩机操作规程和管理规定；做好压缩机保运和检维修工作，保证压缩机正常运行；搞好文明生产、安全生产
岗位作业活动	压缩机工艺辅助系统、电气设备的检查、维修保养	岗位设备设施	压缩机工艺设备、机械设备、自控设备、变电所设备
外部环境	压缩机区、变电所区、综合楼区		

序号	危险源	存在位置	危害因素	可能发生的危险事件	主要保护措施和管理程序（硬件、个人防护和程序等）	初期应急处置程序	备注
1	天然气	工艺区、压缩机及辅助系统、管线	密封失效；管线腐蚀穿孔；管线设备稳固设施失效；安防及控保设施失效；引压管及阀门人为误操作	泄漏、爆炸、火灾	严控密封件质量和安装质量；阴保系统正常运行，定期开展管道内外检测；加强管线支墩架巡检维护及防腐；安防及控保设施定期检查检测；严格巡线巡管管理	按照气体泄漏应急处置程序执行	
2	高处作业（人员在2m以上高度作业）	构架、支座、润滑油罐顶部、仪表车顶部、空冷器顶部、冷却塔风机顶部、梯子	未按要求佩戴使用安全带；未正确穿戴劳动防护用品；构架锈蚀损坏；梯子支撑不合理；人员突发疾病；大风、高温等恶劣天气；高处作业不使用工具袋；上下抛掷工具和材料	高处坠落、物体打击	按规定佩戴劳保防护用品；做好变电站站构架的巡检维护及防腐；正确使用梯子；禁止禁忌人员高处作业；恶劣天气下禁止高处作业；传递工具材料使用工具袋和传递绳；杆下监护人及其他人员不得站在坠落范围内，其中高度2~5m坠落半径3m，5~15m坠落半径4m，15~30m坠落半径5m	按照高处坠落应急处置程序执行	
3	人员在2m以下高度作业	高低不平的路面、楼梯、电缆沟	雨雪天气地面湿滑；地面不平；电缆沟盖板缺失	摔伤	按规定穿戴劳保防护用品；及时补充损坏、缺失的盖板；上下楼梯不分心；室外台阶处做好防滑措施	按照外伤包扎应急处置程序执行	

续表 1-4

序号	危险源	存在位置	危害因素	可能发生的危险事件	主要保护措施和管理程序（硬件、个人防护和程序等）	初期应急处置程序	备注
4	含有旋转部件的设备	压缩机、空压冷器、空压机、循环水泵、冷却塔、消防泵	旋转部件未装防护罩；防护罩失效；人员误操作；劳保穿戴不规范	机械伤害，物体打击	定期对风扇等旋转部件及防护罩进行检查维护；按规定佩戴好劳保防护用品；日常维护保养前确认设备处于断电状态，并实施锁定管理	按照外伤包扎应急处置程序执行	
5	电压（>50V）	值班室、办公室、宿舍和食堂、变频室、移动式及固定式插座、压缩机厂房配电箱	与高压带电体距离不足；未使用绝缘工器具；误操作；安全闭锁装置失效；绝缘工器具失效；设备接零接地失效；电气元件损坏；绝缘老化或损坏	触电、火灾、雷击	与高压带电体保持安全距离；严格遵守操作规程；正确穿戴和使用绝缘工器具；定期开展电气预防性试验；定期开展绝缘工器具检定	按照触电、火灾应急处置程序执行	
6	扳手等维修设备设施	设备维修处	不能熟练应用；员工粗心大意；现场监护不到位；现场作业环境复杂	设备损坏，人员伤亡事故	按照规定检验、测试设备；严格按照操作规程操作、培训；落实安全教育	按照天然气泄漏、机械伤害应急处置程序执行	
7	头顶上方存在物体/设施	桥式起重机	未取证进行操作，设备故障	人员伤亡、机械伤害	按照现场管理规定办理作业许可证；现场落实专人监护；按照操作规程要求，正确实施提升作业；按照规定穿戴好劳保防护用品；落实安全教育、培训	按照机械伤害事故应急处置程序执行	
8	噪声	压缩机厂房、空压机房	压缩机运转，空压机运转	职业性噪声伤害	按照规定穿戴好劳保防护用品，进入噪声环境作业；巡检时佩戴好劳保耳塞；利用现有技术对设备进行改造，降低噪声；开展职业卫生教育培训	及时就医，调离现有工作岗位	
9	自燃物/硫化亚铁	压力容器、运行管道	硫化亚铁遇空气发生自燃	火灾	清管作业、压力容器盲板维护作业前应当进行氮气置换并采用湿式作业；危险区域内火源防雷防静电措施到位；配备消防器材	按照发生火灾事故应急程序执行	

1.5.5 门卫（表1-5）

表1-5 门卫危险事件清单

岗位名称		门卫		岗位职责	全面负责本单位门禁管理、人员的进出
岗位作业活动		开关电动闸门、巡检站场围墙		岗位设备设施	电动门、围墙、反恐工具
外部环境					工艺区、压缩机区、变电所区、综合楼区

序号	危险源	存在位置	危害因素	可能发生的危险事件	主要保护措施和管理程序（硬件、个人防护和程序等）	初期应急处置程序	备注
1	电压（>50V）	门卫室	电动门漏电；电器设备老化；误操作	触电	加强门卫安全教育，定期开展培训；使用设备前，对设备进行全面检查；严格按照设备使用管理规定进行操作	按照触电应急程序执行	
2	蛇虫	巡检线路上、杂草里	蛇虫叮咬	中毒	巡检时穿戴合适的劳保用品防蛇虫叮咬；配备合适的药物	按照中毒应急处置程序执行	
3	暴徒歹徒	站场周围	阀室安防失控；恐怖袭击无辜公众；看热闹、靠证人群密集点；语言挑衅、肢体冲突；刑事犯罪、故意伤人	恐怖袭击事件、人身伤害事件	做好安防门禁例行检测，确保状态良好；做好门卫检查人员考核；做好巡检观察，及时发现可疑人员并上报；做好110联防报警系统检查维护；语言谦和，避免无心激怒不明牙徒	按照恐怖袭击事件应急处置程序执行	
4	电器设备	门卫室内	电器设备绝缘损坏、老化，电缆线路绝缘损坏、老化以及设备、线路过负荷等问题	火灾	加强门卫安全教育，定期开展培训；使用设备前，对设备进行全面检查；定期对设备进行检查	按照火灾事故应急处置程序执行	
5	路障机	大门口	误操作路障机；路障机存在故障；日常检查不到位	人身伤害	加强门卫操作培训，提高门卫操作路障机能力；加强安全教育；定期对路障机进行测试，确保完好	按照人身伤害事故应急程序执行	

1.5.6 驾驶员岗（表1-6）

表1-6 驾驶员岗危险事件清单

岗位名称	驾驶员岗	岗位职责	安全文明驾驶，负责所管理车辆的日常维护和安全管理		
岗位作业活动	车辆驾驶	岗位设备设施	汽车		
外部环境	站内、站外、道路				
序号	危险源	存在位置	危害因素	可能发生的危险事件	主要保护措施和管理程序（硬件、个人防护和程序等）	初期应急处置程序	备注
1	人、车辆、物体	道路、车辆	危险驾驶，夜间行车，车辆"带病"出车，未开展安全教育，防护罩失效，人员误操作	交通事故、机械伤害	加强司机安全教育，提高防范意识；出车前全面检查评估车辆安全性能，制止危险驾驶行为，停机检修；按规定佩戴好劳保防护用品	按照发生车辆交通事故应急程序、外伤救援应急程序执行	
2	汽油	加油站、车辆维修店、车辆	车辆撞击，加油站内人员吸烟、静电（衣物、流体）、倒油	汽油燃烧、火灾	加强司机安全教育，提高防范意识；出车前全面检查评估车辆安全性能，制止危险驾驶行为	按照发生车辆交通事故和火灾应急程序执行	
3	千斤顶、车辆维修工具等设备设施	修车处	千斤顶失效，操作失误，刹车失效未打枕木	挤压、碾压	加强司机安全教育，提高防范意识；定期检验、测试设备性能；严格按照操作规程进行操作	按照机械伤害应急程序执行	

1.6 重点岗位应急处置卡

1.6.1 值班干部(表1-7)

表1-7 值班干部应急处置卡

岗位	值班干部
作业地点	站控室、工艺区、设备间
应急资源	内部资源：人员、物资、机具 外部资源：医院、消防、公安、应急办
事故预测	天然气大量泄漏、火灾、爆炸、触电、人身伤害
应急常识	1. 应急处置原则：按级启动—抢救人员—控制险情—消除污染—抢救物资。 2. 现场情况研判：地点、类型、事故规模、人员伤害、处置方式。 3. 汇报流程及内容：单位、时间、地点、事件类型、目前造成后果；初步原因分析、影响范围、发展趋势、目前采取措施、是否需要增援。 4. 组织人员紧急疏散，撤离到紧急集合点并清点人数
事故类型	应急处置程序
天然气少量泄漏	向全站人员报警告知—按职责分工组织现场处置—向管理处和调控中心报告—恢复正常生产
天然气大量泄漏	通知全站人员紧急撤离并清点人数—根据情况执行一级或二级ESD—向管理处和调控中心报告—组织抢救伤员—配合上级开展应急处置
天然气火灾爆炸	通知全站人员紧急撤离并清点人数—执行一级ESD—向管理处和调控中心报告—组织抢救伤员—配合上级开展应急处置
电气火灾	向全站人员报警告知—按职责分工组织现场处置—向管理处和调控中心报告—恢复正常生产
触电	组织切断电源、抢救伤员—按职责分工组织现场处置—向管理处和调控中心报告—恢复正常生产
人身伤害	组织抢救伤员—向管理处和调控中心报告—恢复正常生产
应急联系方式	管理处应急：0717-623＊＊＊＊　　　　B区应急办：0717-651＊＊＊＊ 调控中心：027-8199＊＊＊＊　　　　B区消防大队：0717-651＊＊＊＊

1.6.2 输气运行岗(压缩机运行岗)(表 1-8)

表 1-8 输气运行岗(压缩机运行岗)应急处置卡

岗位	输气运行岗(压缩机运行岗)
作业地点	站控室、工艺区、设备间
应急装备	气体检测仪、灭火器、空气呼吸器、警戒带、急救药品、安全带
事故预测	天然气大量泄漏、火灾、爆炸、触电、机械伤害、高处坠落、物体打击
应急常识	1. 有害气体确认:气体检测仪报警,或闻到刺激性气味。 2. 高风险区域:压缩机厂房、工艺区、变电所。 3. 掌握风向:观察风向标,注意上风向撤离路线和地点。 4. 及时报告:发生异常情况,立即报告站控室和值班干部。 5. 紧急撤离:迅速撤离到紧急集合地点
事故类型	应急处置程序
天然气大量泄漏	就近拍下手动报警按钮—沿逃生路线向紧急集合点撤离—向站控室和值班干部汇报—配合开展现场应急处置
天然气火灾	就近拍下手动报警按钮—向站控室和值班干部汇报—关闭着火点上、下游阀门—沿逃生路线向紧急集合点撤离—配合开展现场应急处置
电气火灾	就近拍下手动报警按钮—向站控室和值班干部汇报—切断电源—开展初期灭火—沿逃生路线向紧急集合点撤离
天然气爆炸	站控室拍下一级 ESD 紧急按钮—就近拍下手动报警按钮—向值班干部和调控中心汇报—撤离到紧急集合点—配合开展现场应急处置
触电	1. 拉断最近的闸刀开关,立即切断电源,用绝缘性能良好的工具设法使触电者脱离电源,但是要注意防止触电者脱离电源后二次伤害,如高处坠落。 2. 将触电者迅速转移到空气新鲜和温度适宜的场所,解开妨碍触电者呼吸的紧身衣服,如心跳呼吸停止,则应立即进行心肺复苏。 3. 抢救过程中,不得随意移动伤员,注意保暖,并立即送往医院。医务人员未接替前不得停止急救
人身伤害	1. 轻伤:立即用消毒剂清洗伤口周围,但要小心勿触及伤口。 2. 流血:若伤口没有异物,用消毒纱布包扎伤口,并用手紧压该处;若伤口有异物,在伤口旁施压,包扎前放上敷垫来遮盖伤口,并支持受伤部位;如严重出血,靠近心端处绑扎伤口止血后,马上送往就近的医院。 3. 骨折:利用夹板固定患处后,送往医院就治
应急联系方式	站　　长:1867174＊＊＊＊　　　　副站长:1663839＊＊＊＊ 站控室:0717－652＊＊＊＊　　　　调控中心:027－8199＊＊＊＊ 门站A:027－5182＊＊＊＊　　　　门站B:0717－651＊＊＊＊

1.6.3 变电所运行岗（表 1-9）

表 1-9 变电所运行岗应急处置卡

岗位	变电所运行岗
作业地点	控制室、电气设备间、变压器区
应急装备	六氟化硫检测仪、灭火器、空气呼吸器、绝缘棒、警戒带、急救药品
事故预测	六氟化硫气体泄漏、全站失电、电气火灾、触电、机械伤害、高处坠落
应急常识	1. 有害气体确认：六氟化硫检测仪报警。 2. 高风险区域：110kV GIS 室、10kV 高压室、低压配电室、变压器区。 3. 及时报告：发生异常情况，立即报告站控室和值班干部。 4. 组织抢修：迅速判断故障原因，进行事故处理，防止事故扩大。 5. 紧急撤离：迅速撤离到紧急集合地点
事故类型	应急处置程序
六氟化硫大量泄漏	1. 值班人员记录报警时间，佩戴空气呼吸器，做好现场通风，检查设备压力表数值及设备运行状况。 2. 立即将详细情况汇报站控及站场值班干部，佩戴空气呼吸器，再次来到现场用检漏仪检测漏点，将检测结果汇报站控及值班干部。 3. 根据值班干部指令，将故障设备负荷转移、停运、解备，做安全措施。 4. 设置现场警戒带，防止人员误入气体泄漏区域
全站失电	1. 记录停电时间、事故现象，汇报站控及站场值班干部。 2. 对一次设备逐一进行仔细检查。 3. 若为进线电源侧故障引起，尽快与地调联系，切换运行方式。 4. 若为本站设备故障造成全站失电，立即汇报值班干部，切除故障设备，做好安全措施，恢复其他设备供电
电气火灾	1. 立即向站控及值班干部汇报起火状况，切断故障点电源。 2. 用二氧化碳灭火器进行初期灭火，观察事态发展。 3. 险情进一步扩大，在值班干部的统一指挥下开展应急处置
触电	1. 立即切断电源，用绝缘性能良好的工具设法使触电者脱离电源。 2. 将触电者迅速转移到空气新鲜和温度适宜的场所，解开妨碍触电者呼吸的紧身衣服，如心跳呼吸停止，则应立即进行心肺复苏。 3. 抢救过程中，不得随意移动伤员，注意保暖，并立即送往医院。医务人员未接替前不得停止急救
人身伤害	1. 轻伤：立即用消毒剂清洗伤口周围，但要小心勿触及伤口。 2. 流血：若伤口没有异物，用消毒纱布包扎伤口，并用手紧按该处；若伤口有异物，在伤口旁施压，包扎前放上敷垫来遮盖伤口，并支持受伤部位；如严重出血，靠近心端处绑扎伤口止血后，马上送往就近的医院。 3. 骨折：利用夹板固定患处后，送往医院就治
应急联系方式	站　　长：1867174 * * * *　　　　副站长：1663839 * * * * 站控室：0717 - 652 * * *　　　　　调控中心：027 - 8199 * * * * 门站 A：027 - 5182 * * *　　　　　门站 B：0717 - 651 * * *

1.6.4 门岗(表 1-10)

表 1-10 门岗应急处置卡

岗位	门岗
作业地点	门卫室
应急装备	反恐八大件、对讲机、110 报警装置、手持金属探测仪、防冲撞装置
事故预测	恐怖袭击、站内突发事件
应急常识	1.报警方式及内容： (1)110：现场的原始状态,有无采取措施,犯罪分子或可疑人员的人数、特点、携带物品和逃跑方向等。 (2)119：详细地址、起火物、火势情况、报警人姓名及电话号码。 (3)120：病人或伤者病情简单说明,伤者人数、详细地址和发病时间,报警人姓名和联系电话。 2.接警：引导人员、车辆进场。 3.反恐器具存放于显眼并方便取用的位置
事故类型	应急处置程序
恐怖袭击	拍下 110 报警按钮并向值班干部报告—关闭大门,开启防冲撞装置—对疑似人员进行阻挡隔离—配合警方处置及调查
站内突发事件	全开大门—引导人员疏散到紧急集合点—接引外部资源队伍人员及车辆进场—配合做好警戒隔离
应急联系方式	站　　长：1867174＊＊＊＊ 副站长：1663839＊＊＊＊ 站控室：0717－652＊＊＊＊ 调控中心：027－8199＊＊＊＊ B区应急办：0717－651＊＊＊＊ B区消防大队：0717－651＊＊＊＊

1.7 岗位员工安全行为负面清单(表 1-11)

表 1-11 岗位员工安全行为负面清单

序号	负面行为	负面级别
1	在站场防爆区域内吸烟,使用非防爆手机、相机	Ⅲ
2	值班期间睡岗、饮酒、酒后上岗、擅离岗位	Ⅲ
3	站场启停设备、阀门操作、流程切换等未向调控中心申请,私自操作	Ⅲ
4	值班人员不到现场确认,擅自关闭异常报警	Ⅲ
5	擅自停用、屏蔽报警装置、联锁装置	Ⅲ

续表 1-11

序号	负面行为	负面级别
6	受限空间盲目施救	Ⅲ
7	未开展气体置换或者置换不合格,进行盲板、流量计、阀门、过滤器等拆卸作业	Ⅲ
8	未经检测进入消防水池、污水池等受限空间进行巡检、作业	Ⅲ
9	车辆未采取防火、防静电等安全措施进入易燃易爆危险区域	Ⅲ
10	叉车违章载人行驶、作业	Ⅲ
11	防爆区域使用非防爆工具	Ⅲ
12	擅自翻越、移动、更改电气设备安全遮拦	Ⅲ
13	梯子架设在车辆或者未固定物体上登高	Ⅲ
14	桁车使用后大小车未复位,斜拉吊物	Ⅲ
15	无操作证从事电气、起重、电气焊作业	Ⅲ
16	签发人不到现场签发作业许可证	Ⅲ
17	未经授权代签作业许可证	Ⅲ
18	未办理作业许可或违规许可;特殊作业中断后再次作业时,未对安全措施进行再次确认	Ⅲ
19	未经论证和批准,擅自变更施工方案,擅自变更作业范围	Ⅲ
20	起吊作业过程中,操作人员离开工作控制台将重物悬在空中,用手或身体其他部位直接扶持重物	Ⅲ
21	起重吊装作业时信号指挥不明、吊物质量不明或超负荷、散物捆扎不牢或物料装放过满、单点捆绑、机索具不合格、棱刃物与钢丝绳直接接触无保护措施;危险区城半径内有无关人员穿行或者停留;违规使用吊带	Ⅲ
22	在挖掘机、起重机工作过程中的机械臂下作业、站立、行走,或擅自使用自制吊装器具,拆改脚手架、钢格板、护栏、盖板、防护网等防护设施	Ⅲ
23	高处作业不系安全带;无安全带悬挂设施或者无防护设施(缺少脚手架、作业平台、临边护栏、钢格板、护栏、平台安全通道等)进行作业	Ⅲ
24	土方开挖不按规定采取放坡、支护等安全措施	Ⅲ
25	使用未安装漏电保护装置的电气设备、电动工具;带负荷操作刀闸、带接地线合闸、带电挂接地线和作业前不验电;使用不合格的绝缘工器具	Ⅲ
26	不按规定时间、路线开展巡检	Ⅱ
27	不按规定穿戴劳保用品进入生产岗位和施工现场	Ⅱ
28	使用过期或者质量不合格安全帽	Ⅱ
29	工艺运行参数超过上级调度规定的范围,发现参数异常未及时汇报	Ⅱ
30	超负荷使用发电机	Ⅱ
31	进行切削、打磨作业戴手套或不戴护目镜	Ⅱ

续表1-11

序号	负面行为	负面级别
32	暴力拆卸螺栓和设备	Ⅱ
33	高处作业上下抛掷工具、材料,无保护措施	Ⅱ
34	危险废弃物、固体废弃物随意丢弃	Ⅱ
35	监护人作业期间擅离岗位	Ⅱ
36	不按规定开展JSA分析	Ⅱ
37	无关人员随意进出作业现场警戒区域	Ⅱ
38	使用汽油及其他易挥发溶剂擦洗设备	Ⅱ
39	进场机械设备、施工机具及配件未经检查、验收合格而擅自使用	Ⅱ
40	监护人员不在现场进行施工	Ⅱ
41	驾驶员、乘车人不系安全带,驾驶员行车过程中接打手机	Ⅱ
42	井盖破损后未及时采取警戒隔离措施	Ⅰ
43	起重吊装作业、脚手架搭拆作业、试压作业等高风险作业未设置警戒、隔离	Ⅰ
44	焊接作业时,未严格使用防护面罩	Ⅰ
45	作业时踩踏管道、设备	Ⅰ
46	未经许可触摸或操作设备	Ⅰ
47	冰雪路段未安装防滑链行驶	Ⅰ
48	照明条件不足时施工作业	Ⅰ
49	堵塞安全及消防通道,挪用消防设施	Ⅰ
50	氧气瓶、乙炔瓶未按照安全距离放置	Ⅰ

1.8 相关方HSSE信息

1.8.1 生产运行承包商

建立压气站生产运行承包商基本信息表,包括承包商单位名称、负责业务、工作人数、联系人及联系方式等信息。

1.8.2 周边社会资源

建立压气站周边社会资源基本信息表。包括地方政府应急办公室、发改委、应急局、派出所、消防队、医院及街道办事处、居委会等单位联系信息。

1.9 危化品(天然气)信息(表1-12)

表1-12 危化品(天然气)信息

天然气安全技术说明书

第一部分 产品概述

化学品中文名:天然气;甲烷;沼气
化学品英文名:natural gas;methane;marsh gas

第二部分 成分/组成信息

主要成分:纯品　　　　　　　√混合物
有害物成分:甲烷
浓度:甲烷98%
CAS No.:74-82-8

第三部分 危险性概述

危险性类别:第2.1类 易燃气体。
侵入途径:吸入。
健康危害:空气中甲烷浓度过高,能使人窒息。当空气中甲烷达25%～30%时,可引起头痛、头晕、乏力、注意力不集中、呼吸和心跳加速、共济失调。若不及时脱离,可致窒息死亡。皮肤接触液化气体可致冻伤。
环境危害:对环境有害。
燃爆危险:易燃,与空气混合能形成爆炸性混合物。

第四部分 急救措施

皮肤接触:如果发生冻伤,将患部浸泡于保持在38～42℃的温水中复温。不要涂擦,不要使用热水或辐射热,使用清洁、干燥的敷料包扎,如有不适感,就医。
眼睛接触:不会通过该途径接触。
吸入:迅速脱离现场至空气新鲜处,保持呼吸道通畅,如呼吸困难,给输氧,呼吸、心跳停止,立即进行心肺复苏术,就医。
食入:不会通过该途径接触。

第五部分 消防措施

危险特性:易燃,与空气混合能形成爆炸性混合物,遇热源和明火有燃烧爆炸的危险。与五氧化溴、氯气、次氯酸、三氟化氮、液氧、二氟化氧及其他强氧化剂接触剧烈反应。
有害燃烧产物:一氧化碳。
灭火方法:用雾状水、泡沫、二氧化碳、干粉灭火。
灭火注意事项及措施:切断气源。若不能切断气源,则不允许熄灭泄漏处的火焰。消防人员必须佩戴空气呼吸器、穿全身防火防毒服,在上风向灭火。尽可能将容器从火场移至空旷处。喷水保持火场容器冷却,直至灭火结束。

第六部分 泄漏应急处理

应急行动:消除所有点火源。根据气体的影响区域划定警戒区,无关人员从侧风、上风向撤离至安全区。建议应急处理人员戴正压自给式呼吸器,穿防静电服。作业时使用的所有设备应接地。禁止接触或跨越泄漏物。尽可能切断泄漏源。若可能,翻转容器,使之逸出气体而非液体。喷雾状水抑制蒸气或改变蒸气云流向,避免水流接触泄漏物。禁止用水直接冲击泄漏物或泄漏源。防止气体通过下水道、通风系统和密闭性空间扩散。隔离泄漏区直至气体散尽。

第七部分 操作处置与储存

操作注意事项:密闭操作,全面通风。操作人员必须经过专门培训,严格遵守操作规程。远离火种、热源,工作场所严禁吸烟。使用防爆型的通风系统和设备。防止气体泄漏到工作场所空气中。避免与氧化剂接触。在传送过程中,钢瓶和容器必须接地和跨接,防止产生静电。搬运时轻装轻卸,防止钢瓶及附件破损。配备相应品种和数量的消防器材及泄漏应急处理设备。
储存注意事项:用大型保温气柜在常压和相应的低温(-164～-160℃)条件下储存。钢瓶装本品储存于阴凉、通风的易燃气体专用库房。远离火种、热源。库温不宜超过30℃。应与氧化剂等分开存放,切忌混储。采用防爆型照明、通风设施。禁止使用易产生火花的机械设备和工具。储区应备有泄漏应急处理设备。

第八部分 接触控制/个体防护

监测方法:气相色谱法《空气中有害物质的测定方法(第二版)》(杭士平,1986)
可燃溶剂所显色法;容量分析法《水和废水标准检验法》第20版(美)。
工程控制:生产过程密闭,全面通风。

呼吸系统防护：一般不需要特殊防护，但建议特殊情况下，佩戴过滤式防毒面具(半面罩)。
眼睛防护：一般不需要特殊防护，高浓度接触时可戴安全防护眼镜。
身体防护：穿防静电工作服。
手防护：戴一般作业防护手套。
其他防护：工作现场严禁吸烟。避免长期反复接触。进入罐、限制性空间或其他高浓度区作业，须有人监护。

第九部分　理化特性

外观与性状：无色无味气体

pH值：无意义	**熔点(℃)**：−182.6
沸点(℃)：−161.4	**相对密度(水=1)**：0.42(−164℃)
相对蒸气密度(空气=1)：0.6	**饱和蒸气压(kPa)**：53.32(−168.8℃)
燃烧热(kJ/mol)：890.8	**临界温度(℃)**：−82.25
临界压力(MPa)：4.59	**辛醇/水分配系数**：1.09
闪点(℃)：−218	**引燃温度(℃)**：537
爆炸下限[%(V/V)]：5	**爆炸上限[%(V/V)]**：15

溶解性：微溶于水，溶于醇、乙醚
主要用途：用作燃料和用于炭黑、氢、乙炔、甲醛等的制造

第十部分　稳定性和反应性

稳定性：稳定
禁配物：强氧化剂、强酸、强碱、卤素
聚合危害：不聚合

第十一部分　毒理学资料

急性毒性：87%浓度使小鼠窒息，90%时致呼吸停止。只在极高浓度时为单纯性窒息剂。
LC50：小鼠吸入 LC50(mg/m³)：50pph/2h。

第十二部分　生态学资料

有害作用：该物质对环境可能有危害，对鱼类和水体要给予特别注意。还应特别注意对地表水、土壤、大气和饮用水的污染。

第十三部分　废弃处置

废弃物性质：危险废物。
废弃处置方法：建议用焚烧法处置。
废弃注意事项：处置前应参阅国家和地方有关法规。把倒空的容器归还厂商或在规定场所掩埋。

第十四部分　运输信息

危险货物编号：21007
UN编号：1971
包装类别：Ⅱ类包装
包装标志：易燃气体
包装方法：钢质气瓶

运输注意事项：采用钢瓶运输时必须戴好钢瓶上的安全帽。钢瓶一般平放，并应将瓶口朝同一方向，不可交叉；高度不得超过车辆的防护栏板，并用三角木垫卡牢，防止滚动。运输时运输车辆应配备相应品种和数量的消毒器材。装运该物品的车辆排气管必须配备阻火装置，禁止使用易产生火花的机械设备和工具装卸。严禁与氧化剂等混装混运。夏季应早晚运输，防止日光暴晒。中途停留时应远离火种、热源。公路运输时要按规定路线行驶，勿在居民区和人口稠密区停留。铁路运输时要禁止溜放。

第十五部分　法规信息

法规信息：下列法律法规、标准和条例(最新修改的)，对化学品的安全使用、储存、运输、装卸、分类和标志等方面均作了相应的规定：
《中华人民共和国安全生产法》(2014年8月31日)；
《中华人民共和国职业病防治法》(2018年12月29日)；
《中华人民共和国环境保护法》(2014年4月24日)；
《危险化学品安全管理条例》(2013年12月4日)；
《安全生产许可证条例》(2014年7月29日)；
《化学品分类和危险性公示通则》(GB 13690—2009)；
《危险化学品名录(2015版)》。

2　HSSE 管理内容

2.1　领导引领力

2.1.1　站长组织制定《HSSE 风险控制实施指南》并上报管理处审核、发布，每年组织 1 次符合性、有效性评审，及时实施运行纠偏，保持指南持续改进、有效运行。

2.1.2　站长对全站的 HSSE 工作负总责，代表压气站做出 HSSE 承诺，确保员工和相关方获知；其他班子成员按照"谁的业务谁负责"的原则，负责主管业务范围内的 HSSE 工作，落实 HSSE"五同时"（在计划、布置、检查、总结、评比业务工作时同时落实 HSSE 工作）。

2.1.3　站长每年与管理处签订 HSSE 目标责任书，对安全生产指标、环境保护指标、职业卫生指标、过程控制指标、合法合规指标、应急管理指标负责。定期开展检查考核，实现 HSSE 目标指标的闭环管理。

2.1.4　班子成员应结合岗位 HSSE 责任制做出承诺；站长组织全体员工签订 HSSE 承诺书，并组织全员承诺宣誓。

2.1.5　站长组织开展 HSSE 文化建设，推动全员参与、安全分享，开展以亲情、关怀、激励为主题的各项 HSSE 群众参与活动。

2.1.6　HSSE 领导小组依据管理处、站（队）两级 HSSE 审核结果，对班子成员履职情况进行考核评价。

2.2　HSSE 组织

2.2.1　HSSE 领导小组由站长任组长，副站长（安全员）和专业技术管理人员任副组长，成员包括班组长和生产运行承包商负责人，组长对 HSSE 工作负总责。

2.2.2　HSSE 领导小组职责如下：

(1)贯彻执行国家 HSSE 法律法规、公司以及管理处 HSSE 管理要求。

(2)建立健全 HSSE 管理体系，每年对 HSSE 体系开展评审、纠偏，推动 HSSE 管理持续改进、有效运行。

(3)依据管理处年度 HSSE 计划和 HSSE 目标责任书，编制站场 HSSE 年度工作计划，并组织实施。

(4)每周召开一次 HSSE 工作会议，研究分析 HSSE 工作中存在问题并提出相应的整改措施。

2.2.3　联合驻站单位成立义务应急分队，站长任分队长，巡线分队负责人任副队长，成员包括压气站、巡线分队全体驻站员工。

2.2.4 义务应急分队主要负责属地范围内的生产异常、泄漏、火灾、环境污染、地质灾害等突发事件的初期处置。

2.2.5 义务应急分队兼负义务消防、防汛抗洪、抗震减灾、反恐防暴、生态环境保护等职能。

2.3 HSSE 责任

2.3.1 按照"谁的业务谁负责,谁的岗位谁负责"的原则,站长组织建立完善 HSSE 责任制。

2.3.2 HSSE 责任应全员覆盖,横向到边、纵向到底,达到"有岗必有责"。

2.3.3 HSSE 责任内容至少包括岗位职责、HSSE 职责、HSSE 工作内容、考核标准。

2.3.4 安全员负责《岗位 HSSE 责任制》(见 4.1.1)的培训宣贯,确保全体员工熟悉掌握。

2.3.5 站长组织检查 HSSE 责任制履行情况,通过提问、查证实际工作等方式追踪 HSSE 责任制落实情况,并纳入绩效考核。

2.3.6 HSSE 领导小组每年组织 1 次 HSSE 责任制符合性、有效性评审,及时修订完善 HSSE 责任制。

2.4 风险识别管控

2.4.1 风险识别

2.4.1.1 站长组织成立识别小组,每月至少开展 1 次全面风险识别,对管辖区域的业务逐区域、逐专业、逐设备、逐操作、逐维修作业、逐施工作业开展风险识别,建立岗位危险事件清单。安全员上报管理处审定。

2.4.1.2 岗位风险识别步骤:

(1)危险源识别应覆盖岗位所能涉及到的危险化学品、物理化学性质、自然环境、生物疾病、安保等各方面的危险源。

(2)危害因素识别应针对每一个危险源,从工艺、设备、外部影响、环境因素、操作与施工、其他等方面识别可能导致危险(源)释放的危害因素。

(3)危险事件识别应根据危险源、危害因素,识别每个危险源可能发生的危险事件,并制定预防危险事件发生或减轻其后果的各种措施(包括硬件措施、个体防护和管理程序等),形成岗位危险事件清单。

2.4.1.3 动态风险识别应重点关注:

(1)HSSE 相关法律、法规与标准规范发生重大变化;

(2)采用新技术、新工艺、新设备和新材料;

(3)危险源发生变化;

(4)环境风险源发生变化;

(5)风险管控措施失效;

(6)设备设施、工艺管线、外管道等长时间在设计上、下限运行或延长计划检修周期;

(7)施工内容和方案发生重大变化;

(8)发生火灾爆炸、天然气泄漏等事故或突发环境事件;

(9)同行业发生重大影响的事故;

(10)内、外部环境发生变化等。

2.4.2 风险管控

2.4.2.1 站长负责组织或配合上级落实风险管控措施,发现风险增加时要及时上报。

2.4.2.2 站长负责根据岗位危险事件清单,评估、修订岗位操作规程。安全员将岗位危险事件清单纳入日常培训。岗位运行人员根据岗位危险事件清单进行日常检查。

2.4.2.3 安全员负责配合管理处绘制站场红、橙、黄、蓝四色风险分布图并公示。

2.5 隐患排查治理

2.5.1 站场应建立隐患排查常态化机制,主要排查方式包括:岗位值班人员巡回检查;专业管理人员专业排查;安全员开展的周检查;站长(副站长)组织的季节性排查、"两特两重"前排查、事故类比排查;上级要求的其他隐患排查。

2.5.2 当发生以下情形时,应及时组织开展专项隐患排查:

(1)HSSE 法律法规、标准规范修订发布或颁布执行时;

(2)生产作业场所外部环境发生重大变化时;

(3)同类企业发生生产安全事故时;

(4)上级要求开展的其他隐患排查。

2.5.3 隐患排查应重点关注:

(1)生产运行安全隐患:输气工艺本质安全性;天然气输送系统设备设施完整性;消防系统、电气与仪表系统可靠性;安全设施及其附件完好性;特殊作业、高风险的非常规作业;公共安全防范措施;劳动组织和人员行为等。

(2)生态环境保护隐患:污染物治理设施运行稳定性和生态保护措施的可靠性;主要废气、废水排放口管理情况;危险废物贮存、处置、利用合规性;噪声超标场所;突发环境事件应急预案;环境应急装备和物资储备情况;突发环境事件风险防控措施是否满足规范要求。

2.5.4 针对排查出的各项隐患,安全员负责建立隐患清单。

2.5.5 对于能自行整改的隐患,由站长组织及时进行整改、验收,签字确认。不能自行整改的,由站长上报管理处,配合开展后期治理工作。隐患治理完成前,站长组织或配合管理处采取有效的防控措施。

2.5.6 隐患排查治理工作纳入 HSSE 绩效考核,鼓励员工报告和排除隐患。

2.6 培训管理

2.6.1 培训矩阵

站长依据法律法规、岗位 HSSE 职责等,组织制定《员工 HSSE 培训矩阵》(见 4.2.1),矩阵应覆盖各个岗位,每年进行评估、更新。

2.6.2 培训计划

2.6.2.1 站长应根据培训矩阵,并结合 HSSE 管理要求和管理处年度培训计划,组织制定压气站 HSSE 培训计划。

2.6.2.2 HSSE 培训计划由安全员负责上报管理处备案。

2.6.2.3 HSSE 培训主要包括取证培训、岗前培训、在岗培训和日常安全教育培训。

2.6.3 培训实施

2.6.3.1 取证培训

由安全员负责配合管理处相关部门进行,各岗位人员按《岗位 HSSE 资质清单》(见 4.1.2)进行取证。

2.6.3.2 岗前培训

(1)新员工站场级安全教育培训时间不少于 16 学时,由站长或安全员组织开展,并由安全员做好培训记录。

(2)在证书有效期内,特种作业人员、特种设备作业人员、内部取证人员(如直接作业许可申请人、签发人、监护人、接收人)连续离岗 3 个月以上的,安全员负责重新考核验证相应安全能力,合格后方可上岗。

2.6.3.3 在岗培训

(1)在岗培训采取集中授课、网络学习、师带徒、技能比武、应急演练等形式开展。

(2)站长(副站长)每年的在岗培训时间不少于 24 学时,其他员工不少于 20 学时,安全员负责做好培训记录。

(3)采用新工艺、新技术、新材料或者使用新设备,由站长组织对相关管理、操作人员开展专门安全培训,培训考核合格后方可上岗。

(4)副站长负责对休假返岗人员进行返岗培训。培训内容应包括:休假期间工艺、设备、人员变更情况;设备泄漏和异常情况;检查问题整改情况;新下发管理制度情况等。

2.6.3.4 其他培训

(1)外来临时检维修人员按照公司 HSSE 教育培训管理规定要求执行,由安全员负责入场教育并登记。

(2)保安、厨师、保洁等后勤辅助人员的岗前和在岗安全教育由安全员组织实施。

(3)检查参观人员的安全教育由站长或安全员按照公司生产区域及作业工地封闭化管理规定执行。

2.6.4 培训考核与评估

2.6.4.1 培训时长 0.5 个工作日以上的安全培训要组织考核。可采取实操考核、理论考试等形式。操作人员以实操考核为主,理论考试原则上要采取闭卷方式。考核由安全员组织。

2.6.4.2 站长组织 HSSE 培训效果评估,重点评估岗位员工的安全操作、隐患初步排查、初期应急处置和自救互救等能力。

2.6.4.3 站长组织完善考核机制,将评估结果纳入员工 HSSE 绩效考核。

2.6.5 培训档案

安全员负责按要求建立如下 HSSE 培训记录和档案,并将员工日常安全教育及考核情况及时在档案表中进行填写:

(1)HSSE 培训矩阵;
(2)员工 HSSE 资质一览表;
(3)HSSE 年度培训计划;
(4)人员取证台账;
(5)新员工三级安全教育卡;
(6)承包商 HSSE 教育档案;
(7)员工安全教育档案表;
(8)培训考核记录(包括试卷)。

2.7 生产运行管理

2.7.1 会议管理

2.7.1.1 每天召开早班会，值班干部按照"五同时"原则，对前日工作情况进行总结，并对当日安全生产工作进行布置安排。

2.7.1.2 每周召开生产例会，站长（副站长）对本周安全生产重点工作完成情况以及存在问题进行总结分析，并对下周安全生产工作做出具体安排。

2.7.2 巡检管理

2.7.2.1 运行操作人员按照巡检细则要求每2h开展1次巡回检查，如实填写巡检记录，发现异常情况应立即采取措施并汇报当日值班干部。

2.7.2.2 专业技术管理人员每天上午、下午各开展1次专业巡回检查，如实填写专业巡检记录，发现异常问题应立即组织处理并汇报当日值班干部。

2.7.2.3 值班干部每日对各岗位巡检工作落实情况进行检查，组织开展异常问题整改处理。

2.7.3 岗位值班管理

2.7.3.1 岗位员工按照"十交、五不接"原则开展交接班工作。交班人员负责将值班期间的工艺流程、设备维修、运行指标及相关要求变化、资料台账、工器具、场地（设备）卫生等情况对接班人逐项进行现场交接。交接完成后，双方在岗位交接班记录本签字确认。

2.7.3.2 岗位值班人员负责值班期间的生产运行和异常处置等工作，及时、准确地填写各类报表台账，发现问题须及时汇报并处理。

2.7.4 调度令管理

2.7.4.1 对于电话调度指令，由岗位值班人员负责落实执行并做好记录。执行完毕后，通过电话向调控中心反馈执行情况。

2.7.4.2 对于书面调度指令，由当日值班干部对调度令内容进行确认，并请示调控中心同意后，安排值班人员按照调度令落实执行。执行完毕后，由值班干部以书面形式向调控中心反馈执行情况。

2.7.4.3 调度令执行过程中出现的问题及异常情况，由当日值班干部负责及时向调控中心请示汇报，组织进行处理。

2.7.4.4 设备副站长负责将调度令和调度令回执等资料整理存档。

2.7.5 干部值班及带班管理

2.7.5.1 值班干部参与岗位交接班工作，对交接班不到位以及存在错误的情况及时进行纠正。

2.7.5.2 值班干部按照HSSE日检查表每天对各岗位人员巡检、操作及检维修等各项工作进行监督检查，并填写干部值班记录本。

2.7.5.3 值班干部负责处理和协调值班期间发生的各类紧急情况，在应急状态下启动现场处置方案，并及时向上级部门和领导汇报情况。

2.7.5.4 "特殊作业"情况下，值班干部应在现场进行带班管理，对作业全过程进行检查监督。

2.7.6 锁定管理

2.7.6.1 作业锁用于检修作业时防止误操作导致系统、设备损坏；固定锁用于避免因误操作导致能量(电能、天然气等)进入预留部位,造成人身伤亡或设备损坏。

2.7.6.2 站长负责填写《锁定许可表》(见4.2.2),向管理处申请作业锁和固定锁。

2.7.6.3 锁定实施由岗位值班人员负责;现场监督由设备副站长负责。

2.7.6.4 若需开锁,由站长或设备副站长负责检查确认现场安全条件,填写《解锁许可表》(见4.2.3),向管理处提出申请,同意后方可进行解锁;紧急情况下,先进行开锁,后补申请手续。

2.7.6.5 钥匙采用主、备用钥匙,主钥匙存放于站控室的挂锁板上;备用钥匙由站长保管。

2.7.6.6 岗位值班人员对现场锁具开展巡检和维护,确保锁具完好。将锁定情况在值班记录表上做好记录,并在交接班中进行交接。

2.7.6.7 当涉及到电气设备锁定时,低压电气设备执行此锁定管理要求;高压电气设备执行变电站运行专用规程相关管理要求。

2.7.7 异常管理

2.7.7.1 由站长组织各专业技术人员对站场可能存在的生产异常情况进行分类统计,建立《异常事件清单》(见4.1.3),完善异常处置措施,并组织岗位员工开展培训。

2.7.7.2 岗位值班人员应加强自动化控制系统、安全监控系统以及信息管理系统等设备设施日常巡检及维护测试,确保设备设施完好。

2.7.7.3 对于已有操作规程或异常处置方案的异常情况,岗位值班人员要立即按规程或方案进行处置;对于没有操作规程或处置方案的异常情况,岗位值班人员在采取处置措施的同时,立即向值班干部(站长)汇报。

2.7.7.4 在异常情况处置过程中,要做好个体防护,并持续进行有毒有害和可燃气体监测等,杜绝违章指挥和违章操作。

2.7.7.5 值班干部视风险情况将异常及处置情况,及时上报至管理处或公司。

2.7.7.6 岗位值班人员应如实记录异常情况,并保存相关数据、图表及趋势;设备副站长负责组织各专业技术人员对异常情况进行系统分析,建立异常情况管理台账,每周上报管理处。

2.7.8 泄漏管理

2.7.8.1 逸散性泄漏主要是天然气从阀门、法兰、压缩机、人孔、管道焊接处等密闭系统密封处发生非预期或隐蔽泄漏。

2.7.8.2 设备副站长负责建立、更新密封点台账和泄漏点台账,落实泄漏点分级(色)挂牌管理。

2.7.8.3 岗位值班人员负责开展阀门日常内漏检查、密封点泄漏检测,及时汇报当日值班干部,并配合开展整改处理工作。

2.7.8.4 发生突发性泄漏,值班干部立即上报并开展初期应急处置。

2.7.8.5 安全员负责组织全员每年至少开展一次泄漏应急处置演练。

2.7.9 压缩机运行管理

2.7.9.1 机组排量、压力控制

(1)在机组运行工况允许的情况下,满足调度下达的输气量和进、出站压力要求。

(2)尽可能将机组工况调整到设计工况点附近,保持机组较高的运行效率。

(3)并联机组之间保持相近的运行工况,安全平稳运行。

(4)尽量避免压缩机组长时间处于低压、低负荷运行状态。

2.7.9.2 机组防喘振控制

(1)运行操作人员应严密监视机组运行状态,防止机组吸入流量不足,防止系统压力超压,避免机组喘振的发生。

(2)在进行机组转速调整时,应均匀缓慢,严禁调整过猛、过快。
(3)防喘振系统随机组同时开展巡检及维护保养,并定期进行检测,保证系统完好。

2.7.9.3 机组运行状态的检测与检查

(1)运行操作人员应随时通过站控计算机 HMI 监视机组运行工况,经常与调控中心联系,重点关注工艺参数和负荷的变化,并根据需要缓慢调整负荷。

(2)运行操作人员应对机组的转速、振动、压力、温度等参数进行监测,判断机组运行状况,发现问题及时进行维护处理。

(3)对于机组出现的各类报警,运行操作人员应迅速查找原因进行整改,同时将报警情况及时汇报当日值班干部。

2.7.9.4 机组运行参数的设定与修改

(1)机组的运行控制参数由厂家设定,运行操作人员应严格遵守执行。

(2)若在实际运行中,因运行条件的更改需要对控制参数进行变更时,应严格执行变更手续,站场配合管理处向公司提出变更申请,经由公司业务主管部门与厂商确认后,并经公司主管领导批准后方可执行。

2.8 施工作业管理

2.8.1 管理要求

2.8.1.1 站长组织编制作业活动 HSSE 风险控制指南、操作规程等控制文件,规范常规作业。

2.8.1.2 生产过程中进行的无规律或固定频次的、缺乏相应作业规程或操作规程的作业纳入非常规作业管理。

2.8.1.3 特殊作业、经风险识别存在一般及以上风险,以及承包商生产区域内的其他临时性作业(日常及有程序指导的维修作业除外)执行作业许可管理。

2.8.1.4 作业许可的申请人、监护人、签发人、接收人应持证上岗。

2.8.1.5 所有作业现场应实行封闭化管理,人员、车辆持证进出;无法做到封闭化管理的,设警示带,划警戒区,杜绝闲杂人员及车辆进出。

2.8.1.6 站长组织对施工作业进行监督检查,对作业过程中存在的问题进行监督整改,并纳入季度统一考核。

2.8.1.7 站长指定安全员或专业技术管理人员作为现场负责人负责施工作业现场监管,具体履行以下职责:

(1)监督施工单位落实现场警戒设置、劳动防护用品正确穿戴等安全措施。
(2)配合上级管理部门做好施工风险识别及作业安全分析。
(3)检查核实作业人员资质及现场安全措施落实情况。
(4)对施工现场开展 HSSE 检查,督促现场安全文明施工,及时制止"三违"现象。
(5)参加施工安全例会,及时向上级提供现场基本信息和安全监督情况。

2.8.2 常规、非常规作业管理

2.8.2.1 站长组织梳理常规作业和非常规作业,形成清单(详见 3.8.2 作业活动清单)。

2.8.2.2 站长每年组织相关人员结合岗位风险对作业活动 HSSE 风险控制指南和操作规程进行评估、确认,确保风险控制的有效性。

2.8.2.3 副站长开展作业活动 HSSE 风险控制指南和操作规程的培训。

2.8.2.4 站长应按照作业活动 HSSE 风险控制指南、操作规程组织实施常规作业。

2.8.2.5 一般及以上风险的非常规作业,纳入许可作业管理。站长按照上级批准的作业方案组织实施。

2.8.2.6 低风险的非常规作业由站长组织实施,作业前应开展 JSA 分析,检查确认风险控制措施,落实全过程监督管理。

2.8.3 许可作业管理

2.8.3.1 用火、临时用电、进入受限空间、高处、动土、起重、盲板抽堵、管道清管、内检测、管道试压作业,一般及以上风险的其他作业项目、承包商在生产区域内的其他临时性作业应实行许可管理。未经许可禁止作业。

2.8.3.2 站长按照《作业许可管理业务职责划分表》(见 4.2.4)组织实施许可作业。作业许可管理的内容包括作业申请、风险辨识、许可确认与签发、作业实施、作业关闭等环节。

2.8.3.3 特殊时期、节假日和夜间等时段的许可作业实行升级管理。分等级的作业,提升许可票证等级;未分等级的作业,提级审批权限。

2.8.3.4 作业条件和状况发生变化,现场负责人终止作业,重新提出申请。

2.8.3.5 安全员负责对视频进行回放督查。

2.8.3.6 安全员对作业许可票证等相关资料进行整理归档。

2.9 设备设施管理

2.9.1 管理要求

2.9.1.1 站长配合管理处开展设备选型、安装、调试、验收及报废等工作,确保符合国家相关安全法规和标准。

2.9.1.2 设备实行"三定"管理,即定岗、定人、定责。所有设备由站长明确主、副岗 2 名承包责任人,现场实施挂牌管理,责任人发生变化时及时更新。

2.9.1.3 设备责任人负责设备设施的现场管理,保证设备本体、安全附件和防护措施完好,安全标识齐全。

2.9.1.4 设备副站长每周开展 1 次设备理论或实操培训,每月组织开展 1 次理论或实操检查考核,确保设备操作人员达到"四懂三会"(懂性能、懂原理、懂结构、懂用途;会操作、会保养、会排除故障)的要求。

2.9.1.5 岗位值班人员负责设备日常巡检及维护保养,及时发现和处置设备故障及隐患,并报告当日值班干部。

2.9.1.6 安全员负责监督设备维护保养、检维修、春秋检等过程中 HSSE 措施的落实。

2.9.1.7 设备副站长负责建立健全设备设施操作规程、维护保养制度和设备设施档案,每周开展 1 次设备综合检查,落实设备 HSSE 问题的整改。

2.9.2 压缩机组

2.9.2.1 特护管理

(1)站场成立压缩机特护管理小组,站长担任组长,设备副站长担任副组长,成员包括"机、电、仪"专业技术管理人员以及各运行班组长。

(2)值班干部组织特护小组成员每天上午、下午各开展 1 次"机、电、仪、管、操"五位一体特护巡检。

(3)设备副站长组织开展压缩机及辅助系统状态监测和故障诊断,及时发现设备缺陷并落实整改措施。

(4)站长或设备副站长每周组织召开压缩机特护管理工作例会,对本周机组运行状况分专业进行总结分析,并落实问题整改。每月底汇总形成月度运行分析报告,上报管理处。

(5)设备副站长每年至少组织开展1次压缩机专项应急演练。

2.9.2.2 包机管理

(1)设备副站长负责落实压缩机组包机管理,明确各系统设备包机人,悬挂包机牌。

(2)包机人每天开展1次包机巡检,进行"十字作业",确保设备安全正常运行。

(3)站长每周组织对包机管理情况进行监督检查,督促问题整改落实。

2.9.2.3 维护保养管理

(1)设备副站长按照《公司压缩机组维护保养管理规定》组织开展压缩机及辅助系统日常维护管理,配合管理处及公司压保中心开展4k、8k及大修维保工作的现场监护、检查及验收工作。

(2)设备副站长按照公司压缩机油水润滑管理规定,组织定期开展油水取样检测,建立油水异常管理台账,组织开展异常问题整改落实。

2.9.2.4 备品备件管理

(1)岗位值班人员每天开展1次压缩机备品备件巡视检查,及时汇报异常情况。

(2)设备副站长每月组织专业技术管理人员开展1次库房备品备件盘点,及时提报备品备件采购月度计划,保证备品备件的安全定额储备。

2.9.3 特种设备

2.9.3.1 站场特种设备包括压力管道、压力容器、行吊和防爆叉车。安全员配合管理处在特种设备使用前或投用后30日内对其依法登记注册,并在设备显著位置张贴特种设备使用登记证。

2.9.3.2 特种设备操作人员和相关管理人员应取得相应的特种设备作业(管理)人员资格证书。安全员负责配合管理处开展取证(复审)培训,并建立人员资格证书台账。

2.9.3.3 安全员负责监督特种设备的操作和维护保养,建立健全特种设备台账,逐台建立健全特种设备技术档案及月检、年检记录。

2.9.3.4 岗位值班人员负责日检,安全员组织进行月检,站长配合管理处开展年检和定期检验。特种设备检查及检验周期(见4.2.5)。

2.9.3.5 安全员每年至少组织开展1次特种设备专项应急演练。

2.9.4 电气设备

2.9.4.1 站长负责执行《电力安全工作规程》及公司、管理处电气专业管理办法和相关规定,负责电气设备及辅助系统的安全操作运行管理。

2.9.4.2 站长负责电气设备运行管理"三三二五"(三票:工作票、操作票、临时用电票;三图:一次系统图、二次回路图、电缆走向图;三定:定期检维修、定期试验、定期清扫;五规程:检维修规程、试验规程、运行规程、安全规程、事故处理规程;五记录:检维修记录、试验记录、运行记录、事故记录、设备缺陷记录)制度的落实。

2.9.4.3 设备副站长组织开展电气设备隐患排查治理。安全员负责检维修作业、预防性试验现场HSSE管理。

2.9.4.4 电气专业管理人员主要负责以下工作:

(1)做好电气系统新建、大修和改建、扩建项目的现场配合及监护工作。

(2)做好电力调度指令的执行、票证的监管,监督电气设备正确操作。

(3)编制电气设备检维修、试验方案,作业过程的安全监管和验收,资料收集存档。

(4)建立健全电气设备台账和技术档案,做好安装、使用、修理、记录和易损件图纸资料的收集、整理和保管。

(5)做好安全用电管理、开展安全用电检查,定期送检电气安全用具,落实漏电保护器、应急照明灯月度检查测试。

(6)配合上级、地方供电部门对电气事故进行处理分析。

2.9.4.5 电气运行人员主要负责以下工作:

(1)执行《电力安全工作规程》,按照电气设备运行管理要求,开展巡回检查、运行操作以及日常维护保养。

(2)变电所正职负责高压电气设备的"五防"管理和电气安全用具日常管理。

2.9.5 自控系统

2.9.5.1 自控专业管理人员负责站场内自控系统的运行管理,应开展以下工作:

(1)每日开展自控系统设备专业检查,对检查发现的问题进行整改,对检查结果进行汇总分析,对系统的运行状况进行评估。

(2)配合开展自控系统调试、维护和检测,并做好作业过程监护。

(3)配合管理处对自控系统开展月度及春秋检,对检查记录整理存档。

(4)建立健全自控系统设备台账和技术档案,并及时进行更新完善。

2.9.5.2 岗位值班人员每日开展自控系统巡回检查,发现异常情况及时汇报。

2.9.6 通信系统

2.9.6.1 通信专业管理人员负责以下工作:

(1)每日开展通信系统专业检查,对检查发现的问题进行整改,对检查结果进行汇总分析,对系统的运行状况进行评估。

(2)配合开展通信系统调试、维护和检测,并做好作业过程监护。

(3)配合管理处对通信系统开展月度及春秋检,对检查记录整理存档。

(4)建立健全通信系统设备台账和技术档案,并及时进行更新完善。

(5)组织处理光缆故障。

(6)落实计算机信息安全保密及病毒防治工作,及时报告异常情况。

2.9.6.2 岗位值班人员每日开展通信系统设备设施巡回检查,每月开展1次应急广播系统检查测试,发现异常情况及时汇报。

2.9.7 HSSE设备设施及附件

2.9.7.1 安全员负责配合管理处开展HSSE设备设施及附件的定期检验,分类建立健全HSSE设备设施及附件台账与技术档案,并实时更新。HSSE设备设施及附件包括:检测报警设施,设备安全防护设施,防爆设施,作业场所防护设施,安全警示标志,公共安全设施,泄压止逆设施,紧急处理设施,防止火灾蔓延设施,消防灭火设施,紧急个体处置设施,消防人员装备,劳动防护用品,应急救援设施。

2.9.7.2 岗位值班人员负责开展HSSE设备设施及附件的巡检、定期测试,填写《HSSE设备设施及附件检查检定周期表》(见4.2.5)。

2.9.8 盲板管理

2.9.8.1 分管设备副站长负责建立盲板台账和档案卡片,并进行编号,对盲板实行挂牌管理,做到现场"一盲一牌"。

2.9.8.2 运行操作人员负责盲板的日常巡检和维护保养管理,及时上报和处理异常情况。

2.9.8.3 安全员负责盲板作业现场安全防护措施落实和安全监护。

2.10 承包商监管

2.10.1 生产运行承包商

2.10.1.1 站长负责依据"四统一"原则,将生产运行承包商人员纳入站场日常管理。

2.10.1.2 安全员负责核实生产运行承包商人员资质,并存档管理。

2.10.1.3 承包商人员有变更时,安全员负责执行变更管理相关要求。

2.10.2 施工检维修承包商

2.10.2.1 管理处或站长指定一名现场负责人,负责作业现场管理,配合管理处开展作业现场管理,包括作业前安全检查、设备机具检查、安全交底、作业现场和过程中安全监护监督、作业后检查验收、废弃物处置等工作。对承包商的监督检查结果上报专业主管部门,纳入承包商绩效考核。

2.10.2.2 安全员负责配合管理处开展承包商人员入场安全教育,培训合格发放"临时入场证"。

2.10.2.3 安全员负责对承包商人员资质证件进行核实,门岗人员负责做好入场登记。

2.11 变更管理

2.11.1 变更申请

2.11.1.1 站场在生产经营过程中生产工艺、设备设施、劳动组织等发生变化,对安全生产可能带来影响时,由专业技术管理人员对照《主要变更事项管理提示表》(见 4.2.7)识别是否属于变更。

2.11.1.2 专业技术管理人员按照《变更等级评估表》确定变更等级,填写《变更申请表》。

2.11.2 变更风险评估

2.11.2.1 一般变更由站长组织开展风险评估,较大及重大变更上报管理处开展风险评估。

2.11.2.1 评估结果填写在《变更管理控制表》中。

2.11.3 变更审批

专业技术管理人员负责将《变更管理控制表》上报管理处审批。

2.11.4 变更实施

2.11.4.1 变更实施前,站长组织或配合管理处对参与变更实施的人员进行技术方案、安全风险和防控措施、应急处置措施等相关内容技术交底或培训。

2.11.4.2 变更实施过程中,站长组织落实变更风险控制措施。

2.11.4.3 变更投入使用前,站长配合变更审批人做好投用前的条件确认。主要确认对变更所涉及的管理、操作和维护人员的培训情况,对相关单位变更告知情况,对变更涉及的管理制度、操作规程、P&ID图、工艺参数等技术文件和相关信息数据系统修改情况。条件具备后方可投用。

2.11.4.4 需要紧急变更时,执行应急处置规定,在风险预判可控的情况下经站(队)负责人同意后先行实施。实施期间做好相关技术记录,并及时按变更程序开展风险评估,制定和落实风险管控措施,补办变更审批手续。

2.11.5 变更关闭

2.11.5.1 变更项目实施完成并正常投用后,由专业技术管理人员提出申请,由变更审批人负责变更关闭审核。

2.11.5.2 变更关闭后,变更申请人收集完整的变更资料(包括变更申请、方案、风险评估及管控措施、培训记录、修改完善的制度以及投用后的运行情况等),完善变更台账。

2.11.5.3 变更关闭后,变更项目纳入正常管理范围进行管理。

2.12 员工健康管理

2.12.1 健康风险识别与监测

2.12.1.1 站长组织每年开展1次职业健康危险因素识别,安全员负责建立职业健康危险因素清单和职业卫生培训计划。

2.12.1.2 安全员负责配合管理处开展站场职业病危害因素监测,绘制职业病危害因素分布图,负责危害因素告知牌、分布图以及相关警示标识的安装维护工作。

2.12.1.3 安全员负责职业病防护设施及应急救援设施日常维护。

2.12.2 职业健康管理

2.12.2.1 安全员负责配合管理处组织全员参加职业健康与身体健康检查,体检结果须书面告知员工,建立员工职业健康监护档案。

2.12.2.2 在岗期间检查有职业禁忌的,安全员负责上报管理处处理;对疑似职业病患者,安全员配合管理处进行复查、职业病诊断或医学观察。

2.12.2.3 安全员负责发放个体防护用品,建立发放登记档案;每季度开展1次职业卫生知识培训和考试,建立职业卫生教育培训档案。

2.12.2.4 安全员负责建立更新站场职业卫生档案。

2.12.3 身心健康管理

2.12.3.1 站长负责员工心理健康观察,发现异常及时沟通协调解决问题。

2.12.3.2 站长负责配合管理处做好EAP工作,建立心晴驿站,促进员工心理健康。

2.12.3.3 安全员配合管理处组织全员每年开展1次身体健康体检;建立应急药品及医疗器械清单,并及时向管理处申请补充。

2.13 交通安全管理

2.13.1 日常管理

2.13.1.1 站长负责监督检查交通安全管理履职情况,纳入HSSE绩效考核。

2.13.1.2 安全员主要负责以下工作:
(1)将驾驶员和车辆纳入站场安全管理范围。
(2)组织车辆日常安全检查。
(3)设置车辆GPS监控系统行驶区域,并实施监控。
(4)落实节假日期间驻站车辆的"三交一封"。

(5)组织每年开展1次驾驶员岗位风险评估。
(6)组织车辆定点维修单位每月开展1次车辆风险评估。
(7)建立驾驶员教育培训记录、交通安全风险评估记录、交通安全检查和问题整改记录、交通事故档案记录。

2.13.2 派车管理

2.13.2.1 站长负责合理调派驻站车辆,不得超范围派遣车辆。

2.13.2.2 出车前,调派人或安全员向驾驶员和带车人做好安全"三交代"(任务、路况、安全注意事项),驾驶员和带车人签字确认。

2.13.2.3 执行特殊任务时,应指定带车人,由安全员组织带车人和驾驶员进行风险评估,报管理处HSSE副经理审批后方可调派。特殊任务执行完毕后,驾驶员应向安全员报告行车安全和车辆技术状况。下列驾驶任务按特殊任务进行管理:
(1)执行长途任务(辖区外用车);
(2)大风、大雾天气或冰雪道路驾驶;
(3)异常道路条件(如山区道路、积水泥泞道路等)驾驶;
(4)大型抢险机具搬运作业;
(5)其他具有较大安全风险的驾驶任务。

2.13.3 行车管理

2.13.3.1 机动车辆严禁"带病"上路行驶,驾驶员每天负责车辆出车前、行车中、回场后的检查,并填入车辆运转记录及检查本。

2.13.3.2 严禁机动车辆客货混装,机动车辆载人(物)不准超过行驶证核定的载人(物)量,运输"四超"(超长、超宽、超高、超重)物件应按规定办理手续。

2.13.3.3 机动车辆必须经批准后方可进入生产区域,并在进入前安装防火帽、静电接地带等必要的防护装置。

2.13.3.4 带车人作为义务安全员,应监督驾驶员安全驾驶并对驾驶员行车情况进行评价。

2.14 公共安全管理

2.14.1 站长负责开展以下工作:
(1)建立与当地派出所、消防大队及驻地街办、居委会的信息沟通和协防联络机制。
(2)及时向管理处上报公共突发事件相关信息。
(3)"两特两重"期间落实干部值班及领导带班。

2.14.2 安全员为公共安全管理人员,负责开展以下工作:
(1)每年组织开展1次公共安全教育培训。
(2)每年至少组织开展1次公共安全突发事件应急演练。
(3)配合管理处开展公共安全风险识别与评估,建立站场公共安全风险清单。
(4)每月组织对安防设施完好性、人员素质能力、各岗位的巡检工作等进行监督检查,及时整改隐患。
(5)对生产运行承包商及外来施工服务人员进行公安系统人员信息筛查,建立完善信息台账。

2.14.3 门卫人员应持证上岗,采取2人一岗,落实24h值班制度,负责开展以下工作:
(1)每2h对站场周边及场内关键区域进行打点巡查,发现异常情况及时上报站控室和值班干部。

(2)落实外来人员、车辆登记和准入制度。
(3)熟练掌握防爆、消防器材及其他安防设施使用方法,开展日常维护保养,确保设施完好。
(4)确保防冲撞装置处于阻截状态,每月对装置进行启停操作检查。
(5)每月配合站控室开展1次110联防报警测试。

2.14.4 岗位值班人员负责开展以下工作:
(1)落实好各自岗位巡检及安防设施日常维护保养,每月开展1次110联防报警测试。
(2)积极参加公共安全教育培训及应急演练,掌握突发事件应急处置措施和汇报流程。

2.15 生态环境保护

2.15.1 日常管理

2.15.1.1 站长负责对全体员工定期开展环境保护宣传和教育培训,不断提升全员环境保护意识和技能。

2.15.1.2 站长负责督促和检查全员开展节能降耗行动,鼓励开展"五小""QC"等创新创效活动;设备管理人员每月对站场能耗开展统计分析,及时整改治理能耗异常问题。

2.15.1.3 安全员负责废油、废液及固体废物的收集、分类存放,配合管理处统一处置,建立相应管理台账。

2.15.1.4 岗位值班人员负责一体化污水处理装置日检、周检及日常设备维护保养,安全员负责配合每半年开展1次装置维护保养,并更新相关台账。

2.15.1.5 站场生活垃圾实行定点、分类投放,站长负责委托协议单位定期外运处理,门岗人员负责做好清运时间和数量记录。

2.15.1.6 安全员负责配合公司开展环境监测工作。

2.15.2 危废管理

2.15.2.1 站长组织定期对危险废物种类进行识别,建立危险废物清单。

2.15.2.2 安全员负责危险废物的收集、储存、出入库管理及危险废物暂存间的标识标牌管理,建立并更新站场危险废物产生及处置台账、内部转运台账、暂存间出入库信息台账,配合管理处开展危险废物转移处置,如实记录转移情况。

2.15.2.3 安全员负责监督收集和转运过程中安全防护和污染防治措施的落实。

2.15.2.4 安全员负责跟踪运输和处置情况,确保无违规行为。

2.15.2.5 岗位值班人员每日开展2次危废库房专项巡检,发现异常情况及时汇报,并配合开展现场处置。

2.15.3 绿色基层创建

2.15.3.1 站长负责通过提升管理和技术创新等方式不断减少施工检维修作业对环境的负面影响,做到绿色施工,绿色检维修。

2.15.3.2 安全员负责通过定期开展节能宣传周、世界环境日、全国低碳日等活动进行绿色主题宣传;负责配合管理处定期开展绿色公益活动。

2.15.3.3 安全员负责组织全体员工签订绿色办公、绿色生活倡议书。

2.15.3.4 员工积极参与绿色基层创建,从自身做起,践行绿色办公,力行绿色生活。

2.16 驻地安全管理

2.16.1 管理要求

2.16.1.1 站长是驻地安全管理的第一责任人,统筹开展驻地食堂、宿舍以及办公场所的安全管理。

2.16.1.2 综合管理员为驻地安全的专职管理人员,负责组织开展日常驻地安全各项管理工作。

2.16.1.3 安全员负责定期组织全体员工,包括厨师、保洁等后勤人员开展驻地用电、用气等安全培训。

2.16.2 用电安全

(1)尽量避免多台蒸饭柜、强排风机、热水器等大功率设备同时使用,应交错使用,避免产生用电过载现象。

(2)食堂、宿舍使用的电气、电动、照明等设备,要设专人负责,每天下班前,要认真进行安全检查,关闭厨房、餐厅不必要工作的所有开关,切断电源。

(3)确保食堂、宿舍所有的用电设备金属外壳有牢固的保护接地措施;凡能碰触到的设备导电部分,均应采取相应防护措施。

(4)食堂电气开关箱内不准放置杂物,定期检查漏电保护开关,以确保灵活可靠。

(5)食堂、宿舍电气设备发生故障时,要立即通知专业电工维修,不得私自处理;为了确保人身安全必须先切断电源,严禁带电作业或维修。

(6)安全员负责每月对全体员工开展1次用电安全知识培训,培训内容应强调电气设备、用电线路起火而发生火灾,应先切断电源,然后用干粉或二氧化碳灭火器灭火,或用砂子灭火,严禁用水直接灭火。

(7)综合管理员负责每周对食堂内的配电柜、配电箱、电线、电缆进行1次安全检查,特别是电加热部分以及有水接触的部分,对检查出的隐患要及时处理并做好记录。

2.16.3 用气安全

(1)严禁将厨房作为休息间、仓库使用,严禁吸烟和其他明火作业;禁止安装临时用电设备;禁止将电线缠绕在天然气管道上;禁止在管道上悬挂任何物品。

(2)厨师保洁人员应保持厨房操作间通风良好,在燃气设施周围严禁存放易燃易爆物和可燃杂物。

(3)厨师保洁人员每天应对天然气管道是否漏气,灶具连接胶管是否发生老化、磨损等进行检查,发现问题及时上报综合管理员,及时进行维修更换。

(4)综合管理员每周对燃气灶具、可燃气体报警器、安全切断阀等设备设施开展1次全面检查或测试,及时消除安全隐患,并做好检查记录。

(5)安全员每月组织厨师保洁人员开展1次用气安全知识培训,每季度组织开展1次厨房火灾应急处置演练。

(6)消防器材配放在固定的位置;不得占用消防疏散通道,必须保证安全出口、疏散通道畅通,安全警示标志醒目。

2.16.4 食品安全

(1)综合管理员负责检查督促厨师、保洁等后勤人员每年开展健康检查,确保身体健康,持证上岗。

(2)综合管理员负责落实食品原料采购安全管理,每日对食品原料进行检查,对菜品制作过程及成品进行抽查,及时处理和上报异常情况。

(3)综合管理员至少每月开展1次食堂环境卫生、储存食品、就餐用具等卫生检查,保证用餐安全。

2.17 消防安全管理

2.17.1 基本管理要求

2.17.1.1 站长为站场消防安全第一责任人,其他员工对各自岗位工作范围内的消防安全负责。

2.17.1.2 站长组织成立义务消防队,主要职责为扑救初期火灾,协助专职消防队扑救火灾。

2.17.1.3 站长负责与属地消防大队建立沟通联防机制,定期备案消防安全相关信息。

2.17.1.4 站场消防设施包括:消防泵、消防水池、消火栓、灭火器、火灾报警系统、防火隔离设施及疏散指示标识等。

2.17.2 培训与演练

2.17.2.1 站长负责组织站控值班人员参加消防专项培训,取得国家《消防设施操作员证》,保证消防设施操作人员持证上岗。

2.17.2.2 安全员负责以下工作:

(1)对新员工、转岗员工开展岗前消防安全知识培训;对在岗员工每年至少开展1次消防安全知识培训。

(2)每季度至少组织开展1次灭火及应急疏散应急演练,不断提高全员实战水平。

(3)做好培训及演练相关记录,并整理存档。

2.17.3 设备设施管理

2.17.3.1 岗位值班人员负责开展消防设备设施每日的巡回检查及定期测试,具体包括:消防泵每周试运转1次,地上式消火栓和室内消火栓每周检查1次,灭火器材每半月检查1次,并如实填写相关记录。

2.17.3.2 安全员负责以下工作:

(1)每月组织开展1次火灾报警系统检查测试。

(2)配合管理处每年开展1次消防系统专项检测,负责检测报告存档。

(3)组织开展消防设备设施各项隐患问题整改治理。

2.18 应急管理

2.18.1 应急准备

2.18.1.1 站长为义务应急分队长,负责义务应急分队的建立和动态更新,报管理处备案。

2.18.1.2 站长组织编制站场现场应急处置方案、重点岗位应急处置卡,由管理处审核发布,每年修订1次《现场应急处置方案清单》(见4.1.4)。

2.18.1.3 安全员负责应急抢险设备、备品备件和工器具的计划申报、维护保养,保证应急物资机具处于随时可用状态,建立《应急物资清单》(见4.1.5)。

2.18.1.4 站长组织编制年度应急演练计划,安全员负责按照计划每月至少开展1次演练。演练后,由站长或安全员组织进行演练评估,及时组织整改发现的问题。安全员负责编写演练总结报告,并上报管理处备案。

2.18.2 应急响应

2.18.2.1 发生险情时,在保证人身安全的情况下,发现人员立即采取应急措施控制险情,并向值班干部汇报。

2.18.2.2 值班干部按照应急处置卡和应急处置方案立即响应。

2.18.2.3 管理处应急预案启动后,根据上级指挥进行现场处置。

2.18.3 应急恢复

2.18.3.1 站场应急处置完成后,站长组织清理现场,确认具备安全生产条件后,恢复正常生产。

2.18.3.2 管理处级及以上应急处置完成后,站长组织配合开展现场风险评估,必要时完善相应纠正措施,确认具备安全生产条件后,恢复正常生产。

2.18.4 应急评估

站长依据《实战演练定性评估表》组织开展应急全过程评估,对处置过程中存在的问题制定整改措施,明确整改期限,落实整改责任。

2.19 HSSE 信息管理

2.19.1 HSSE 信息

2.19.1.1 安全员按要求填报 GIS 系统,对于需要处置的 HSSE 信息进行落实、反馈。

2.19.1.2 设备副站长负责将 SCADA、压缩机诊断检测平台等监测预警纳入信息管理,对监测预警信息进行统计、分析、上报。

2.19.1.3 安全员负责对环保、公安、应急、卫生、气象、发改委、市场监管等部门的 HSSE 信息进行收集、研判、传递、上报。需要上报地方政府的 HSSE 信息须报管理处审核。

2.19.1.4 安全员对周安全生产例会发布的各专业相关 HSSE 信息进行收集、整理和传达。

2.19.1.5 安全员负责对站场风险、隐患、变更、高风险作业、职业性危害因素监测结果、重要环境因素等信息,利用电子屏、公示栏、公告牌等各种载体进行目视化公示。

2.19.2 HSSE 文件与记录

2.19.2.1 站长负责组织 HSSE 风险控制实施指南、操作规程、应急预案的编制、修订、送审、培训。

2.19.2.2 HSSE 风险控制实施指南每年由 HSSE 领导小组进行 1 次合规性、符合性评审,发生变更及时动态更新,文件变更由安全员组织培训。

2.19.2.3 HSSE 风险控制实施指南应达到站(队)一岗一册。

2.19.2.4 安全员每半年开展 1 次体系文件持有情况核查,确保岗位人员都持有体系文件的有效版本。

2.19.2.5 站长(副站长)负责管理处和公司各项 HSSE 文件签收和传达,对于列入督办的 HSSE 事项进行督办和反馈。

2.19.2.6 安全员按照《HSSE 工作记录台账清单》(见 4.1.6)建立 HSSE 记录、台账,并按保管周期进行存档。没有存档周期要求的至少保存 1 年,涉密记录严格落实保密规定。

2.20 纪律和行为

2.20.1 站长组织全体员工针对各自岗位制定岗位负面行为清单,将负面清单行为纳入员工记分和 HSSE 绩效考核。负面清单详见 1.7。

2.20.2 安全员负责在全站范围内公示安全行为负面清单,定期开展评估更新。

2.20.3 全体员工要学习并遵守清单内容,杜绝负面行为出现。

2.21 基层安全活动

2.21.1 总体要求

2.21.1.1 站长负责制定安全活动计划,按照活动计划组织开展各项安全活动。

2.21.1.2 站场安全活动形式主要包括:周一安全活动、重大节日和季节变更安全活动、班组 HSSE 活动、全员安全诊断、安全培训等。

2.21.2 周一安全活动

站长或安全员组织全员参与,原则上周一开展,活动时间不少于 1h,活动主要内容包括:

(1)5min 事故案例分享教育。可结合公司事故有关材料和安全信息,讨论分析典型事故,总结和吸取事故教训。

(2)学习 HSSE 有关的法律法规、制度、标准、文件、通报、安全技术规程、安全生产管理制度及安全技术知识。

(3)开展防火、防爆、反恐防范、防中毒和自我保护能力训练,组织异常情况紧急处理和应急预案演练。

(4)结合岗位生产工作特点,开展岗位练兵和岗位安全技能训练、比武活动。

(5)开展查隐患、纠违章活动,对岗位存在风险进行识别与分析,并制定相应的防范措施。

(6)开展安全技术座谈,观看 HSSE 教育电影和视频。

(7)安全员利用 HSSE 工作检查表开展 HSSE 各项工作自查。

2.21.3 重大节日及季节变更安全活动

2.21.3.1 由站长或安全员组织在国家法定节假日及重大活动前对站场安全、保卫、消防、生产准备、备用设备、应急准备等进行检查,特别要对值班安排和备品备件、应急预案落实情况进行重点检查。

2.21.3.2 根据季节变更特点开展的安全活动。春季安全活动以防雷、防静电、防电气事故为重点;夏季安全活动以防洪防汛、防溺水、防暑降温为重点;秋季安全活动以防火、防风为重点;冬季安全活动以防火、防爆、防冻堵、防中毒、防滑、防交通事故为重点。

2.21.4 全员安全诊断

2.21.4.1 站长每月组织全员参与安全诊断,诊断内容主要为岗位风险、岗位事故隐患等。

2.21.4.2 针对诊断出来的各项问题,由站长组织落实整改;对于不能立即整改的问题经站长审核后,以"安全诊断建议书"方式上报至管理处,并由站长负责落实现场防范措施。

2.21.4.3 安全员负责做好诊断问题的记录、整改进度跟踪和闭环管理工作,每月开展诊断问题的统计分析,制定整改措施。

2.21.5 活动记录管理

2.21.5.1 站长或安全员按照《周一安全活动记录》,填写安全活动内容,做到真实、齐全。

2.21.5.2 站长或安全员负责将重大节日、季节变更安全活动记录填入《"重大节日"季节变更安全活动记录》。

2.21.5.3 站长要根据闭环管理的要求组织对安全活动中发现的问题和隐患进行整改治理,对于不能立即整改的问题要制定风险防范措施并立即上报管理处,按照管理处要求落实好跟踪整改。

2.22 检查与审核

2.22.1 检查管理

2.22.1.1 内部检查为站场开展的各项 HSSE 工作检查,安全员负责整理各类检查问题,制定整改计划并组织实施。内部检查分以下几种形式开展:

(1)站长组织开展消防、季节性、节日前、事故反思、承包商等专项检查。
(2)安全员按照《HSSE 工作检查表》(见 4.2.8)每周组织开展 1 次 HSSE 综合检查。
(3)专业技术管理人员负责每日开展 HSSE 专业检查。
(4)岗位值班人员负责开展每 2h HSSE 巡回检查。

2.22.1.2 外部检查包括上级检查及地方政府检查。站长组织对检查出来的各项问题进行整改,向管理处填报《检查问题整改工作表》。

2.22.1.3 对于一时不能整改的问题,由站长组织制定防范措施,需要立项治理的,上报管理处。

2.22.2 审核与改进

2.22.2.1 站长负责每季度按照《HSSE 体系审核表》(见 4.2.9)组织开展 1 次 HSSE 管理体系内部审核。对于发现的不符合项,由安全员组织落实整改。

2.22.2.2 站长开展 HSSE 管理体系审核总结,对 HSSE 管理体系存在的问题评估诊断,提出整改、提升措施。

2.22.2.3 站长每年底组织召开 HSSE 管理评审会,安全员汇报年度 HSSE 体系运行情况,与会人员对体系运行进行整体评价,确认要素偏离和不符合项,提出下步改进措施与计划。

2.23 事故事件管理

2.23.1 管理要求

2.23.1.1 贯彻"预防为主"的管理思想,通过未遂事件管理和开展事故教育反思,实现 HSSE 事故的预防预控管理。

2.23.1.2 完善未遂事件和事故警示分享常态机制。

2.23.1.3 事故调查期间,站场相关人员应积极配合调查,不得擅离职守,随时接受询问,如实提供相关情况。

2.23.1.4 任何人不得伪造或者故意破坏事故现场,销毁有关证据和资料,不得拒绝接受调查或者拒绝提供相关情况,不得逃匿、作伪证或者指使他人作伪证。

2.23.1.5 承包商安全事故按照内部安全事故报告。

2.23.2 未遂事件管理

2.23.2.1 未遂事件发生后,站长(副站长)组织在岗人员及时采取措施控制事件态势,直至完全消除隐患,并及时上报管理处。

2.23.2.2 站长(副站长)负责配合管理处开展未遂事件原因分析,落实防范措施。

2.23.3 事故管理

2.23.3.1 事故发生后,事故当事人或第一发现人立即向站长(值班干部)报告,站(队)长接报后立即向管理处经理(值班干部)报告,同时组织开展初期应急处置。

2.23.3.2 站长(值班干部)配合管理处做好事故快报的填报。

2.23.3.3 站长(副站长)负责配合上级做好事故处置、调查工作。落实整改和防范措施,将事故教训纳入站场事故警示,分享。

2.24 绩效考核

2.24.1 站长负责根据岗位 HSSE 责任清单、各级检查结果和安全行为记分,每季度对站场管理人员和岗位运行人员包括生产运行承包商人员开展 HSSE 绩效考核。

2.24.1.1 站(队)管理人员考核以 HSSE 责任清单考核得分(100－所扣分)为准。

2.24.1.2 对岗位运行人员包括生产运行承包商人员的 HSSE 考核实行百分制。依据《岗位员工安全记分实施办法》(见 4.2.10)减除安全记分个人所扣分值后,即为员工个人的考核所得分。

3 作业活动 HSSE 风险控制

3.1 作业活动清单

3.1.1 常规作业活动(表 3-1)

表 3-1 常规作业活动清单

序号	类别	作业活动名称	作业规程
1	工艺设备操作	压缩机启机作业	管理处操作手册(2018 版)
2		压缩机停机作业	管理处操作手册(2018 版)
3		压缩机切机作业	管理处操作手册(2018 版)
4		润滑油泵操作	压气站作业指导书(2018 版)
5		空冷器操作	压气站作业指导书(2018 版)
6		空压机操作	压气站作业指导书(2018 版)
7		循环水泵操作	压气站作业指导书(2018 版)
8		密闭式冷却塔操作	压气站作业指导书(2018 版)
9		GD 快开盲板操作	压气站作业指导书(2018 版)
10		三瓣式快开盲板操作	压气站作业指导书(2018 版)
11		防喘阀操作	压气站作业指导书(2018 版)
12		气液联动执行机构操作	压气站作业指导书(2018 版)
13		电动执行机构操作	压气站作业指导书(2018 版)
14		放空火炬操作	压气站作业指导书(2018 版)
15		设备排污操作	压气站作业指导书(2018 版)
16		污水装车操作	压气站作业指导书(2018 版)
17		过滤分离器切换	压气站作业指导书(2018 版)
18		计量撬切换	压气站作业指导书(2018 版)
19		调压撬切换	压气站作业指导书(2018 版)
20		密封气过滤器更换	压气站作业指导书(2018 版)
21		隔离气过滤器更换	压气站作业指导书(2018 版)
22		消防泵操作	压气站作业指导书(2018 版)
23		桥式起重机操作	压气站作业指导书(2018 版)
24		滤油机操作	管理处操作手册(2018 版)

续表 3-1

序号	类别	作业活动名称	作业规程
25	电气设备操作	变电站倒闸操作	管理处操作手册(2018 版)
26		变电站更换 PT 高压熔断器操作	管理处操作手册(2018 版)
27		摇测线路对地绝缘作业	管理处操作手册(2018 版)
28		变频器操作	压气站作业指导书(2018 版)
29		燃气发电机启停操作	压气站作业指导书(2018 版)
30		UPS 操作	压气站作业指导书(2018 版)
31	通信设备操作	PA/GA 应急广播系统操作	压气站作业指导书(2018 版)
32	仪器仪表操作	压力(差压)变送器操作	压气站作业指导书(2018 版)
33		温度变送器拆装操作	压气站作业指导书(2018 版)
34		压力表拆装操作	压气站作业指导书(2018 版)
35		双金属温度计拆装操作	压气站作业指导书(2018 版)
36	安全设备操作	正压式空气呼吸器操作	管理处操作手册(2018 版)
37		安全阀拆装操作	压气站作业指导书(2018 版)
38		正压式空气呼吸器充装作业	管理处操作手册(2018 版)

3.1.2 非常规作业活动(表 3-2)

表 3-2 非常规作业活动清单

序号	类别	作业活动名称	作业规程
1	非常规作业	氮气吹扫置换作业	/

3.1.3 许可作业活动(表 3-3)

表 3-3 许可作业活动清单

序号	类别	作业活动名称	作业规程
1	直接作业	用火作业	《管道公司用火作业安全管理规定》
2		临时用电作业	《管道公司临时用电作业安全管理规定》
3		进入受限空间作业	《管道公司进入受限空间作业安全管理规定》
4		高处作业	《管道公司高处作业安全管理规定》
5		动土作业	《管道公司动土作业安全管理规定》
6		起重作业	《管道公司起重作业安全管理规定》
7		盲板抽堵作业	《管道公司盲板抽堵作业安全管理规定》
8	高风险作业	管道试压作业	《上级直属企业管道试压作业安全管理规定》
9		清管器发球作业	《上级直属企业管道清管及内检测作业安全管理规定》
10		清管器收球作业	《上级直属企业管道清管及内检测作业安全管理规定》

3.2 作业活动 HSSE 风险控制指南

3.2.1 压缩机启机作业（表 3-4）

表 3-4 压缩机启机作业风险控制指南

前期准备	
人员资质	压缩机运行岗等级证、压力容器操作证、HSSE 证、硫化氢证
设备类型	沈鼓压缩机
工用具	F 扳手、便携式天然气检测仪、防爆对讲机
操作规程	沈鼓压缩机启机操作

风险控制指南				
作业环节	主要操作步骤及工作标准	潜在的事故（事件）风险提示	风险控制措施	责任岗位
操作准备	1.穿戴劳保用品。 2.检查准备工用具	1.未按规定穿戴劳保用品易造成人身伤害。 2.作业区域存在天然气泄漏导致人员中毒。 3.使用非防爆工具引发火灾爆炸事故	1.做好"三穿两戴"。 2.佩戴便携式天然气检测仪，发现检测仪报警时终止操作，立即撤离、上报。 3.使用防爆工具	压缩机运行岗
启运	1.确认仪表风、循环水、润滑油等辅助系统处于运行状态。 2.进行压缩机启机条件确认，对各系统进行逐项检查。 3.压缩机腔体排污并盘车。 4.确认中压柜小车在工作位置、变频器备妥，电机进入启动待命状态。 5.通知调控中心，机组具备启动条件，确认是否可以启机。 6.调控中心同意后，打开增压撬隔离气手阀，仪表盘干气密封手阀通入干气密封气体。 7.根据机组实际运行情况，判断是否需要从站控系统发送吹扫请求命令。 8.打开需要启动机组加载阀的上下游手阀和放空阀的上下游手阀，检查现场阀门状态并将其状态打到远控位置。 9.启机前，首先在 HMI 主页面点击启机页面，查看启动条件中的项目均变为绿色后，点击压缩机启动按钮；此时执行压缩机启机程序（如果根据需求判断不需要执行吹扫程序，则执行压缩机启机不吹扫流程）变频器就绪后，启动变频器，主电机启动。 10.机组达到最低转速通知调控中心，机组已启运	1.机械伤害造成人员受伤。 2.火灾、爆炸、设备损坏、人员受伤。 3.天然气泄漏引发火灾、爆炸。 4.天然气泄漏导致人员中毒。 5.气流伤害造成人员受伤。 6.阀门穿孔天然气泄漏。 7.断电、断仪表风影响生产。 8.引压管爆裂天然气泄漏。 9.阀门管线周边地表下沉应力集中。 10.触电造成人员伤亡。 11.误操作设备损坏、人员受伤。 12.摔伤造成人员伤害	1.加强巡检和作业监督，严格按照操作规程操作，穿戴劳动防护用品，身体不要正对设备操作。 2.严格按照操作规程操作，加强作业监督，监测天然气浓度。 3.穿戴好劳动防护服装，使用防爆工具，控制一切火源。 4.加强巡检和作业监督，严格按照操作规程操作。 5.强巡检和作业监督，监测有害气体浓度，严格按照操作规程操作，佩戴防毒面具、空气呼吸器。 6.加强巡检和作业监督，严格按照操作规程操作，穿戴好劳动防护用品，严禁带压操作，身体不要正对气体出口操作。 7.加强巡检与监护，遵守维护保养和操作规定，严格按照操作规程操作。 8.加强巡检与监护，监测管线沉降情况。 9.加强作业监督，严格按照操作规程操作，严禁带电作业，穿戴好劳动防护用品，做好设备漏电保护和保护接地，加强人员培训，严格按照操作规程作业	压缩机运行岗

续表

作业环节	主要操作步骤及工作标准	潜在的事故(事件)风险提示	风险控制措施	责任岗位
启运	11.如需自动操作,在UCP防喘振控制界面中将控制调整为自动。实现机组的自动加载,加载过程中实时监控流量和输出压力的变化,在压力或流量满足输气要求的情况下将控制模式调整为手动,实现正常外输。如需手动操作,将控制模式调整为手动状态,手动关闭防喘阀,此时压缩机运行岗工作点向左移动,同时逐步提升压缩机转速,此时工作点向右上移动,继续关闭防喘阀的同时调整转速,直到达到预定流量或输出压力。 12.记录机组相关参数并向调控中心进行汇报	13.憋压爆炸造成人员伤亡、财产损失。 14.静电设备损坏	10.严格按照操作规程进行操作,高处作业必须系安全绳、戴安全带。 11.严格按照操作规程操作,时刻注意压力变化情况。 12.穿戴防静电劳保用品,进入工艺区前先释放人体静电,确保设备接地良好	压缩机运行岗
完工验收	1.压缩机增压输送过程中应密切监控站内各处压力、流量变化情况,检查各处有无渗漏和异常声响。 2.压缩机组启动后应注意检查增压旁通管路上的单向阀密封是否良好,前后汇管压力是否正常。 3.增压输送过程中应密切注意观察干线压力上升情况,及时与下游站场保持联系。 4.密切监控上游来气压力、流量,根据变化情况及时进行调整,防止压缩机组喘振等异常现象的发生	1.油气泄漏造成起火爆炸风险。 2.上游来气压力、流量变化未及时处理,发生机组喘振现象	1.密切监视机组运行参数及工作状态。 2.加强现场巡视,及时发现现场存在的隐患问题	压缩机运行岗

3.2.2 压缩机停机作业(表3-5)

表3-5 压缩机停机作业风险控制指南

前期准备	
人员资质	压缩机运行岗等级证、压力容器操作证、HSSE证、硫化氢证
设备类型	沈鼓压缩机
工用具	F扳手、便携式天然气检测仪、防爆对讲机
操作规程	沈鼓压缩机启运操作

风险控制指南				
作业环节	主要操作步骤及工作标准	潜在的事故(事件)风险提示	风险控制措施	责任岗位
操作准备	1.穿戴劳保用品。 2.检查准备工用具	1.未按规定穿戴劳保用品易造成人身伤害。 2.作业区域存在天然气泄漏导致人员中毒。 3.使用非防爆工具引发火灾爆炸事故	1.做好"三穿两戴"。 2.佩戴便携式天然气检测仪,发现检测仪报警时终止操作,立即撤离、上报。 3.使用防爆工具	压缩机运行岗

续表 3-5

作业环节	主要操作步骤及工作标准	潜在的事故（事件）风险提示	风险控制措施	责任岗位
停运	1. 接到生产调度指令，操作人员准备相关工具、资料。 2. 进行机组停机条件确认，主要为气量及进口压力确认。 3. 降低压缩机转速至最低运行，缓慢开启防喘阀，打开防喘阀过程中，实时监控瞬时流量变化情况以及工作点变化，避免较大压力波动。 4. 在站控机上找到要停的压缩机，点击停止按钮。 5. 当正常停机程序被激活时，逻辑中的工艺控制器自动根据机组实际运行情况对要停的压缩机进行降速、开防喘振阀。 6. 正常停机后，观察进站压力，对运行机组转速进行调整，确保来气量和输气量平衡。 7. 对停止的压缩机及其辅助系统进行检查，确认其处于正常状态。 8. 根据实际情况，将停止的压缩机置于热备用或冷备用状态。 9. 通知调控中心，机组已完成停机	1. 机械伤害造成人员受伤。 2. 火灾、爆炸、设备损坏、人员受伤。 3. 天然气泄漏引发火灾、爆炸。 4. 天然气泄漏导致人员中毒。 5. 气流伤害造成人员受伤。 6. 阀门穿孔造成天然气泄漏。 7. 断电、断仪表风影响生产。 8. 引压管爆裂引起天然气泄漏。 9. 阀门管线周边地表下沉应力集中。 10. 触电造成人员伤亡。 11. 误操作设备损坏、人员受伤。 12. 摔伤造成人员伤害。 13. 憋压爆炸造成人员伤亡、财产损失。 14. 静电设备损坏	1. 加强巡检和作业监督，严格按照操作规程操作，穿戴好劳动防护用品，身体不要正对设备操作。 2. 严格按照操作规程操作，加强作业监督，监测天然气浓度。 3. 穿戴好劳动防护服装，使用防爆工具，控制一切火源。 4. 加强巡检和作业监督，严格按照操作规程操作。 5. 强巡检和作业监督，监测有害气体浓度，严格按照操作规程操作，佩戴防毒面具、空气呼吸器。 6. 加强巡检和作业监督，严格按照操作规程操作，穿戴好劳动防护用品，严禁带压操作，身体不要正对气体出口操作。 7. 加强巡检与监护，遵守维护保养和操作规定，严格按照操作规程操作。 8. 加强巡检与监护，监测管线沉降情况。 9. 加强作业监督，严格按照操作规程操作，做好设备漏电保护和保护接地，加强人员培训，严格按照操作规程作业。 10. 严格按照操作规程进行操作，高处作业必须系安全绳、戴安全带。 11. 严格按照操作规程操作，时刻注意压力变化情况。 12. 穿戴防静电劳保用品，进入工艺区前先释放人体静电，确保设备接地良好	压缩机运行岗
完工验收	1. 正常停机后润滑油系统、密封气系统等辅助系统继续工作。 2. 检查停机后管线等是否存在泄漏等。 3. 记录停机时间、仪表参数以及相关资料，汇报调控中心停机情况	1. 油气泄漏造成起火、爆炸风险。 2. 来气压力、流量变化未及时处理，发生在运机组喘振现象	1. 密切监视在运机组运行参数及工作状态。 2. 加强现场巡视，及时发现现场存在的隐患问题	压缩机运行岗

3.2.3 压缩机切机作业(表3-6)

表3-6 压缩机切机作业风险控制指南

前期准备	
人员资质	压缩机运行岗等级证、压力容器操作证、HSSE证、硫化氢证
设备类型	沈鼓压缩机
工用具	F扳手、便携式天然气检测仪、防爆对讲机
操作规程	沈鼓压缩机启运操作

风险控制指南				
作业环节	主要操作步骤及工作标准	潜在的事故(事件)风险提示	风险控制措施	责任岗位
操作准备	1.穿戴劳保用品。 2.检查准备工用具	1.未按规定穿戴劳保用品易造成人身伤害。 2.作业区域存在天然气泄漏导致人员中毒。 3.使用非防爆工具引发火灾爆炸事故	1.做好"三穿两戴"。 2.佩戴便携式天然气检测仪,发现检测仪报警时终止操作,立即撤离、上报。 3.使用防爆工具	压缩机运行岗
切机操作	设定待启动压缩机为A机,待停压缩机为B机。 1.确认仪表风、循环水、润滑油等辅助系统处于运行状态,确认已经得到调控中心切机指令。 2.按照压缩机启机作业规程对A压缩机进行启机条件确认。 3.检查B压缩机运行状态,确定停机条件。 4.A机按照压缩机启机作业规程步骤进行压缩机启机,完成机组启动,此时电机达到最低运行转速,机组防喘阀全开,不进行外输。 5.A机缓慢稳定关闭防喘阀,提升A压缩机转速,提高出口压力至低于出口汇管压力0.2MPa;然后打开B机防喘阀,缓慢降B机组转速,减少B机组输气量,同时关A机组防喘阀将压缩机出口压力升至出口汇管压力,开始向外输气。继续开B机组防喘阀,关A机组防喘阀(为了保证两个机组工况点远离防喘振线,应先开B机组防喘阀再关A机组防喘阀,这个操作过程尽量在1~2min内完成)。操作过程中气量由B机向A机转移。当B机组出口压力低于出口汇管压力时,B机组停止向外输气,这时快速将A机组防喘阀全关,B机组防喘阀全开,负荷切换完成。操作中注意工作点与防喘控制线位置情况,避免喘振发生。 6.当A机防喘阀完全关闭,根据调控中心指令,将A机组转速调节至工作转速。 7.执行压缩机停机作业规程中有关机组停机作业步骤,关停B机	1.机械伤害造成人员受伤。 2.火灾、爆炸设备损坏、人员受伤。 3.天然气泄漏引起火灾、爆炸。 4.天然气泄漏导致人员中毒。 5.气流伤害造成人员受伤。 6.阀门穿孔造成天然气泄漏。 7.断电、断仪表风影响生产。 8.引压管爆裂天然气泄漏。 9.阀门管线周边地表下沉应力集中。 10.触电造成人员伤亡。 11.误操作设备损坏、人员受伤。 12.摔伤造成人员伤害。 13.憋压爆炸造成人员伤亡、财产损失。 14.静电造成设备损坏	1.加强巡检和作业监督,严格按照操作规程操作,穿戴好劳动防护用品,身体不要正对设备操作。 2.严格按照操作规程操作,加强作业监督,监测天然气浓度。 3.穿戴好劳动防护服装,使用防爆工具,控制一切火源。 4.加强巡检和作业监督,严格按照操作规程操作。 5.强巡检和作业监督,监测有害气体浓度,严格按照操作规程操作,佩戴防毒面具、空气呼吸器。 6.加强巡检和作业监督,严格按照操作规程操作,穿戴好劳动防护用品,严禁带压操作,身体不要正对气体出口操作。 7.加强巡检与监护,遵守维护保养和操作规定,严格按照操作规程操作。 8.加强巡检与监护,监测管线沉降情况。 9.加强作业监督,严格按照操作规程操作,严禁带电作业,穿戴好劳动防护用品,做好设备漏电保护和保护接地,加强人员培训,严格按照操作规程作业。 10.严格按照操作规程进行操作,高处作业必须系安全绳、戴安全带。 11.严格按照操作规程操作,时刻注意压力变化情况。 12.穿戴防静电劳保用品,进入工艺区前先释放人体静电,确保设备接地良好	压缩机运行岗

续表 3-6

作业环节	风险控制指南			
	主要操作步骤及工作标准	潜在的事故(事件)风险提示	风险控制措施	责任岗位
完工验收	1.按照正常停机后完工验收标准,对停运机组进行检查。 2.按照正常启机后完工验收标准,对启运机组进行检查。 3.记录停机、启机时间,仪表参数以及相关资料,汇报调控中心停机情况	1.油气泄漏造成起火、爆炸风险。 2.来气压力、流量变化未及时处理,发生在运机组喘振现象	1.密切监视在运机组运行参数及工作状态。 2.加强现场巡视,及时发现现场存在的隐患问题	压缩机运行岗

3.2.4 润滑油撬操作(表 3-7)

表 3-7 润滑油撬操作风险控制指南

前期准备	
人员资质	压力容器操作证、HSSE 证、硫化氢证、压缩机运行岗等级证
设备类型	润滑油撬
工用具	便携式硫化氢检测仪、便携测温仪、测振仪、蓄能器专用压力表
操作规程	润滑油撬操作规程

作业环节	风险控制指南			
	主要操作步骤及工作标准	潜在的事故(事件)风险提示	风险控制措施	责任岗位
操作准备	1.检查油箱液位是否在规定液位。 2.启动润滑油泵前确认压缩机隔离气系统已投用。 3.检查储能罐内氮气压力,如果压力不合格则重新调整。 4.检查确认油泵进出口阀门全开,确保出口管线的畅通	1.油箱液位过低会导致电加热器干烧。 2.隔离气未投入使用启动油泵会导致润滑油污染干气密封	1.启动油泵前确认各个参数条件是否具备。 2.油泵启动切换至自动连锁状态。 3.检查设备工艺流程和阀门状态正确无误	压缩机运行岗
启运	1.在站控机上打开润滑油加热器开关。 2.启动油雾分离器,调整至合适的油箱负压。 3.油温达到 25℃以上时,在站控室内点击泵启动。 4.现场检查确认泵运行正常。 5.打开过滤器、蓄能器、换热器排气阀,直到玻璃视窗观察到有油流过时,关闭排放阀。 6.检查各运行参数是否在正常范围内,达到压缩机启机条件	1.油管线不畅通会导致油泵电机损坏。 2.进入压缩机组过高的油压会损坏机组。 3.油箱负压不足会导致油雾聚集泄漏。 4.未把设备内空气排尽就投入正常运行可能导致压缩机组轴瓦得不到良好润滑而损坏。 5.进入压缩机组的润滑油因为冷却不足而导致油温过高	1.先确认流程,再进行操作。 2.确保润滑油换热器冷却水阀门状态正常,增大冷却水流量。 3.发现渗漏等异常及时处理。 4.发现油雾泄漏,及时增大油箱负压。 5.调节润滑油调压阀开度调整油压	压缩机运行岗
完工验收	电机测振测温、工艺检查、参数检查	电机和油泵震动过大、轴承温度过高,进油温度和压力不正常影响压缩机组运行	确保无异常状态	压缩机运行岗

3.2.5 空冷器操作（表 3-8）

表 3-8 空冷器操作风险控制指南

前期准备	
人员资质	压缩机操作工等级证、压力容器操作证、HSSE 证、硫化氢证
设备类型	空冷式热交换器管束
工用具	便携式可燃气体测仪、防暴活动扳手
操作规程	空冷器操作规程

风险控制指南				
作业环节	主要操作步骤及工作标准	潜在的事故（事件）风险提示	风险控制措施	责任岗位
操作准备	1.穿戴劳保用品。 2.检查准备工用具	1.未按规定穿戴劳保用品易造成人身伤害。 2.作业区域存在燃气泄漏导致人员中毒。 3.使用非防爆工具引发火灾爆炸事故	1.做好"三穿两戴"。 2.佩戴便携式可燃气体检测仪，发现检测仪报警时终止操作，立即撤离、上报。 3.使用防爆工具	压缩机运行岗
启运前检查	1.检查各连接处螺栓拧紧，不允许有任何松动。 2.检查并清理电机周围的杂物。 3.确保风机轴承润滑脂加足。 4.确保电机接地线完好。 5.确保传送带松紧合适。 6.确保低压配电室电源导通	1.连接螺栓脱落造成设备损坏。 2.杂物吸入散热翅片，影响空冷器散热。 3.润滑脂不够导致轴承寿命缩短。 4.传送带松动导致皮带打滑磨损	1.空冷器启动器前仔细检查螺栓固定与周边杂物。 2.按照润滑图表注脂。 3.做好起运条件确认	压缩机运行岗
启动	1.就地启动： ①确认低压配电室电源导通，并在"手动"位置。 ②按启动按钮启动空冷器。 ③检查运行情况。 ④做好记录。 2.远程启动： ①确认低压配电室电源导通，旋转开关在"自动"位置。 ②在站控室 HMI 界面上发出"启动"命令。 ③检查运行情况。 ④做好记录。 3.自动联锁： ①确认低压配电室电源导通，并在"自动"位置。 ②在 SCADA 系统中把空冷器风机设为"自动"状态；目前压气站设置上限温度值为 55℃，下限温度值为 45℃；当压缩机出口温度高于 55℃时，启动空冷器风机。 ③喘振工况：如果压缩机发生喘振，即接收到喘振信号，ROV404 关闭且空冷器风机自动启动。喘振工况解除后，自动切换到温度自动控制模式	1.启动过程中，风扇叶片螺栓等零部件因松动飞出，造成人员伤害。 2.启动过程中沟通不当误操作造成人员伤害	1.先确认流程，再进行操作。 2.人员远离旋转部位。 3.远程启动时现场人员安全确认后方可操作	压缩机运行岗

续表 3-8

作业环节	风险控制指南			
	主要操作步骤及工作标准	潜在的事故(事件)风险提示	风险控制措施	责任岗位
运行	1.在SCADA系统中监测进出口温度。 2.通过调节百叶窗开度对散热进行调节。	1.燃气泄漏造成着火爆炸。 2.风机振动过大造成震动开关弹出。 3.运行时风扇叶片螺栓等零部件因松动飞出，造成人员伤害	1.发现泄漏等异常及时处理。 2.及时检查风机轴承、皮带、振动开关。 3.人员远离旋转部位	压缩机运行岗
停止	1.远程停止： ①确认低压配电室电源在"自动"位置。 ②在SCADA空冷器操作界面勾选风机后点击"停止"，后"执行"。 2.就地停止： ①确认低压配电室电源在"手动"位置。 ②按"停止"按钮停止空冷器。 3.自动连锁： ①确认低压配电室电源在"自动"位置。 ②在SCADA系统中把空冷器风机设为"自动"状态；目前压气站设置上限温度值为55℃，下限温度值为45℃；当压缩机出口温度低于45℃时，空冷器风机自动停止	1.未确认低压配电室电源状态导致操作无响应。 2.就地开关触电造成人员伤害。 3.停止过程中，风扇叶片螺栓等零部件因松动飞出，造成人员伤害	1.先确认流程，再进行操作。 2.作业前确认电源状态再操作。 3.人员远离旋转部位	压缩机运行岗
完成	收拾工具、清理现场	未清理现场，留下杂物	操作完后及时清理现场	压缩机运行岗
远程关阀操作	1.检查电动阀前后工艺流程，满足操作条件。 2.确认电源正常，就地/远程选择柄处于"远程"位置，阀门处于开位。 3.鼠标左键调出阀体控制面板，单击关阀按钮，再单击执行按钮关阀	1.未检查前后工艺流程误操作造成生产事故。 2.阀门控制面板选择错误，误操作造成生产事故。 3.操作完成后未现场确认阀门状态，无法获知现场阀门动作情况	1.操作前做好阀门状态确认及工艺流程检查。 2.操作时选择对应阀门操作面板。 3.操作时一人在现场监护	压缩机运行岗

3.2.6 空压机操作(表3-9)

表3-9 空压机操作风险控制指南

前期准备	
人员资质	压缩机运行岗等级证、压力容器操作证、HSSE证、硫化氢证
设备类型	空气压缩机
工用具	F扳手、便携式天然气检测仪、防爆对讲机
操作规程	空压机操作

风险控制指南				
作业环节	主要操作步骤及工作标准	潜在的事故(事件)风险提示	风险控制措施	责任岗位
操作准备	1.穿戴劳保用品。 2.检查准备工用具	1.未按规定穿戴劳保用品易造成人身伤害。 2.使用非防爆工具引发火灾爆炸事故	1.做好"三穿两戴"。 2.使用防爆工具	压缩机运行岗
启运空压机	1.检查所要启动空压机及干燥塔管线流程,阀门状态(包括排污管线),设备供电情况。 2.开启空压机出口管线至汇管间所有阀门。 3.按下空压机启动按钮,查看空挂机出口压力及相关参数(包括加载压力、卸载压力、出口温度等)满足运行要求。 4.按下干燥塔启动按钮,查看干燥塔运行时间设定值,加热器运行情况,再生气压力值,疏水阀开关状态,油水分离器压差情况等。 5.查看干燥塔后水露点是否满足低于-30℃。 6.再次确认流程状态及阀门状态,填写相关记录,更换设备运行状态牌	1.空压机和管线流程异常导致无法启动空压机。 2.错流程造成憋压、泄漏。 3.风扇、螺丝飞出造成人身伤害。 4.设备参数不正常导致空压机紧急停车。 5.干燥塔运行时间设定过长会导致水露点高。 6.未准时填写相关记录会使资料收集和运行时间记录错误。 7.设备启运后未更换设备运行状态牌会误导人员的工作流程	1.确认流程,再进行操作。 2.强化操作人员技能水平,一人操作一人监护。 3.侧身,平稳开关阀。 4.启机后需确认设备参数,查看是否正常。 5.调整干燥塔运行,设定运行时间。 6.准时填写设备相关记录。 7.设备启运后立即更换设备运行状态牌	压缩机运行岗
停运空压机	1.按下停机按钮,空压机将在设定的停机时间内停止运行。 2.关闭空压机系统空气出口阀,停止压缩的空气供给。 3.关闭干燥系统	1.设备按下停机按钮后未在设定停机时间内停止运行,致使设备损坏。 2.阀门未完全关闭,导致气体反吹损坏设备	1.确认设备是否完全停止运行。 2.确认阀门完全关闭	压缩机运行岗
完工验收	正常停机后完工验收标准,对停运机组进行检查,填写相关记录,更换设备运行牌	1.未准时填写相关记录会使资料收集和运行时间记录错误。 2.设备停运后未更换设备运行牌	1.准时填写设备相关记录。 2.设备停运后立即更换设备运行状态牌	压缩机运行岗

3.2.7 循环水泵操作（表 3-10）

表 3-10 循环水泵操作风险控制指南

前期准备	
人员资质	压缩机运行岗等级证、压力容器操作证、HSSE 证、硫化氢证
设备类型	离心泵
工用具	F 扳手、活动扳手、防噪声耳罩、绝缘手套、测温仪、润滑油（脂）、听音棒、验电器、棉纱
操作规程	离心泵启运操作

风险控制指南				
作业环节	主要操作步骤及工作标准	潜在的事故（事件）风险提示	风险控制措施	责任岗位
操作准备	1.穿戴劳保用品。 2.检查准备工用具	1.未按规定穿戴劳保用品易造成人身伤害。 2.噪声造成人耳失聪	1.做好"三穿两戴"。 2.佩戴防噪声耳罩	压缩机运行岗
启运	1.循环冷却水系统管路畅通，工艺阀门状态正确，将启用的水换热器进出口阀门打开。 2.循环泵等用电设备已上电调试运行正常。 3.确认循环水管线内已经注满水。 4.检查确认循环水路与各设备连接正常，无泄漏。 5.打开冷却塔循环供回水管上的阀门。 6.检查确认循环水路所有排污阀、放空阀均已关闭。 7.检查确认循环水路温度、压力仪表，工作正常。 8.打开循环水泵的进口阀门。 9.按启泵按钮，迅速打开出口阀门。 10.观察出口流量，水泵电流是否在正常范围内	1.阀门、仪表失灵未发现，投运时出现憋压、泄漏。 2.无绝缘脚垫、未验电、未戴绝缘手套、接地不良造成触电。 3.开阀门过慢憋泵造成刺漏，开阀门过快造成设备损坏	1.仔细检查阀门、仪表确保灵活好用。 2.站在绝缘脚垫上、戴绝缘手套操作电气设备，接触用电设备前使用验电器确认外壳无电，侧身操作用电设备	压缩机运行岗
完工验收	1.收拾工具、清理现场。 2.检查泵压、管压、电流、排量等参数并及时调整。 3.检查运转声音、泵和电机轴承温度。 4.检查漏失量、润滑油	1.未清理现场，易造成环境污染。 2.参数调节不当造成系统紊乱。 3.机泵温度过高造成设备损坏。 4.润滑油变质、缺失造成轴承损坏。 5.靠近旋转部位造成机械伤害	1.操作完后及时清理现场。 2.先确认流程，再进行操作。 3.发现温度过高及时处理。 4.发现润滑油变质、缺失及时处理。 5.与旋转部位保持安全距离	压缩机运行岗

3.2.8 密闭式冷却塔操作(表 3-11)

表 3-11 密闭式冷却塔操作风险控制指南

前期准备	
人员资质	压缩机运行岗等级证、压力容器操作证、HSSE 证、硫化氢证
设备类型	循环水冷却塔
工用具	F 扳手、便携式天然气检测仪、防爆对讲机
操作规程	循环水冷却塔启停运操作

风险控制指南				
作业环节	主要操作步骤及工作标准	潜在的事故(事件)风险提示	风险控制措施	责任岗位
操作准备	1.穿戴劳保用品。 2.检查准备工用具	1.未按规定穿戴劳保用品易造成人身伤害。 2.作业区域存在天然气泄漏导致人员中毒	1.做好"三穿两戴"。 2.佩戴便携式天然气检测仪,发现检测仪报警时终止操作,立即撤离、上报	压缩机运行岗
启运	1.开启自动补水阀门。 2.打开循环水进出口阀门。 3.闭合循环水泵房配电柜上的总电源,闭合各路喷淋泵和风机所对应的控制开关。 4.将冷却水加热器控制方式设置为自动	1.机械伤害造成人员受伤。 2.断电断仪表风影响生产。 3.触电造成人员伤亡。 4.误操作设备损坏造成人员受伤。 5.摔伤造成人员伤害	1.加强巡检和作业监督,严格按照操作规程操作,穿戴好劳动防护用品,身体不要正对设备操作。 2.穿戴好劳动防护服装,使用防爆工具。 3.加强巡检和作业监督,严格按照操作规程操作。 4.加强作业监督,严格按照操作规程操作,严禁带电作业,穿戴好劳动防护用品,做好设备漏电保护和保护接地,加强人员培训,严格按照操作规程作业。 5.严格按照操作规程进行操作,高处作业必须系安全绳、戴安全带	压缩机运行岗
停运	1.接到生产调度指令。 2.首先关闭冷却塔电机风机电源,然后断开喷淋水泵电源。 3.关闭循环水进出口阀门。 4.关闭自动补水装置阀门。 5.关闭冷却水加热器	1.机械伤害造成人员受伤。 2.断电断仪表风影响生产。 3.触电造成人员伤亡。 4.误操作设备损坏造成人员受伤。 5.摔伤造成人员伤害	1.加强巡检和作业监督,严格按照操作规程操作,穿戴好劳动防护用品,身体不要正对设备操作。 2.穿戴好劳动防护服装,使用防爆工具。 3.加强巡检和作业监督,严格按照操作规程操作。 4.加强作业监督,严格按照操作规程操作,严禁带电作业,穿戴好劳动防护用品,做好设备漏电保护和保护接地,加强人员培训,严格按照操作规程作业。 5.严格按照操作规程进行操作,高处作业必须系安全绳、戴安全带	压缩机运行岗
完工验收	1.收拾工具清理现场。 2.检查泵压管压电流排量等参数并及时调整,检查运转声音泵和电机轴承温度	1.运行参数异常,造成设备损坏。 2.未清理现场,易造成环境污染	1.密切监视机组运行参数,及工作状态。 2.操作完后及时清理现场	压缩机运行岗

3.2.9 GD 快开盲板操作（表 3-12）

表 3-12 GD 快开盲板操作风险控制指南

前期准备	
人员资质	输气运行岗等级证、HSSE 证、硫化氢证、固定式压力容器操作证
设备类型	GD 快开盲板
工用具	可燃气体报警仪、XP3140、含氧量检测仪、注氮汇管及配套工具材料、活动扳手、验漏液、压力报警螺栓密封圈、盲板密封圈、灭火器、警戒带
操作规程	GD 快开盲板操作规程

风险控制指南				
作业环节	主要操作步骤及工作标准	潜在的事故（事件）风险提示	风险控制措施	责任岗位
操作准备	1.穿戴劳保用品。 2.检查准备工用具。 3.汇报并办理盲板抽堵作业票等相关作业票	1.未按规定穿戴劳保用品易造成人身伤害。 2.携带手机等无线非防爆通信设备进入作业区域。 3.选用非防爆工具作业过程中引发火灾爆炸事故	1.按规定劳保着装到位。 2.携带对讲机、气检仪，禁止携带手机等非防爆通信设备进入作业区域。 3.选用防爆工具	输气运行岗
操作前检查确认	1.现场消防设施到位、警戒到位。 2.进出口电动阀门已下电。 3.工艺流程及阀门状态已确认。 4.氮气置换合格。 5.确认筒体压力已为零	1.现场未摆放消防设施，在开盲板时发生火灾无法进行及时灭火。 2.未对进出口阀门下电，远程或就地误操作导致生产事故。 3.工艺流程和阀门状态确认错误，导致操作失误引发事故。 4.氮气置换不合格开盲板引发火灾爆炸。 5.未确认筒体压力，放空阀未始终保持开启状态，开盲板时导致设备损坏，人员受伤	1.作业前保证现场有充足的消防设施。 2.按照操作规程作业前先对进出口阀门进行下电。 3.采用双确认的方式对现场流程及阀门状态进行确认。 4.用 XP3140 检测天然气含量确保氮气置换合格。 5.开盲板前确认筒体压力为零，且保持放空阀始终保持开启状态，且保证站场无其他放空作业	输气运行岗
开盲板操作	1.缓慢旋松压力报警螺杆，无报警声。 2.卸下压力报警螺杆及锁块。 3.将万向手柄插入锁环驱动臂，逆时针转动手柄，使锁带缩回锁带凹槽。 4.向外拉开操作杆，打开盲板	1.开盲板时正面站人，导致人员受伤。 2.压力报警螺栓损坏，在存有余压的情况下不能及时报警，开盲板时造成设备损坏，人员受伤。 3.直接操作驱动臂用万向手柄向外拉开快开盲板，导致驱动臂和万向手柄损坏。 4.开盲板时用力不均导致盲板撞击球筒，损坏设备，严重时引发火灾爆炸。 5.开盲板后未采取湿式作业导致硫化亚铁自燃引发火灾爆炸	1.开盲板时，正面禁止站人。 2.在拧松压力报警螺栓时，通过精密压力表再确认压力为零，操作时人员站在盲板外侧面。 3.开启盲板时使用手柄，禁止使用驱动臂和万向手柄操作。 4.开盲板时用力缓慢均匀。 5.开盲板时采用湿式作业	输气运行岗

续表 3-12

风险控制指南			
作业环节	主要操作步骤及工作标准	潜在的事故（事件）风险提示	风险控制措施	责任岗位
盲板检查及维护	1. 检查锁带、密封圈是否完好，无明显划痕和损伤。 2. 门轴开关灵活，马蹄机械装置及锁带伸缩自如。 3. 检查清理报警螺栓取压孔、报警螺栓螺纹、盲板排水孔。 4. 检查密封圈完好无损。 5. 清除凹槽、锁带和密封面脏物，检查盲板密封圈。 6. 在盲板凹槽、锁带、盲板密封面、报警螺栓螺纹涂抹一层润滑脂	1. 直接用平铲维护各密封面导致密封面划伤受损。 2. 用平铲、螺丝刀或其他坚硬工具取出密封圈，导致密封圈损坏。 3. 维护保养不到位，导致盲板关闭后漏气	选取合适的工具进行维护保养，保养要全面，密封面禁止存有异物或划伤	输气运行岗
关盲板操作	1. 缓慢关闭盲板。 2. 将万向手柄插入锁环驱动臂顺时针转动手柄使锁带卡在凹槽内。 3. 来回拉动几次手柄确认锁带完全卡入凹槽。 4. 塞尺测量盲板是否居中。 5. 装上锁块，拧紧压力报警螺杆	1. 直接操作驱动臂用万向手柄向里推开快开盲板，导致驱动臂和万向手柄损坏。 2. 关盲板时用力不均导致盲板撞击球筒，损坏设备，严重时引发火灾爆炸。 3. 盲板关闭后未进行塞尺测量，盲板不居中导致漏气	1. 关闭盲板时使用手柄，禁止使用驱动臂和万向手柄操作。 2. 关盲板时用力缓慢均匀。 3. 盲板关闭后进行塞尺测量，确认盲板居中	输气运行岗
盲板检漏操作	1. 进行氮气置换，检测合格后申请升压验漏。 2. 关闭放空阀，确认流程后利用旁通阀分 3 个阶段缓慢进行充压。 3. 充压完毕验漏合格后关闭旁通阀	1. 未用含氧量检测仪检测空气含量导致大量空气混入管道内。 2. 未关闭放空阀进行充压检漏，导致天然气放空。 3. 未使用旁通阀进行阶段性充压，而是直接开进口球阀充压，导致球阀冲蚀损坏。 4. 充压完毕后未进行检漏，不能及时发现外漏隐患，严重时引发火灾爆炸	1. 充压作业前用含氧量检测仪检测空气含量，确认合格后方可充压。 2. 充压前确认放空阀处于关闭状态。 3. 使用旁通阀进行阶段性充压。 4. 阶段充压过程中分别进行检漏，确保零泄漏	输气运行岗
操作后检查确认	1. 恢复流程，确认阀门状态。 2. 进出口阀门从配电箱上电	1. 未恢复确认所有阀门状态，导致流程错误。 2. 未对进出口阀门上电，导致阀门无法远程操作	采用双确认的方式对现场流程及阀门状态进行确认，确认完毕后及时进行上电	输气运行岗
完工验收	做到"工完料净场地清"，并做好记录	未清理现场，易造成环境污染	操作完后及时清理现场	输气运行岗

3.2.10 三瓣式快开盲板操作（表 3-13）

表 3-13 三瓣式快开盲板操作风险控制指南

前期准备	
人员资质	输气运行岗等级证、HSSE证、硫化氢证、固定式压力容器操作证
设备类型	三瓣式快开盲板
工用具	可燃气体报警仪、XP3140、含氧量检测仪、注氮汇管及配套工具材料、活动扳手、验漏液、压力报警螺栓密封圈、盲板密封圈、灭火器、警戒带
操作规程	三瓣式快开盲板操作规程

风险控制指南				
作业环节	主要操作步骤及工作标准	潜在的事故（事件）风险提示	风险控制措施	责任岗位
操作准备	1. 穿戴劳保用品。 2. 检查准备工用具。 3. 汇报并办理盲板抽堵作业票等相关作业票	1. 未按规定穿戴劳保用品易造成人身伤害。 2. 携带手机等无线非防爆通信设备进入作业区域。 3. 选用非防爆工具作业过程中引发火灾爆炸事故	1. 按规定劳保着装到位。 2. 携带对讲机、气仪器，禁止携带手机等非防爆通信设备进入作业区域。 3. 选用防爆工具	输气运行岗
操作前检查确认	1. 现场消防设施到位、警戒到位。 2. 出口电动阀门已下电。 3. 工艺流程及阀门状态已确认。 4. 氮气置换合格。 5. 确认筒体压力已为零	1. 现场未摆放消防设施，在开盲板时发生火灾无法进行及时灭火。 2. 未对出口阀门下电，远程或就地误操作导致生产事故。 3. 工艺流程和阀门状态确认错误，导致操作失误引发事故。 4. 氮气置换不合格开盲板引发火灾爆炸。 5. 未确认筒体压力，放空阀未始终保持开启状态，开盲板时导致设备损坏，人员受伤	1. 作业前保证现场有充足的消防设施。 2. 按照操作规程作业前先对出口阀门进行下电。 3. 采用双确认的方式对现场流程及阀门状态进行确认。 4. 用 XP3140 检测天然气含量确保氮气置换合格。 5. 开盲板前确认筒体压力为零，保持放空阀始终保持开启状态，且保证站场无其他放空作业	输气运行岗
开盲板操作	1. 缓慢拧松安全锁紧阀。 2. 取下安全卡板。 3. 按开关丝杠处的标示方向转动开关丝杠，直至卡箍的内缘与盲板盖的外缘完全分开。 4. 拉动盲板盖上的拉手，向一侧打开盲板盖	1. 开盲板时正面站人，导致人员受伤。 2. 开盲板时用力不均导致盲板撞击球筒，损坏设备，严重时引发火灾爆炸。 3. 开盲板后未采取湿式作业导致硫化亚铁自燃引发火灾爆炸	1. 开盲板时，正面禁止站人，操作人员站立于开闭机构一侧。 2. 开盲板时用力缓慢均匀。 3. 开盲板时采用湿式作业，控制周边一切火源	输气运行岗

续表 3-13

作业环节	风险控制指南			责任岗位
	主要操作步骤及工作标准	潜在的事故（事件）风险提示	风险控制措施	
盲板检查及维护	1. 彻底清除盲板密封面、密封槽、O型密封圈及卡箍内的污物。 2. 涂抹防锈油脂，再安装上O型密封圈。	1. 直接用平铲维护各密封面导致密封面划伤受损。 2. 用平铲、螺丝刀或其他坚硬工具取出密封圈，导致密封圈损坏。 3. 维护保养不到位，导致盲板关闭后漏气	选取合适的工具进行维护保养，保养要全面，密封面禁止存有异物或划伤	输气运行岗
关盲板操作	1. 拉动盲板盖上的拉手，关闭盲板盖，使盲板盖与盲板座外缘完全重合。 2. 按支座处的标示方向转动开合丝杠，锁紧卡箍。 3. 装好安全卡板，使安全卡板完全扣在安全定位销上。 4. 检查安全锁紧阀上的O型密封圈是否完好。 5. 安装上安全锁紧阀，并拧紧	1. 调整不到位，易造成盲板磕碰，损坏。 2. 关盲板时用力不均导致盲板撞击球筒，损坏设备，严重时引发火灾爆炸	1. 调整锁环和盲板的相对位置，确保盲板位于锁环中央。 2. 关盲板时用力缓慢均匀	输气运行岗
盲板检漏操作	1. 进行氮气置换，检测合格后申请升压验漏。 2. 关闭放空阀，确认流程后利用旁通阀分3个阶段缓慢进行充压。 3. 充压完毕验漏合格后关闭旁通阀	1. 未用含氧量检测仪检测空气含量导致大量空气混入管道内。 2. 未关闭放空阀进行充压检漏，导致天然气放空。 3. 未使用旁通阀进行阶段性充压，而是直接开进口球阀充压，导致球阀冲蚀损坏。 4. 充压完毕后未进行检漏，不能及时发现外漏隐患，严重时引发火灾爆炸	1. 充压作业前用含氧量检测仪检测空气含量，确认合格后方可充压。 2. 充压前确认放空阀处于关闭状态。 3. 使用旁通阀进行阶段性充压。 4. 阶段充压过程中分别进行检漏，确保零泄漏	输气运行岗
操作后检查确认	1. 恢复流程，确认阀门状态。 2. 出口阀门从配电箱上电	1. 未恢复确认所有阀门状态，导致流程错误。 2. 未对出口阀门上电，导致阀门无法远程操作	采用双确认的方式对现场流程及阀门状态进行确认，确认完毕及时进行上电	输气运行岗
完工验收	做到"工完料净场地清"，并做好记录	未清理现场，易造成环境污染	操作完后及时清理现场	输气运行岗

3.2.11 防喘阀操作(表 3-14)

表 3-14 防喘阀操作风险控制指南

前期准备	
人员资质	HSSE 证、硫化氢证、压力容器操作证、压缩机运行岗等级证
设备类型	防喘振阀
工用具	防爆扳手、喷壶
操作规程	防喘振阀操作规程

风险控制指南				
作业环节	主要操作步骤及工作标准	潜在的事故(事件)风险提示	风险控制措施	责任岗位
操作准备	1.穿戴劳保用品。 2.检查准备工用具	1.未按规定穿戴劳保用品易造成人身伤害。 2.作业区域存在硫化氢泄漏导致人员中毒。 3.使用非防爆工具引发火灾爆炸事故	1.做好"三穿两戴"。 2.佩戴便携式硫化氢检测仪,发现检测仪报警时终止操作,立即撤离、上报。 3.使用防爆工具	压缩机运行岗
操作前检查	检查现场工艺流程、上位机工况点、仪器仪表、安全附件、自动控制系统等	检查阀体及导管连接时跌落摔伤	登上阀体后抓牢站稳	压缩机运行岗
防喘振阀动作	防喘振阀开关度调整	1.开关度调整不合适导致工况点靠近防喘振线,阀门全开。 2.工况点越过喘振线,引起压缩机喘振	1.先确认工况点,然后开始防喘振阀调整。 2.调整过程中应有人关注工况点离防喘振线距离	压缩机运行岗
验收检查	1.调整完成后检查控制按钮是否调到半自动或自动状态。 2.如果防喘振阀全开,检查空冷器是否启动	1.调整完毕后若处于手动状态,则在危险工况下防喘振阀无法自动调节,易发生喘振。 2.空冷器未开,出口温度高导致停机	1.防喘振阀动作后及时调到半自动或自动状态。 2.当防喘振阀全开或接近全开时,及时启动空冷器	压缩机运行岗

3.2.12 气液联动执行机构操作(表3-15)

表3-15 气液联动执行机构操作风险控制指南

前期准备	
人员资质	输气运行岗等级证、HSSE证、硫化氢证
设备类型	气液联动执行机构
工用具	护目镜、手套、气检仪、对讲机、验漏液、抹布
操作规程	SHAFER气液联动执行机构操作

风险控制指南				
作业环节	主要操作步骤及工作标准	潜在的事故(事件)风险提示	风险控制措施	责任岗位
操作准备	1.穿戴劳保用品。 2.准备工用具	1.未按规定穿戴劳保用品易造成人身伤害。 2.未带对讲机与站控沟通不畅,误操作造成人身伤害	1.穿戴好劳保防护用品。 2.操作前工用具准备齐全	输气运行岗
操作前检查	1.检查所在管线工艺流程,阀门所处状态。 2.检查执行机构各连接点有无漏气或漏液压油;各引压管、阀门及法兰无泄漏、无震动、无腐蚀。 3.检查动力气罐压力	1.未检查工艺流程,误操作造成生产事故。 2.存在泄漏引发火灾爆炸危险。 3.压力不足,阀门无法开关到位	1.操作前确认工艺流程满足操作要求。 2.操作前检查有无泄漏和故障,并及时处理。 3.检查引压管根部阀是否开启,动力气压力是否满足要求	输气运行岗
手动液压开阀	1.将阀门由远控状态切换为就地状态。 2.现场将"手动换向阀"上标有"CLOSE"侧的按钮推入。 3.上、下压动手油泵压杆开阀。 4.压下手动换向阀上部的泄放平衡阀按钮,将手油泵压杆复位	1.未切换至就地状态,远程误操作造成人身伤害。 2.手动换向阀操作错误导致喷油,造成设备故障。 3.操作手油泵压杆造成人身伤害。 4.未通过泄放平衡阀,强行压手油泵压杆造成设备损坏	1.切换至就地状态再进行操作。 2.按照开关要求正确操作手动换向阀。 3.操作时穿戴好劳保用品,站侧面操作。 4.按正确方法对手油泵压杆复位	输气运行岗
手动液压关阀	1.将阀门由远控状态切换为就地状态。 2.现场将"手动换向阀"上标有"OPEN"侧的按钮推入。 3.上、下压动手油泵压杆关阀。 4.压下手动换向阀上部的泄放平衡阀按钮,将手油泵压杆复位	1.未切换至就地状态,远程误操作造成人身伤害。 2.手动换向阀操作错误导致喷油,造成设备故障。 3.操作手油泵压杆造成人身伤害。 4.未通过泄放平衡阀,强行压手油泵压杆造成设备损坏	1.切换至就地状态再进行操作。 2.按照开关要求正确操作手动换向阀。 3.操作时穿戴好劳保用品,站侧面操作。 4.按正确方法对手油泵压杆复位	输气运行岗

续表 3-15

作业环节	风险控制指南			责任岗位
	主要操作步骤及工作标准	潜在的事故（事件）风险提示	风险控制措施	
现场气动开阀	1.将阀门由远控状态切换为就地状态。 2.向外将提升阀总成上标记"OPEN"字母侧的操作手柄拉到底，并一直处于拉动手柄状态，观察阀位指示器转动，当指向"全开"位置时，松开操作手柄。 3.观察动力气泄放口有排气，排气完毕后，检查确认机械阀位处于全开状态	1.未切换至就地状态，远程误操作造成人身伤害。 2.开关手柄选择错误导致喷油，造成设备故障。 3.拉动手柄时未拉到位，导致阀门无法动作，天然气放空。 4.放空天然气引发火灾爆炸危险。 5.放空时噪声造成人身伤害	1.切换至就地状态再进行操作。 2.选择正确的手柄开关阀。 3.拉动手柄开阀时要操做到位。 4.操作时禁止周围一切用火用电作业。 5.操作时劳保防护用品需穿戴齐全	输气运行岗
现场气动关阀	1.将阀门由远控状态切换为就地状态。 2.向外将提升阀总成上标记"CLOSE"字母侧的操作手柄拉到底，并一直处于拉动手柄状态，观察阀位指示器转动，当指向"全关"位置时，松开操作手柄。 3.观察动力气泄放口有排气，排气完毕后，检查确认机械阀位处于全关状态	1.未切换至就地状态，远程误操作造成人身伤害。 2.开关手柄选择错误导致喷油，造成设备故障。 3.拉动手柄时未拉到位，导致阀门无法动作，天然气放空。 4.放空天然气引发火灾爆炸危险。 5.放空时噪声造成人身伤害	1.切换至就地状态再进行操作。 2.选择正确的手柄开关阀。 3.拉动手柄关阀时要操做到位。 4.操作时禁止周围一切用火用电作业。 5.操作时劳保防护用品需穿戴齐全	输气运行岗
远程开阀	1.检查前后工艺流程，满足操作条件。 2.确认就地/远程选择柄处于远程位置，阀门处于关位。 3.鼠标左键调出阀体控制面板，单击开阀按钮，再单击执行按钮开阀	1.未检查前后工艺流程，误操作造成生产事故。 2.阀门控制面板选择错误，误操作造成生产事故。 3.操作时天然气放空造成火灾爆炸危险	1.操作前做好阀门状态确认及工艺流程检查。 2.操作时选择对应阀门操作面板。 3.操作时一人在现场监护	输气运行岗
远程关阀	1.检查前后工艺流程，满足操作条件。 2.确认就地/远程选择柄处于远程位置，阀门处于开位。 3.鼠标左键调出阀体控制面板，单击关阀按钮，再单击执行按钮关阀	1.未检查前后工艺流程，误操作造成生产事故。 2.阀门控制面板选择错误，误操作造成生产事故。 3.操作时天然气放空造成火灾爆炸危险	1.操作前做好阀门状态确认及工艺流程检查。 2.操作时选择对应阀门操作面板。 3.操作时一人在现场监护	输气运行岗
完工验收	收拾工具、清理现场	未清理现场，易造成环境污染	操作完后及时清理现场	输气运行岗

3.2.13 电动执行机构操作(表 3-16)

表 3-16 电动执行机构操作风险控制指南

前期准备	
人员资质	输气运行岗等级证、HSSE 证、硫化氢证
设备类型	电动执行机构
工用具	ROTORK 电动执行机构手操器、对讲机
操作规程	ROTORK 电动执行机构操作

风险控制指南				
作业环节	主要操作步骤及工作标准	潜在的事故(事件)风险提示	风险控制措施	责任岗位
操作准备	1. 穿戴劳保用品。 2. 检查准备工用具	1. 未按规定穿戴劳保用品易造成人身伤害。 2. 未带对讲机与站控沟通不畅,误操作造成人身伤害	1. 穿戴好劳保防护用品。 2. 操作前工用具准备齐全	输气运行岗
现场电动开阀操作	1. 检查电动执行机构供电正常且无故障报警,阀门处于关位。 2. 检查电动阀前后工艺流程,满足操作条件。 3. 将切换旋钮转至就地。 4. 旋转开关旋钮开阀	1. 未确认阀门状态,误操作易造成设备损坏。 2. 未检查前后工艺流程,误操作造成生产事故。 3. 切换旋钮方向旋转错误造成设备损坏。 4. 开关方向错误造成设备过扭矩,损坏设备	1. 操作前做好阀门状态确认。 2. 操作前对所在工艺流程检查。 3. 按照指示方向操作旋钮,禁止蛮力操作设备。 4. 按照正确方向开关阀门	输气运行岗
现场电动关阀操作	1. 检查电动执行机构供电正常且无故障报警,阀门处于开位。 2. 检查电动阀前后工艺流程,满足操作条件。 3. 将切换旋钮转至就地。 4. 旋转开关旋钮关阀	1. 未确认阀门状态,误操作易造成设备损坏。 2. 未检查前后工艺流程,误操作造成生产事故。 3. 切换旋钮方向旋转错误造成设备损坏。 4. 开关方向错误造成设备过扭矩,损坏设备	1. 操作前做好阀门状态确认。 2. 操作前对所在工艺流程进行检查。 3. 按照指示方向操作旋钮,禁止蛮力操作设备。 4. 按照正确方向开关阀门	输气运行岗
现场手动开阀操作	1. 检查电动阀前后工艺流程,满足操作条件。 2. 确认切换旋钮处于"STOP"位置,且阀门处于关位。 3. 旋转手轮以挂上离合器,松开离合器手柄,然后逆时针旋转手轮开阀	1. 未检查前后工艺流程,误操作造成生产事故。 2. 未将切换旋钮置于"STOP"位置,电动误操作造成人身伤害。 3. 开关方向错误造成设备损坏	1. 操作前做好阀门状态确认及工艺流程检查。 2. 操作前确认切换旋钮处于"STOP"位置再进行操作。 3. 严格按照指示方向操作,站侧面开关阀门,禁止蛮力操作设备	输气运行岗

续表 3-16

作业环节	主要操作步骤及工作标准	潜在的事故(事件)风险提示	风险控制措施	责任岗位
现场手动关阀操作	1.检查电动阀前后工艺流程,满足操作条件。 2.确认切换旋钮处于"STOP"位置,且阀门处于开位。 3.旋转手轮以挂上离合器,松开离合器手柄,然后顺时针旋转手轮关阀	1.未检查前后工艺流程,误操作造成生产事故。 2.未将切换旋钮置于"STOP"位置,电动误操作造成人身伤害。 3.开关方向错误造成设备损坏	1.操作前做好阀门状态确认及工艺流程检查。 2.操作前确认切换旋钮处于"STOP"位置再进行操作。 3.严格按照指示方向操作,站侧面开关阀门,禁止蛮力操作设备	输气运行岗
远程开阀操作	1.检查电动阀前后工艺流程,满足操作条件。 2.确认电源正常,就地/远程选择柄处于"远程"位置,阀门处于关位。 3.鼠标左键调出阀体控制面板,单击开阀按钮,再单击执行按钮开阀	1.未检查前后工艺流程,误操作造成生产事故。 2.阀门控制面板选择错误,误操作造成生产事故。 3.操作完成后未现场确认阀门状态,无法获知现场阀门动作情况	1.操作前做好阀门状态确认及工艺流程检查。 2.操作时选择对应阀门操作面板。 3.操作时一人在现场监护	输气运行岗
远程关阀操作	1.检查电动阀前后工艺流程,满足操作条件。 2.确认电源正常,就地/远程选择柄处于"远程"位置,阀门处于开位。 3.鼠标左键调出阀体控制面板,单击关阀按钮,再单击执行按钮关阀	1.未检查前后工艺流程,误操作造成生产事故。 2.阀门控制面板选择错误,误操作造成生产事故。 3.操作完成后未现场确认阀门状态,无法获知现场阀门动作情况	1.操作前做好阀门状态确认及工艺流程检查。 2.操作时选择对应阀门操作面板。 3.操作时一人在现场监护	输气运行岗
完工验收	1.收拾工具、清理现场。 2.更换阀门开关状态牌	1.未清理现场,易造成环境污染。 2.未更换阀门开关状态牌,易造成阀门误操作	1.操作完后及时清理现场。 2.操作完成后及时更换阀门状态牌	输气运行岗

3.2.14 放空火炬操作(表 3-17)

表 3-17 放空火炬操作风险控制指南

前期准备	
人员资质	输气运行岗等级证、HSSE 证、硫化氢证
设备类型	放空火炬
工用具	F 扳手、劳保用品(手套、护目镜、防噪声耳塞)
操作规程	火炬就地点火操作

风险控制指南				
作业环节	主要操作步骤及工作标准	潜在的事故(事件)风险提示	风险控制措施	责任岗位
操作准备	1.穿戴劳保用品。 2.检查天气情况	1.未按规定穿戴劳保用品易造成人身伤害。 2.大风天气导致火炬无法点燃	1.穿戴好劳保防护用品。 2.避免在恶劣天气条件下进行点火操作	输气运行岗
点火前检查	1.检查燃气管线畅通,保证点火用天然气压力在 0.2~0.4MPa 之间。 2.检查并排掉管线中的冷凝液。 3.检查点火操作箱供电正常。 4.电磁阀前后的截止阀常开,旁路阀处于常闭状态	1.点火用天然气压力过高,造成设备、仪表损坏。 2.带压气流冲出造成人身伤害。 3.排污时天然气放空造成火灾爆炸事故。 4.排出污物造成环境污染	1.仔细检查点火流程,确认点火用天然气压力符合要求。 2.排污过程中控制好排污速度,避免操作人员正对排污口。 3.排污前禁止放空区内有任何施工作业。 4.排污时做好污物收集	输气运行岗
点火	1.将站控点火控制箱切换至就地状态。 2.按下 1#(2#)电磁阀按钮,并按下 1#(2#)点火按钮点火	1.未切换至就地状态,远程误操作造成人身伤害。 2.设备放空过程中就地点火引发爆燃,造成人身伤害和设备损坏	1.操作前做好状态确认。 2.就地点火前确认站场无设备,放空后再操作	输气运行岗
复位	点火完成后需对电磁阀进行复位	1.未对电磁阀复位,造成火炬持续燃烧,天然气大量浪费。 2.电磁阀持续带电吸合,降低了使用寿命	点火完成后做好检查确认,及时恢复电磁阀状态	输气运行岗
完工验收	收拾工具、清理现场	未清理现场,易造成环境污染	操作完后及时清理现场	输气运行岗

3.2.15 设备排污操作（表 3-18）

表 3-18 设备排污操作风险控制指南

前期准备	
人员资质	输气运行岗等级证、压力容器操作证、HSSE证、硫化氢证
设备类型	过滤分离器
工用具	F扳手、活动扳手、便携式可燃气体检测仪、对讲机、警戒带
操作规程	设备排污操作

风险控制指南				
作业环节	主要操作步骤及工作标准	潜在的事故（事件）风险提示	风险控制措施	责任岗位
操作准备	1.得到调控中心允许。 2.劳保着装，检查工器具。 3.检查分离器区周围，并拉上警戒带	1.未按规定穿戴劳保用品易造成人身伤害。 2.使用非防爆工具引发火灾爆炸事故	1.做好劳保着装。 2.使用防爆工具。 3.及时拉设警戒带，告知风险，让其撤离作业区	输气运行岗
流程切换	1.确认过滤分离器前后阀门状态。 2.先打开备用路上下游阀门，再关闭在用路上下游阀门	流程切换错误将导致下游用户停气	严格按照设备操作规程进行，加强教育，提高操作能力	输气运行岗
排污操作	1.检查排污罐放空阀、排污阀及其他阀门开关状态。 2.检查妥当之后，对过滤分离器进行放空，压力降至 0.2MPa 后关闭放空阀。 3.缓慢打开阀套式排污阀进行排污，操作阀套式排污阀时，要用耳仔细听阀内流体声音，判断排放的是液体或是气体，一旦听到气流声，立即关闭阀套式排污阀。 4.待排污罐液面稳定后，记录排污罐液面高度。向调控中心汇报排污操作的具体时间和排污结果	1.不安排人观察排污管压力，导致排污罐压力持续上升将会引起排污罐憋压，站控机报警。 2.污物太多导致排污管线堵塞。 3.附属管线存在泄漏，引发火灾、爆炸事故	1.合理安排人员开展监护。 2.阀套式排污阀开启关闭要缓慢，开度适中，仔细监听污物，观察排污管压力。 3.排污操作前仔细检查各设备及管线是否存在泄漏	输气运行岗
流程恢复	排污完成后，恢复正常工艺流程	流程切换错误将导致下游用户停气	严格按照设备操作规程进行，加强教育，提高操作能力	输气运行岗
完工验收	1.汇报调控中心。 2.收拾工具、清理现场	未清理现场，易造成环境污染	操作完后及时清理现场	输气运行岗

3.2.16 污水装车操作(表 3-19)

表 3-19 污水装车操作风险控制指南

前期准备	
人员资质	输气运行岗等级证、压力容器操作证、HSSE 证、硫化氢证
设备类型	排污罐
工用具	活动扳手、气检仪、对讲机、验漏液、抹布、护目镜、手套、警戒带
操作规程	排污罐污水装车操作

风险控制指南				
作业环节	主要操作步骤及工作标准	潜在的事故(事件)风险提示	风险控制措施	责任岗位
操作准备	1.得到调控中心允许。 2.劳保着装,检查工器具。 3.检查排污罐及自用气撬工艺流程及阀门状态	1.未按规定穿戴劳保用品易造成人身伤害。 2.使用非防爆工具引发火灾爆炸事故。 3.存在用火作业情况	1.做好劳保着装。 2.使用防爆工具。 3.及时拉设警戒带,告知风险,让其撤离作业区	输气运行岗
排污操作	1.关闭排污罐排污进口阀。 2.车辆就位,连接管道,打开装车出口阀。 3.打开天然气入口阀,控制压力在 0.1~0.2MPa 之间,调节进口阀开度,控制装车速度	1.误操作,导致天然气泄漏引发火灾。 2.硫化亚铁自燃,引发火灾。 3.压力控制不到位,导致排污罐压力大于 0.3MPa 引发报警	1.严格按照设备操作规程进行,加强教育,提高操作能力。 2.做好现场监护工作,配备合格数量的灭火器。 3.合理安排现场人员,同时结合站控机对排污罐压力进行监视	输气运行岗
流程恢复	1.装车口听见气流声后,立即关闭天然气入口阀和装车出口阀。 2.装车结束后打开排污罐手动放空阀,进行放空,打开排污罐排污进口阀	1.听见气流声后,未关闭天然气进口阀,导致天然气进入车内,危及卸车人员安全。 2.未恢复流程,引起下次装车时事故	1.加强人员安全教育。 2.严格按照设备操作规程进行,加强教育,提高操作能力	输气运行岗
完工验收	1.汇报调控中心。 2.收拾工具、清理现场	未清理现场,易造成环境污染	操作完后及时清理现场	输气运行岗

3.2.17 过滤分离器切换(表 3-20)

表 3-20 过滤分离器切换风险控制指南

前期准备	
人员资质	输气运行岗等级证、压力容器操作证、HSSE 证、硫化氢证
设备类型	过滤分离器
工用具	F 扳手、气检仪、对讲机、验漏液、抹布、警戒带
操作规程	过滤分离支路切换操作

风险控制指南				
作业环节	主要操作步骤及工作标准	潜在的事故(事件)风险提示	风险控制措施	责任岗位
操作准备	1.劳保着装,检查工器具。 2.检查过滤分离器工艺流程及阀门仪表开关状态是否正常	1.未按规定穿戴劳保用品易造成人身伤害。 2.使用非防爆工具引发火灾爆炸事故	1.劳保着装。 2.使用防爆工具。 3.拉设警戒带	输气运行岗
切换操作	1.打开备用路进口电动阀旁通阀,平衡压差后全开进口电动阀,打开出口电动阀,确认备用路进出口全开后,关闭在用路进出口电动阀门。 2.检查现场阀门、仪表状态及是否存在泄漏并和站控室核对阀门状态	1.天然气泄漏引发火灾爆炸事故。 2.流程切换操作,导致下游停气,造成生产事故	1.严格按照设备操作规程进行,加强教育,提高操作能力。 2.做好现场监护工作,配备合格数量的灭火器	输气运行岗
完工验收	1.汇报调控中心。 2.收拾工具、清理现场	未清理现场,易造成环境污染	操作完后及时清理现场	输气运行岗

3.2.18 计量撬切换(表3-21)

表3-21 计量撬风险控制指南

前期准备	
人员资质	输气运行岗等级证、压力容器操作证、HSSE证、硫化氢证
设备类型	计量撬
工用具	F扳手、气检仪、对讲机、验漏液、抹布
操作规程	计量撬支路切换操作

风险控制指南				
作业环节	主要操作步骤及工作标准	潜在的事故(事件)风险提示	风险控制措施	责任岗位
操作准备	1.劳保着装,检查工器具。 2.检查计量撬工艺流程及阀门开关状态是否正常	1.未按规定穿戴劳保用品易造成人身伤害。 2.使用非防爆工具引发火灾爆炸事故	1.做好劳保着装。 2.使用防爆工具。 3.拉设警戒带	输气运行岗
切换操作	1.打开备用路出口电动阀,确认全开后,与站控室核对阀门状态。 2.向站控室询问流量运行是否正常,正常后关闭在用路出口电动阀,确认全关后与站控室核对阀门状态。 3.确认现场流程,并和站控室核对阀门状态	1.天然气泄漏引发火灾爆炸事故。 2.流程切换操作,导致下游停气,造成生产事故	1.严格按照设备操作规程进行,加强教育,提高操作能力。 2.做好现场监护工作,配备合格数量的灭火器。 3.拉设警戒带	输气运行岗
完工验收	1.汇报调控中心。 2.收拾工具、清理现场	未清理现场,易造成环境污染	操作完后及时清理现场	输气运行岗

3.2.19 调压撬切换(表 3-22)

表 3-22 调压撬切换风险控制指南

前期准备	
人员资质	输气运行岗等级证、压力容器操作证、HSSE证、硫化氢证
设备类型	调压撬
工用具	F扳手、气检仪,对讲机,验漏液、抹布
操作规程	调压撬支路切换操作

风险控制指南				
作业环节	主要操作步骤及工作标准	潜在的事故(事件)风险提示	风险控制措施	责任岗位
操作准备	1.劳保着装,检查工器具。 2.检查调压撬工艺流程及阀门开关状态是否正常	1.未按规定穿戴劳保用品易造成人身伤害。 2.使用非防爆工具引发火灾爆炸事故	1.做好劳保着装。 2.使用防爆工具。 3.拉设警戒带	输气运行岗
切换操作	1.打开备用路进口电动阀,确认全开后,与站控室核对阀门状态。 2.打开备用路调压阀,现场手动调至合适的开度,观察备用路输气状态,正常后,依次关闭在用路调压阀及进口电动阀。 3.检查工艺流程、阀门状态是否正常,并与站控室核对	1.天然气泄漏引发火灾爆炸事故。 2.流程切换操作,导致下游停气,造成生产事故	1.严格按照设备操作规程进行,加强教育,提高操作能力。 2.做好现场监护工作,配备合格数量的灭火器	输气运行岗
完工验收	1.汇报调控中心。 2.收拾工具、清理现场	未清理现场,易造成环境污染	操作完后及时清理现场	输气运行岗

3.2.20 密封气过滤器滤芯切换（表3-23）

表3-23 密封气过滤器滤芯切换风险控制指南

前期准备	
人员资质	压缩机操作工等级证、HSSE证、硫化氢证、压力容器操作证
设备类型	干气密封过滤器
工用具	防爆扳手、棉纱、可燃气体报警仪、备用滤芯、喷壶
操作规程	密封气过滤器滤芯切换操作

风险控制指南				
作业环节	主要操作步骤及工作标准	潜在的事故（事件）风险提示	风险控制措施	责任岗位
更换前准备	1.JSA分析。 2.穿戴劳保用品。 3.检查准备工用具。 4.确认过滤器及机组无漏气。 5.作业人员清楚过滤器结构、工作原理。 6.确认备用路滤芯清洁无堵塞	1.未按规定穿戴劳保用品易造成人身伤害。 2.使用非防爆工具引发火灾爆炸事故。 3.机组存在漏气，由于碰撞等产生火花造成闪爆。 4.切换备用路后滤芯堵塞，干起密封供应不畅，导致压缩机停机	1.做好"三穿两戴"。 2.使用防爆工具。 3.佩戴便携式燃气检测仪，发现检测仪报警时终止操作，立即撤离、上报。 4.定期对设备进行检漏，对于出现泄漏的位置及时进行处理。 5.做好干气密封滤芯更换台账，确认备用路滤芯清洁可靠	压缩机维保岗
切换备用路过滤器	1.缓慢打开平衡阀使备用路过滤器升压。 2.升压完成后关闭平衡阀。 3.旋转切换阀手柄，投运备用路过滤器。 4.确认备用路压差正常，无堵塞情况	1.备用路过滤器放空或排污阀未关闭，造成切换后停机。 2.机组存在漏气，由于碰撞等产生火花造成闪爆。 3.过滤器切换时没有打开平衡阀，造成滤芯的损坏	1.切换前做好备用路过滤器检查工作。 2.佩戴便携式燃气检测仪，发现检测仪报警时终止操作，立即撤离、上报。 3.确认平衡充压完毕后方可切换	压缩机维保岗
打开过滤器取出滤芯	1.打开脏过滤器的排污阀。 2.关闭脏过滤器排污阀。 3.打开脏过滤器的放空阀，泄压。 4.打开过滤器顶盖，取掉密封圈，取出过滤器芯，保护好过滤器盖和壳体，防止污染	1.野蛮操作造成设备损坏。 2.作业过程中带压操作，造成天然气泄漏，人员伤害。 3.作业现场有火种带入，造成火灾	1.平稳操作。 2.佩戴便携式燃气检测仪，发现检测仪报警时终止操作，立即撤离。 3.进入作业区域前，去除身上火种，作业区域消防器材需摆放到位	压缩机维保岗
更换新滤芯	1.清理过滤器内部杂质。 2.安装新滤芯。 3.回装过滤器盖。 4.关闭过滤器的放空阀	1.清洁棉纱遗落入过滤器内部。 2.暴力操作损坏滤芯	1.平稳操作。 2.安装前检查过滤器腔体内部	压缩机维保岗
完成确认	1.缓慢打开平衡阀腔体充压后关闭平衡阀。 2.收拾工具、清理现场	盖板密封不严有泄漏	过滤器密封部位验漏	压缩机维保岗

3.2.21 隔离气过滤器切换（表 3-24）

表 3-24 隔离气过滤器切换风险控制指南

前期准备	
人员资质	压缩机操作工等级证、HSSE 证、硫化氢证、压力容器操作证
设备类型	隔离气过滤器
工用具	皮带扳手、棉纱、可燃气体报警仪、备用滤芯、喷壶
操作规程	隔离气过滤器切换操作

风险控制指南				
作业环节	主要操作步骤及工作标准	潜在的事故（事件）风险提示	风险控制措施	责任岗位
更换前准备	1. JSA 分析。 2. 穿戴劳保。 3. 检查准备工用具。 4. 确认过滤器及机组无漏气。 5. 作业人员清楚过滤器结构、工作原理。 6. 确认备用路滤芯清洁无堵塞	1. 未按规定穿戴劳保用品易造成人身伤害。 2. 使用非防爆工具引发火灾爆炸事故。 3. 机组存在漏气，由于碰撞等产生火花造成闪爆。 4. 切换备用路后滤芯堵塞，隔离气供应不畅，导致压缩机停机	1. 做好"三穿两戴"。 2. 使用防爆工具。 3. 佩戴便携式燃气检测仪，发现检测仪报警时终止操作，立即撤离、上报。 4. 定期对设备进行检漏，对于出现泄漏的位置及时进行处理。 5. 做好隔离气滤芯更换台账，确认备用路滤芯清洁可靠	压缩机维保岗
切换备用路过滤器	1. 缓慢打开备用路过滤器前手阀，使备用过滤器升压。 2. 升压完成后打开后手阀。 3. 关闭脏过滤器前后手阀。 4. 确认备用路压差正常，无堵塞情况	1. 备用路过滤器放空未关闭，造成切换后停机。 2. 机组存在漏气，由于碰撞等产生火花造成闪爆。 3. 野蛮操作造成设备损坏	1. 切换前做好备用路过滤器检查工作。 2. 佩戴便携式燃气检测仪，发现检测仪报警时终止操作，立即撤离、上报。 3. 严格按照作业指导书进行操作	压缩机维保岗
打开过滤器取出滤芯	1. 打开脏过滤器底部的排污阀，泄去过滤器筒内的压力。 2. 用皮带扳手拧开过滤器顶盖，取出滤芯	1. 野蛮操作造成设备损坏。 2. 作业过程中带压操作，造成天然气泄漏，人员伤害。 3. 作业现场有火种带入，造成火灾	1. 平稳操作。 2. 佩戴便携式燃气检测仪，发现检测仪报警时终止操作，立即撤离。 3. 进入作业区域前，去除身上火种，作业区域消防器材需摆放到位	压缩机维保岗
更换新滤芯	1. 清理过滤器腔体内部杂质。 2. 安装新滤芯。 3. 回装过滤器盖。 4. 关闭过滤器的放空阀	1. 清洁棉纱遗落入过滤器内部。 2. 暴力操作损坏滤芯	1. 平稳操作。 2. 安装前检查过滤器腔体内部	压缩机维保岗
完工验收	收拾工具、清理现场	盖板密封不严有泄漏	过滤器密封部位验漏	压缩机维保岗

3.2.22 消防泵操作(表 3-25)

表 3-25 消防泵操作风险控制指南

前期准备	
人员资质	输气运行岗等级证、HSSE 证、硫氢化证
设备类型	强自吸消防泵
工用具	F 扳手、活动扳手、防噪声耳罩、绝缘手套、测温仪、润滑油(脂)、听音棒、验电器、棉纱
操作规程	强自吸消防水泵操作

风险控制指南				
作业环节	主要操作步骤及工作标准	潜在的事故(事件)风险提示	风险控制措施	责任岗位
操作准备	1. 穿戴劳用品保。 2. 检查准备工用具	1. 未按规定穿戴劳保用品易造成人身伤害。 2. 噪声造成人耳失聪	1. 穿戴好劳保用品。 2. 佩戴防噪声耳罩	输气运行岗
操作前检查	1. 检查消防水池液位。 2. 检查工艺管线、阀门、电气仪表、紧固件、润滑、绝缘及接地等。 3. 检查联轴器保护罩,地脚螺栓是否紧固,有无松动迹象。 4. 打开进口阀门,检查渗漏,轴端密封。 5. 盘泵 3~5 圈	1. 水池液位不足,造成泵空转损坏,且无法起到应急作用。 2. 阀门、仪表失灵未发现,投运时出现憋压、泄漏。 3. 联轴器未加防护罩造成人身伤害。 4. 无绝缘脚垫、未验电、未戴绝缘手套、接地不良造成触电。 5. 地脚螺栓松动造成振动较大损坏设备。 6. 轴承变形造成设备损坏	1. 定期检查并及时对消防水池加水。 2. 仔细检查阀门、仪表,确保灵活好用。 3. 站在绝缘脚垫上、戴绝缘手套操作电气设备,接触用电设备前,使用验电器确认外壳无电,侧身操作用电设备。 4. 对联轴器加防护罩。 5. 检查地脚螺栓,紧固牢靠。 6. 定期对备用泵手动盘车	输气运行岗
启动消防泵	1. 将钥匙插入 1#泵启动处,旋转钥匙启动消防泵。 2. 平稳打开出口阀门。 3. 调节持压阀,调出口压力	1. 无绝缘脚垫、未戴绝缘手套造成触电。 2. 启动过大,损坏消防泵。 3. 手轮、丝杠飞出造成人身伤害。 4. 管网压力不足,造成部分无法供水。 5. 管网压力过高损坏设备	1. 站在绝缘脚垫上、戴绝缘手套按启动。 2. 侧身、平稳开关阀门。 3. 调节阀门开度,调节泵在额定工作状态。 4. 调节持压阀合适开度,将压力调至正常范围	输气运行岗
启动后的检查	1. 检查泵压、管压、电流、排量等参数并及时调整。 2. 检查运转声音、泵和电机轴承温度	1. 参数调节不当造成系统紊乱。 2. 机泵温度过高造成设备损坏。 3. 润滑油变质、缺失造成轴承损坏。 4. 靠近旋转部位造成机械伤害	1. 先确认流程,再进行操作。 2. 发现温度过高及时处理。 3. 发现润滑油变质、缺失及时处理。 4. 与旋转部位保持安全距离	输气运行岗
停止消防泵	1. 关闭回水阀。 2. 旋转钥匙关停消防泵	1. 无绝缘脚垫、未戴绝缘手套造成触电。 2. 未关闭回水阀,停泵时压力反串冲击泵体造成设备损坏。 3. 手轮、丝杠飞出造成人身伤害	1. 站在绝缘脚垫上、戴绝缘手套按启动按钮。 2. 侧身、平稳开关阀门	输气运行岗
完工验收	收拾工具、清理现场	未清理现场,易造成环境污染	操作完后及时清理现场	输气运行岗

3.2.23 桥式起重机操作（表 3-26）

表 3-26 桥式起重机操作风险控制指南

前期准备	
人员资质	起重机械指挥证、桥式起重机司机证、HSSE 证、硫化氢证
设备类型	桥式起重机
工用具	劳保防护用品、专用吊具
操作规程	桥式起重机操作

风险控制指南				
作业环节	主要操作步骤及工作标准	潜在的事故（事件）风险提示	风险控制措施	责任岗位
操作准备	1.穿戴劳保，准备工用具。 2.持证作业	1.未按规定穿戴劳保用品易造成人身伤害。 2.无证上岗	1.穿戴好劳保防护用品。 2.指挥、吊机操作人员必须持有国家颁发的特种作业操作证	持证人员
启动前检查	1.吊钩钩头、滑轮有无缺陷。 2.钢丝绳是否完好，在卷筒上固定是否牢固，有无脱出槽现象。 3.大车、小车及起升机构的制动器是否安全可靠。 4.各传动机构是否正常，各安全开关是否灵敏可靠，起升限位及大小车限位是否正常。 5.确认走台或轨道上无人，闭合主电源	1.人员机械伤害。 2.设备损坏。 3.天然气泄漏造成火灾爆炸。 4.电气设备线路老化造成人员触电	1.安排专职人员做好监护指挥。 2.定期做好起重机的维护测试，确保各部件工作正常。 3.其中操作时做好警戒，避免闲杂人进入场内。 4.站在绝缘脚垫上、戴绝缘手套操作电气设备，接触用电设备前，使用验电器确认外壳无电，侧身操作用电设备	持证人员
起重机操作	1.司机必须在确认指挥信号后方能进行操作。 2.开车前鸣铃示警后方可开车。 3.当接近卷扬限位器，大小车临近终端时，速度要缓慢。 4.工作停歇时，不得将起重物悬在空中停留；运行中地面有人或落放吊件时应明铃警告。 5.工作完毕，行吊应停在规定位置，升起吊钩，小车开到两端，按下急停开关，切断电源	1.未按指挥信号操作造成人身伤害和设备损坏。 2.开车前未鸣铃示警，造成人身伤害。 3.操作速度过快导致剧烈摆动，装吊物滑落或碰撞其他设备，造成设备损坏。 4.临近限位器时速度过快，导致制动不及时，造成设备损坏。 5.超负荷、钢丝绳或吊具选择不合理。 6.运行时造成其他人员人身伤害	1.严格遵守操作规程，严禁违章操作、指挥，明确指挥信号。 2.吊装作业时，危险地带下方禁止站人或逗留。 3.运行时，缓慢平稳启动。 4.起吊工作前检查所用的一切工具、设备是否良好，工作前应了解吊物尺寸、质量和起吊高度，安全选用机械工具，不得冒险作业，不得超负荷操作	持证人员
完工验收	收拾工具、清理现场	未清理现场，易造成环境污染	操作完后及时清理现场	持证人员

3.2.24 滤油机操作(表 3-27)

表 3-27 滤油机操作风险控制指南

前期准备	
人员资质	压缩机运行岗等级证、HSSE 证、硫化氢证、压力容器证、电工证
设备类型	BZL-50 型防爆全自动真空滤油机
工用具	F 扳手、防爆扳手、垫片、螺丝刀、临时接地线、警戒带
操作规程	真空滤油机滤油操作维护规程

风险控制指南				
作业环节	主要操作步骤及工作标准	潜在的事故(事件)风险提示	风险控制措施	责任岗位
操作准备	1. JSA 分析。 2. 穿戴劳保用品。 3. 检查准备工用具	1. 未按规定穿戴劳保用品易造成人身伤害。 2. 工具不合适打滑伤人	1. 按规定劳保着装。 2. 根据工作内容准备合适工用具	压缩机运行岗
连接滤油管线	1. 使用防爆工具。 2. 检查工艺管线、阀门	油站进出口阀门未打开	1. 使用防爆工具。 2. 按规程操作	压缩机运行岗
连接滤油机电线及接地线	1. 将电源线接到配电箱。 2. 将滤油机接地线接到接地桩上	1. 触电风险。 2. 接地不规范	1. 规范操作。 2. 规范接地	压缩机运行岗
启动滤油机开始滤油	按正确程序启动滤油机	启动不正确,出现喷油或漏油	按正确程序启动滤油机	压缩机运行岗
关闭滤油机结束滤油,拆除管线	1. 关闭滤油机。 2. 关闭真空泵。 3. 拆除进出油管线和接地线	1. 机械伤害。 2. 热油烫伤	1. 按规程操作。 2. 先关阀门后拆进出油管线	压缩机运行岗
完工验收	收拾工具、清理现场	未清理现场,油滴落在现场出现摔伤等	操作完后及时清理现场	压缩机运行岗

3.2.25 变电所倒闸操作（表3-28）

表3-28 变电所倒闸操作风险控制指南

前期准备	
人员资质	HSSE证、特种作业操作（电工）证
设备类型	110kV、35kV、6(10)kV电气设备
工用具	绝缘手套、绝缘鞋、验电器、接地线
操作规程	《电力安全工作规程（发电厂和变电站部分）》（GB 26860—2011）

风险控制指南				
作业环节	主要操作步骤及工作标准	潜在的事故（事件）风险提示	风险控制措施	责任岗位
操作准备	1.穿戴劳保用品。 2.准备安全用具、工器具材料	1.未按规定穿戴劳保用品易造成人身伤害。 2.操作任务不清楚易造成触电	1.做好"三穿两戴"。 2.工作班成员明确工作任务及安全措施	变电所运行岗
接令	1.接受调度命令。 2.接令时将记录的全部内容向下令人复诵一遍。 3.接受调度命令时，做好录音	未接受调度命令或接错令，易造成误操作	1.根据运行方式审核调度命令的正确性。 2.对指令有疑问时应向发令人询问清楚无误后执行。 3.接受调度命令应由上级批准的正值进行，接令时主动报出变电站名和姓名，并问清下令人姓名、下令时间	变电所运行岗
根据电调命令填写操作票	1.副值填写操作票。 2."操作任务"栏应根据调度命令内容填写。 3.操作顺序应根据调度命令参照本站典型操作票内容进行填写。 4.操作票填写后，由操作人和监护人共同审核（必要时经班站长审核）无误后监护人和操作人分别签字	1.未填写操作票，易造成误操作，发生触电伤亡或设备损坏。 2.未根据调度命令内容填写操作票，易造成误操作，发生触电伤亡或设备损坏。 3.填写的操作票未与本站典型操作票进行核对，易造成误操作，发生触电伤亡或设备损坏	1.严格落实"两票五制"。 2.必须根据电调命令正确填写操作票。电调命令错误时，则必须拒绝执行，并将拒绝执行命令的理由，报告调度员和本单位领导。 3.认真核对典型操作票	变电所运行岗
模拟屏上进行操作演练	1.操作预演前应结合调度命令核对当时的运行方式。 2.操作预演由监护人按操作票所列步骤逐项下令，由操作人复诵并模拟操作	未进行模拟图版演习。易造成误操作，发生触电伤亡或设备损坏	认真落实图版演习制，做好事故预想，加强事故应急处置演练	变电所运行岗

续表 3-28

作业环节	风险控制指南			
	主要操作步骤及工作标准	潜在的事故(事件)风险提示	风险控制措施	责任岗位
操作	1.核对操作设备双重名称。 2.一人监护,一人操作。 3.汇报电调	1.操作中发生疑问不能操作时,继续操作。擅自更改操作票,随意解除闭锁装置,易造成误操作,发生触电伤亡或设备损坏。 2.操作时未核对操作设备双重名称,易造成误操作,发生触电伤亡或设备损坏。 3.倒闸操作未执行监护复诵制度,易造成误操作,发生触电伤亡或设备损坏。 4.倒闸操作未使用操作票,易造成误操作,发生触电伤亡或设备损坏。 5.擅自使用万能钥匙,易造成误操作,发生触电伤亡或设备损坏。 6.操作过程中未正确穿戴绝缘防护用具,易造成人身触电伤害	1.操作中发生疑问时,应立即停止操作并向值班调度员或值班负责人报告,弄清问题后,再进行操作。不准擅自更改操作票,不准随意解除闭锁装置。 2.倒闸操作必须执行监护复诵制度。 3.禁止单人操作。 4.雨天操作室外高压设备时,绝缘棒应有防雨罩,还应穿绝缘靴。 5.雷电时,一般不进行倒闸操作,禁止就地进行倒闸操作。 6.严禁私自解除防误操作闭锁装置。 7.设备检修后合闸送电前,检查待送电范围内的接地刀闸确已拉开或接地线确已拆除	变电所运行岗
操作完毕	1.全面检查操作情况。 2.检查无问题应在操作票上填入终了时间,并在最后一步下边加盖"已执行"章。 3.报告调度员操作执行完毕	1.未进行全面检查,易造成误操作。 2.未汇报调度员,易造成误操作	1.全面检查应仔细认真。现场未拆除围网、标识应清晰明了。 2.汇报应准确无误	变电所运行岗

3.2.26 变电所 PT 高压熔断器更换操作(表 3-29)

表 3-29 变电所 PT 高压熔断器更换操作风险控制指南

前期准备	
人员资质	HSSE 证、特种作业操作(电工)证
设备类型	6(10)kVPT、35kVPT
工用具	万用表、熔断管、绝缘手套、绝缘鞋、验电器、接地线、跌落式熔断器棒、尖嘴钳
操作规程	《电力安全工作规程(发电厂和变电站部分)》(GB 26860—2011)

作业环节	风险控制指南			
	主要操作步骤及工作标准	潜在的事故(事件)风险提示	风险控制措施	责任岗位
工作准备	1.穿戴劳保用品。 2.办理工作票。 3.准备安全用具、工器具材料	1.未按规定穿戴劳保用品易造成人身伤害。 2.作业任务不清楚易造成触电	1.做好"三穿两戴"。 2.工作班成员明确工作任务及安全措施	变电所运行岗

续表 3-29

风险控制指南				
作业环节	主要操作步骤及工作标准	潜在的事故(事件)风险提示	风险控制措施	责任岗位
1. 判断是哪相熔断器熔断	1. 35kV 正常相电压为 23kV 左右，熔断相电压为零或比正常相低，跟熔断相有关的线电压低于 35kV，开口三角 3U_0 有 30V 左右电压。 2. 6(10)kV 正常相电压为 3.5(5.7)kV 左右，熔断相电压为零或比正常相低，跟熔断相有关的线电压低于 6(10)kV，开口三角 3U_0 有 30V 左右电压	判断错误，易造成误操作，发生触电伤亡或设备损坏	1. 防止混淆保险熔断与系统接地，应正值、副值两人一起综合分析。 2. 当两段 PT 同时发生接地与保险熔断时，应先将母线分列运行，首先更换系统正常段 PT 保险，禁止操作接地段 PT	变电所运行岗
2. 合上 PT 联络开关	1. Ⅰ、Ⅱ 段母线分列运行时不允许合 PT 二次联络开关。 2. 二次联络开关无"五防"闭锁，注意核对设备编号。 3. 记录保险熔断时间，为追缴电量提供依据	1. 倒闸操作未使用操作票，易造成误操作，发生触电伤亡或设备损坏。 2. 无"五防"闭锁装置时，未核对设备编号，易造成误操作，发生触电伤亡或设备损坏。 3. 操作过程中未正确穿戴绝缘防护用具，易造成人身触电伤害	1. 合 PT 二次联络开关时首先检查母联开关位置。 2. 操作时两人进行，合上联络开关后要重新检查电压指示，如电压指示仍不正确说明联络失败，重新检查后再操作	变电所运行岗
3. 与电调联系，副职填写 PT，由运行转检修操作票	1. 正职将操作目的和任务向电调汇报，并征得电调同意。 2. 根据现场条件，正确填写操作票	1. 未填写操作票，易造成误操作，发生触电伤亡或设备损坏。 2. 填写的操作票未与本站典型操作票进行核对，易造成误操作，发生触电伤亡或设备损坏	1. 与电调联系时使用录音电话。 2. 副职填写完操作票后一定与典型操作票核对后交正职审核	变电所运行岗
4. 在初步确定电压互感器无故障的情况下，正职、副职一起进行倒闸操作	1. 按照倒闸操作票进行。 2. 掌握绝缘护具的基本检查方法	1. 操作中发生疑问，设备原因不能操作时，继续操作。擅自更改操作票，随意解除闭锁装置，易造成误操作，发生触电伤亡或设备损坏。 2. 操作时未核对操作设备双重名称，易造成误操作，发生触电伤亡或设备损坏。 3. 倒闸操作未执行监护复诵制度，易造成误操作，发生触电伤亡或设备损坏。 4. 倒闸操作未使用操作票，易造成误操作，发生触电伤亡或设备损坏。 5. 擅自使用万能钥匙，易造成误操作，发生触电伤亡或设备损坏	1. 副职操作，正职监护。 2. 检查、确认绝缘工具完好、合格	变电所运行岗

续表 3-29

	风险控制指南			
作业环节	主要操作步骤及工作标准	潜在的事故（事件）风险提示	风险控制措施	责任岗位
5.沿构架攀登至PT底座，系好安全带	1.登高时核对好设备编号，防止误登有电设备。2.安全带系挂点牢固结实	1.登高时未落实监护制度，易发生登错杆，造成人身触电伤害。2.登高过程中易发生高处坠落和触电，造成人身伤害	1.副职登高作业，正职监护。2.正确使用安全带	变电所运行岗
6.用尖嘴钳将PT边盖的销子拔出，打开PT边盖，取出已熔断的熔断管，将好的熔断管插入熔断器内	1.用万用表测量保险两端电阻为无穷大，说明已熔断。2.用万用表测量好的熔断管阻值在300Ω左右，更换之前应先测量	上下抛掷工具、物品，易造成物体打击伤害	1.防止工具坠落，地面监护人员应戴安全帽，上下传递物品禁止抛扔，应使用工具包、小吊绳	变电所运行岗
7.正职负责与电调联系，副职填写35(6、10)kVPT由检修转运行的操作票	1.正职一定将操作目的和任务向电调如实汇报，并征得电调同意。2.根据现场条件，正确填写操作票	1.未填写操作票，易造成误操作，发生触电伤亡或设备损坏。2.填写的操作票未与本站典型操作票进行核对，易造成误操作，发生触电伤亡或设备损坏	1.与电调联系时使用录音电话。2.副职填写完操作票后一定与典型操作票核对后提交正职审核	变电所运行岗
8.PT加入运行后，在断开二次联络开关前先用万用表测量二次保险前端三相电压是否正常	用万用表测量保险前端三相对地电压应为57V左右，线间电压在100V左右为正常。如果电压不正常说明仍有熔断保险未更换	1.操作中发生疑问，设备原因不能操作时，继续操作。擅自更改操作票，随意解除闭锁装置，易造成误操作，发生触电伤亡或设备损坏。2.操作时未核对操作设备双重名称，易造成误操作，发生触电伤亡或设备损坏。3.倒闸操作未执行监护复诵制度，易造成误操作，发生触电伤亡或设备损坏。4.倒闸操作未使用操作票，易造成误操作，发生触电伤亡或设备损坏。5.擅自使用万能钥匙，易造成误操作，发生触电伤亡或设备损坏	测量时与带电部位保持安全距离、核对设备编号，防止触电	变电所运行岗
9.测量二次电压正常后回主控室，断开PT二次联络开关，检查无异常后汇报电调	1.断开PT二次联络开关后应再次检查电压表指示是否正常，有无异常信号发信。2.记录电压恢复时间，估算损失电量	1.倒闸操作未使用操作票。易造成误操作，发生触电伤亡或设备损坏。2.擅自使用万能钥匙，易造成误操作，发生触电伤亡或设备损坏。3.操作过程中未正确穿戴绝缘防护用具，易造成人身触电伤害	禁止单人操作	变电所运行岗

3.2.27 摇测线路对地绝缘作业(表 3-30)

表 3-30 摇测线路对地绝缘作业风险控制指南

前期准备	
人员资质	HSSE 证、特种作业操作(电工)证
设备类型	110kV、35kV、6(10)kV 设备
工用具	专用测试线、绝缘手套、绝缘鞋、验电器、接地线
操作规程	《电力安全工作规程(发电厂和变电站部分)》(GB 26860—2011)

风险控制指南				
作业环节	主要操作步骤及工作标准	潜在的事故(事件)风险提示	风险控制措施	责任岗位
工作准备	1. 穿戴劳保用品。 2. 办理工作票。 3. 准备安全用具、工器具材料	1. 未按规定穿戴劳保用品易造成人身伤害。 2. 作业任务不清楚易造成触电	1. 做好"三穿两戴"。 2. 工作班成员明确工作任务及安全措施	变电所运行岗
测试开始	1. 熟悉测量仪器的使用方法,明确被测线路有关技术要求。 2. 进行技术要求及现场注意事项。 3. 穿戴好劳保用品、绝缘靴、安全帽。 4. 测量工作应在无雷雨、无大风天气下进行。 5. 被测线路必须在停电状态	1. 不熟悉测量间隔位置易发生触电伤亡或设备损坏。 2. 登高测量时易造成高处坠落。 3. 测试时与周围带电体的距离小于安全距离,易发生触电伤亡或设备损坏	1. 使工作人员明确测量程序,工艺方法及注意事项。 2. 注意周围环境,禁止攀爬,登高。 3. 注意测试时工作人员及安装的测试线与周围带电体保持足够的安全距离	变电所运行岗
测试过程	1. 测量仪器应放置平稳不得歪斜。 2. 红色测试线接表头 L 端,另一端接线路;黑色测试线一端接 E 端,另一端接地。 3. 对输电线路可以摇测相间和对地绝缘,配电线路只能摇测对地绝缘。 4. 读取数据应正确无误并记录测试结果。 5. 每测一次必须放电	1. 未落实监护作业,两人进行,易发生触电伤亡。 2. 不清楚测量地点,易发生触电伤亡。 3. 测试方法不正确易发生触电伤亡	1. 至少两人进行,一人工作,一人监护。 2. 工作前检查工作地点正确。 3. 测量对象必须是解备并装设安全设施的设备。 4. 测试时要取下接地线。 5. 不要触摸工作中的摇表和测试线。 6. 摇测结束后先拆测试线后停摇。 7. 测量结束后拆除安装的测试线,恢复原有接地线	变电所运行岗
完工验收	收拾工具、清理现场	未清理现场,易造成工具丢失,仪表损坏	操作完后及时清理现场	变电所运行岗

3.2.28 变频器操作(表 3-31)

表 3-31 变频器操作风险控制指南

前期准备	
人员资质	压缩机运行岗等级证、压力容器操作证、HSSE 证、硫化氢证
设备类型	变频器装置
工用具	强光巡检灯、可燃气体检测仪、装置柜门专用钥匙
操作规程	压气站变频器操作维护规程(2018)

风险控制指南				
作业环节	主要操作步骤及工作标准	潜在的事故(事件)风险提示	风险控制措施	责任岗位
操作前准备	1.劳保用品齐全。 2.认知阅读设备操作安全注意事项。 3.学习变频器装置应急处置卡。 4.检查准备工用具	1.未按规定穿戴劳保用品易造成人身伤害。 2.操作过程发生紧急故障,无法有效处置,造成故障扩大。 3.违反设备操作注意事项,造成设备损坏人员触电伤害。 4.操作区域存在燃气泄漏导致爆炸事故发生	1.做好"三穿两戴"。 2.佩戴便携式可燃气体检测仪,发现检测仪报警时终止操作,立即撤离、上报。 3.操作前认真阅读装置应急处置卡相关内容。 4.操作前已熟知设备操作规程及相关注意事项	压缩机运行岗
变频启动前检查	1.确认柜体内无异物。 2.检查柜内线缆,动力电源和控制电源进线连接可靠。 3.检查电源回路是否有短路的现象以及接地情况。 4.检查控制柜、阻尼柜、功率柜、馈出柜、水冷柜控制电源交流开关、直流开关已闭合。 5.功率柜、阻尼柜、馈出柜等,高压开关的柜门关好,电磁锁已锁定。 6.控制柜"本地/远程"选择开关置"远程"。 7.水冷柜"本地/远程"选择开关置"远程"。 8.阻尼柜"本地/远程",选择开关置"远程",断路器处于分闸位置。 9.馈出柜"本地/远程"选择开关置"远程",隔离刀闸处于合闸位置。 10.进线柜"本地/远程"选择开关置"远程",高压断路器处于"工作位置"。 11.监控系统界面无故障和报警,允许设备启动	1.检查不到位,开关位置不正确,导致设备无法启动。 2.使用非专业钥匙开启变频装置柜门,造成柜门电磁锁无法闭合。 3.进入控制柜内部操作时,造成人员触电。 4.通高压之前控制电源回路未准备好,造成设备故障损坏	1.按照变频器启动前检查项目表,逐一进行对照检查。 2.使用设备专用钥匙,按照正确方法开启柜门检查。 3.按照设备操作要求,必须先上控制电源,再上高压电源。 4.人员进入控制柜内部操作时,应保证照明及操作空间充足,一人操作一人监护	压缩机运行岗

续表 3-31

作业环节	主要操作步骤及工作标准	潜在的事故（事件）风险提示	风险控制措施	责任岗位
	风险控制指南			
变频器启动操作	自动控制操作： 1.站控机 HMI 进入 UCP 启车系统界面，点击 HMI 启动按钮。 2.启车时序进入第二步骤时，变频器进线柜 QF 合闸。 3.启车时序进入第三步骤时，变频器装置启动运行。 手动控制操作： 1.控制柜"本地/远程"选择开关置"本地"控制模式。 2.水冷柜控制界面本地启动水冷系统。 3.按下合电机按钮，馈出柜刀闸合指示灯点亮。 4.按下合主电按钮，进线柜断路器合闸，高压合闸指示灯点亮。 5.变频装置系统就绪后，在主接线界面点击"变频器运行"按钮，变频器系统进入启动阶段	1.系统存在 ESD 联锁故障报警，无法进入启车时序。 2.启机过程中发生设备或人员紧急事故。 3.启机过程中发生设备报警故障，无法启机。 4.操作步骤错误，导致设备故障及损坏。 5.安全防护措施不到位，造成人员误入带电间隔。 6.安全保护用具不齐全，造成人员触电	1.启车前对 ESD 联锁进行复位，系统工艺流程参数无故障报警，允许启机。 2.启机过程中如发生紧急故障涉及设备及人员安全时，及时终止启机。 3.启机失败，及时查看相关故障内容，排除故障后重新启机。 4.按照操作规程逐一进行操作。 5.设置防误入带电设备区域及防护栏、警戒线。 6.高压电气设备进行送电操作，安全用具穿戴齐全至少两人进行，一人操作一人监护	压缩机运行岗
变频器停止操作	自动控制停止： 将主电机降至最低转速后在压缩机操作监控系统进入 UCP 启车系统界面，点击 HMI 停止按钮。 手动控制停止： 1.将主电机降至最低转速后在变频器装置人机界面上点击"变频停止"，变频器停止运行，面板上"变频运行"指示灯熄灭。 2.按下"分主电"按钮，进线柜断路器分闸，面板上"高压合闸"指示灯灭。 紧急停止操作： 1.按下变频器装置控制柜操作面板上"紧急停止"按钮。 2.按下站控室 ESD 操作台对应编号"压缩机急停"按钮	1.违反操作规程进行停机，造成设备异常停机故障。 2.操作步骤错误，造成设备故障。 3.操作人员误操作，触发停机	1.按照压缩机停机操作规程，对设备进行停机操作。 2.现场停机作业，需按照设备操作规程逐一进行，一人监护一人操作。 3.紧急停止按钮加装防误操作防护措施	压缩机运行岗

3.2.29 燃气发电机启停操作（表 3-32）

表 3-32 燃气发电机启停操作风险控制指南

前期准备	
人员资质	输气运行岗等级证、HSSE 证、硫化氢证
设备类型	燃气发电机
工用具	耳罩、劳保手套、护目镜、对讲机、验漏液、老虎钳、专用扳手、活动扳手、机油滤芯、空气滤芯、燃气滤芯、机油、防冻液
操作规程	燃气发电机启停操作

风险控制指南				
作业环节	主要操作步骤及工作标准	潜在的事故（事件）风险提示	风险控制措施	责任岗位
操作准备	1. 穿戴劳保用品。 2. 检查准备工用具	1. 未按规定穿戴劳保用品易造成人身伤害。 2. 噪声造成人耳失聪	1. 做好"三穿两戴"。 2. 佩戴防噪声耳罩	输气运行岗
操作前检查	1. 检查工艺流程，确认燃气供应畅通。 2. 检查调压箱双仪表参数，调压前压力 5～8kPa，调压后 1.7～2.7kPa。 3. 检查燃气发电机油位、水位是否正常。 4. 检查发电机组电瓶电压是否正常	1. 燃气供应不足，发电机无法启动。 2. 压力过高损坏设备，压力过低导致混合气体无法燃烧，发电机无法启动。 3. 油位、水位不足、油质差损坏设备。 4. 电瓶电压不足导致发电机无法启动，无法起到应急作用	1. 检查发电机供气流程，保证供气畅通。 2. 调节调压阀，使压力在允许范围内。 3. 及时添加油水，定期进行油水更换。 4. 检查充电箱供电正常	输气运行岗
启动燃气发电机	1. 将开关旋钮由 AUTO 旋转到 OFF/RESET 等待 3～5s 再将旋钮旋转到 RUN（机组运行键），机组进入运行模式。 2. "空载"运行 10～15min，查看数据正常后，扳动负载断路器至"带载"状态	1. 启动时噪声造成人耳失聪。 2. 机体高温造成人体烫伤。 3. 触电伤害。 4. 天然气泄漏造成火灾爆炸危险。 5. 启机时直接带负载易导致异常停机	1. 佩戴防噪声耳罩。 2. 启机后禁止直接触碰机身。 3. 定期做好设备维护，避免漏电触电。 4. 加强巡检和作业监督，严格按照操作规程操作，做好室内通风。 5. 启机运行稳定后再挂负载	输气运行岗
停燃气发电机	1. 切换负荷，断开负荷开关。 2. 空载运行 5min 后，将发电机组总开关置于"停机/复位（OFF/RESET）"位置，等待发电机组完全停机	1. 未切换负荷导致生产设备断点，造成生产事故。 2. 停机前未空载运行一段时间，发动机过热造成设备损坏	1. 按照生产要求，停机前做好负荷切换，避免设备断电。 2. 严格按照操作规程操作	输气运行岗
完工验收	收拾工具、清理现场	未清理现场，易造成环境污染	操作完后及时清理现场	输气运行岗

3.2.30 UPS 操作（表 3-33）

表 3-33 UPS 操作风险控制指南

前期准备	
人员资质	输气运行岗等级证、HSSE 证、硫化氢证
设备类型	UPS 电源
工用具	绝缘手套、绝缘靴、对讲机
操作规程	不间断电源 UPS 操作维护规程

风险控制指南				
作业环节	主要操作步骤及工作标准	潜在的事故（事件）风险提示	风险控制措施	责任岗位
操作准备	1.穿戴劳保用品。 2.检查准备工用具	1.未按规定穿戴劳保用品易造成人身伤害。 2.人员触电。	1.穿戴好劳保防护用品。 2.使用绝缘工具	输气运行岗
UPS 开机	1.设置开关 Q1 和/或外在电池开关到位置 1（电池电路闭合）。 2.设置开关 Q2 到位置 1（输入市电开始）。 3.等待模拟面板起动，从模拟面板的命令菜单激活起动程序。 4.设置断开开关 Q6 到位置 1（连续输出）	1.未合外在电池开关，在市电断电情况下造成设备断电。 2.市电异常导致电池放电完毕后设备断电。 3.未激活启机程序，UPS 无法起到不间断供电保护。 4.模拟面板误操作导致 UPS 系统设置更改，无法正常使用。 5.输出开关 Q6 未置于 1（UPS 输出），无法对设备提供不间断供电保护	1.严格按照操作规程顺序操作开关。 2.检查市电质量，确保供电正常。 3.按照操作规程，在正确的操作面板操作。 4.按照操作规程，正确操作开关	输气运行岗
UPS 关机	1.停工中断对负载以及停止 UPS 和电池充电器的供电。 2.在模拟面板从命令菜单激活中止程序，等待停机大约 2min。 3.设置断开开关 Q6 到位置 0（输出的逆变器停止）。 4.设置开关 Q1 和/或电池开关到位置 0（电池电路断开）。 5.设置开关 Q2 到位置 0（输入市电停止）	1.造成设备供电中断。 2.模拟面板误操作导致 UPS 系统设置更改，无法正常使用。 3.未断开输出开关导致设备带电，造成人员触电。 4.未断开外在电池开关导致设备带电，造成人员触电。 5.未断开市电输入开关导致设备带电，造成人员触电	1.做好负荷切换和准备工作再进行停机操作。 2.按照操作规程，在正确的操作面板操作。 3.按照操作规程，正确操作开关，断开所有输入和输出开关	输气运行岗
完工验收	收拾工具、清理现场	未清理现场，易造成环境污染	操作完后及时清理现场	输气运行岗

3.2.31 PA/GA 应急广播系统操作（表 3-34）

表 3-34　PA/GA 应急广播系统操作风险控制指南

前期准备	
人员资质	输气运行岗等级证、HSSE 证、硫化氢证
设备类型	通信
工用具	PAGA 广播系统、广播话站
操作规程	PAGA 广播话站操作

风险控制指南				
作业环节	主要操作步骤及工作标准	潜在的事故（事件）风险提示	风险控制措施	责任岗位
操作准备	1. 穿戴劳保用品。 2. 检查准备工用具	1. 未按规定穿戴劳保用品易造成人身伤害。 2. 作业区域存在硫化氢泄漏导致人员中毒。 3. 使用非防爆工具引发火灾爆炸。 4. 噪声造成人耳失聪	1. 做好劳保防护。 2. 佩戴便携式硫化氢检测仪，发现检测仪报警时终止操作，立即撤离、上报。 3. 使用防爆工具。 4. 佩戴防噪声耳罩	输气运行岗
站控话站广播操作	1. 按站控主话站控制面板上红色"紧急"按钮 3s，开始讲话，即可实现站控对全部现场子话站进行广播。 2. 站控主话站拨号"01"（或其他号码），按"广播"按钮，开始讲话，对 01 子话站（或其他）号话站进行广播。 3. 站控主话站拨号"01＊02＊03＊…"（或其他号码组合），按"广播"按钮，或按分区功能拨号"＊1＊2…"，按"广播"按钮，开始讲话，即可实现站控对所选子话站或所选区域进行广播	1. 广播失败，广播时系统无反应，现场人员未能及时收到信息。 2. 广播失败，广播时忙音持续响。 3. 单个子话站广播失败	1. 检查通信机柜主机是否开启，网络设备是否运行正常。 2. 检查现场子话站是否有话筒未挂断，挂断后，再次操作。 3. 检查子话站现场供电情况，信号回路是否工作正常	输气运行岗
站控话站对讲操作	拿起话筒拨号"01"（或其他号码）按"对讲"按钮，对方拿起话筒应答后，即可实现站控主话站与现场子话站通话	1. 对讲失败，对讲时系统无反应。 2. 对讲失败，对讲时忙音持续响	1. 检查通信机柜主机是否开启，网络设备是否运行正常。 2. 检查话站现场供电情况，信号回路是否工作正常。 3. 检查现场子话站是否话筒未挂断，挂断后，再次操作	输气运行岗
现场话站对讲操作	1. 现场拿起话筒拨号"10"，按"确认"按钮，对方拿起话筒应答后，即可实现现场话站与站控主话站通话。 2. 拿起话筒拨号"02"（或其他号码），按"确认"按钮，对方拿起话筒应答后，即可实现现场话站与现场其他子话站通话	1. 对讲失败，对讲时系统无反应。 2. 对讲失败，对讲时忙音持续响	1. 检查通信机柜主机是否开启，网络设备是否运行正常。 2. 检查子话站现场供电情况，信号回路是否工作正常。 3. 检查站控室主话站是否话筒未挂断，挂断后，再次操作	输气运行岗
现场话站启用广播操作	1. 拿起话筒按"广播"按钮，拨号"02"（或其他号码），再按"广播"按钮。 2. 开始讲话，对所选子话站进行广播	1. 广播失败，广播时系统无反应，现场人员未能及时收到信息。 2. 广播失败，广播时忙音持续响	1. 检查通信机柜主机是否开启，网络设备是否运行正常。 2. 检查子现场供电情况，信号回路是否工作正常。 3. 检查子现场子话站是否有话筒未挂断，挂断后，再次操作	输气运行岗

3.2.32 压力(差压)变送器拆装作业(表 3-35)

表 3-35 压力(差压)变送器拆装作业风险控制指南

前期准备	
人员资质	仪表工等级证、HSSE 证、硫化氢证
设备类型	仪表
工用具	相应型号温度变送器、一字型螺丝刀、活动扳手、绝缘胶带、内六角
操作规程	更换压力仪表操作

风险控制指南				
作业环节	主要操作步骤及工作标准	潜在的事故(事件)风险提示	风险控制措施	责任岗位
操作准备	1. 穿戴劳保用品。 2. 检查准备工用具	1. 未按规定穿戴劳保用品易造成人身伤害。 2. 作业区域存在硫化氢泄漏导致人员中毒。 3. 使用非防爆工具引发火灾爆炸。 4. 噪声造成人耳失聪	1. 做好劳保防护。 2. 佩戴便携式硫化氢检测仪,发现检测仪报警时终止操作,立即撤离、上报。 3. 使用防爆工具。 4. 佩戴防噪声耳罩	输气运行岗
安装压力(差压)变送器操作	1. 检查压力变送器管道安装接口根部阀组状态,是否关闭,供电及信号线接头是否绝缘保护,压力变送器及安装附件螺纹是否平滑无坏道,安装接口清洁检查。 2. 安装螺纹缠绕生料带,对口安装,丝扣吻合,紧固工具正确使用,示数面板面向方便观察侧。 3. 打开压力变送器根部阀组放空阀,缓慢开启根部阀对压变进行吹扫置换,关闭放空阀,缓慢打开根部进气阀,并对接口进行验漏(差压变送器打开平衡阀及放空阀,缓慢开启根部阀对差压变进行吹扫置换,关闭放空阀,开启另一侧根部阀,关闭平衡阀,并对接口进行验漏)。 4. 信号线穿进压变接线盒,并按接线要求接线,安装接线盒端盖,穿线接口处重新涂防爆胶泥处理。 5. 从 PLC 接线端子排恢复压变供电及信号传输,并在 SCADA 上检查压力采集数据是否正常	1. 接线工作前,要关闭信号电源,防止电冲击,设备损坏。 2. 雨水进入变送器内部,导致变送器设备不能正常运行。 3. 仪表安装不严,天然气泄漏。 4. 差压变送器取压阀开阀错误,打坏变送器。 5. 仪表管路堵塞。 6. 仪表掉地,磕碰损坏	1. 查看图纸及设备接线端子,确保操作无误。 2. 后端盖加密封圈后紧固,防止雨水进入变送器内部。 3. 重新安装变送器,压力表接头与取压管接头的卡套必须对准,用手轻拧上扣后,方能用活动扳手继续上紧,避免错位漏气。 4. 开阀时动作缓慢,差压变送器应先打开平衡阀,再打开高低压侧根部阀,最后关闭平衡阀。 5. 安装完成后,打开放空阀,取压吹扫仪表管路。 6. 操作时小心谨慎,防止变送器掉地	输气运行岗
运行压力(差压)变送器	1. 连接信号线。 2. 接通变送器电源。 3. 站控机及现场参数观察,并与就地压力表进行比对	信号线连接错误,造成示值错误或设备损坏	查看图纸及设备接线端子,再进行操作	输气运行岗

续表 3-35

作业环节	风险控制指南			责任岗位
	主要操作步骤及工作标准	潜在的事故（事件）风险提示	风险控制措施	
拆卸压力（差压）变送器操作	1. 操作前汇报调控中心，同意后方可操作。 2. 在站控机对此表对应参数设置为维护状态。 3. 现场关闭上游根部阀（差压表关闭上下游根部阀），再进行仪表放空操作。 4. 在自控柜上寻找此表对应接线端进行断电并进行现场确认。 5. 打开仪表后盖，拆下表上连接电缆，并用绝缘胶带缠好，并对相应接线做好标记。 6. 清理作业现场并做好防尘防雨措施	1. 停运前未设定维护值，造成设备报警或连锁。 2. 未断电便拆卸，造成设备电击损坏。 3. 将信号线拉出套管太用力，导致线皮磨破。 4. 拆下后将底部套管接口未封盖，杂物落入。 5. 取压阀关闭不严，天然气泄漏。 6. 仪表掉地，磕碰损坏	1. 中断供电前，确认站控界面已设定温度变送器维护值。 2. 查看图纸，确保断电信号线准确无误。 3. 信号线拉出套管时，注意保护线缆。 4. 现场严禁烟火，必须将取压阀关严，不得边放气边卸压力表。 5. 卸压时，操作人员站在上风口，密切观察压力下降情况。 6. 操作时，扳手开口大小应与被夹持工件表面相吻合，且双手同时用力，配合得当。防止仪表掉地	输气运行岗

3.2.33 温度变送器拆装作业（表 3-36）

表 3-36 温度变送器拆装作业风险控制指南

前期准备	
人员资质	仪表工等级证、HSSE 证、硫化氢证
设备类型	仪表
工用具	相应型号温度变送器、一字型螺丝刀、活动扳手、绝缘胶带、内六角
操作规程	更换温度仪表操作

作业环节	风险控制指南			责任岗位
	主要操作步骤及工作标准	潜在的事故（事件）风险提示	风险控制措施	
操作准备	1. 穿戴劳保用品。 2. 检查准备工用具	1. 未按规定穿戴劳保用品易造成人身伤害。 2. 作业区域存在硫化氢泄漏导致人员中毒。 3. 使用非防爆工具引发火灾爆炸。 4. 噪声造成人耳失聪	1. 做好劳保防护。 2. 佩戴便携式硫化氢检测仪，发现检测仪报警时终止操作，立即撤离、上报。 3. 使用防爆工具。 4. 佩戴防噪声耳罩	输气运行岗
安装温度变送器	1. 将温度变送器在管线上安装完毕。 2. 连上线后，拧紧接线螺钉。 3. 变送器安装、接线后，紧固变送器单元盖和端子盒	1. 接线工作前，要关闭信号电源，防止电冲击，设备损坏。 2. 雨水进入变送器内部，导致变送器设备不能正常运行	1. 查看图纸及设备接线端子，再进行操作。 2. 后端盖加密封圈后紧固，防止雨水进入变送器内部	输气运行岗
运行温度变送器	1. 连接信号线。 2. 接通变送器电源。 3. 站控机及现场参数观察，并与就地温度表进行比对	信号线连接错误，造成示值错误或设备损坏	查看图纸及设备接线端子，再进行操作	输气运行岗

续表 3-36

作业环节	风险控制指南			责任岗位
	主要操作步骤及工作标准	潜在的事故（事件）风险提示	风险控制措施	
停运温度变送器	1. 站控机界面设定温度维护值。 2. 关闭变送器供电电源。 3. 作好停运记录	停运前未设定维护值，造成设备报警或连锁	中断供电前，确认站控界面已设定温度变送器维护值	输气运行岗
拆卸温度变送器	1. 确认工艺流程，拆下温度变送器不会影响正常生产，并与调度联系说明情况，得到同意后方可进行工作。 2. 将站控机仪表设置成维护状态，从控制柜断开温度变送器的供给电源。 3. 打开温度变送器电源盖一端拆下信号接线。 4. 再将温度变送器从管线上拆卸下来	1. 停运前未设定维护值，造成设备报警或连锁。 2. 未断电便拆卸，造成设备损坏。 3. 将信号线拉出套管太用力，导致线皮磨破。 4. 拆下后底部套管接口未封盖，杂物落入	1. 中断供电前，确认站控界面已设定温度变送器维护值。 2. 查看图纸，确保断电信号线准确无误。 3. 信号线拉出套管时，注意保护线缆。 4. 将底部套管接口封盖住，避免杂物落入	输气运行岗

3.2.34 压力表拆装作业（表 3-37）

表 3-37 压力表拆装作业风险控制指南

前期准备	
人员资质	仪表工等级证、HSSE 证、硫化氢证
设备类型	仪表
工用具	相应型号仪表、活动扳手、固定扳手、硫化氢检测仪、生料带
操作规程	更换压力仪表操作

作业环节	风险控制指南			责任岗位
	主要操作步骤及工作标准	潜在的事故（事件）风险提示	风险控制措施	
操作准备	1. 穿戴劳保用品。 2. 检查准备工用具	1. 未按规定穿戴劳保用品易造成人身伤害。 2. 作业区域存在硫化氢泄漏导致人员中毒。 3. 使用非防爆工具引发火灾爆炸。 4. 噪声造成人耳失聪	1. 做好劳保防护。 2. 佩戴便携式硫化氢检测仪，发现检测仪报警时终止操作，立即撤离、上报。 3. 使用防爆工具。 4. 佩戴防噪声耳罩	输气运行岗
拆卸压力表操作	1. 关闭取压阀。 2. 缓慢打开放空阀。 3. 待压力完全为零后，使用活动扳手固定表接头，用固定扳手拆卸压力表。 4. 压力表卸松后用手扶好压力表，轻轻左右晃动，卸掉表内余压。 5. 用棉纱布与螺丝刀清理压力表接头，检查压力表接头丝扣是否完好，引压孔是否堵塞。 6. 将卸下的压力表放在干燥无尘位置	1. 取压阀关闭不严，天然气泄漏。 2. 压力表未卸完压力，造成人员受伤。 3. 仪表掉地，磕碰损坏	1. 现场严禁烟火，必须将取压阀关严，不得边放气边卸压力表。 2. 卸压时，操作人员站在上风口，密切观察压力下降情况。 3. 操作时应使用两把活动扳手。扳手开口大小应与被夹持工件表面相吻合，且双手同时用力，配合得当。防止压力表掉地	输气运行岗

续表 3-37

作业环节	主要操作步骤及工作标准	潜在的事故(事件)风险提示	风险控制措施	责任岗位
安装压力表	1. 把选择好的压力表螺纹按顺时针方向缠生料带 3~5 圈。 2. 扶正压力表在接头上，用手旋上几扣，使用活动扳手固定表接头，用固定扳手紧固压力表。 3. 压力表安装后观测面应便于观察、有足够的光线和照明。 4. 关闭放空阀（安装放空丝堵）。 5. 打开根部阀，缓慢打开引压阀让压力缓慢上升。 6. 对压力表进行检漏，不渗不漏为合格	1. 仪表安装不严密，天然气泄漏。 2. 取压阀开阀过快，打坏压力表。 3. 仪表堵塞。 4. 仪表掉地，磕碰损坏	1. 生料带缠绕方向准确，重新安装压力表，压力表接头与取压管接头的丝扣必须对准，用手轻拧上扣后，方能用活动扳手继续上紧，避免丝扣错位。 2. 开表时动作缓慢，应注意观察起压情况，使压力缓慢上升。操作人员不得正对压力表表面，不得猛开表，使指针冲击式上升。 3. 安装完成后，开放空阀，取压吹扫仪表管路。 4. 操作时小心谨慎，仪表旋上几扣后，方可使用扳手紧防止压力表掉地	输气运行岗

3.2.35 双金属温度计拆装作业（表 3-38）

表 3-38 双金属温度计拆装作业风险控制指南

前期准备	
人员资质	仪表工等级证、HSSE 证、硫化氢证
设备类型	仪表
工用具	相应型号仪表、活动扳手
操作规程	更换温度仪表操作

作业环节	主要操作步骤及工作标准	潜在的事故(事件)风险提示	风险控制措施	责任岗位
操作准备	1. 穿戴劳保用品。 2. 检查准备工用具	1. 未按规定穿戴劳保用品易造成人身伤害。 2. 作业区域存在硫化氢泄漏导致人员中毒。 3. 使用非防爆工具引发火灾爆炸。 4. 噪声造成人耳失聪	1. 做好劳保防护。 2. 佩戴便携式硫化氢检测仪，发现检测仪报警时终止操作，立即撤离、上报。 3. 使用防爆工具。 4. 佩戴防噪声耳罩	输气运行岗
拆卸温度计操作	1. 使用活动扳手拆卸温度计。 2. 用棉纱布清理温度计接头及探杆油渍。 3. 将卸下的温度表放在干燥无尘位置	仪表掉地，磕碰损坏	操作时小心谨慎，防止温度表掉地	输气运行岗
安装温度计操作	1. 检查温度计插入套管内有足够的导热油。 2. 扶正温度计在接头上，用手旋上几扣，使用活动扳手固定表接头。 3. 温度计安装后观测面应便于观察、无导热油渗出	仪表掉地，磕碰损坏	操作时小心谨慎，仪表旋上几扣后，方可使用扳手紧固，防止温度计掉地	输气运行岗

3.2.36 正压式空气呼吸器操作(表3-39)

表3-39 正压式空气呼吸器操作风险控制指南

前期准备	
人员资质	输气运行岗等级证、压力容器操作证、HSSE证、硫化氢证
设备类型	正压式空气呼吸器
工用具	活动扳手、医用酒精、面纱、打压泵
操作规程	正压式空气呼吸器操作

风险控制指南				
作业环节	主要操作步骤及工作标准	潜在的事故(事件)风险提示	风险控制措施	责任岗位
操作准备	1.穿戴劳保用品。 2.检查准备工用具	未按规定穿戴劳保用品易造成人身伤害	按要求穿戴好劳保防护用品	全体员工
操作前检查	检查气瓶是否有裂纹、鼓包,连接管是否有龟裂,背带、背架是否牢固,气瓶压力是否在正常范围	1.气瓶爆炸,造成人员伤害。 2.气瓶压力不足或低压未报警,造成人员窒息	1.仔细检查气瓶瓶体情况,发现异常立即放气。 2.仔细检查压力及低压报警,发现异常立即停止使用	全体员工
空气呼吸器的佩戴	1.开塞子。将空气呼吸器立起,按红色按钮关闭需气阀,拧开气瓶阀,观察压力表在24~30MPa之间为合格。 2.背瓶子。两手抓住气瓶架两侧把手,将气瓶举过头顶,背到背上。 3.戴罩子。将面罩颈带挂在脖子上,全面展开面罩上的头带,从下颚部套上面罩,先调整顶部头带,再拉紧两侧束带,确保密封良好。 4.捂鼻子。用手捂住面罩进气口并深呼吸,如感觉面罩贴近面部,两颊内陷,则说明密封性良好,否则应重新调整束紧束带,如还不能解决问题,应立即更换面罩。 5.插管子。将需气阀插接到面罩接口上,进行正常呼吸。 6.系带子。调节气瓶肩带、腰带并系紧	1.气瓶爆炸,造成人员伤害。 2.气瓶压力不足或低压未报警,造成人员窒息。 3.操作不当,造成人员伤害。 4.气瓶脱手,造成人员砸伤或设备损坏	1.仔细检查气瓶瓶体情况,发现异常立即放气。 2.仔细检查压力及低压报警,发现异常立即停止使用。 3.严格按照操作规程进行操作。 4.抓牢背架,确保安全稳妥	全体员工
使用结束	恢复设备原状,对面罩进行保养,收拾工具、清理现场	未清理面罩,易造成面罩污染	操作完后及时清理面罩	全体员工

3.2.37 安全阀拆装作业(表3-40)

表3-40 安全阀拆装作业风险控制指南

前期准备	
人员资质	输气运行岗等级证、压力容器操作证、HSSE证、硫化氢证
设备类型	安全阀
工具用具	活动扳手、开口扳手、螺丝刀、便携式可燃气体检测仪、验漏液、棉纱、对讲机
操作规程	安全阀拆装操作

风险控制指南				
作业环节	主要操作步骤及工作标准	潜在的事故(事件)风险提示	风险控制措施	责任岗位
操作准备	1.穿戴劳保用品。 2.检查准备工具用具	1.未按规定穿戴劳保用品易造成人身伤害。 2.使用非防爆工具引发火灾爆炸事故	1.按要求穿戴好劳保防护用品。 2.使用防爆工具	输气运行岗
操作前检查	检查工艺流程、仪器仪表、安全附件,检测阀室天然气含量等	作业区域存在天然气泄漏引起火灾爆炸事故	佩戴便携式可燃气体检测仪,发现检测仪报警时终止操作,立即撤离、上报	输气运行岗
安全阀的拆卸	1.关闭安全阀进口球阀。 2.关闭安全阀出口球阀。 3.使用扳手拧松安全阀固定螺栓,使用螺丝刀撬起安全阀进行泄压,待没有气流声后拆下安全阀	1.未按规定穿戴劳保用品易造成人身伤害。 2.使用非防爆工具引发火灾爆炸事故。 3.未正确使用工具造成机械伤害。 4.未按操作流程操作,造成天然气泄漏	1.按要求穿戴好劳保防护用品。 2.使用防爆工具。 3.正确使用工具。 4.严格按操作流程操作,先切断气源再进行拆卸	输气运行岗
安全阀的安装	1.将安全阀固定在放空管上,使用扳手拧紧连接螺丝,对角紧固,再连接安全阀出口管线。 2.检查完成后打开进口球阀。 3.安装完成后进行验漏,确认无泄漏后安装完成	1.未按规定穿戴劳保用品易造成人身伤害。 2.使用非防爆工具引发火灾爆炸事故。 3.未正确使用工具造成机械伤害。 4.未按操作流程操作,造成天然气泄漏	1.按要求穿戴好劳保防护用品。 2.使用防爆工具。 3.正确使用工具。 4.严格按操作流程操作,安装完成检查无误后再进行送气	输气运行岗
完工验收	收拾工具、清理现场	未清理现场,易造成环境污染	操作完后及时清理现场	输气运行岗

3.2.38 正压式空气呼吸器充装作业（表 3-41）

表 3-41 正压式空气呼吸器充装作业风险控制指南

前期准备				
人员资质	永久性气瓶充装证、低压电工证			
设备类型	安全环保设备			
卫用具	管钳、电工工具			
操作规程	空呼打压泵操作			
风险控制指南				
作业环节	主要操作步骤及工作标准	潜在的事故（事件）风险提示	风险控制措施	责任岗位
操作准备	1.穿戴劳保用品。 2.检查周围环境，保证空气清洁，通风良好；保证地势平稳。 3.检查设备本体，检查油水滤芯、控制阀、软管、压力表、安全阀等。 4.检查气瓶本，检查瓶体、控制阀、软管。 5.检查设备接地	1.未规范穿戴劳保用品易造成划伤、碰伤。 2.周围环境气体有污染，造成气瓶气质差，人员中毒；氧气或氧气含量高于21%时，有可能发生爆炸。 3.遇用火有燃烧爆炸风险。 4.设备、气瓶不平稳易倾覆。 5.设备、气瓶检查不严，压缩空气喷出或爆炸，导致人身伤害。 6.接地不良或未接地，有触电	1.正确穿戴劳保用品。 2.充装时距离火源10m以上；不在 CO_2 浓度大于0.03 VOL%的房间充气；不在氧含量不达标的区域充气；设备倾角不能超过5°。 3.软管良好，接头螺纹无损坏；瓶体无裂纹；各控制阀压力表在外观完好，在检定周期内；油水滤芯清洁。 4.确保接地良好	持永久性气瓶充装证及低压电工证人员
气瓶充压	1.接通电源。 2.打开冷凝阀。 3.关闭冷凝阀。 4.连接充气阀和气瓶。 5.充气开始，充气过程中每15min打开冷凝发排水。 6.关闭气瓶阀，再关闭充气阀	1.用电安全措施不到位，触电。 2.机器操作保养不到位，使用过程中损坏，机械伤害。 3.未关闭冷凝阀，不利于充气。 4.各管路连接不当，气体喷出引发人身伤害。 5.未定时排冷凝水，充压缓慢，且易造成空呼气瓶气质差。 6.关闭顺序不正确，导致气体喷出爆炸	1.启动前，严格检查供电线路，保证设备接地。 2.日常严格按规程操作保养设备。 3.开机时试启动，检查电机运转方向。 4.机器在无负荷状态下启动运转5min再充气。 5.充气过程中每隔15min排除冷凝水。 6.达到额定压力后，先关闭气瓶阀，再关闭充气阀，然后从气瓶上取下充气阀。充装压力不得超过30MPa	持永久性气瓶充装证及低压电工证人员
停机	1.关闭电源。 2.排出过滤系统中的水汽	未打开冷凝阀排水，损坏过滤器滤芯	使用完毕后，打开冷凝阀排水	持永久性气瓶充装证及低压电工证人员

3.2.39 氮气吹扫置换作业(表 3-42)

表 3-42 氮气吹扫置换作业风险控制指南

前期准备	
人员资质	输气运行岗等级证、压力容器操作证、HSSE 证、硫化氢证
设备类型	工艺设备
工用具	活动扳手、验漏壶、可燃气体检测仪、警戒带
操作规程	无

风险控制指南				
作业环节	主要操作步骤及工作标准	潜在的事故(事件)风险提示	风险控制措施	责任岗位
操作准备	1. JSA 分析。 2. 劳保着装。 3. 检查工器具	1. 未按规定穿戴劳保用品易造成人身伤害。 2. 使用非防爆工具引发火灾爆炸事故	1. 做好劳保着装。 2. 使用防爆工具	输气运行岗
置换作业	1. 连接注氮管线与容器。 2. 打开氮气瓶或注氮车出口阀,进行氮气置换。 3. 每隔一定时间检测天然气浓度是否合格,合格后方可停止注氮	1. 连接接口时,容易造成机械伤害。 2. 氮气泄漏,造成人员冻伤。 3. 氮气大量泄漏,导致作业人员窒息。 4. 氮气置换不合格,导致天然气与空气混合出现爆炸事故	1. 加强现场安全监督,提高作业人员安全意识。 2. 拧紧接口,卡紧管线,平稳操作。 3. 拉设警戒带,加强现场监护,清理无关人员。 4. 甲烷检测试检测结果连续 3 次检测 0.5% 以下,方可打开盲板	输气运行岗
完工检查	收拾工具、清理现场	未清理现场,易造成环境污染	操作完后及时清理现场	输气运行岗

3.2.40 用火作业(表3-43)

表3-43 用火作业风险控制指南

工作内容	主要操作步骤及工作标准	潜在的事故(事件)风险提示	风险控制措施	措施执行责任岗位
作业申请	1. 确认用火作业提出申请	未经审批进行用火作业,引起火灾、爆炸等事故,造成人员伤亡和财产损失	用火作业必须严格执行作业许可制度,办理许可证,分级审批后方可作业	站长、副站长
		一张用火作业许可证多处用火,引起火灾、爆炸等事故,造成人员伤亡和财产损失	一张用火作业许可证只限一处用火,实行一处、一证、双人,严禁一张许可证进行多处用火	站长、副站长
		节假日或异常气象条件下作业许可证未升级管理,缺乏对应的监管、防护措施,引起火灾、爆炸,造成人员伤亡和财产损失	节日、假日,用火作业应升级管理。雨雪天、五级风以上(含五级)天气,原则上禁止露天用火作业。因生产确需用火,用火作业应升级管理	站长、副站长
		涉及特殊作业组合,未落实相应安全措施,造成人员伤亡和财产损失	若涉及高处、受限空间等危险作业时,应同时办理相关作业许可证,落实相应安全措施	站长、副站长
	2. JSA分析	未开展JSA分析或风险识别不到位,措施没有针对性,作业中造成人身伤害或设备设施损坏	针对作业内容组织相关人员开展JSA分析,确定相应的作业程序和安全措施,将安全措施填入作业许可证	站长、副站长、施工单位负责人
	3. 安全措施落实	作业人员未经安全教育,用火人、监护人未持证上岗,安全技能缺失,造成人身伤害或设备设施损坏	对所有参加作业人员资质和培训成绩进行确认,不具备资质人员严禁入场实施作业	站长、副站长
		现场未落实双监护和视频监控,现场监管不符合要求	现场实行双监护,发现问题及时处置。施工过程实行全程视频监控	站长、副站长
		用火分析数据不合格或超过有效时间,造成火灾爆炸	用火分析合格后方可用火,检测频次符合要求	站长、副站长
		动火点周围存在易燃物、物料泄露,用火部位存在有毒介质等,引发火灾爆炸、中毒窒息,造成人员伤亡和财产损失	按照JSA分析结果和作业方案,组织逐项落实安全措施	站长、副站长
作业审批	1. 安全措施确认	安全措施落实不到位,引发火灾爆炸、中毒窒息,造成人员伤亡和财产损失	现场联合审查安全措施落实情况,并签字确认	站长、副站长
	2. 签发作业许可证	未到现场确认安全措施落实情况或无证签发许可证,引发人身伤害或设备设施损坏	审批人应持证按照审批权限,现场检查防火措施全部落实后,签发作业许可证	一级签发大队长及副大队长,二级基层正职

续表 3-43

工作内容	主要操作步骤及工作标准	潜在的事故(事件)风险提示	风险控制措施	措施执行责任岗位
作业实施	1. 安全技术交底	作业人员不清楚作业情况，对作业过程风险认识不足造成伤害	按规定对所有参加作业人员进行安全技术交底	现场项目负责人
	2. 作业过程管理	作业间隔超过 30min 或中断作业超过 1h，未进行再次检测，作业环境发生改变，引起火灾爆炸	作业间隔超过 30min 或中断作业超过 1h，必须进行再次检测	双方监护人
		作业前未进行可燃气体检测或检测不达标	当可燃气体爆炸下限大于 4% 时，分析检测数据小于 0.5% 为合格；可燃气体爆炸下限小于 4% 时，分析检测数据小于 0.2% 为合格	双方监护人
		实际作业人员、用火部位、用火级别与许可证不相符合，或者用火安全措施不落实，引起火灾、爆炸，造成人员伤亡和财产损失	发现实际作业人员、用火部位、用火级别与许可证不相符合或者安全措施不落实时，应制止用火	双方监护人
			严格执行"三不用火"，对不符合的情况，应拒绝用火	双方监护人
		用火点周围存在可燃物引发火灾爆炸	用火期间，距用火点周围 30m 内严禁排放各类可燃气体，15m 内严禁排放各类可燃液体，10m 范围内或用火点下方不应同时进行可燃溶剂清洗或喷漆等交叉施工	双方监护人
		用火现场通风不良，易燃易爆气体积聚，引起火灾、爆炸	保持良好通风，必要时强制通风。特级用火作业期间应随时进行可燃气体监测	双方监护人
		监护人离开现场或从事其他工作，用火作业过程缺乏监管，导致火灾爆炸	必须执行双监护，监护人不得随意离开现场	双方监护人
		超过许可证有效时间用火，作业环境发生变化，安全措施失效，可能引起火灾、爆炸	特级、一级超过 8h，二级超过 48h 重新办理作业许可证	双方监护人
		消防通道堵塞发生紧急情况，导致事故升级	施工机具和材料摆放不得堵塞消防通道和影响生产设施、装置人员的操作与巡回检查	双方监护人
		作业内容或环境条件发生变化时，引起火灾、爆炸，造成人员伤亡和财产损失	立即停止作业，许可证同时废止	双方监护人
		生产装置或作业现场出现异常，危及作业人员安全，造成人身伤害	立即停止作业，组织作业人员迅速撤离，查明原因并采取补救措施	双方监护人
作业关闭	场地清理与完工验收	未进行完工验收或用火完毕未清理现场，作业现场存在残留易燃易爆物品或余火，引发火灾爆炸	用火结束后，必须清理现场，消除残留风险	施工单位负责人
			认真检查施工周围是否留有易燃易爆物品或余火，进行完工验收	站长、副站长

3.2.41 临时用电作业(表3-44)

表3-44 临时用电作业风险控制指南

工作内容	主要操作步骤及工作标准	潜在的事故(事件)风险提示	风险控制措施	措施执行责任岗位
作业申请	1.作业申请	未经审批进行特殊作业,作业中存在盲目作业,安全措施落实不到位	临时用电作业必须严格执行作业许可制度	现场管理人员
	2.JSA分析	无法正确识别作业风险,缺乏对应的监管、防护措施,作业中引发人身触电伤害、设备或设施损坏	针对作业内容进行JSA分析,制订落实相应的作业程序及安全措施,将安全措施填入作业许可证	站长、现场管理人员、施工单位负责人
	3.用电单位根据规定需编制临时用电方案	未编制临时用电作业方案,作业中安全措施不全,可能发生人身触电伤害、设备或设施损坏	检修、施工使用6kV及以上临时电源,用电单位需编制临时用电方案	施工单位负责人
	4.临时用电作业审查	未经风险评估和审查,作业中可能存在安全措施不到位	临时用电作业前,应对作业方案、作业安全措施和应急预案进行风险评估和审查	管理处电气专业技术人员、生产副经理,站长、副站长
	5.安全措施落实	人员无资质或资质不合格,对电气安全用电不熟悉,易引起触电伤亡	安装、维修、拆除临时用电设备和线路应由持有有效电工作业证的电工进行操作,并有人监护,做好工作记录	站长或现场负责人
		埋地辐射电缆不符合规范	埋地敷设的线缆应设"走向标志"和"安全标志",电缆埋地深度不小于0.7m,穿越公路时应加设防护套管	站长或现场负责人
		临时用电架空线不符合规范引发触电、火灾爆炸	架空线应采用绝缘铜芯线,设在专用电杆上,严禁设在树木或脚手架上,架空线最大弧垂与地面距离,在施工现场不小于2.5m,穿越机动车道不小于5m	站长或现场负责人
		配电盘设置不规范,容易受潮漏电,箱门不关闭易造成其他人员停送电,存在触电风险	现场临时用电配电盘、箱应有编号和防雨措施,离地距离不少于30cm;盘、箱、门牢靠关闭	站长或现场负责人
		开关箱和移动式、手持式电动工具未安装漏电保护器,未做到"一机一闸一保护",存在触电风险	临时用电设施应做到"一机一闸一保护",开关箱和移动式、手持式电动工具应安装符合规范要求的漏电保护器	站长或现场负责人
		未落实安全措施,盲目开工引发人身伤害或设备设施损坏,或作业中险兆事件不能及时处置	按照JSA分析结果和作业方案,组织逐项落实安全措施	站长或现场负责人
作业审批	签发作业许可证	无证签发许可证或未到现场确认安全措施,易发生人身伤害或设备设施损坏	作业许可审批人应取得相应的资格,并现场检查确认安全措施后,方可签发作业许可证	站长

续表 3-44

工作内容	主要操作步骤及工作标准	潜在的事故（事件）风险提示	风险控制措施	措施执行责任岗位
作业实施	1. 作业程序和安全措施交底	作业前未进行临时用电安全交底，导致作业人员对风险认识不足，易造成伤害事故	作业实施前，应对参与此项工作的每个作业人员，进行安全交底	站长或现场负责人
	2. 安全措施再确认	未落实安全措施，盲目送电引发人身伤害或设备设施损坏	送电前，应检查临时用电线路和电气设备，确认《临时用电作业许可证》的安全措施全部得以落实	站长、现场负责人、施工单位负责人
	3. 作业过程管理	临时用电的漏电保护器未试验，不能正常动作，作业中可能发生人身伤害、设备或设施损坏	对临时用电保护开关进行安全检查确认，确保处于完好状态	双方监护人
		配送电单位、施工单位不对临时用电巡视检查，不能及时发现隐患	对临时用电设施定时进行巡视检查，发现缺陷及时进行处理	双方监护人
		临时用电单位私自变更地点和作业内容，任意增加用电负荷或私自向其他单位转供电，可能发生人身伤害、设备或设施损坏	临时用电单位不得变更地点和作业内容，不得禁止任意增加用电负荷或私自向其他单位转供电	双方监护人
		临时用电的电气设备周围存放易燃易爆物、污染源和腐蚀介质，不采取防护处置措施，作业中可能发生人身伤害、设备或设施损坏	临时用电作业范围设置警戒区域，放置警示牌	双方监护人
		临时用电未使用三相四线制低压电力系统，作业中可能发生人身伤害、设备或设施损坏	临时用电应用专用的电源中性点直接接地的(220V/380V)三相四线制低压电力系统，符合《施工现场临时用电安全技术规范》(JGJ 46)规定	双方监护人
		临时用电设备和线路未按供电电压等级和容量正确使用，电气元件不符合国家、行业规范标准要求，作业中可能发生人身伤害、设备或设施损坏	临时用电设备和线路应按供电电压等级和容量正确使用，所用电气元件应符合国家、行业规范标准要求；临时用电电源施工、安装应严格执行电气施工安装规范，并接地良好	双方监护人
		在特别潮湿的场所或塔、釜、槽、罐等金属设备未使用安全电压，作业中可能发生人身伤害、设备或设施损坏	在特别潮湿的场所或塔、釜、槽、罐等金属设备作业装设的临时照明行灯电压不应超过12V	双方监护人
作业关闭	场地清理与完工验收	未进行完工验收或作业完毕未清理现场，造成触电事故，导致人员伤害	作业完毕清理临时用电作业现场，确认没有触电危险	站长、现场负责人、施工单位负责人

3.2.42 受限空间作业(表 3-45)

表 3-45 受限空间作业风险控制指南

工作内容	主要操作步骤及工作标准	潜在的事故(事件)风险提示	风险控制措施	措施执行责任岗位
作业申请	1.提出申请	未经审批进入受限空间,可能发生人身伤害、设备或设施损坏	进入受限空间必须严格执行作业许可制度,经批准后方可作业	现场管理人员
	2.JSA 分析	未会同施工单位开展 JSA 分析或分析不到位,盲目开工引发人身伤害或设备设施损坏	作业前必须进行 JSA 分析,由施工单位和基层单位共同参与,成员由熟悉该方法的管理、技术、安全、操作人员组成的小组完成	站长、现场管理人员、施工单位负责人
	3.确认是否存在其他特殊作业	涉及其他特殊作业,作业过程中其他风险引发人身伤害或设备设施损坏	涉及其他特殊作业,按照相应特殊作业管理要求实行许可审批	站长或现场负责人
	4.安全措施落实	作业人员未受到安全教育,缺乏相关安全知识和应急技能	对所有参加作业人员资质和培训成绩进行确认,不具备资质人员严禁进入现场实施作业	站长、现场负责人、施工单位负责人
		未制定作业程序,现场工艺处理不到位,盲目进入受限空间引发人身伤害	明确责任人,确保受限空间吹扫、置换合格,现场未达到进入受限空间条件前,严禁开工	
		相关管线未加设盲板,盲目进入受限空间引发中毒、窒息	对所有与其相连且可能存在可燃可爆、有毒有害物料的管线、阀门加盲板隔离,盲板处应挂标识牌	
		受限空间内转动装置未断电,作业中引发人身伤害或设备设施损坏	相关设备断电、挂牌,必要时专人监护	
		现场检测器具、防护器具过期未验,或状况不良,作业中引发中毒、窒息	严格器具审查,不符合标准检测器具、防护器具严禁使用	
		受限空间内通风不良,引发人员窒息	对受限空间通风情况、氧含量进行分析,必要时采取强制通风,管道送风前应对风源进行分析确认,严禁向内充氧气	站长、现场负责人、施工单位负责人
			特殊情况下,可戴供风式面具、空气呼吸器,使用供风式面具时,必须安排专人监护供风设备	
		作业过程使用不安全照明设备,引发触电、火灾爆炸事故	如有需要,应使用安全电压和安全行灯。进入金属容器和特别潮湿、工作场地狭窄的非金属容器内作业,照明电压应不大于 12V	
		作业环境原来盛装爆炸性液体、气体等介质,作业过程易引发火灾爆炸事故	作业人员应穿戴防静电服装,使用防爆工具和防爆照明设备,严禁携带手机等非防爆通信工具和其他非防爆器材	
		未落实安全措施,或防护措施落实不到位,作业中引发人身伤害或设备设施损坏	按照 JSA 分析结果和作业方案,组织逐项落实安全措施	

续表 3-45

工作内容	主要操作步骤及工作标准	潜在的事故（事件）风险提示	风险控制措施	措施执行责任岗位
作业批准	签发作业许可证	未到现场确认作业程序、安全措施落实情况或无证签发许可证，引发人身伤害或设备设施损坏	审批人应持证按照审批权限，现场检查安全措施全部落实后，方可签发作业许可证	公司主管部门领导或授权管理处领导
作业实施	1.安全交底	作业前未进行安全交底，或交底不全，作业中引发人身伤害或设备设施损坏	作业实施前，应对参与此项工作的每个作业人员，进行安全交底，全员在JSA分析表签字后，方可开工	站长、现场负责人、施工单位负责人
	2.作业前安全确认	未进行气体检测，或未按照标准检测，人员进入后引发窒息、中毒、火灾爆炸事故	人员进入前，对受限空间进行有毒有害、可燃气体分析，分析合格后方可进入。作业中断超过60min，应重新进行分析，且保证分析仪在校验有效期内	站长、现场负责人、施工单位负责人
			受限空间容积较大时，应对上、中、下各部位取样分析，保证受限空间内部任何部位的可燃气体浓度和氧含量合格	
		受限空间内未预留逃生通道，或通道口受阻，紧急条件下，作业人员无法及时逃离	明确逃生通道或出口，且应保持通道、出口无障碍物	
		施工人员未携带报警仪，或使用违规工具，人员进入后引发窒息、中毒、火灾爆炸事故	作业人员进入受限空间要佩戴便携式气体报警仪，作业人员所带的工具、材料须登记，禁止与作业无关的人员和物品工具进入受限空间	
	3.作业过程管理	现场未落实双监护和视频监控，现场监管不符合要求	现场实行双监护，发现问题及时处置。施工过程实行全程视频监控	站长、现场负责人、施工单位负责人
		作业人员在安全措施未到位情况下进入受限空间，引发窒息、中毒事故	作业过程实行双监护，全程实施视频监控，严格执行"三不进入"	双方监护人
		作业开始后，空间内气体成分发生变化，引发窒息、中毒、火灾爆炸事故	作业中应定时监测，至少每2h监测1次，如监测分析结果有明显变化，则应加大监测频率	双方监护人
			可能释放有害物质的受限空间，应连续监测，情况异常时立即停止作业	
		作业人员连续长时间作业，引发人身伤害	实行轮换作业制，严禁作业人员在受限空间内休息	双方监护人
		作业人员在作业过程中摘下防护用具，或关闭检测设备，引发窒息、中毒事故	严禁作业人员在作业过程中摘下防护用具，或关闭检测设备	双方监护人

续表 3-45

工作内容	主要操作步骤及工作标准	潜在的事故(事件)风险提示	风险控制措施	措施执行责任岗位
作业实施	3.作业过程管理	人员出现中毒、窒息等情况时,救援不及时或不合理,引发作业、救援人员中毒、窒息事故	如有需要作业人员应栓带救生绳,抢救人员必须佩戴隔离式防护面具进入受限空间,严禁无防护救援,并至少有1人在受限外部负责联络工作	施工单位负责人
		作业停工期间,无关人员误进受限空间,引发窒息、中毒事故	作业停工期间,应在入口处设置警告牌,出入口应设置围栏等防护措施	
完工验收	1.清点人数	人员未及时撤离,引发窒息、中毒事故	清点人员,确保全员撤离	施工单位负责人
		工具、材料未清理,引发设备损坏	作业完毕施工结束时应及时回收工具、杂物	
	2.现场恢复	现场恢复不到位,引发泄漏、中毒事故	施工结束后,及时封闭人孔,回收盲板	
	3.完工验收	未对现场恢复情况进行验收,现场恢复不到位,引发泄漏、中毒或环境污染事故	及时组织验收,作业票证相关方存档备案	站长、现场负责人

3.2.43 高处作业（表3-46）

表3-46 高处作业风险控制指南

工作内容	主要操作步骤及工作标准	潜在的事故（事件）风险提示	风险控制措施	措施执行责任岗位
作业申请	1.提出申请	未经审批进行高处作业，作业中可能发生人身伤害、设备设施损坏	高处作业必须严格执行审批许可制度，经批准后方可实施作业	现场管理人员
	2.JSA分析	未开展JSA分析或分析不到位，盲目开工引发人身伤害或设备设施损坏	作业前必须进行JSA分析，由基层单位主持，相关岗位和施工单位负责人参与完成	站长、现场负责人、施工单位负责人
	3.确定作业级别	未根据级别实行票证审批，或级别确认不准确，盲目开工中引发人身伤害或设备设施损坏	Ⅱ级及以上高处作业，必须办理作业许可证。Ⅰ级高处作业按照许可作业进行管理	站长或现场负责人
	4.确认是否存在其他特殊作业	涉及其他特殊作业，作业过程中其他风险引发人身伤害或设备设施损坏	涉及其他特殊作业，按照相应特殊作业管理要求实行许可审批	站长或现场负责人
	5.安全措施落实	作业人员无证操作，或患有高处作业禁忌症，作业中引发人身伤害或设备设施损坏	专门或经常从事高处作业人员应取得相应的资格证书，经确认后方可开工	站长或现场负责人
			高处作业人员作业前需提供有效的体检报告，并附在高处作业许可证后	施工单位负责人
		作业人员未受到安全教育，缺乏相关安全知识和应急技能	对所有参加作业人员资质和培训成绩进行确认，不具备资质人员严禁进入现场实施作业	站长或现场负责人
		未制定应急处置方案及应急物资	制定应急处置方案，其内容包括作业人员紧急情况下逃生路线和救护方法，现场应配备救生设施和防火器材，15m及以上高处作业应配备通信联络工具	站长或现场负责人
		脚手架搭设不规范，作业过程中引发人身伤害或设备设施损坏	对脚手架搭设、验收人员应相应资质进行确认，搭设后实行挂牌管理，验收合格后，方可使用	站长、现场负责人、施工单位负责人
		安全带老化严重，或不符合标准，作业中引发人员坠落	作业前进行检查，不符合要求安全带严禁使用	站长或现场负责人
		临边、洞口防护不全，作业中引发人员坠落	临边及洞口四周设置防护栏、警示标志或覆盖	站长、现场负责人及施工单位负责人
		特殊天气作业，作业中引发人身伤害或设备设施损坏	雨、雪天作业时应采取防滑、防寒措施	站长或现场负责人
		未落实安全措施，或防护措施落实不到位，作业中引发人身伤害或设备设施损坏	按照JSA分析结果和作业方案，组织逐项落实安全措施	站长或现场负责人

续表 3-46

工作内容	主要操作步骤及工作标准	潜在的事故(事件)风险提示	风险控制措施	措施执行责任岗位
作业批准	1.签发作业许可证	未到现场确认安全措施落实情况或无证签发许可证，引发人身伤害或设备设施损坏	审批人应持证按照审批权限，现场检查安全措施全部落实后，方可签发作业许可证	一级站长，二级管理处业务分管领导，三级公司机关业务主管领导，四级公分管领导
	2.安全交底	作业前未进行安全交底，或交底不全，作业中引发人身伤害或设备设施损坏	作业实施前，应对参与此项工作的每个作业人员，进行安全交底，全员在JSA分析表签字后，方可开工	站长、现场负责人、施工单位负责人
	3.作业过程管理	现场未落实双监护和视频监控，现场监管不符合要求	现场实行双监护，发现问题及时处置。施工过程实行全程视频监控	双方监护人
		作业场所气温过高或过低，人员中暑或冻伤	当气温高于35℃(含35℃)或低于5℃(含5℃)条件下进行高处作业时，应采取防暑防寒措施,当气温高于40℃时,必须停止高处作业	
		作业中出现恶劣天气，人员滑倒、坠落或视线受阻	出现五级以上强风、雷电、暴雨(雪)、大雾等天气,应停止作业	
			暴风雪、台风、暴雨后,应对作业安全设施进行检查,发现问题立即处理	
		垂直方向交叉作业，高空坠物引发人员伤害	同一垂直方向交叉作业,应采取"错时错位硬隔离"的措施	
			如确实需要交叉作业,应增设中间防护层。交叉高度超过24m时,应设双层防护	
		因作业需要，临时拆除或变动安全防护设施，引发人员坠落	安全防护措施经审批后方可拆除,并采取相应的防护措施,作业后立即恢复,重新组织验收	
		作业过程中材料堆放过多，造成作业平台超载断裂、人员坠落	所用材料应统一堆放,专人管理,严格按照现场负责人要求向作业平台上料	
		作业人员安全带系挂不规范，引发机械伤害、坠落	安全带应高挂低用,不得系挂在有尖锐棱角或有可能转动的部位,系挂点下方应有足够的净空	
		作业人员上、下抛掷工具、材料，工具材料等放置不合理作业过程中坠落，引发物体打击伤害	上、下抛掷工具、材料应采用专用设备、设施,在用工具应系有安全绳,不用工具应放入工具袋	双方监护人
		作业人员手持工具上、下爬梯，引发物体打击伤害	严禁作业人员手持工具上、下爬梯	

续表 3-46

工作内容	主要操作步骤及工作标准	潜在的事故（事件）风险提示	风险控制措施	措施执行责任岗位
作业关闭	1. 工具清理	工器具、材料等未回收，高处坠物或脚手架倒塌，导致物体打击伤害或设备损坏	作业完毕施工结束时应及时回收工具、器具、材料或杂物等	施工单位负责人
	2. 完工验收	未对现场恢复情况验收，现场恢复不到位，引发物体打击伤害或设备损坏	及时组织验收，作业票证相关方存档备案	站长或现场负责人

3.2.44 动土作业（表 3-47）

表 3-47 动土作业风险控制指南

工作内容	主要操作步骤及工作标准	潜在的事故（事件）风险提示	风险控制措施	措施执行责任岗位
作业申请	1. 提出申请	未经审批进行作业，盲目开工引发人身伤害、设备设施损坏	动土作业必须严格执行作业许可审批制度，经批准后方可作业	站长、副站长
	2. 相关单位现场交底	未组织交底或交底不全面，对作业现场具体情况掌握不清，盲目开工引发人身伤害、设备设施损坏	组织现场相关单位、部门责任人与施工单位对作业现场情况共同确认，作业票证实行相关部门会签制	站长、副站长、施工单位负责人
	3. JSA 分析	未开展 JSA 分析或分析不到位，盲目开工引发人身伤害、设备设施损坏	作业前必须进行 JSA 分析，由施工单位和基层单位负责人主持，相关单位、岗位人员参加	
	4. 施工方案制定、审批	施工方案内容不全，措施落实不具体，作业过程中发引发人身伤害、设备设施损坏	按照相关要求，施工方案经相关人员审批后方可生效	施工单位负责人
	5. 确认是否存在其他特殊作业	涉及其他特殊作业，作业过程中其他风险引发人身伤害或设备设施损坏	涉及其他特殊作业，按照相应特殊作业管理要求实行许可审批	站长、副站长
	6. 安全措施落实	特种设备无证操作，导致人身伤害或设备损坏	如使用机械挖掘设备，对从事指挥、操作人员进行资格确认	站长、副站长、施工单位负责人
		作业人员未受到安全教育，安全技能缺失，作业过程中引发人身伤害	对所有参加作业人员资质和培训成绩进行确认，不具备资质人员严禁进入现场实施作业	
		现场临近建筑物、设施未采取防护措施，作业中发生下沉或变形，引发人身伤害、设备或设施损坏	对周边情况进行排查，必要时落实防护措施	
		地下情况描述不具体，盲目开工引发人身伤害、设备或设施损坏	结合相关方交底情况，绘制动土作业点工艺示意图，对照示意图落实措施，并附在作业票证中	站长、副站长、施工单位负责人
		未落实现场安全措施，或防护措施落实不到位，作业中引发人身伤害、设备或设施损坏	按照 JSA 分析结果和作业方案，组织逐项落实安全措施，并签字确认	
作业批准	1. 相关部门现场会签	现场防护措施不到位，相关部分负责人未检查确认，盲目开工引发人身伤害、设备或设施损坏	按照相关要求，施工方案经相关人员审批后方可生效	相关部门负责人
	2. 现场审查、签批	未到现场确认安全措施落实情况或无证签发许可证，引发人身伤害、设备或设施损坏	审批人应持证按照审批权限，现场检查安全措施全部落实后，方可签发作业许可证	站长、施工单位、管理处分管领导会签后，由项目主管部门签发

续表 3-47

工作内容	主要操作步骤及工作标准	潜在的事故(事件)风险提示	风险控制措施	措施执行责任岗位
作业实施	1. 作业前安全交底	作业前未进行安全交底,或交底不全,作业中引发人身伤害、设备或设施损坏	作业实施前,应对参与此项工作的每个作业人员,进行安全交底,全员在 JSA 分析表签字后,方可开工	站长、副站长、施工单位负责人
作业实施	2. 作业过程管理	现场未落实双监护和视频监控,现场监管不符合要求	现场实行双监护,发现问题及时处置。施工过程实行全程视频监控	双方监护人
作业实施	2. 作业过程管理	施工过程中出现渗水,造成人员滑倒、溺水、塌方	及时做好排水工作,根据实际情况设置支撑,必要时停止施工	双方监护人
作业实施	2. 作业过程管理	挖掘方式不合理、护板支撑设置不及时,造成滑坡、塌方	由上至下逐层挖掘,严禁用挖空底脚和挖洞的方法进行	双方监护人
作业实施	2. 作业过程管理	挖掘方式不合理、护板支撑设置不及时,造成滑坡、塌方	根据施工进度,及时设置防护措施和人员进入安全通道	双方监护人
作业实施	2. 作业过程管理	施工过程中破坏地下隐蔽设施,引发人身伤害或设备设施损坏	动土临近地下隐蔽设施时,应使用适当工具挖掘,避免损坏地下隐蔽设施	双方监护人
作业实施	2. 作业过程管理	施工过程中破坏地下隐蔽设施,引发人身伤害或设备设施损坏	如暴露物不能辨认时,不得敲击、移动,应立即停止作业,采取措施、重新审批后方可继续作业	双方监护人
作业实施	2. 作业过程管理	物料、工具、设备停放摆放不合理,造成滑坡、塌方	使用的材料、挖出的泥土应堆放在距坑、槽、井、沟边沿至少 0.8m 处,堆土高度不得大于 1.5m。其他设备设施远离开挖区域边缘	双方监护人
作业实施	2. 作业过程管理	施工过程中破坏消防通道,应急状态下影响消防车通行	在消防主干道上的动土作业,必须分步施工。如影响消防通道,须向上级主管部门与消防主管部门报告	双方监护人
作业实施	2. 作业过程管理	施工人员随意行走、停留,引发机械伤害、摔伤	规范作业人员操作行为,严禁随意走动,机械旋转半径内禁止停留,禁止在作业区域内休息	双方监护人
作业实施	2. 作业过程管理	挖掘人员防护距离不足,引发工具伤人	两人以上同时挖土时应相距 2m 以上	双方监护人
作业实施	2. 作业过程管理	施工间歇时间,无关人员进入现场,引发机械伤害、摔伤	停工期间应悬挂相应警示标志及围栏,并告知相应岗位	双方监护人
作业实施	2. 作业过程管理	施工间歇时间,无关人员进入现场,引发机械伤害、摔伤	在道路上(含居民区)及危险区域内施工,施工现场应设围栏、盖板和警告标志,夜间应设警示灯	双方监护人
作业实施	2. 作业过程管理	作业坑达到一定深度,险兆发生时不能及时撤离	作业坑深度大于 2m 时,应设置应急逃生通道	双方监护人
作业关闭	1. 工具清理	未进行完工验收或作业完毕未清理现场,导致环境污染	作业完毕施工结束时应及时回收工具、杂物	施工单位负责人
作业关闭	2. 现场恢复	现场未及时回填,引发人员摔伤	施工结束后回填土石,恢复地面。如无法立即回填,应设置警示标志	施工单位负责人
作业关闭	3. 完工验收	未对现场恢复情况进行验收,现场恢复不到位,引发人员摔伤或环境污染	及时组织验收,作业票证相关方存档备案	站长、副站长

3.2.45 起重作业（表3-48）

表3-48 起重作业风险控制指南

工作内容	主要操作步骤及工作标准	潜在的事故（事件）风险提示	风险控制措施	措施执行责任岗位
作业申请	1. 确定作业，项目提出申请	未经审批进行特殊作业，作业中可能发生人身伤害、设备设施损坏	特殊作业必须严格执行作业许可制度，经批准后方可作业	站长、副站长
	2. JSA分析	未开展JSA分析或风险识别不到位，措施没有针对性，作业中造成人身伤害或设备设施损坏	针对作业内容进行JSA分析，确定相应的作业程序和安全措施，填入许可证	站长、副站长、施工单位负责人
	3. 编制作业方案	大型、特殊起重作业没有编制作业方案，作业中可能发生人身伤害或设备设施损坏	起重质量大于40t的重物，或不足40t，但形状复杂、刚度小、长径比大、精密贵重、作业条件特殊的物件，必须编制起重作业方案	站长、副站长、施工单位负责人
	4. 一级起重作业审查	一级起重作业方案等未经审查，作业中可能发生人身伤害或设备损坏	一级起重作业前，作业方案、作业安全措施和应急预案应经二级单位起重作业主管部门审查	起重单位上级业务主管领导
	5. 安全检查和安全措施落实	作业人员未经安全教育，特种设备无证操作，导致人身伤害或设备损坏	对所有参加作业人员资质和培训成绩进行确认，不具备资质人员严禁入场	站长、副站长
		现场未落实双监护和视频监控，现场监管不符合要求	现场落实双监护，施工过程实行全程视频监控	站长、副站长
		力矩限制器、过载报警、限位器等失灵，吊索具断裂、脱套、脱钩，造成被吊物件侧翻或坠落，导致人身伤害或设备损坏	对起重机械和吊具保护装置进行安全检查确认，确保处于完好状态	站长、副站长、施工单位负责人
		起重机吊臂等触碰裸露高低压输电线，造成触电事故	对吊装区域内的安全状况进行检查（包括吊装区域的划定、标识、障碍）	
		视线不清或遭雷击，导致人身伤害、设备损坏	核实天气，遇6级以上大风或大雪、大雨、大雾等恶劣天气，不得从事露天起重作业	
		安全措施落实不到位，盲目开工，引发人身伤害或设备设施损坏	按JSA分析结果和作业方案落实安全措施，并签字确认	站长、副站长
			现场联合审查安全措施落实情况，并签字确认	站长、副站长
作业审批	签发作业许可证	未到现场确认安全措施落实情况或无证签发许可证，引发人身伤害或设备设施损坏	审批人应持证按照审批权限，现场检查安全措施全部落实后，签发作业许可证	一级公司业务分管领导，二级、三级管理处领导

续表 3-48

工作内容	主要操作步骤及工作标准	潜在的事故(事件)风险提示	风险控制措施	措施执行责任岗位
作业实施	1. 安全技术交底	未进行安全技术交底导致人员对作业过程风险认识不足造成伤害	按规定对所有参加作业人员进行安全技术交底	站长、副站长、施工单位负责人
	2. 实施起重作业	1.指挥没有明显标志,不使用规定指挥信号,或参与作业,导致作业人员配合失误,造成起重伤害事故。2.未严格执行作业方案,导致人身伤害或设备损坏	1.指挥人员应佩戴明显的标志,按规定的指挥信号进行指挥,严禁参与作业或多人指挥。2.严格执行吊装方案,发现问题及时与方案编制人协商解决	双方监护人
		1.起重操作人员操作不当,臂架旋转过快,负荷超标,站位坡度过大等原因,导致起重机倾翻或人员伤害事故。2.作业人员站在吊臂、吊钩或吊物下方,或吊物上有人、浮置物时,导致人身伤害。3.未试吊的情况下进行吊装作业,造成重物坠落,导致人身伤害。4.停工或休息吊物、吊笼、吊具和吊索悬吊在空中、坠落,导致人身伤害	1.按指挥人员的指挥信号进行操作;对紧急停车信号,不论何人发出,均应立即执行。2.严格遵守起重作业"十不吊"。3.试吊确认一切正常后,方可正式吊装。4.停工或休息时,不得将吊物、吊笼、吊具和吊索悬吊在空中	双方监护人
		1.吊装物捆绑不牢固,可能造成重物下落,导致人身伤害或设备损坏。2.钢丝绳、吊带与吊物尖锐处未加保护,造成钢丝绳、吊带断裂,导致人身伤害或设备损坏。3.单点捆绑起吊,吊物滑脱,导致人身伤害或设备损坏	1.吊物捆绑、吊挂应牢固平衡,吊点和吊物的重心应在同一垂直直线。2.吊挂重物时,起吊绳、链所经过的棱角处应加衬垫。3.除具有特殊结构的吊物外,严禁单点捆绑起吊	双方监护人
		1.人员距离吊物过近或手扶吊物,吊物摆动冲击或突然坠落,导致人身伤害。2.作业人员站位不当,处在起重机旋转半径,导致挤伤	1.与吊物保持一定的安全距离,放置吊物就位时用牵引绳或撑竿、钩于辅助就位。2.作业人员严禁站在起重机旋转半径内	双方监护人
		作业无关人员进入现场,造成人身伤害	制止作业无关人员进入警戒区域	双方监护人
		作业人员违章或安全措施变化,导致人身伤害	加强现场监督,及时发现和制止作业人员违章行为	双方监护人
作业关闭	场地清理与完工验收	未进行完工验收或作业完毕未清理现场,造成高空坠物,导致人员伤害	作业完毕清理起重作业现场,确保高空没有易坠落物体	站长、副站长、施工单位负责人

3.2.46 盲板抽堵作业(表 3-49)

表 3-49 盲板抽堵作业风险控制指南

工作内容	主要操作步骤及工作标准	潜在的事故(事件)风险提示	风险控制措施	措施执行责任岗位
作业申请	1.确定作业项目提出申请	不办理许可证,违章作业,可能发生物体打击、高空坠落、火灾、爆炸、中毒窒息等事故	特殊作业必须严格执行作业许可制度	站长、副站长
		涉及特殊作业组合,未落实相应安全措施,造成事故	涉及其他特殊作业,按照要求办理相应的作业许可证	站长、副站长
	2.画盲板图	没有绘制盲板图,导致加错盲板,影响生产,可能发生事故	根据作业要求,画出盲板图,并对盲板进行编号,注明盲板的位置和规格	站长、副站长
	3.JSA分析	未开展JSA分析或风险识别不到位,措施没有针对性,作业中造成人身伤害或设备设施损坏	针对作业内容进行JSA分析,确定相应的作业程序和安全措施,将安全措施填入作业许可证	站长、副站长、施工项目负责人
	4.制定专项应急预案	系统复杂、危险性大的盲板抽堵作业,发生突发情况,处置不当,造成人员伤亡	针对系统复杂、危险性大的盲板抽堵作业,制定专项应急预案	站长、副站长、施工项目负责人
	5.书面交底	作业和监护人员对作业内容、程序、风险控制措施、应急等不清楚,风险认识不足,造成人身伤害	对盲板抽堵作业人员、监护人员进行作业内容、作业程序及要求、作业风险与对策措施、应急方案等内容的书面交底	站长、副站长、施工项目负责人
	6.安全措施落实	安全措施落实不到位,引发火灾爆炸、中毒窒息,造成人员伤亡和财产损失	按照JSA分析结果和作业方案,逐项落实安全措施	站长、副站长、施工项目负责人
作业审批	1.对盲板标识	盲板未设标牌进行标识,导致错抽(堵),可能发生事故	对每块盲板设标牌标识,标牌编号应与盲板图上的编号一致,并负责组织实施	站长、副站长
	2.确认、签发许可证	未到现场确认安全措施落实情况或无证签发许可证,引发人身伤害或设备设施损坏	审批人应持证按照权限,现场检查安全措施全部落实后,签发作业许可证	管理处领导或授权站长
作业实施	抽(堵)盲板	监护人离开现场,不能及时发现处理现场出现的问题,造成人员伤亡和财产损失	甲方监护人全程监护,作业全过程不得离开现场	双方监护人
		在有毒有害环境下作业造成人员中毒	禁止带压操作,必须佩戴便携式气体检测仪,佩戴空气呼吸器等个人防护用品	双方监护人
		易燃易爆场所进行盲板抽堵作业引发火灾爆炸	在易燃易爆场所作业时,禁止使用黑色金属工具和非防爆灯具	双方监护人
		人员违章或安全措施不落实,引发火灾、爆炸、中毒窒息,造成人员伤亡和财产损失	加强现场监督,及时发现和制止人员违章行为,安全措施落实后,方可继续作业	双方监护人
作业关闭	完工验收	可能因安装不合格或漏抽(堵),导致压力升高或有害物质泄漏,造成人员伤亡和设备设施损坏	作业完成后,对照盲板绘制图现场确认及完工验收,并在第一联签字确认	站长、副站长、施工项目负责人

3.2.47 管道试压作业(表3-50)

表3-50 管道试压作业风险控制指南

工作内容	主要操作步骤及工作标准	潜在的事故(事件)风险提示	风险控制措施	责任岗位
作业申请	1. 提出申请	未经审批进行试压作业,作业中可能发生人身伤害、设备或设施损坏	试压必须严格执行审批许可制度,经批准后方可实施作业	属地人员
	2. 属地现场负责人组织JSA分析	未开展JSA分析或分析不到位,盲目开展试压作业引发人身伤害或设备设施损坏	作业前必须进行JSA分析,由属地单位主持,相关单位全员参与	属地现场负责人、施工检维修负责人、维修工
	3. 确认是否存在其他特殊作业	涉及其他特殊作业,作业过程中其他风险引发人身伤害或设备设施损坏	涉及其他特殊作业,按照相应特殊作业管理要求实行许可审批	
	4. 安全措施落实	作业人员无证操作,引发人身伤害或设备设施损坏	有相应资格证方可作业	属地现场负责人、施工检维修作业负责人、双方监护人、维修工
		作业人员未受到安全教育,缺乏相关安全知识和应急技能	对所有参加作业人员资质和培训成绩进行确认,不具备资质人员严禁进入现场实施作业	
		未制定应急处置方案,缺乏应急物资	制定应急处置方案,其内容包括作业人员紧急情况下逃生路线和救护方法,现场应配备救生设施和防火器材	
		人员疏散不到位,警戒线、防护网等防护措施未落实到位	严格划定试压作业安全区域,一般是200m范围内严禁无关人员进入	
		试压管段或阀门未与其他工艺隔离	试压管段或阀门与其他工艺可靠隔离	
		试压介质,如水、氮气等质量不合格,引发试压管段破裂	严格控制试压介质质量	
		试压前未对试压范围内所有管道的安装完整性和正确性、无损检测完成情况、仪表件拆除或隔离、临时支吊架、临时盲板和管线的设置等项目进行检查	试压前严格检查管道无损检测情况、安全附件资格证情况、盲板安装情况等	
		未落实安全措施,或防护措施落实不到位,作业中引发人身伤害或设备设施损坏	按照JSA分析结果和作业方案,组织逐项落实安全措施	

续表 3-50

工作内容	主要操作步骤及工作标准	潜在的事故(事件)风险提示	风险控制措施	责任岗位
作业批准	签发作业许可证	未到现场确认安全措施落实情况或无证签发许可证,引发人身伤害或设备设施损坏	审批人应持证按照审批权限,现场检查安全措施全部落实后,方可签发作业许可证	公司分管领导或公司分管领导授权人
作业实施	1.安全交底	作业前未进行安全交底,或交底不全,作业中引发人身伤害或设备设施损坏	作业实施前,应对参与此项工作的每个作业人员,进行安全交底,全员在JSA分析表签字后,方可开工	属地现场负责人、施工检维修现场负责人、维修工
作业实施	2.作业过程管理	现场未落实双监护和视频监控,现场监管不符合要求	现场实行双监护,发现问题及时处置。施工过程实行全程视频监控	属地现场负责人、施工检维修负责人、双方监护人
		临时用电措施未落实,人员触电	严格落实临时用电	
		试压前管道未进行X射线检测,造成试压时管道破裂	试压前严格进行射线检测,保证管道完好	
		试压压力控制不严,超压,造成管道设备损坏,人身伤害	严格控制试压压力	
		未逐级升压,造成管线破裂,人身伤害	严格按照方案逐级升压,升压过程严格监控各部压力	
		未分段试压,造成部分管段压力超压,管线破裂,人身伤害	试压前合理制定方案,分段试压	
		泄压时未提前关闭动力源即泄压,造成设备损坏,人身伤害	泄压前务必关闭动力源,泄压口不得正对道路设备等	
作业关闭	1.现场清理	设备工具等未回收,导致物体打击伤害或设备损坏	作业完毕施工结束时应及时回收设备工具、材料或杂物等	施工检维修作业负责人、维修工
		试压介质随意排放,污染环境或损坏临近设备	试压介质排放至指定位置	
	2.作业关闭、完工验收	未对现场恢复情况进行验收,现场恢复不到位,引发物体打击伤害或设备损坏	及时组织验收,作业票证相关方存档备案	签发人或签发人的授权人、属地现场负责人

3.2.48 清管器发球作业（表3-51）

表3-51 清管器发球作业风险控制指南

前期准备				
人员资质	输气运行岗等级证、压力容器操作证、HSSE证、硫化氢证			
工用具	活动扳手、验漏壶、可燃气体检测仪、螺丝刀、灭火器、警戒带、抹布、润滑脂、口罩、XP3140			
风险控制指南				
作业环节	主要操作步骤及工作标准	潜在的事故（事件）风险提示	风险控制措施	责任岗位
操作准备	1. JSA分析。 2. 劳保穿戴齐全。 3. 检查工器具齐全	1. 未按规定穿戴劳保用品易造成人身伤害。 2. 使用非防爆工具引发火灾爆炸事故	1. 劳保着装。 2. 使用防爆工具	输气运行岗
装球作业	1. 打开发球筒放空阀，对球筒放空，确认压力为零。 2. 打开盲板，将清管器装入发球筒。 3. 关闭盲板，关闭放空阀，检查阀门状态是否正常	1. 开启关闭盲板时，引发机械伤害。 2. 天然气泄漏造成火灾爆炸	1. 盲板正面严禁站人，加强现场监护，杜绝违章作业。 2. 严格按照作业规程进行天然气浓度检定，合格后方可打开	输气运行岗
发球作业	1. 打开发球筒平衡阀，打开旁通阀对球筒进行充压，压力平衡后打开进口电动阀，关闭平衡阀。 2. 打开发球筒出口电动阀，关闭出站紧急截断阀，监听清管器是否发出。 3. 确认发出后，打开出站紧急截断阀，关闭发球筒出口阀、进口阀。 4. 对球筒进行放空，压力为零后，进行氮气置换，打开盲板再次确认	1. 氮气置换管连接球筒时候高处作业，容易摔落下来。 2. 扳手掉落下来造成机械伤害。 3. 氮气置换不合格，造成天然气泄漏，引起火灾、爆炸、中毒。 4. 硫化亚铁自燃，发生火灾爆炸。 5. 球筒带压，打开盲板受到机械伤害	1. 作业前进行JSA分析，严格执行作业审批许可制度。 2. 工器具按照标准摆放。 3. 严格根据作业方案每隔一段时间检测天然气浓度，直到达标之后方可打开盲板。 4. 现场配备一定数量的灭火器	输气运行岗
流程恢复	1. 清除球筒内硫化亚铁及污物，对球筒及盲板进行保养。 2. 关闭盲板恢复正常流程	1. 人员进入收球筒内，导致窒息。 2. 盲板关闭过程中机械伤害	1. 加强现场作业监督，提高人员安全意识，杜绝违章作业。 2. 盲板正面严禁站人	输气运行岗
作业完毕	收拾工具、清理现场	未清理现场，易造成环境污染	操作完后及时清理现场	输气运行岗

3.2.49 清管器收球作业(表3-52)

表3-52 清管器收球作业风险控制指南

前期准备				
人员资质	输气运行岗等级证、压力容器操作证、HSSE证、硫化氢证			
工用具	活动扳手、验漏壶、可燃气体检测仪、螺丝刀、灭火器、警戒带、抹布、润滑脂、口罩、XP3140			
风险控制指南				
作业环节	主要操作步骤及工作标准	潜在的事故(事件)风险提示	风险控制措施	责任岗位
操作准备	1. JSA分析。 2. 劳保穿戴齐全。 3. 检查工器具齐全	1. 未按规定穿戴劳保用品易造成人身伤害。 2. 使用非防爆工具引发火灾爆炸事故	1. 劳保着装。 2. 使用防爆工具	输气运行岗
流程切换	1. 操作前对阀门状态进行确认。 2. 清管器通过上游的最后一个阀室时切换到收球流程。 3. 给发球筒充压,压力平衡后全开ROV102和ROV101,当ROV101全开后关闭进站干线阀。 4. 当清管器进入收球筒后,打开进站紧急截断阀ESDV122,关闭发球筒出口阀ROV102、发球筒进口阀ROV101、旁通阀CV105	1. 阀门状态不清楚,导致阀门开关错误。 2. 误操作导致流程错误、致使收球失败。 3. 盲板正面站人,导致机械伤害	1. 确认人员资质,加强安全教育、技术交底。 2. 加强日常培训工作,提高操作人员业务技能。 3. 严格执行盲板操作规程,加强现场监护	输气运行岗
收球作业	1. 打开放空阀,放空到0.2MPa时关闭放空,打开排污阀进行排污作业。 2. 球筒压力到零后,对球筒进行氮气置换,并检测球筒天然气浓度,合格后给球筒注水。 3. 打开盲板取出清管器	1. 氮气置换管连接球筒时候高处作业,容易摔落下来。 2. 扳手掉落下来造成机械伤害。 3. 氮气置换不合格,造成天然气泄漏,引起火灾、爆炸、中毒。 4. 硫化亚铁自燃,发生火灾爆炸。 5. 球筒带压,打开盲板受到机械伤害	1. 作业前进行JSA分析,严格执行作业审批许可制度。 2. 工器具按照标准摆放。 3. 严格根据作业方案每隔一段时间检测天然气浓度,直到达标之后方可打开盲板。 4. 现场配备一定数量的灭火器	输气运行岗
流程恢复	1. 清除球筒内硫化亚铁及污物,对球筒及盲板进行保养。 2. 关闭盲板恢复正常流程	1. 人员进入收球筒内,导致窒息。 2. 盲板关闭过程中机械伤害	1. 加强现场作业监督,提高人员安全意识,杜绝违章作业。 2. 盲板正面严禁站人	输气运行岗
作业完毕	收拾工具、清理现场	未清理现场,易造成环境污染	操作完后及时清理现场	输气运行岗

4 管理附录

4.1 清单表附录

4.1.1 岗位HSSE责任清单（表4-1）

表4-1 岗位HSSE责任制清单

基本情况				单项分
单位名称	岗位职责	岗位HSSE职责	HSSE工作内容	HSSE考核标准
压气站	1. 负责本站的全面工作，认真贯彻执行国家法规和公司、管理处各项规章制度，坚持原则，严格管理。 2. 建立健全全站规章制度和考核标准。 3. 对各路工作分工负责，做到有布置，有检查，有考核。 4. 处理好职工内部、上下级、上下游各站的关系以及与地方政府的关系。	1. 负责建立完善压气站HSSE体系。 2. 保证本单位HSSE资源投入人员的有效实施。 3. 督促、检查本单位的HSSE工作，及时消除HSSE事故隐患。	1. 按照HSSE职责进行承诺并公示，组织全体员工签订HSSE承诺书并承诺宣誓。 2. 组织修订《压气站HSSE风险控制实施指南》，并推进实施。 3. 组织修订HSSE责任制、操作规程，并对履行情况进行检查考核，定期开展评审。 4. 组织建立HSSE培训矩阵，制定HSSE培训计划并监督实施。 5. 组织编制年度HSSE工作计划、检查、考核落实情况，组织开展风险识别和隐患排查，及时消除事故隐患。	1. 无责任HSSE事故（事件） 2. 每季度开展1次HSSE体系审核；每年组织1次符合性、有效性评审，保持体系有效运行 3. HSSE管理人员考核取证率100%；从业人员持证上岗率100% 4. 关键岗位主要危险源和危害因素识别到位	40 10 10 10
岗位（工种）	站长			
直接上级	经理、书记			

续表 4-1

基本情况	岗位职责	岗位HSSE职责	HSSE工作内容	HSSE考核标准	单项分
压气站HSSE第一责任人，为站场全面负责HSSE工作	5. 按照公司生产经营目标任务安排好本站的生产和检修计划，并监督执行。 6. 负责站场治安保卫和生态环境保护工作。 7. 负责全站职工的文化生活和生活后勤工作。 8. 完成上级交办的其他HSSE工作	4. 负责站场应急管理。 5. 组织开展事故初期应急处置，如实向上级报告事故事件。 6. 完成上级交办的其他HSSE工作	6. 组织制(修)订现场应急处置方案及重点岗位应急处置卡，落实应急资源准备，组织制定演练计划并开展演练，评估。 7. 定期组织开展HSSE综合检查，召开生产全例会，解决HSSE突出问题。 8. 负责锁定作业管理申请，并监督落实。 9. 组织开展HSSE文化建设。 10. 依据"四统一"原则，落实承包商HSSE监督。 11. 组织事故现场初期应急处置，控制事态发展，并及时汇报	5. 年初编制HSSE工作计划，每月组织开展1次HSSE检查考核 6. 一般隐患及时整改率100%；较大及重大隐患及时上报并采取相应防范措施 7. 主要危险事件应急处置程序及应急处置卡覆盖率100% 8. 应急物资储备完好率100%；应急演练任务完成率100% 9. 事故事件上报及时，现场应急处置措施妥当	5 10 5 5 5

单位名称	压气站
岗位（工种）	安全员
直接上级	站长
岗位概况	协助站长做好本单位安全生产各项工作，完成安全生产各项技术指标

基本情况	岗位职责	岗位HSSE职责	HSSE工作内容	HSSE考核标准	单项分
分管压气站HSSE具体工作，为站场HSSE管理主要责任人	1. 协助站长做好本单位安全生产各项工作，完成安全生产各项技术指标。 2. 协助站长做好安全文明生产、环境保护和检查工作。 3. 协助站长做好HSSE教育培训、督促指导和检查岗位技术练兵。 4. 负责经常深入现场进行安全检查、事故应急演练，督促整改隐患及关键设备的日常巡查工作。 5. 建立并更新本站HSSE资料台账。 6. 抓好岗位劳动纪律，做好各岗位及关键设备的日常巡查工作。 7. 完成站长交办的其他工作	1. 负责体系文件的编写、修订。 2. 负责开展风险识别和隐患排查。 3. 负责特种作业现场HSSE监督。 4. 负责职业卫生、交通和公共安全、环境保护。 5. 负责HSSE基础台账管理和重要信息公示。 6. 负责安全活动开展。 7. 参与事故事件处置。 8. 完成领导交办的其他HSSE工作	1. 负责编制修订体系文件，参加体系审核。 2. 负责建立岗位危害风险识别和隐患台账。 3. 负责特种设备、大型机组、车辆及HSSE设备设施检查。 4. 负责危废的收储和环保问题排查。 5. 负责按计划开展员工和承包商HSSE教育培训。 6. 负责生产运行及施工检维修现场HSSE综合检查。 7. 组织开展HSSE综合检查。 8. 负责职业危害因素辨识告知和档案管理。 9. 负责制定应急处置方案及现场应急处置演练。 10. 负责建立健全安全培训、安全行为及事故案例分享、全员安全同一安全活动、岗位技术练兵等台账管理更新，做好重大风险、重大隐患等重要信息公示。 11. 负责安全诊断，岗位危害因素识别。 12. 参与发展控制	1. 固废处置合规100% 2. 职业危害警示标识设置到100% 3. 现场高风险作业JSA分析率100% 4. 特种设备及HSSE设施检定率100% 5. HSSE培训计划执行率100% 6. 现场作业监督到位率100% 7. 职业危害因素告知、警示标识设置率100% 8. 应急演练任务完成率100% 9. 每年开展一次风险识别，关键岗位危险源识别和危害因素辨识到位 10. HSSE工作台账齐全、合规 11. 隐患和重大风险告知符合管理规定要求 12. 各项活动开展符合管理规定要求	10 5 5 10 10 10 5 10 10 5 10 10

续表 4-1

基本情况		
单位名称	压气站	
岗位（工种）	设备副站长	
直接上级	站长	
岗位概况	在站长的领导下，分管站现场生产运行及设备管理工作	

岗位职责	岗位 HSSE 职责	HSSE 工作内容	HSSE 考核标准	单项分
1. 协助站长开展生产技术管理工作，完成安全生产任务和各项生产技术指标。	1. 贯彻执行输气生产方面的各项安全规章制度和操作规程。	1. 组织开展设备技术培训并检查考核。	1. 设备完好率 98% 以上	10
2. 组织编制生产运行及设备检修养工作计划，并督促执行。	2. 负责生产过程和设备安全运行监管。	2. 定期开展工艺设备风险识别和隐患排查考核。	2. 安防设施及仪器仪表检定率 100%	10
3. 及时了解并掌握生产情况和设备状况；及时处理解决生产线中工艺流程、设备和管线出现的问题和故障。	3. 负责生产、设备风险识别管控和隐患排查治理，定期开展检查。	3. 组织建立完善各系统设备技术档案，并及时更新。	3. 每周开展 1 次设备技术培训，每月开展 1 次检查考核。	5
4. 组织开展设备技术培训和检查岗位技术练兵工作。	4. 组织编制检维修作业方案，落实现场安全监管。	4. 落实压缩机特护管理。	4. 每天开展 2 次特护巡检，每周至少开展 1 次特护工作例会，每年至少开展 1 次专项应急演练	15
5. 协助站长开展"三基"工作，教育和督促员工落实安全生产各项规章制度。	5. 负责生产和设备专业的 HSSE 培训和考核。	5. 负责异常和泄漏处置及时到位	5. 异常和泄漏处置及时到位	15
6. 协助站长建立健全生产运行及设备管理各项资料台账。	6. 参与事故（事件）处置。	6. 落实异常节能降耗措施，定期开展能耗统计分析。	6. 生产运行、设备维护及春秋检 HSSE 措施落实到位	10
7. 协助站长开展员工绩效考核工作。	7. 完成领导交办的其他 HSSE 工作	7. 组织编制生产运行、设备维护以及春秋检工作计划方案，并落实各项 HSSE 措施。	7. 现场警示标识、标牌设置齐全、完好	10
8. 完成站长交办的其他工作		8. 负责现场 HSSE 目视化管理。	8. 现场作业监管到位	10
		9. 负责落实干部值班带班制度，确保现场各项作业安全。	9. 生产记录报表和设备技术档案填报更新及时	5
		10. 负责事故现场初期应急处置，控制事态发展	10. 现场应急处置措施及时、妥当	10

续表 4-1

基本情况	岗位职责	岗位HSSE职责	HSSE工作内容	HSSE考核标准	单项分
单位名称					
压气站		1.负责贯彻执行国家、地方政府及公司有关设备安全管理法规制度。 2.掌握系统设备安全技术状况，负责编制检修、维护计划和安全技术方案。 3.负责处理设备运行过程中出现的安全技术问题。 4.建立健全设备安全技术档案，定期开展设备技术状况分析，检修各种统计报表和技术报告。 5.配合开展生产过程中紧急故障的应急处置，协助领导调查处理生产事故（事件）。 6.完成领导交办的其他HSSE工作	1.参与开展各系统风险识别，编制设备操作规程和作业风险控制指南。 2.编制检修、维护计划和安全技术方案，落实HSSE措施。 3.开展设备运行专项检查。 4.定期开展设备安全附件及仪器仪表检查检定工作。 5.建立健全设备安全技术档案。 6.对设备出现的跑冒滴漏等问题及时整改，倡导绿色生产。 7.参与同一安全活动、事故案例分享、全员安全诊断、岗位技术练兵及应急演练活动。 8.制止和纠正生产作业过程中的违章指挥、强令冒险作业、违反操作规程等行为。 9.参加事故（事件）调查，提出专业技术措施和建议	1.特种设备、HSSE设施、仪器仪表检定率和完好率100% 2.检修、维护计划和安全技术方案HSSE措施落实到位 3.每日开展2次设备运行专项检查，及时整改设备隐患 4.设备技术档案齐全，更新及时 5.按时参加各类安全活动和应急演练 6.专业技术措施和建议有效可行 7.无违章指挥和强令冒险作业行为	15 15 20 10 10 10 20
岗位（工种）					
专业技术管理岗	1.认真贯彻执行上级有关指示和各项规章制度。 2.负责编制设备操作规程，对执行情况进行检查监督。 3.负责开展设备培训和岗位技术练兵。 4.经常开展生产组织检查处理，发现隐患及时汇报值班干部。 5.建立健全设备技术档案，定期开展设备技术状况分析，负责编制各种生产统计报表和检修方案和技术报告。 6.参与生产事故（事件）处置和调查分析，落实"四不放过"各项措施				
直接上级					
站长					
岗位概况					
在站长的领导下，负责生产过程中专业技术管理工作					

续表 4-1

基本情况				HSSE工作内容	HSSE考核标准	单项分
单位名称	压气站	岗位职责	岗位HSSE职责			
岗位(工种)	输气运行岗					
直接上级	设备副站长					
岗位概况	在设备副站长的领导下，负责日常值班、巡检及设备操作以及设备维护	1. 认真执行公司调度指令，完成后及时反馈执行情况。 2. 严格按照技术标准操作规程实施生产作业。 3. 按时巡检，掌握生产运行动态，发现问题及时汇报和解决。 4. 负责对本站设备、工艺运行状态及参数进行监控，及时分析并处理出现的各种异常问题。 5. 认真履行交接班制度，按时填写生产记录本及做好值班班电话考核。 6. 负责工作交接班分工，按时完成各类报表的填写工作。 7. 负责本站岗位和设备卫生清扫。 8. 完成站长交办的其他工作。	1. 按照属地原则落实本岗位HSSE工作。 2. 严格遵守公司安全管理制度及岗位操作规程。 3. 参与岗位风险识别和隐患排查工作。 4. 按照交接班规定，落实"十交五不接"。 5. 严格按照领导要求开展日常巡检。 6. 参加班组安全技术练兵、应急预案演练。 7. 完成领导交办的其他HSSE工作。	1. 参加HSSE培训，具备本岗位HSSE资质和履职的知识和能力。 2. 正确佩戴和使用劳动防护用品(器具)以及消防器材。 3. 遵守劳动纪律和工艺纪律，不违章作业。 4. 按照输气运行岗相关系统工艺设备操作规程进行操作。 5. 掌握岗位危险事件清单和应急处置卡，结合岗位危险事件清单开展隐患排查。 6. 在交接班中同步交接HSSE工作。 7. 按照输气运行岗位巡检路线开展巡检，发现异常情况及时汇报处置。 8. 参与同一安全活动，如实案例分享，事故案例分享、应急演练等安全活动。 9. 发生突发事件，按照岗位应急处置卡进行处置，并及时汇报。	1. 岗位人员持证上岗，具备岗位履职能力。 2. 无违章操作行为。 3. 安全活动参与率100%。 4. HSSE工作交接准确无误。 5. HSSE巡检到位率100%。 6. 现场巡检填写准确、及时。 7. 异常及突发情况上报及时准确，现场应急处置措施妥当有效。	20 20 10 10 10 10 20
单位名称	压气站	1. 认真执行公司调度指令，完成后及时反馈执行情况。 2. 负责本站压缩机及辅助系统按照相关操作规程，管理规定和技术标准实施生产作业。 3. 负责巡检，严格按照压缩机及辅助系统相关系统巡检和交接班，发现异常情况及时处置并汇报值班干部。 4. 负责压缩机及相关辅助系统日常操作与维护保养，保证本岗位安全生产。 5. 按要求填报压缩机运行记录表和值班电话记录本，保证设备卫生整洁完好。 6. 负责工作岗位和设备卫生清扫。 7. 完成站长交办的其他工作完好。	1. 按照属地原则落实本岗位HSSE工作。 2. 严格遵守公司安全管理制度及岗位操作规程。 3. 参与岗位风险识别和隐患排查工作。 4. 按照交接班规定，落实"十交五不接"。 5. 严格按照领导要求开展日常巡检。 6. 参加班组安全技术练兵、应急预案演练。 7. 完成领导交办的其他HSSE工作。	1. 参加HSSE培训，具备本岗位HSSE资质和履职的知识和能力。 2. 正确佩戴和使用劳动防护用品(器具)以及消防器材。 3. 遵守劳动纪律及工艺纪律，不违章操作。 4. 掌握岗位危险事件清单和应急处置卡，结合岗位危险事件清单开展隐患排查。 5. 在交接班中同步辅助系统HSSE工作。 6. 按照压缩机及辅助系统巡检细则开展巡检，及时发现和报告异常问题，如实记录。 7. 参与同一安全活动、事故案例分享、应急演练等安全活动。 8. 诊断，岗位技术练兵，按照岗位应急处置卡进行处置。 9. 发生突发事件，并及时汇报	1. 岗位人员持证上岗，具备岗位履职能力。 2. 无违章操作行为。 3. 安全活动参与率100%。 4. HSSE工作交接准确无误。 5. HSSE巡检到位率100%。 6. 记录填写准确、及时。 7. 异常及突发情况上报及时准确，现场应急处置措施妥当有效。	20 20 10 10 10 10 20
岗位(工种)	压缩机运行岗					
直接上级	设备副站长					
岗位概况	在设备副站长的领导下，负责压缩机及辅助系统的值班、巡检班、巡检操作维护及设备操作维护					

续表 4-1

基本情况		
单位名称	岗位职责	岗位 HSSE 职责	HSSE 工作内容	HSSE 考核标准	单项分

基本情况					
单位名称	压气站				
岗位（工种）	变电所运行岗				
直接上级	设备副站长				
岗位概况	在设备副站长的领导下，负责变电所电气设备的值班、巡检、操作及设备维护				
岗位职责	1. 严格遵守各项规章制度和值班劳动纪律。 2. 上岗按规定着装，正确佩戴劳动防护用品，正确使用各种消防器材。 3. 认真开展日常值班巡检和交接班工作，做好各项记录填写。 4. 密切关注设备运行数据，发现隐患及时汇报，并落实现场防范措施和整改治理。 5. 严格执行电气设备操作规程，开展设备日常维护保养。 6. 配合开展年度电气预防性试验。 7. 积极参加安全活动、岗位技术练兵和事故应急演练。 8. 完成站长交办的其他工作。	1. 按照属地原则落实本岗位 HSSE 工作。 2. 严格遵守电力公司安全工作规程和公司安全及岗位操作规程。 3. 参与隐患排查工作。 4. 按照交接班要求开展工作。 5. 严格落实"十交五不接"。 6. 参加班组安全活动、岗位技术练兵、应急预案演练。 7. 完成领导交办的其他 HSSE 工作。	1. 参加 HSSE 培训，具备本岗位 HSSE 资质和履职的知识和能力。 2. 正确佩戴和使用劳动防护用品（器具），安全工器具以及消防器材。 3. 遵守劳动纪律和工艺纪律，不违章作业。 4. 按电气运行相关操作规程进行操作。 5. 掌握岗位危险点事件清单和应急处置卡，结合岗位危险点事件清单开展隐患排查。 6. 在交接班中同步交接 HSSE 工作。 7. 按照压气站变电所巡检规定开展巡检，及时记录。 8. 参加同一安全活动，如方案分享、事故案例、全员安全活动、岗位技术练兵、应急技术练兵，按照岗位应急处置卡进行处置。 9. 发生突发事件，按照岗位应急处置卡进行处置，并及时汇报。	1. 岗位人员持证上岗，具备岗位履职能力。 2. 无违章操作行为。 3. 安全活动参与率 100%。 4. HSSE 工作交接准确无误。 5. 现场巡检到位率 100%。 6. 记录填写准确、及时。 7. 异常及突发情况上报及时准确，现场应急处置措施妥当有效。	20 20 10 10 10 10 20

基本情况					
单位名称	压气站				
岗位（工种）	压缩机机保岗				
直接上级	分管设备副站长				
岗位概况	在设备副站长的领导下，负责压缩机及辅助系统检修和设备维护保养工作				
岗位职责	1. 负责本站压缩机及辅助系统的维保工作，严格按照相关操作规程、管理规定和技术标准实施维保作业。 2. 分专业开展压缩机及辅助系统视检查，发现异常情况及时处置并汇报干部。 3. 负责压缩机及相关辅助系统日常检修及周期性维护保养，确保各系统设备质量完好。 4. 如实填写巡检、检修及设备卫生清扫工作记录。 5. 负责配合设备设施整洁完好。 6. 完成站长交办的其他工作。	1. 按照属地原则落实本岗位 HSSE 工作。 2. 严格遵守公司安全管理制度及岗位操作规程。 3. 参与隐患排查工作。 4. 做好压缩机及相关辅助系统维护保养过程安全操作。 5. 参加班组安全活动、岗位技术练兵和应急预案演练。 6. 完成领导交办的其他 HSSE 工作。	1. 参加 HSSE 培训，具备本岗位 HSSE 资质和履职的知识和能力。 2. 正确佩戴和使用劳动防护用品（器具）以及消防器材。 3. 遵守劳动纪律及工艺纪律，不违章作业。 4. 按照压缩机及辅助系统维护保养操作规程进行操作。 5. 掌握岗位危险点事件清单和应急处置卡，结合岗位危险点事件清单开展隐患排查。 6. 落实压缩机及辅助系统检修中的 HSSE 措施。 7. 做好作业前和完工后的现场安全环保交接确认和验收。 8. 参与同一周安全活动、事故案例分享、应急技术练兵，岗位技术练兵，全员安全活动诊断，岗位技术练兵，按照岗位应急处置卡进行处置。 9. 发生突发事件，按照岗位应急处置卡进行处置，并及时汇报。	1. 岗位人员持证上岗，具备岗位履职能力。 2. 无违章操作行为。 3. 安全活动参与率 100%。 4. 按规定进行现场安全环保接交和验收。 5. 记录填写准确、及时。 6. 异常及突发情况上报及时准确，现场应急处置措施妥当有效。	20 20 10 20 10 20

续表 4-1

基本情况					
单位名称	岗位（工种）	岗位职责	岗位HSSE职责	HSSE工作内容	HSSE考核标准	单项分
压气站	驾驶员	1.认真履行本岗位职责,执行公司及管理处关于车辆管理的各规定。 2.做好日常车辆维护和保养,认真开展日检及周检。 3.积极参加管理处各种安全活动和培训学习,参加站场周一安全例会。 4.妥善保管和正确使用各种防护器具和消防器材;认真填写车辆随车记录。 5.执行派车单制度,对带车人做好安全提示,拒绝执行任何违规的指令和安排。 6.及时如实上报各种交通事故,协助做好事故调查、处理工作。 7.完成站长交办的其他工作	1.参加站场安全活动和培训学习。 2.负责车辆日常维护保养,禁止车辆带病出车。 3.妥善保管,正确使用各种防护器具和消防器材。 4.配合场开展车辆事故周检,及时消除事故隐患。 5.严格执行派车单制度,未经允许禁止出车。 6.如实汇报交通事故,配合开展调查处理	1.积极参加管理处及站场交通安全培训,提升自身安全意识及安全行车技能。 2.参加站场周一安全活动。 3.负责车辆日常卫生检查、妥善保管、正确使用各种防护器具和消防器材。 4.配合安全员每周开展一次车辆维修及保养工作。 5.按照管理处安排,出车前接受派车单、安全教育,回场将派车单交回,负责交通处罚单处理。 6.落实安全文明行车,出车后接受派车人安全人教育,回场将派车单交回,负责交通处罚单处理。 7.落实安全文明行车,配合开展交通事故调查处理	1.无任何违章驾驶行为。 2.车辆维护保养到位率100%。 3.无违规出车现象,任务完成率100%。 4.培训到位率100%,考核合格率100%。 5.随车工具、消防器材完好率100%。 6.随车记录及时填写,无漏填补填现象,准确率100%	20 20 20 15 15 10
直接上级		安全员			
岗位概况	在安全员的领导下,做好车辆日常管理和安全行车				

基本情况					
单位名称	岗位（工种）	岗位职责	岗位HSSE职责	HSSE工作内容	HSSE考核标准	单项分
压气站	门岗	1.严格遵守站场各项规章制度和值班劳动纪律。 2.认真开展日常各项值班巡检和填写工作。 3.落实外来人员及其它车辆信息核查,并做好登记。 4.开展防暴、消防检查与维护,确保安防设施的日常检查,落实门禁管理,如实填写巡检记录。 5.参与演练和安全培训,参与突发事件应急处置。 6.配合站场开展突发事件应急处置。 7.完成站长交办的其他临时性工作	1.按照属地原则落实本岗位HSSE工作。 2.严格遵守公司安全岗位管理制度及岗位操作规程。 3.参与岗位风险识别和隐患排查工作。 4.负责日常值班巡检、落实门禁巡检记录。 5.参与安全培训、应急演练和突发事故处置。 6.完成领导交办的其他HSSE工作	1.参加HSSE培训,具备本岗位HSSE资质和履职的知识和能力。 2.正确佩戴和使用反恐器材,熟练使用消防器材。 3.遵守劳动纪律和工艺纪律,不违章作业。 4.开展打点巡检记录。 5.落实外来人员及车辆登记准确及时上报,如实填写巡检记录。 6.确保防冲撞装置处于24h阻截状态,并每月对装置进行启停操作检查。 7.配合站控室开展110联防报警测试。 8.参与突发事件下的应急工作	1.人员持证上岗率100%,2人一岗,落实24h值班制度。 2.巡检到位率100%。 3.巡检记录填写准确率100%。 4.安全活动参与率100%。 5.防暴及安防设施完好率100%。 6.每月开展一次110联防报警测试。 7.事故事件上报及时,现场应急处置措施妥当	20 20 10 10 10 10 20
直接上级		站长			
岗位概况	负责站场门禁管理				

4.1.2 岗位 HSSE 资质清单（表 4-2）

表 4-2 岗位 HSSE 资质清单

序号	证件名称	站长（副站长）	专业技术管理人员	输气运行（压缩机运行）岗	压缩机维保岗	变电所运行岗	备注
1	HSSE 证	√	√	√	√	√	
2	H₂S 证	√	√	√	√	√	
3	危化品安全管理	√	—	—	—	—	
4	快开门式压力容器操作（R1）	√	√	√	√	—	
5	特种设备安全管理	√	√	—	—	—	
6	起重机械作业指挥（Q1）	√	√	—	√	—	安排 2 人取证
7	桥门式起重机司机（Q2）	√	√	—	√	—	安排 2 人取证
8	叉车司机（N1）	√	√	—	—	—	安排 2 人取证
9	永久性气瓶充装证（P）	√	√	√	—	—	安排 2 人取证
10	直接作业环节监护人	√	√	—	—	—	
11	直接作业环节接收人	√	√	—	—	—	
12	直接作业环节申请人	√	√	—	—	—	
13	直接作业环节审批人	√	√	—	—	—	
14	建构筑物消防员	—	√	√	—	—	部分人员取证
15	高压电工作业	—	—	—	—	√	
16	低压电工作业	—	√	—	√	√	变电所运行岗全员取证，其他岗位部分人员取证
17	防爆电器作业	—	√	—	√	—	部分人员取证

4.1.3 异常事件清单（表 4-3）

表 4-3 异常事件清单

类别	序号	异常情况	备注
安全设施报警	1	站场可燃气体报警仪高报	
	2	站场烟感、温感、紫外火焰、缆式感温触发声光报警	
	3	周界安防对应激光探测器红色警报	
	4	SCADA 监控画面出现不明原因的火炬燃烧信号	
	5	现场工艺管线安全阀起跳	
	6	一级 ESD 或火灾报警确认按钮触发 PAGA 广播报警	
工艺操作异常	7	站场压力高于 10MPa 或低于 4MPa	
	8	工艺管线憋压	
	9	科能或省燃方向分输 PV 阀异常，不受站控阀位给定控制	
	10	压降速率超过 0.15MPa/min	触发 ESD
	11	站场 ESDV101 出现故障关断，气液联动执行机构调压器失灵	
	12	防喘阀阀位调节异常	
	13	压缩机超速或失速	
	14	干气密封差压控制阀调节异常	
	15	动力电丢失导致现场电动阀门、机泵、控制器等控制模式发生改变	
	16	电压不稳、晃电等原因造成压缩机喘振，防喘振控制模式改变	
设备运行异常	17	站场出现天然气外漏	
	18	气液联动执行机构出现卡阻，无法正常操作	
	19	阀门出现卡滞、内漏	
	20	引压管变形	
	21	气液联动执行机构液压油外漏	
	22	ESDV 异常关断	
	23	压缩机运行温度、压力、振动、位移等参数异常，联锁停机	
	24	运行机泵振动、噪声过大	
	25	循环泵故障，水管线漏水或供水压力不足	

续表 4-3

类别	序号	异常情况	备注
设备运行异常	26	空压机运行故障,仪表风供气压力不足	
	27	闭式冷却塔故障,水管线温度过高	
	28	分离器差压高,运行堵塞	
	29	流量计计量数据异常	
	30	调压撬调压失灵	
	31	变电所变压器温度过高、漏油	
	32	变电所供电中断、晃电、电压不稳	
	33	电气线路故障,出现短路、接地情况	
	34	UPS 出现供电中断、报警	
	35	电气、机泵设备出现电压、电流等超限	
	36	电气设备运行过载故障、跳闸停运	
	37	控制命令下发、执行、反馈失败	
	38	现场仪表和执行机构故障报警	
	39	PLC、ESD、UCP 机柜电源报警、卡件报警	
	40	压变、温变、阀位就地显示与远传数据不符	
	41	设备通信中断,交换机、路由器故障	
	42	应急广播系统故障,无法紧急广播	
储存运输异常	43	管道附近有违法施工、破坏管道的行为	
	44	管道地面出现塌陷裂缝,埋地管道、光缆裸露	
	45	温度过低或节流,管线冰堵	
	46	车辆 GPS 终端故障	
施工作业异常	47	施工人员、作业内容、施工区域出现异常变更	
外部影响	48	外部单位发生可能危及本单位安全的突发情况	
	49	极端异常气象条件对生产运行造成的影响	
	50	工艺区、变电所等重点设施周边存在异常人员活动	
	51	人员情绪不稳定、行为异常	

4.1.4 应急处置程序清单(表 4-4)

表 4-4 应急处置程序清单

序号	现场应急处置程序名称	处置程序来源
1	天然气大量泄漏事件应急处置措施	压气站应急处置方案(2018 版)
2	天然气小型泄漏事件应急处置措施	压气站应急处置方案(2018 版)
3	工艺区不可控火灾事件应急处置措施	压气站应急处置方案(2018 版)
4	工艺区可控火灾事件应急处置措施	压气站应急处置方案(2018 版)
5	建筑物火灾事件应急处置措施	压气站应急处置方案(2018 版)
6	全站停电事件应急处置措施	压气站应急处置方案(2018 版)
7	通信中断事件应急处置措施	压气站应急处置方案(2018 版)
8	管道冰堵事件应急处置措施	压气站应急处置方案(2018 版)
9	硫化亚铁粉末自燃事件应急处置措施	压气站应急处置方案(2018 版)
10	调压装置失灵事件应急处置措施	压气站应急处置方案(2018 版)
11	UPS 系统故障事件应急处置措施	压气站应急处置方案(2018 版)
12	UPS 电源中断事件应急处置措施	压气站应急处置方案(2018 版)
13	站控系统故障事件应急处置措施	压气站应急处置方案(2018 版)
14	管线憋压事件应急处置措施	压气站应急处置方案(2018 版)
15	计量失控事件应急处置措施	压气站应急处置方案(2018 版)
16	ESD 误触发事件应急处置措施	压气站应急处置方案(2018 版)
17	压缩机故障紧急停机应急处置措施	压气站应急处置方案(2018 版)
18	压缩机进出口管线漏气应急处置措施	压气站应急处置方案(2018 版)
19	压缩机无法启动的应急处置措施	压气站应急处置方案(2018 版)
20	变电所母线故障事故应急处置措施	压气站应急处置方案(2018 版)
21	变电所变压器火灾爆炸事故应急处置措施	压气站应急处置方案(2018 版)
22	变电所电缆火灾事故应急处置措施	压气站应急处置方案(2018 版)
23	SF_6 气体中毒事件应急处置措施	压气站应急处置方案(2018 版)
24	人员伤害事件应急处置措施	压气站应急处置方案(2018 版)
25	人员窒息事件应急处置措施	压气站应急处置方案(2018 版)
26	人员硫化氢中毒事件应急处置措施	压气站应急处置方案(2018 版)
27	人员触电事件应急处置措施	压气站应急处置方案(2018 版)
28	洪涝灾害事件应急处置措施	压气站应急处置方案(2018 版)
29	地震事件应急处置措施	压气站应急处置方案(2018 版)
30	强风暴事件应急处置措施	压气站应急处置方案(2018 版)
31	恐怖袭击事件应急处置措施	压气站应急处置方案(2018 版)
32	公共卫生事件应急处置措施	压气站应急处置方案(2018 版)
33	群体性事件应急处置措施	压气站应急处置方案(2018 版)
34	雷击事件应急处置措施	压气站应急处置方案(2018 版)
35	环境突发事件应急处置措施	压气站应急处置方案(2018 版)
36	交通事故应急处置措施	压气站应急处置方案(2018 版)

4.1.5 应急物资清单（表 4-5）

表 4-5 应急物资清单

序号	物资名称	型号	数量	分类	储存地点	备注
1	正压式空气呼吸器	Q/JBHB015－2006 LC 6.8－30A1	2	防护类	站控室	压气站
2	正压式空气呼吸器	Q/JBHB015－2006 LC 6.8－30A1	2	防护类	变电所	压气站
3	消防隔热服	DFXF－93－A	2	防护类	站控室	压气站
4	消防隔热服	分体式 A 级	2	防护类	变电所	压气站
5	便携式可燃气体报警器	MC2－0W00－Y－CN/	3	防护类	站控室	压气站
6	便携式可燃气体检测器	XP－3140	1	防护类	站控室	压气站
7	便携式氧含量检测仪	GAXT－X－DL－2	2	防护类	站控室	压气站
8	潜水泵（扬程 30m）	50W0D10－18－1.5	1	抢险类	工具间	压气站
9	潜水泵（扬程 10m）	QDXA0－10－1.0	1	抢险类	125 库房	压气站
10	手动液压叉车	3000KGS	4	抢险类	125 库房	压气站
11	手动堆高升降液压叉车	1000KG	1	抢险类	变电所	压气站
12	防爆式蓄电池平衡重式叉车	CPDB30 霸特尔	1	抢险类	车库	压气站
13	空呼打压泵	JUNIOR－IIE	1	抢险类	125 库房	压气站
14	手动注脂枪	MODEL10－90	2	抢险类	工具间	压气站
15	回转式鼓风机	HCC－30S	1	抢险类	工具间	压气站
16	防爆对讲机	GP328D	6	其他类	站控制	压气站
17	聚丙烯平膜	\18μm 985	2	防汛类	管理处库房	压气站
18	闭口钢桶	200mm	1	防汛类	管理处库房	压气站
19	聚丙烯编织袋	950mm×580mm 100g	3500	防汛类	管理处库房	压气站
20	救生衣	塑料	15	防汛类	管理处库房	压气站
21	塑料盆	直径 600mm	5	防汛类	管理处库房	压气站
22	扁担	1.1m 带筐及吊钩	1	防汛类	管理处库房	压气站
23	防水手电筒	LED 9 4.5V 融宇	5	防汛类	管理处库房	压气站
24	折叠式工兵铲	2kg 铝青铜	1	防汛类	管理处库房	压气站
25	钢钎	$\phi 32mm \times 1500mm$	5	防汛类	管理处库房	压气站

续表 4-5

序号	物资名称	型号	数量	分类	储存地点	备注
26	钢钎	1000mm	4	防汛类	管理处库房	压气站
27	钢钎	1000mm	9	防汛类	管理处库房	压气站
28	洋镐	500mm\带把	2	防汛类	管理处库房	压气站
29	铁丝	10# Q235	20	防汛类	管理处库房	压气站
30	铁丝	12# Q235	20	防汛类	管理处库房	压气站
31	铁丝	8# Q235	20	防汛类	管理处库房	压气站
32	担架	SC-12102-可折叠	2	防汛类	管理处库房	压气站
33	防雨棚	1700mm×2100mm	1	防汛类	管理处库房	压气站
34	PP-R冷水管	卡压式/DN100	100	防汛类	管理处库房	压气站
35	雨衣套装	连体式 橡胶	9	防汛类	管理处库房	压气站
36	雨衣套装	分体式 涤丝纺+PU涂层	20	防汛类	管理处库房	压气站
37	消防水带	20型100聚氨酯	2	防汛类	管理处库房	压气站
38	消防水带	16型50聚氨酯	2	防汛类	管理处库房	压气站
39	救生圈	内径:440mm;外径:720mm;厚度:105mm	6	防汛类	管理处库房	压气站
40	大锤	10P柳条耙	2	防汛类	管理处库房	压气站
41	大锤	12P柳条耙	1	防汛类	管理处库房	压气站
42	大锤	18P	5	防汛类	管理处库房	压气站
43	竹筐	可装15kg左右的物品	10	防汛类	管理处库房	压气站
44	橡胶雨靴	橡胶	20	防汛类	管理处库房	压气站
47	撬杆		4	防汛类	站场库房	压气站
48	尖锹	240mm×300mm 铁制	7	防汛类	站场库房	压气站
49	尖锹	240mm×300mm 铁制	12	防汛类	管理处库房	压气站
50	平锹		2	防汛类	站场库房	压气站
51	大锤	54kg	1	防汛类	站场库房	压气站
52	大锤	50kg	1	防汛类	站场库房	压气站
53	消防沙		1	防汛类	变电所	压气站
54	消防铁锹		8	防汛类	变电所	压气站

4.1.6 HSSE 工作记录台账清单(表 4-6)

表 4-6 HSSE 工作记录台账清单

序号	档案类别名称	资料名称	更新周期	保管周期	存档方式	备注
1	HSSE 组织机构	维抢修队 HSSE 组织机构	即时更新	印发新文件后废除	纸质	一个盒子 标题:HSSE 组织机构
2	HSSE 教育档案	日常 HSSE 培训	每月	3 年	课件电子版,其他纸质	一个盒 标题:HSSE 教育档案 管理处证书按每个站(队)进行分类放到文件袋存档,站(队)用文件夹对证书台账及证书复印件进行存档
3		特种作业人员登记台账	即时更新	5 年	电子版	
4		入场安全教育	即时更新	5 年	纸版	
5		安全资格证台账	即时更新	5 年	电子版	
6		HSSE 证台账	即时更新	5 年	电子版	
7		硫化氢证台账	即时更新	5 年	电子版	
8		各类 HSSE 培训证件	即时更新	保证有效期内	证件复印件	
9	HSSE 检查记录	公司级及以上 HSSE 检查	检查后 7 天排出整改计划、1 月完成整改验收	3 年	纸质	一盒子 标题:HSSE 检查记录
10		管理处 HSSE 检查	检查后 7 天排出整改计划、1 月完成整改验收	3 年	纸质	
11		站(队)自查	即时更新	3 年	纸质	
12		地方政府检查	即时更新	3 年	纸质	
13	隐患治理	隐患项目申报	即时更新	永久	纸质	有隐患治理项目的站(对)纸质及时留存,电子版年底打印存档
14		事故隐患治理项目完成及验收报告表	即时更新	永久	纸质	
15		事故隐患整改通知书	即时更新	永久	纸质	
16		隐患治理台账	即时更新	3 年	电子版	
17	事故管理	事故记录	事故后	永久	纸质	电子版台账年底打印出来存档
18		事故处理记录	事故后	永久	纸质	
19		事故管理台账	即时更新	永久	电子版	
20	HSSE 文件管理档案	公司文件通知	即时更新	3 年	电子版	一盒子 标题:HSSE 文件管理档案
21		管理处文件通知	即时更新	3 年	电子版	
22		HSSE 文件管理台账	即时更新	3 年	电子版	
23	承包商管理档案	消防、气防、医疗、维抢修协议单位记录及台账	即时更新	3 年	记录为纸质,台账为电子版	一盒子 标题:承包商管理档案(维抢修中心维抢修队)
24		工程建设单位及专业化服务公司记录及台账	即时更新	3 年	记录为纸质,台账为电子版	

续表 4-6

序号	档案类别名称	资料名称	更新周期	保管周期	存档方式	备注
25	要害部位管理档案	要害部位档案	即时更新	3年	纸质	一盒子 标题：要害部位管理档案
26		要害部位清单	即时更新	3年	电子版	
27		要害单位(部位)领导承包活动台账	每月	3年	电子版	
28	直接作业环节管理档案	作业票证及相关审批资料	施工完成后5天内更新	3年	纸质	一盒子 标题：直接作业环节管理档案
29		施工作业资料	施工完成后7天内更新	3年	纸质	
30		作业票证台账	票证审批时更新	1年	电子版	
31	特种设备管理档案	压力容器管理相关记录	即时更新	3年	纸版	一盒子 标题：特种设备管理档案
32		压力容器管理台账	即时更新	5年	电子版	
33		起重设备管理相关记录	即时更新	3年	纸版	
34		起重设备管理台账	即时更新	5年	电子版、纸版	
35		防爆叉车管理相关记录	即时更新	3年	纸版	
36		防爆叉车管理台账	即时更新	5年	电子版	
37	安全装备及安全附件管理档案	消防器材管理台账	即时更新	5年	电子版	两个盒子 标题分别是：安全装备及安全附件管理档案01，安全装备及安全附件管理档案02。检测合格证、记录等均与相关台帐存放一起
38		便携式气体检测报警器管理台账	即时更新	5年	电子版	
39		正压式空气呼吸器管理台账	即时更新	5年	电子版	
40		手动火灾报警按钮台账	即时更新	5年	电子版	
41		电气安全用具台账	即时更新	5年	电子版	
42		漏电保护器台账	即时更新	5年	电子版	
43		应急物资台账	即时更新	5年	电子版	
44		固定式气体检测报警器管理台账	即时更新	5年	电子版	
45		隔热服管理台账	即时更新	5年	电子版	
46		安全阀管理台账	即时更新	5年	电子版	
47		火焰探测器台账	即时更新	5年	电子版	
48		声光报警器台账	即时更新	5年	电子版	
49		感烟探测器台账	即时更新	5年	电子版	
50		感温探测器台账	即时更新	5年	电子版	
51		工业监控设备台账	即时更新	5年	电子版	
52		周界安防台账	即时更新	5年	电子版	

续表 4-6

序号	档案类别名称	资料名称	更新周期	保管周期	存档方式	备注
53	安全装备及安全附件管理档案	便携式氧含量检测仪台账	即时更新	5年	电子版	两个盒子 标题分别是：安全装备及安全附件管理档案01，安全装备及安全附件管理档案02。检测合格证、记录等均与相关台账存放一起
54		噪声振动检测仪管理台账	即时更新	5年	电子版	
55		SF_6固定式气体检测报警器管理台账	即时更新	5年	电子版	
56		SF_6便携式气体检测报警器管理台账	即时更新	5年	电子版	
57		防恐器具台账	即时更新	5年	电子版	
58		防火帽台账	即时更新	5年	电子版	
59	交通安全管理档案	非专职机动车驾驶员管理台账	即时更新	3年	电子版	一个盒子 标题：交通安全管理档案
60		派车单	即时更新	3年	纸质	
61		车辆周检本	即时更新	5年	纸质	
62		GPS记录本	即时更新	5年	纸质	
63		车辆三检本	即时更新	5年	纸质	
64	安全生产违规行为处理档案	内部员工安全生产违规行为处理记录	即时更新	5年	纸质	一个盒子 标题：安全生产违规行为处理档案
65		内部员工安全生产违规行为处理台账	即时更新	永久	电子版	
66		承包商员工安全生产违规行为处理记录	即时更新	5年	纸质	
67		承包商员工安全生产违规行为处理台账	即时更新	永久	电子版	
68	应急管理台账	应急演练记录	即时更新	3年	纸质	一个盒子 标题：应急管理台账
69		应急演练台账	即时更新	3年	电子版	
70	安全承诺台账	安全承诺书	即时更新	3年	纸质	一个盒子 标题：安全承诺台账
71		专职驾驶员安全承诺书	即时更新	3年	纸质	
72		非专职机动车驾驶员安全承诺书	即时更新	3年	纸质	
73	安全活动	安全生产月和"六五"世界环境日	即时更新	3年	电子版	电子版，年底打印出来存档
74		应急演练周	即时更新	3年	电子版	
75		其他安全活动	即时更新	3年	电子版	

续表 4-6

序号	档案类别名称	资料名称	更新周期	保管周期	存档方式	备注
76	职业卫生管理档案	职业卫生档案	即时更新	3 年	纸质	一个盒子 标题:职业卫生管理档案
77		职业健康监护档案	即时更新	3 年	纸质	
78		职业健康教育培训档案	即时更新	3 年	纸质	
79		个体防护用品发放登记档案	即时更新	3 年	纸质	
80		职业卫生体检报告	即时更新	3 年	纸质	
81		劳保用品发放登记表	即时更新	3 年	纸质	
82		特殊劳保用品发放登记表	即时更新	3 年	纸质	
83		职业健康检测报告	即时更新	3 年	纸质	
84	环境保护档案	污水处理系统巡检记录	即时更新	3 年	纸质	一个盒子 标题:环境保护档案
85		环境监测记录	即时更新	3 年	纸质	
86	防雷防静电测试档案	防雷防静电测试记录	每年 2 次	3 年	纸质	一个盒子 标题:防雷防静电测试档案

4.2 应用类附录

4.2.1 HSSE培训矩阵（表4-7）

表4-7 HSSE培训矩阵

序号	培训内容划分		站长（副站长）	专业技术管理人员	岗位值班人员	驾驶员	后勤辅助人员
	培训模块	培训内容					
1	公司HSSE管理体系、规章制度、操作规程	公司HSSE管理体系	√	√	*	*	—
2		安全生产规章制度	√	√	*	*	—
3		安全操作规程	*	√	√	√	—
4	基层HSSE管理体系	管理处HSSE工作指南	√	√	√	*	—
5		管理处HSSE风险控制实施指南	√	√	√	*	—
6	风险管理	风险辨识与研判	√	√	*	*	—
7		评估方法（风险矩阵）	√	√	*	*	—
8		风险清单及管控	√	√	*	*	—
9		岗位危险事件清单	*	*	√	√	—
10	隐患管理	隐患初步排查	√	√	√	*	—
11		隐患排查分级与治理	√	*	*	—	—
12	作业许可管理	作业许可的范围	√	√	*	—	—
13		管理流程	√	*	*	—	—
14		五个必须	√	*	*	—	—
15	常规作业、非常规作业	作业操作规程	*	*	√	—	—
16		作业活动风险控制指南	*	√	√	—	—
17	承包商及现场安全管理	承包商员工入厂安全培训要求	*	√	*	—	—
18		开工许可办理	√	*	*	—	—
19		过程监督	√	√	√	—	—
20	监督检查	安全生产现场检查表	√	√	√	—	—
21		定量审核检查表	√	*	*	—	—
22	设备设施管理	特种设管管理	√	√	√	—	—
23		防火防爆	√	√	√	—	—
24		防雷防静电管理	√	√	√	—	—
25		电气安全	√	√	√	*	*
26		泄漏、锁定管理	√	√	*	—	—

续表 4-7

序号	培训模块	培训内容	站长（副站长）	专业技术管理人员	岗位值班人员	驾驶员	后勤辅助人员
27	变更管理	变更内容	√	√	*	—	—
28		变更等级确定	√	*	*	—	—
29		变更风险评估	*	*	*	—	—
30	应急管理	管理处应急预案	√	*	*	*	—
31		现场应急处置方案	√	√	√	*	*
32		重点岗位应急处置卡	√	*	√	*	*
33		应急指挥	√	*	*	—	—
34		应急装备器材配备、使用	√	√	√	√	*
35	事故事件管理	事故分级标准	√	*	*	—	—
36		报告与处置	√	*	*	—	—
37		责任追究原则与标准	√	*	*	—	—
38	公共安全	安防、防暴设施使用维护	√	√	√	*	*
39		公共安全事件应急处置	√	*	√	*	*
40		恐怖防范和社会治安	√	*	√	*	*
41	生态环境保护	绿色文化、节能降耗	√	√	√	*	*
42		危废综合管理	√	√	√	√	*
43	交通安全	驾驶员、车辆风险评估	√	√	*	√	—
44		防御性驾驶	√	*	*	√	—
45		乘车安全	√	√	√	√	*
46	个体防护与自救互救	空气呼吸器使用	√	√	√	*	*
47		现场急救（心肺复苏、外伤包扎）	√	√	√	√	*
48		有毒有害气体检测	√	√	√	*	—
49		个体防护用品使用	√	√	√	*	*
50	员工健康	健康危害因素	√	√	√	√	*
51		职业危害预防	√	√	√	√	—
52		身体健康和心理健康、EAP	√	*	*	*	*

注：1."√"：掌握；"*"：了解；"—"：不涉及。
2.属于本岗位直接操作的项目，要求经过培训后必须达到熟知或能够独立操作的培训内容，应确定为"掌握"。
3.属于理念性或本岗位操作无直接关系的培训内容，培训效果可确定为"了解"。
4.与本岗位工作无关系的，确定为"不涉及"。

4.2.2 锁定许可表(表 4-8)

表 4-8 锁定许可表

申请单位		申请人		锁具类型	□固定锁 □作业锁	
锁定的设备		设备位置		锁定时间		
申请原因						
流程简图						
审批意见	生产技术部			业务分管领导			
	签名　　年 月 日			签名　　年 月 日			
序号	锁定实施注意事项		作业人签字		监督人签字	
1	确认需要锁定的设备准确					
2	确认锁定的设备已处于正确状态					
3	确认锁定方法正确,锁定牢固					
4	确认锁定操作完成,并挂牌					
5	确认锁定的设备钥匙专人保管					
验收人				年 月 日			

注:申请、验收由站(队)长负责;审批由管理处主管部门和分管领导负责;锁定实施由作业人员负责;现场监督由设备副站长负责。

4.2.3 解锁许可表(表4-9)

表4-9 解锁许可表

申请单位		申请人		锁具类型	□固定锁	□作业锁
解锁的设备		设备位置		解锁时间		
申请原因						
流程简图						
审批意见	生产技术部			业务分管领导		
	签名　　　年 月 日			签名　　　年 月 日		

序号	解锁实施注意事项	作业人签字	监督人签字
1	确认需要解锁的设备准确		
2	确认解锁方法正确		
3	确认解锁操作完成		
4	确认解锁的设备处于正确状态		
5	确认解锁设备的钥匙和锁具专人保管		
验收人		年 月 日	

注:申请、验收由站(队)长负责;审批由管理处主管部门和分管领导负责;解锁实施由作业人员负责;现场监督由设备副站长负责。

4.2.4 作业许可管理业务职责划分表（表 4-10）

表 4-10 作业许可管理业务职责划分表

项目	临时用电	用火	受限空间	动土	高处	盲板抽堵	起重	高风险非常规作业	新建项目许可作业
许可证分级	—	特级 一级 二级	—	—	Ⅰ级($2m \leq h \leq 5m$) Ⅱ级($5m < h \leq 15m$) Ⅲ级($15m < h \leq 30m$) Ⅳ级($h > 30m$)	—	Ⅰ级($w \geq 100t$ 或 $L \geq 60m$) Ⅱ级($40t \leq w < 100T$) Ⅲ级($w < 40t$)	—	
人员培训	作业许可申请人、签发人、监护人、接收人应经过作业许可管理培训合格，取得相应资质									
许可申请	作业现场负责人									
风险识别	作业现场负责人组织现场监护人员及施工单位人员开展JSA分析								施工单位现场管理人员	
									施工单位其指定的负责人组织现场负责人组织开展危害识别
风险控制	作业现场负责人按照风险识别结果，逐项落实安全措施								施工单位现场负责人按照风险识别结果，逐项落实安全措施	
安全条件要求	一机一闸一保护；每天2次巡检测试	甲烷<0.5%；同隔30min(1h)重新测；1h重新测；特级:全程不间断	30min内，中断1h重新测；甲烷<0.5%，氧气:19.5%~23.5%	推土0.8m之外，高度低于1.5m	安全带；Ⅱ级以上提供体检报告	上下游阀门有效隔断；常压；气体监测	十不不吊等	—	—

续表 4-10

项目	临时用电	用火	受限空间	动土	高处	盲板抽堵	起重	高风险非常规作业	新建项目许可作业
审批签发部门	电气管理人员	特级：公司业务主管领导； 一级：管理处业务分管领导； 二级：管理处部门人员（队）、基层单位分管领导； 受限空间一级以上动火：公司业务主管部门； 许可例外：备案的固定用火区	公司主管部门领导或经授权的管理处领导	所属站（队）、施工单位、基层单位分管领导会签后，由项目主管部门签发	Ⅰ级：站长； Ⅱ级：管理处分管领导； Ⅲ级：公司机关部门领导； Ⅳ级：公司分管主管领导	管理处领导或授权站长	Ⅰ级：公司业务分管领导； Ⅱ级、Ⅲ级：管理处领导	公司业务分管领导或授权的管理处领导	公司业务分管领导或授权的管理处领导
许可证接收	施工单位现场负责人								
有效期限及范围	一个作业周期 一个项目一证	特级、一级：8h 二级：48h 一处一证	一个项目 一证 24h	一个施工点、一个施工周期办理一证	一个项目一证、一个周期、一次、3天	一个作业周期 一块、一次、一证	一个项目一证、一个作业周期	—	—
作业现场管理	1. 作业现场负责人及施工单位作业负责人，双方监护人必须全程监护； 2. 作业现场负责人安排安全员开展视频回放督查、安全员统一保存视频								
作业许可关闭	现场确认后，由签发人或签发人授权的站负责人关闭许可作业								
备注	1. 固定用火区：管理处书面提出申请，经公司主管部门审查批准，报安全监督部门备案；每半年检查认定一次。 2. 凡经高处作业特殊培训的岗位人员在正常岗位作业时，以及在正常巡检路线进行正常高处检查时不需要办理高处作业许可证。 3. 压缩机厂房进行吊起重作业不需要办理起重作业许可证。								

4.2.5 特种设备检查及检定周期表（表 4-11）

表 4-11 特种设备检查及检定周期表

序号	设备名称	数量	检定周期	检查周期
1	收球筒	1	根据检测报告安全等级确定	日检/月检/年检
2	发球筒	1	根据检测报告安全等级确定	日检/月检/年检
3	旋风分离器	5	根据检测报告安全等级确定	日检/月检/年检
4	卧式过滤器	7	根据检测报告安全等级确定	日检/月检/年检
5	仪表风储罐	2	根据检测报告安全等级确定	日检/月检/年检
6	排污罐	1	根据检测报告安全等级确定	日检/月检/年检
7	桥式起重机	1	2 年	日检/月检/年检
8	防爆叉车	1	1 年	日检/月检/年检
9	压力管道	1	根据检测报告安全等级确定	日检/月检/年检

4.2.6 HSSE 设备设施及附件检查检定周期表（表 4-12）

表 4-12 HSSE 设备设施及附件检查检定周期表

序号	类别	种类	项目	检定周期	检查周期
1	预防事故设施	检测报警设施	固定式可燃气体检测报警系统	一年一检	日常
2			火灾报警系统(手报、火灾显示盘、烟感、温感)	一年一检	季度检
3			便携式单一甲烷检测报警器	一年一检	日常
4			便携式单一氧气检测报警器	一年一检	日常
5			应急广播(PAGA)系统		日常、月检
6			视频监控系统		日常、月检
7			报警电话(值班电话)		日常
8		安全闭锁设施	变电所五防保护系统	每年预防性试验	日常、年检
9		电器过载保护设施	配电箱内电涌保护器		日常
10			配电箱内漏电保护器		日常
11			配电箱内热继电保护器		日常
12			PLC 机柜内浪涌保护器		日常、月检
13			固定式可燃气体检测仪配套浪涌保护器		日常、月检

续表 4-12

序号	类别	种类	项目	检定周期	检查周期
14	预防事故设施	防雷设施	站场防雷接地	半年一检	日常
15			接闪器、接闪带	半年一检	日常
16			站场防静电接地	半年一检	日常
17			设备间防静电接地	半年一检	日常
18		安全仪表设施	固定式可燃气体检测仪	一年一检	日常
19			压力表	半年一检	日常
20			压力变送器	一年一检	日常
21			温度变送器	一年一检	日常
22			温度表	一年一检	日常
23		防爆设施	变电所防火门(窗)	一年一检	日常
24			压缩机电机正压通风系统		日常、月检
25			工艺区防爆配电箱		日常、月检
26			车用阻火器		日常
27		作业场所防护设施	静电释放柱	半年一检	日常
28			压缩机降噪		日常
29			轴流风机		日常、月检
30			防护栏(网)		日常
31			作业保护工具(绝缘手套、绝缘拉杆、绝缘靴、接地线)	半年一检	日常
32		安全警示标志	现场安全(危险)警示标志		日常
33			风向标		日常
34		公共安全设施	周界报警系统(激光对射)		日常、月检
35			防暴设施(防暴盾牌、防暴头盔、防刺服等)		日常、月检
36			110 联动报警系统		日常、月检
37			门禁系统(防冲撞设施)		日常
38		泄压、止逆设施	工艺管线安全阀(天然气管线、润滑油管线、仪表风管线安全阀)	一年一检	日常
39			站场紧急放空阀		日常
40			分输安全切断阀		日常
41			工艺管线单向阀		日常

续表 4-12

序号	类别	种类	项目	检定周期	检查周期
42	预防事故设施	紧急处理设施	站场 ESD 系统		日常、半年检
43			放空火炬及操作系统		日常、半年检
44			压缩机 ESD 连锁系统		日常、半年检
45			燃气发电机		日常、半月检
46			综合楼 UPS 不间断电源		日常、季度检
47			变频器室 UPS 不间断电源		日常、季度检
48			变电所机柜间 UPS 不间断电源		日常、季度检
49			变电所交直流屏		日常、半年检
50			变电所、综合楼应急照明系统		日常、月检
51	减少与消除事故影响措施	防止火灾蔓延设施	阻火器		年检
52			压缩机房防火涂层	一年一检	日常
53			防火门	一年一检	日常
54		消防灭火设施	消防水池（罐）	一年一检	日常
55			消防沙		日常
56			消防水泵		日常、周检
57			消防稳压泵		日常
58			消防水管线		日常
59			消火栓		日常
60			推车式灭火器		半月检
61			手提式灭火器（干粉、二氧化碳）		半月检
62		紧急个体处置设施	急救箱、药品		日常、半年检
63			正压式空气呼吸器	三年一检	日常、周检
64			防火服、隔热服		日常、周检
65		劳动防护用品	安全帽、安全带、防护鞋		日常
66			防噪声耳塞、耳罩、防毒面具、防护眼镜		日常
67			正压式空气呼吸器	三年一检	日常
68		应急救援、避难设施	车辆		日常、每周

4.2.7 主要变更事项管理提示表(表 4-13)

表 4-13 主要变更事项管理提示表

序号		变更事项	管理处业务部门
第一部分:生产工艺变更			
1.1	工艺技术的变更	1.1.1 工艺路线或技术规程变更	生产技术部
		1.1.2 岗位操作法变更	
		1.1.3 超出岗位操作法规定或已批准操作票范围的操作	
		1.1.4 工艺管线的介质流向改变、废除	
1.2	联锁、报警的变更	1.2.1 联锁变更(包括联锁值、联锁预报警值、联锁条件、联锁方式及联锁逻辑、联锁摘除等的变更)	生产技术部
		1.2.2 气体检测报警仪、工艺参数报警值变更	
1.3	应急的变更	应急预案的变更	安全环保部
第二部分:设备设施变更			
2.1	型式、材料或材质等的变更(指与原设计不同)	2.1.1 设备、配件(包括垫片、密封、阀体、阀内件等)型式或材料、材质的变更	生产技术部
		2.1.2 设备周围安装旁通连接或特殊工作用的临时连接,临时配管	
2.2	电气设备的变更	2.2.1 电气负荷超过设备额定容量	生产技术部
		2.2.2 供配电方式变更	
		2.2.3 继电保护配置及定值变更	
		2.2.4 重新确定电气断路器的规格,或者增加电气过载的规格	
		2.2.5 电气设备的检修、试验周期延长	
2.3	仪表设备的变更	2.3.1 温度表、压力表、变送器的变更	生产技术部
		2.3.2 报警信号屏蔽	
		2.3.3 按钮、开关、安全栅、隔离器、继电器、信号转换器、报警设定器等回路元件增减	
2.4	特种设备的变更	2.4.1 延期检验(校验)	安全环保部
		2.4.2 安全阀定压值的变更	
2.5	设备设施的停用	装置运行时仪表、设备设施的停用	生产技术部
2.6	安保设施的变更	2.6.1 旁通或者停用、新增、拆除卸压系统、安全系统	安全环保部
		2.6.2 消气防、职业病防护设施的减少或移位	
第三部分:劳动组织变更			
3.1	岗位人员的变更	与生产紧密相连的关键岗位人员的变更(管理处领导,安全、工程、生产、物资、管道管理人员、站(队)长、压缩机工、输气工、维修工、巡线工等)	综合管理部

4.2.8 HSSE 工作检查表（表 4-14）

表 4-14 HSSE 工作检查表

压气站 HSSE 工作检查表					
检查项目	检查内容	检查标准	检查结果	
^	^	^	符合√	不符合×
1. 人员管理	个体防护	工作期间正确穿戴劳动保护用品		
^	应知应会	熟知本岗位的岗位责任制和安全职责、工艺流程		
^	^	熟知本岗位的各项操作规程并能按规程熟练操作		
^	^	熟知本岗位存在的主要危险,具有隐患初步排查、初期应急处置和自救互救的能力		
^	^	熟知本岗位 HSSE 活动内容、上级安全文件精神		
^	资料台账	巡检记录本、隐患排查、维护保养、定期测试等记录本填写及时、规范		
^	^	许可作业办理相关票证,并规范登记、存档		
2. 站控室	设备安全	压缩机 HMI、站控 SCADA 界面通信正常,无异常报警信息		
^	^	工业视频监控画面清晰,探头操作灵活,数据储存周期不少于 90d		
^	^	周界安防系统控制器报警指示灯常绿,阻挡测试时能够正常报警		
^	^	ESD 操作台各按钮处于复位状态,指示灯无异常		
^	^	放空火炬远程控制器指示灯显示正常,可远程进行正常点火		
^	安全设施	空气呼吸器、气体检测仪等完好备用,灭火器按期检定		
^	巡检	值班人员按时巡检,记录报表和电话记录本填写完整		
^	其他	站控电话、对讲机、110 报警按钮处于完好状态		
3. 机柜间、UPS 间、配电间、通信间	设备安全	各机柜设备正常工作,参数显示正常,无异常报警		
^	^	火气机柜无报警信息,无屏蔽点位		
^	^	各机柜门处于关闭状态		
^	安全设施	设置有挡鼠板,高度符合要求,孔洞封堵完好		
^	^	设置有应急照明灯,工作正常		
^	^	电工安全工具专柜分类摆放,均在检定期内		
^	^	防雷设施、保护接零设施完好,阻值检定合格		
^	^	配电室防火门处于常闭状态,灭火器材按期检定		
^	巡检	按要求开展巡检,记录填写规范完整		
^	其他	相关制度按要求上墙		
^	^	机柜安全标识完整清晰		
^	^	房间内温、湿度符合要求,照明良好		

续表 4-14

\multicolumn{4}{	c	}{压气站 HSSE 工作检查表}	检查结果	
检查项目	检查内容	检查标准	符合√	不符合×
4.污水处理区	设备安全	设备运行正常,无异常报警		
		管线、阀门等处无"跑、冒、滴、漏"及锈蚀现象		
		灭火器材按期检定		
		轴流风机运行正常,防雷设施、保护接零设施完好,阻值检定合格		
	巡检	按要求开展巡检,记录填写规范完整		
	其他	相关制度按要求上墙		
		安全标识完整清晰		
		药剂液位符合要求		
		处理后的清水浇洒到绿化带,无外排情况		
5.循环水系统	设备安全	循环水泵、稳压泵、软化水装置、冷却水塔运行正常,无异常报警		
		管线、阀门等处无"跑、冒、滴、漏"及锈蚀现象		
		软化水箱液位符合要求,冷却水塔自动补水装置运行正常		
		仪器仪表灵敏可靠,按要求开展定期检定		
	安全设施	灭火器材按期检定		
		防雷设施、保护接零设施完好,阻值检定合格		
	巡检	按要求开展巡检,定期盘泵,记录填写规范完整		
	其他	相关制度按要求上墙		
		设置有挡鼠板,高度符合要求		
		安全标识完整清晰,照明设施良好		
6.收发球区	设备安全	管线、阀门等处无"跑、冒、滴、漏"及锈蚀现象		
		收、发球筒内无压力		
		收、发球筒按要求注册登记,并定期开展检定		
		安全阀、仪器仪表工作正常,按要求开展定期检定		
	安全设施	灭火器材按期检定		
		可燃气体及火焰探测器工作正常,按要求开展定期检定		
		防雷防静电设施完好,阻值检定合格		
	巡检	按要求开展巡检,记录填写规范完整		
	其他	安全标识标牌完整清晰,风向标识完好,颜色清晰		
		配电箱及设备线缆满足防爆要求,场区照明良好		

续表 4-14

检查项目	检查内容	检查标准	检查结果	
			符合√	不符合×
7.放空区	设备安全	管线、阀门等处无"跑、冒、滴、漏"及锈蚀现象		
		仪器仪表工作正常,按要求开展定期检定		
		点火控制箱按钮灵敏可靠,点火功能正常,阻火器滤网无变形,无堵塞		
	安全设施	灭火器材按期检定		
		防雷防静电设施完好,阻值检定合格		
	巡检	每周开展一次专项巡检,并如实填写记录		
	其他	安全标识标牌完整清晰		
		点火控制箱开关线缆等符合防爆要求		
		火炬基础无沉降、无破损情况		
8.变频室	设备安全	变频器及配套UPS系统设备运行正常,无异常报警		
		变频器循环水管线设备无漏水现象		
		各电气柜干净无灰尘		
	安全设施	设置有挡鼠板,高度符合要求,设置有应急照明灯,工作正常		
		灭火器材按期检定		
		防雷设施、保护接零设施完好,阻值检定合格		
		轴流风机运行正常,防火门处于常闭状态		
		变频柜安全栅栏设置到位		
	巡检	按要求开展巡检,记录填写规范完整		
	其他	相关制度按要求上墙		
		机柜安全标识完整清晰		
		房间内温、湿度符合要求,照明良好		
9.变电所低压配电间	设备安全	各电气柜运行正常,无异响异味情况		
		开关状态符合生产运行要求,指示灯显示正常		
	安全设施	设置有挡鼠板,高度符合要求		
		设置有应急照明灯,工作正常		
		灭火器材按期检定		
		防雷设施、保护接零设施完好,阻值检定合格		
		轴流风机运行正常		
		防火门处于常闭状态		
	巡检	按要求开展巡检,记录填写规范完整		
	其他	相关制度按要求上墙		
		安全标识完整清晰		
		房间内温、湿度符合要求,照明良好		

续表 4-14

压气站 HSSE 工作检查表					
检查项目	检查内容	检查标准		检查结果	
^	^	^		符合√	不符合×
10.变电所机柜间	设备安全	各机柜运行正常,无异常报警				
^	^	火气机柜无报警信息,无屏蔽点位				
^	^	各机柜门处于关闭状态				
^	安全设施	设置有挡鼠板,高度符合要求				
^	^	设置有应急照明灯,工作正常				
^	^	灭火器材按期检定				
^	^	防雷设施、保护接零设施完好,阻值检定合格				
^	^	轴流风机运行正常				
^	^	变频柜安全栅栏设置到位				
^	^	防火门处于常闭状态				
^	巡检	按要求开展巡检,记录填写规范完整				
^	其他	相关制度按要求上墙				
^	^	机柜安全标识完整清晰				
^	^	房间内温、湿度符合要求,照明良好				
11.压缩机厂房	设备安全	压缩机及辅助系统工作正常,无异响、振动等异常情况				
^	^	管线、设备无"跑、冒、滴、漏"及锈蚀现象				
^	^	安全阀、仪器仪表工作正常,按要求开展定期检定				
^	^	行吊按要求注册登记,并定期开展检定				
^	^	行吊操作手柄实施上锁管理				
^	安全设施	灭火器材按期检定				
^	^	轴流风机运行正常				
^	^	可燃气体及火焰探测器工作正常,按要求开展定期检定				
^	^	防雷防静电设施完好,阻值检定合格				
^	^	设置有应急照明灯,工作正常				
^	巡检	按要求开展巡检,记录填写规范完整				
^	其他	相关制度按要求上墙				
^	^	安全标识完整清晰				
^	^	配电箱及设备线缆满足防爆要求				
^	^	厂房内照明良好				

续表 4-14

\	\	压气站 HSSE 工作检查表	检查结果	
检查项目	检查内容	检查标准	符合√	不符合×
12.空冷器区	设备安全	管线、阀门等处无"跑、冒、滴、漏"及锈蚀现象		
		空冷器风扇运行正常,无异响、振动等异常情况		
		安全阀、仪器仪表工作正常,按要求开展定期检定		
	安全设施	灭火器材按期检定		
		可燃气体及火焰探测器工作正常,按要求开展定期检定		
		防雷防静电设施完好,阻值检定合格		
	巡检	按要求开展巡检,记录填写规范完整		
	其他	安全标识完整清晰		
		配电箱及设备线缆满足防爆要求		
		风向标识完好,颜色清晰		
		场区照明良好		
13.过滤分离区	设备安全	管线、阀门等处无"跑、冒、滴、漏"及锈蚀现象		
		过滤器及排污罐按要求注册登记,并定期开展检定		
		安全阀、仪器仪表工作正常,按要求开展定期检定		
	安全设施	灭火器材按期检定		
		可燃气体及火焰探测器工作正常,按要求开展定期检定		
		防雷防静电设施完好,阻值检定合格		
	巡检	按要求开展巡检,记录填写规范完整		
	其他	安全标识完整清晰,场区照明良好		
		配电箱及设备线缆满足防爆要求		
14.分输区	设备安全	管线、阀门等处无"跑、冒、滴、漏"及锈蚀现象		
		过滤器按要求注册登记,并定期开展检定		
		安全阀、仪器仪表工作正常,按要求开展定期检定		
	安全设施	按要求对预留口阀门、盲端		
		灭火器材按期检定		
		可燃气体及火焰探测器工作正常,按要求开展定期检定		
		防雷接地设施完好,阻值检定合格		
	巡检	按要求开展巡检,记录填写规范完整		
	其他	安全标识完整清晰,场区照明良好		
		配电箱及设备线缆满足防爆要求		

续表 4-14

压气站 HSSE 工作检查表					
检查项目	检查内容	检查标准	检查结果	
			符合√	不符合×
15.仪表风系统	设备安全	空压机及干燥机运行正常,无异常报警		
		管线、阀门等处无"跑、冒、滴、漏"及锈蚀现象		
		仪表风储罐按要求注册登记,并定期开展检定		
		安全阀、仪器仪表工作正常,按要求开展定期检定		
	安全设施	灭火器材按期检定		
		机房设置有应急照明灯,工作正常		
		防雷接地设施完好,阻值检定合格		
	巡检	按要求开展巡检,记录填写规范完整		
	其他	相关安全标识完整清晰,机房照明良好		
		排放污液引入污水处理系统,无外排情况		
		仪表风水露点低于-30℃,满足生产要求		
16.消防系统	设备安全	消防泵进、出口阀门全开,工艺流程符合随时启泵要求		
		消防泵、稳压泵等设备运行正常,无异常报警		
		管线、阀门等处无"跑、冒、滴、漏"及锈蚀现象		
		消防泵及稳压泵控制柜指示灯正常,无报警信息		
		消防泵及稳压泵控制柜开关处于远控状态		
		管网压力大于 0.5MPa,符合消防用水要求		
		仪器仪表工作正常,按要求开展定期检定		
		消防双回路电源供电正常		
	安全设施	泵房设置有挡鼠板,高度符合要求		
		灭火器材按期检定,轴流风机运行正常		
		泵房设置有应急照明灯,工作正常		
		防雷接地设施完好,阻值检定合格		
	巡检	按要求开展巡检,记录填写规范完整		
	其他	消火栓、水龙带、枪头、专用扳手等设施完好,每周开展检查测试,并如实填写检查测试记录		
		消防水池液位>2.6m,管网压力>0.5MPa,符合消防用水相关要求		
		相关安全标识标牌完整清晰		
		泵房照明良好		

续表 4-14

		压气站 HSSE 工作检查表	检查结果	
检查项目	检查内容	检查标准	符合√	不符合×
17. 发电机房	设备安全	发电机运行正常,无异常报警		
		发电机润滑油及冷却液液位符合要求		
		充电箱输出电压 13～14V,指示灯显示正常		
		调压箱进、出口阀门及电磁阀处于开启状态		
		调压箱调压前压力在 5～8kPa,调压后压力在 1.7～2.7kPa		
		燃气管线、阀门无"跑、冒、滴、漏"及锈蚀现象		
		仪器仪表工作正常,按要求开展定期检定		
	安全设施	设置有挡鼠板,高度符合要求		
		灭火器材按期检定		
		轴流风机运行正常		
		设置有应急照明灯,工作正常		
		防雷接地设施完好,阻值检定合格		
		可燃气体探测器工作正常,按要求开展定期检定		
	巡检	按要求开展巡检和定期运转测试,记录填写规范完整		
	其他	安全标识完整清晰,机房照明良好		
18. 物资库房	库房安全	房屋门窗完好,无漏雨现象		
		货架牢固可靠,无破损、锈蚀情况		
		库房内无堆放杂物,通道畅通		
	安全设施	灭火器材按期检定		
		轴流风机运行正常		
		精密仪表库房空调运行正常,温、湿度符合要求		
	巡检	按要求开展巡检和月度盘库,记录填写规范完整		
	其他	安全标识完整清晰,照明设施良好		
	应急物资	应急物资储备应符合 GB 3007 规定要求以及满足现场应急处置需要		
		应急物资进行分类、分级管理,有应急物资清单/目录,建立有应急物资台账,账表与储备实物对应		
		应急物资摆放整齐,物资标签清晰,品名、规格、产地、编号、数量、质量、生产日期、入库日期齐全,有使用期限的标明有效期		
		每月对应急物资进行检查,确保物资完好,及时更换过期等不符合要求的物资		

续表 4-14

检查项目	检查内容	检查标准	检查结果	
			符合√	不符合×
19.危废库房	库房安全	房屋门窗完好,无漏雨现象		
		库房内无堆放杂物,通道畅通		
		危废物分类摆放整齐,无泄漏现象		
	安全设施	灭火器材按期检定		
		轴流风机运行正常		
		线路开关、配电箱及照明设施符合防爆要求		
	巡检	按要求开展巡检,记录填写规范完整		
	其他	安全标识完整清晰,照明设施良好		
		危废物定期开展处置,处置过程符合国家法规要求		
20.门卫室	人员管理	保安人员持证上岗,落实双岗和24h值班制度		
		按照巡检路线,每2h开展1次打点巡回检查		
		落实外来人员及车辆检查登记,如实做好相关记录		
		熟练掌握和使用反恐防暴及消防器材		
		无脱岗、睡岗和酒后上岗等违反劳动纪律情况		
	现场管理	房屋门窗完好,无漏雨现象		
		电缆线路无私拉乱接、无大功率电器使用现象		
		消防器材完好,按要求定期检查		
		液压防冲撞装置处于开启状态		
		对讲机、手电及110报警按钮处于完好状态		
21.车辆	车辆安全	车辆轮胎、电气线路、刹车、车灯等部件完好,无安全隐患		
		车载灭火器、警示三角架、防滑链及常用工器具等随车设施完好可用,定期开展检查		
	日常管理	按要求开展日检、周检,并如实填写检查记录		
		车辆"三证"齐全,相关标识按要求张贴		
		严格落实派车单制度,单据填写完整		
22.综合楼	办公室、职工宿舍	门窗完好,无损坏现象		
		漏电保护器定期(每月)检验正常		
		电缆线路无私拉乱接、无大功率电器使用现象		
		职工无吸烟、酗酒等情况,烟感探头正常投入使用		
		楼道应急照明灯、逃生指示灯工作正常		
		消防器材完好,按要求定期检查		

续表 4-14

压气站 HSSE 工作检查表					
检查项目	检查内容	检查标准	检查结果	
			符合√	不符合×
22.综合楼	职工食堂	厨师保洁人员身体健康,健康证在有效期内		
		厨师保洁人员工作期间无吸烟、饮酒等情况		
		工作间地面、灶台、操作台及电气设备干净卫生		
		食材新鲜,生、熟食分开存放,保鲜措施到位		
		门窗完好,无损坏现象		
		燃气管线、阀门连接完好,无漏气及锈蚀现象		
		大功率电气设备实行"一机一闸一保护"		
		气体检测仪正常投入使用,在有效检定期内		
		轴流风机运行正常,照明设施良好		
		消防器材完好,按要求定期检查		
23.主控室	设备安全	监控系统主、备机运行正常,无报警信息		
		直流充电系统运行正常,电池状态良好		
		测控屏综合保护装置无报警信息,各指示灯显示正常;压板、转换开关位置与运行要求一致		
		交/直流屏电气参数正常,各配电开关位置、指示灯正常		
		通信控制系统运行参数正常		
		UPS电源工作正常,指示灯正确,无故障显示		
		直流控制系统运行参数正常		
	安全设施	设置挡鼠板,穿线孔洞处封堵良好		
		空气呼吸器完好、表压在允许范围		
		消防器材完好,定期开展检查		
		火灾报警系统控制盘、六氟化硫报警控制盘显示无异常,工作可靠		
		轴流风机运行正常		
		防静电地板完好		
		应急照明灯工作正常		
		防火门完好,处于常闭状态		
	巡检	巡检记录、交接班记录等资料报表填写规范完整		
	其他	相关制度按要求上墙		
		安全标识、开关标识清晰完整准确		
		照明设施良好		
		门窗完好,无漏雨现象		
		室内温、湿度符合运行要求		

续表 4-14

检查项目	检查内容	检查标准	检查结果	
		压气站 HSSE 工作检查表	符合√	不符合×
24.蓄电池室	设备安全	电池无变形、漏液等现象		
		控制模块指示灯显示正常		
		室内无异常声响，无异味		
	安全设施	设置挡鼠板，穿线孔洞处封堵良好		
		轴流风机运行正常		
		防雷接地设施完好，无松动、锈蚀现象		
		消防器材完好，定期开展检查		
		应急照明灯工作正常		
		防火门完好，处于常闭状态		
	巡检	按要求开展巡检，如实填写相关记录		
	其他	相关制度按要求上墙		
		安全标识、开关标识清晰完整		
		照明设施良好		
		门窗完好，无漏雨现象		
		室内温、湿度符合运行要求		
25.GIS室	设备安全	各气室 SF_6 气体压力均在允许范围内，无漏气现象，无漏油现象		
		压力释放装置保护罩完好，释放出口无障碍物		
		室内无异常声响，无异味		
		外壳及支架无锈蚀、损伤，瓷套无开裂、破损情况		
		GIS组合开关控制柜各旋钮与现场开关、断路器状态一致		
	安全设施	设置挡鼠板，穿线孔洞处封堵良好		
		轴流风机运行正常		
		SF_6 气体监测系统无报警		
		防雷接地设施完好，无松动、锈蚀现象		
		消防器材完好，定期开展检查		
		应急照明灯工作正常		
		防火门完好，处于常闭状态		
	巡检	按要求开展巡检，如实填写相关记录		
	其他	相关制度按要求上墙		
		安全标识、开关标识清晰完整		
		照明设施良好		
		门窗完好，无漏雨现象		
		室内温、湿度符合运行要求		

续表 4-14

检查项目	检查内容	检查标准	检查结果	
		压气站 HSSE 工作检查表	符合√	不符合×
26.10kV 配电室	设备安全	各开关柜指示灯(带电显示、分/合闸指示)正常		
		开关柜综保装置无报警信号		
		SVG 装置运行正常,开关显示正常		
		室内无异常声响,无异味		
	安全设施	设置挡鼠板,穿线孔洞处封堵良好		
		轴流风机运行正常		
		防雷接地设施完好,无松动、锈蚀现象		
		消防器材完好,定期开展检查		
		应急照明灯工作正常		
		防火门完好,处于常闭状态		
	巡检	按要求开展巡检,如实填写相关记录		
	其他	相关制度按要求上墙		
		安全标识、开关标识清晰完整		
		照明设施良好		
		门窗完好,无漏雨现象		
		室内温、湿度符合运行要求		
27.低压配电室	设备安全	变压器柜运行正常,无异响,温度低于 80℃		
		低压配电柜开关位置正常,指示灯状态与手柄位置相符		
		电容补偿柜运行正常,功率因数大于 0.9		
		室内无异常声响,无异味		
	安全设施	设置挡鼠板,穿线孔洞处封堵良好		
		轴流风机运行正常		
		防雷接地设施完好,无松动、锈蚀现象		
		消防器材完好,定期开展检查		
		应急照明灯工作正常		
		防火门完好,处于常闭状态		
	巡检	按要求开展巡检,如实填写相关记录		
	其他	相关制度按要求上墙		
		安全标识、开关标识清晰完整		
		照明设施良好		
		门窗完好,无漏雨现象		
		室内温、湿度符合运行要求		

续表 4-14

| \multicolumn{6}{c}{压气站 HSSE 工作检查表} |||||
| 检查项目 | 检查内容 | 检查标准 | 检查结果 ||
			符合√	不符合×
28.电缆室	线缆安全	电缆有无烧糊、老化、断裂现象		
		电缆感温探测器工作正常,无异常报警信息		
		室内无异常声响,无异味		
	安全设施	设置挡鼠板,穿线孔洞处封堵良好		
		轴流风机运行正常		
		防雷接地设施完好,无松动、锈蚀现象		
		消防器材完好,定期开展检查		
		应急照明灯工作正常		
		防火门完好,处于常闭状态		
	巡检	按要求开展巡检,如实填写相关记录		
	其他	安全标识清晰完整		
		照明设施良好		
		门窗完好,无漏雨现象		
29.变压器区	设备安全	设备运行无异响、无异味		
		变压器各部位无渗油、套管外部无破损裂纹、无放电痕迹及其他异常		
		引线接头、电缆、母线应无发热现象		
	安全设施	防雷接地设施完好,无松动、锈蚀现象		
		消防器材完好,定期开展检查		
		应急照明灯工作正常		
	巡检	按要求开展巡检,如实填写相关记录		
	其他	安全标识清晰完整		
		照明设施良好		

4.2.9 HSSE体系审核表（表4-15）

表4-15 HSSE体系审核表

要素（标准分）	控制要点	审核内容	验证资料	审核对象	标准分	实得分
领导引领力（30）	领导引领力	1. 岗位员工持有《HSSE风险控制实施指南》有效版本	工作指南	站长		
		2. 压气站、班子成员及全体员工做出了承诺	工作指南、承诺书	站长	30	
		3. 与管理处签订了HSSE目标责任书	责任书	安全员		
		4. HSSE文化建设活动符合上级要求	活动总结	安全员		
		5. 班子成员有履职考核	履职汇报、考核资料	站长		
HSSE组织（30）	HSSE组织	1. HSSE领导小组职责明确，履职到位	领导小组文件、相关工作记录	站长	30	
		2. 义务应急分队职责明确，履职到位	义务应急分队文件、相关工作记录	站长、巡线分队负责人		
HSSE责任（40）	HSSE责任	1. HSSE责任制覆盖全员	责任清单	站长	40	
		2. 开展了《岗位HSSE责任制》培训宣贯，全体员工熟悉掌握	培训记录、抽问员工	安全员		
		3. HSSE领导小组每年开展1次全面，特定情况时进行了再识别	评审、修订记录	站长		
风险识别管控（40）	风险识别	1. 成立了识别小组，每月至少开展1次全面风险识别，建立了岗位危险事件清单	危险事件清单	站长	20	
		2. 风险识别覆盖全面，特定情况时进行了再识别	危险事件清单	站长		
	风险管控	1. 配合上级落实了风险管控措施	现场验证	站长	20	
		2. 根据岗位危险事件清单评估修订了岗位操作过程	岗位操作规程	站长		
		3. 进行了岗位危险事件清单培训	培训记录	安全员		
		4. 绘制了四色风险分布图	四色风险分布图	安全员		

续表 4-15

要素（标准分）	控制要点	审核内容	验证资料	审核对象	标准分	实得分
隐患排查治理（40）	隐患排查治理	1. 每周开展了隐患排查，特定情况下进行了专项隐患排查	站场 HSSE 记录本	站长	40	
		2. 建立了隐患清单并上报管理处	隐患清单	安全员		
		3. 能自行整改的隐患进行了整改，不能整改的上报了管理处	隐患清单	站长		
		4. 不能立即整改的隐患采取了防控措施	现场验证	站长		
		5. 隐患排查治理工作纳入 HSSE 绩效考核	考核记录	站长		
培训管理（50）	培训矩阵	1. 制定有《员工 HSSE 培训矩阵》，每年进行了评估、更新	培训矩阵表	站长	5	
	培训计划	1. 制定有《年度 HSSE 培训计划》，并按计划实施	培训计划、培训记录	站长	5	
	培训实施	1. 各岗位员工按规定取得了相应证件，持证上岗	证件台账	安全员	20	
		2. 新员工开展了站（队）级安全教育；离岗 3 个月以上员工，重新考核验证了相应安全能力。培训有记录、有考试	培训记录、考试试卷	安全员		
		3. 按规定开展了全员在岗培训，有记录	培训记录	安全员		
		4. 开展了"四新"专项培训，并进行了考核	培训考核记录	站长		
		5. 对外来临时检维修人员进行了入场安全教育，并登记	安全教育记录	安全员		
	培训考核与评估	1. 培训时长 0.5 个工作日以上的安全培训，组织开展了效果评估	培训效果评估	站长	10	
	培训档案	2. HSSE 培训后及时开展了 HSSE 培训记录和档案	培训档案	安全员	10	
生产运行管理（70）	会议管理	1. 按要求建立了 HSSE 培训记录和档案	干部值班记录	值班干部	5	
		1. 每天召开了早班会，总结了前日工作情况，并布置了当日安全生产工作				
		2. 每周召开了生产例会，总结分析了本周安全生产重点工作完成情况以及存在问题，并对下周安全生产工作做出了安排	周生产例会记录	站长		
	巡检管理	1. 每两小时开展了 1 次专业巡回检查，填写了专业巡检记录	巡视记录	运行操作人员	10	
		2. 每天上午、下午各开展了 1 次专业巡回检查，填写了专业巡检记录，发现异常情况及时处理并汇报当日值班干部	专业巡检记录	专业技术管理人员	10	
		3. 每日对各岗位巡检工作落实情况进行了检查，开展了异常问题整改处理	干部值班记录	值班干部		

续表 4-15

要素(标准分)	控制要点	审核内容	验证资料	审核对象	标准分	实得分
生产运行管理(70)	岗位值班管理	1. 开展了交接班工作,交接完成后,在岗位交接班记录本上进行了签字确认	交接班记录	岗位员工	10	
		2. 值班期间,开展了生产运行和异常处置工作,填写了各类报表台账,发现问题及时进行了汇报并处理	值班记录	岗位员工		
	调度令管理	1. 对电话调度指令进行了执行,记录,反馈	值班记录	岗位值班人员	5	
		2. 对书面调度指令内容进行了确认,清示,执行,并进行了书面反馈	调度令,反馈记录	值班干部		
		3. 及时向调控中心清示汇报了调度令执行过程中出现的问题及异常情况,并进行了处理	电话记录	值班干部		
		4. 整理存档了调度令和调度回执等资料	调度令回执存档资料	生产副站长		
	干部值班及带班管理	1. 参加了岗位交接班工作,对交接班不到位及存在错误的情况进行了纠正	交接班、视频记录	值班干部	10	
		2. 每天按照 HSSE 日检查表对各项工作进行了监督检查,并填写了干部值班记录本	干部值班记录本	值班干部		
		3. 处理了值班期间发生的紧急情况,开展了应急处置,并及时向上级部门和领导汇报了相关情况	干部值班记录本	值班干部		
		4. "特殊作业"情况下,进行了现场带班,对作业全过程进行了检查监督	带班记录	值班干部		
	锁定管理	1. 向管理处申请了作业锁和固定锁的锁定,填写了锁定许可表,批复后进行了实施	锁定许可表	站长	10	
		2. 解锁前,检查确认了现场安全条件,批准后进行了实施,向管理处提出了申请并填写了解锁许可表	解锁许可表	站长或设备副站长		
		3. 开展了现场锁具的巡检和维护,确保锁具完好	巡检、维护保养记录	站长或设备副站长、岗位值班人员		

续表 4-15

要素(标准分)	控制要点	审核内容	验证资料	审核对象	标准分	实得分
生产运行管理 (70)	异常管理	1. 对站场可能存在的生产异常情况进行了分类统计,建立了异常事件清单,完善了异常处置措施,开展了培训	异常记录、异常事件清单	站长	10	
		2. 对已有操作规程或处置方案的异常情况,按规程或方案进行了处置;对没有操作规程或处置方案的异常情况,在采取了处置措施的同时,立即向值班干部(站长)进行了汇报	处置记录	岗位值班人员		
		3. 记录了异常情况,并保存了相关数据、图表及趋势	异常情况记录	岗位值班人员		
		4. 进行了异常情况的系统分析,建立了异常情况管理台账,每周向管理处置进行了上报	分析小结、异常情况管理台账	设备副站长		
	泄漏管理	1. 建立并更新了密封点台账和泄漏点台账,落实了泄漏点分级(色)挂牌管理	密封点台账、泄漏点台账、分级(色)牌	设备副站长	10	
		2. 开展了阀门日常内漏检查、密封点泄漏检测,向当日值班干部进行了汇报	检查记录	岗位值班人员		
		3. 处理了逸散性泄漏	处置记录	站长		
		4. 发生突发性泄漏,上报并开展了初期应急处置	处置记录	值班干部		
施工作业管理 (60)	管理要求	1. 编制了工作活动HSSE风险控制指南、操作规程等控制文件,规范了异常操作	相关指南及操作规程	站长	20	
		2. 对施工作业进行了监督检查,对问题进行了监督整改,并纳入了季度统一考核	检查记录、问题整改记录	站长		
		3. 监督施工单位设置了现场警戒,穿戴了合规的劳保用品;配合开展了施工风险识别及作业安全分析;检查核实作业人员资质及作业措施落实情况;参加了施工安全例会;提供了现场基本信息和安全监督情况	现场验证、安全分析记录、会议记录	站长指定的安全员或专业技术管理人员		

续表 4-15

要素(标准分)	控制要点	审核内容	验证资料	审核对象	标准分	实得分
施工作业管理(60)	常规、非常规作业管理	1. 梳理了站场涉及的常规作业,形成了常规作业清单	常规作业清单	站长		
		2. 每年对作业活动 HSSE 风险控制指南和操作规程进行了评估、确认	评估记录	站长		
		3. 开展了作业活动 HSSE 风险控制指南和操作规程的培训	培训记录	副站长	20	
		4. 副站长负责落实作业风险控制指南培训,提升全员作业风险识别和管控能力	培训记录	副站长		
		5. 一般及以上风险非常规作业,纳入了许可作业管理,按照批准的作业方案实施;低风险的非常规作业开展了作业前 JSA 分析,检查确认了风险控制措施后进行了实施	作业方案、JSA 分析记录	站长		
	许可作业管理	1. 按照作业许可管理业务职责分表实施了许可作业	作业许可证	站长		
		2. 特殊时期、节假日和夜间等时段的许可作业实行了升级管理	作业许可证	站长	20	
		3. 作业条件和状况发生变化时,现场负责人终止了作业,重新提出了申请	作业许可证	现场负责人		
		4. 存档了作业许可票等相关资料	作业许可相关资料	安全员		
设备设施管理(70)	管理要求	1. 设备实行了"三定"管理,所有设备明确了主、副责任人并现场挂牌	设备承包责任人牌	站长		
		2. 设备本体及附属设施完好,安全标示齐全	现场验证	设备责任人		
		3. 建立了设备设施操作保养规程、制度和档案	相关规程、制度和档案	设备副站长		
		4. 每周开展了设备理论或实操培训,每月进行了考核	培训考核记录	设备操作人员	10	
		5. 操作人员做到了"四懂三会"	现场验证,设备隐患与缺陷记录	值班人员		
		6. 按规程进行了设备日常巡检及维护保养,故障和隐患及时上报				
		7. 每周开展了设备综合检查	检查记录	设备副站长		

续表 4-15

要素（标准分）	控制要点	审核内容	验证资料	审核对象	标准分	实得分
设备设施管理（70）	压缩机组	1. 成立了压缩机特护管理小组	小组文件	站长	10	
		2. 每天开展了 2 次五位一体特护巡检	巡检记录	值班干部		
		3. 开展了压缩机辅助系统检测和故障诊断，落实了缺陷整改措施	设备隐患与缺陷整改记录	设备副站长		
		4. 每周召开了压缩机特护管理工作例会，每月上报了月度运行分析报告	会议记录、月度分析报告	站长、设备副站长		
		5. 每年开展 1 次压缩机专项应急演练	演练记录	设备副站长		
		6. 压缩机包机管理，明confirm了包机人并挂牌	包机牌	设备副站长		
		7. 每天开展了包机巡检，进行了"十字作业"	巡检记录	包机人		
		8. 每周进行了包机情况检查	检查记录	站长		
		9. 开展压缩机 4K、8K 维保现场监护、检查和验收	检查和验收资料	设备副站长		
		10. 建立了油水异常管理台账，定期开展了油水取样检测	油水异常管理台账、检测记录	设备副站长		
		11. 建立了压缩机备品备件巡视检查	检查记录	值班人员		
		12. 建立了备品备件定额存储台账并及时进行了补充	现场验证	设备副站长		
	特种设备	1. 特种设备投用前后 30 日内进行了登记注册，张贴了特种设备使用登记证	特种设备使用登记证	安全员	10	
		2. 按照"一台一档"要求建立了特种设备台账和技术档案	台账和技术档案	安全员		
		3. 按要求进行了特种设备日检、月检和年检	检查记录	操作人员、安全员、站长		
		4. 按要求进行了特种设备定期检验	定检报告	安全员		
		5. 每年开展了特种设备专项应急演练	演练记录	安全员		

续表 4-15

要素(标准分)	控制要点	审核内容	验证资料	审核对象	标准分	实得分
设备设施管理(70)	电气设备	1. 落实电气设备"三三二五"制度	相关记录	站长	10	
		2. 电气设备定期进行了隐患排查和治理	隐患治理台账	设备副站长		
		3. 电气设备进行了预防性试验	相关记录	安全员		
		4. 按规定执行了电力调度令,并办理了票证	调度令,相关票证	电气专业管理人员		
		5. 编制了电气设备检修试验方案	相关方案	电气专业管理人员		
		6. 建立了电气设备台账和技术档案	台账和档案	电气专业管理人员		
		7. 开展了安全用电检查	检查记录	电气专业管理人员		
		8. 电气安全用具,检修仪表进行了定期检验	检验记录	电气专业管理人员		
		9. 漏保,熔断器,应急照明灯进行了月度检查测试	检查记录	电气专业管理人员		
		10. 按规定进行了电气巡回检查和维护保养	检查和保养记录	电气运行人员		
		11. 变电所正值负责高压电气设备的"五防"管理和电气安全用具日常管理	检查和保养记录	电气运行人员		
	自控系统	1. 每天开展了自控系统专业检查	检查记录,汇总分析	自控专业管理人员	10	
		2. 自控系统调试,维护和检测进行了监护	监护记录	自控专业管理人员		
		3. 按时开展了自控系统秋检,记录及时存档	检查维护记录	自控专业管理人员		
		4. 建立了自控系统设备台账及时更新	台账和档案	自控专业管理人员		
	通讯系统	1. 每天开展了通信系统专业检查	检查记录	通讯专业管理人员	10	
		2. 通信系统调试,维护和检测进行了监护	监护记录	通讯专业管理人员		
		3. 按时开展了月度及春秋检,记录及时存档	检查维修记录	通讯专业管理人员		
		4. 光缆故障及时进行了处理	检修记录	通讯专业管理人员		
		5. 按规定进行了通信系统设备设施巡回检查,每月开展了应急广播系统检查和测试	检查记录	岗位值班人员		
	HSSE设备设施及附件	1. HSSE设备设施及附件进行了定期检验	检验记录	安全员	10	
		2. HSSE设备设施及附件进行了定期巡检和测试	检查和测试记录	安全员		
		3. 建立了HSSE设备设施及附件台账	台账	安全员		

续表 4-15

要素（标准分）	控制要点	审核内容	验证资料	审核对象	标准分	实得分
承包商监管（40）	生产运行承包商	1. 按"四统一"原则将承包商人员纳入了站人了站场日常管理	HSSE管理资料	安全员	25	
		2. 对承包商人员资质进行了核实，并有存档	资质文件	安全员		
		3. 人员有变更时，执行了变更管理相关要求	变更记录	安全员		
	施工检维修承包商	1. 作业现场安全环保措施落实到位，现场负责人监护到位	现场验证	现场负责人	15	
		2. 进站施工的承包商人员持有"临时入场证"	现场验证，"临时入场证"发放记录	安全员		
		3. 对进站承包商人员资质进行了核实，并做好了入场登记	资质台账，人员登记记录	安全员／门岗		
变更管理（30）	变更申请	变更经过识别，确定了等级，有《变更申请表》	变更申请表	专业技术管理人员	5	
	变更风险评估	1. 按规定开展风险评估，评估结果填写在《变更管理控制表》中	变更管理控制表	站长	5	
	变更审批	1. 按权限进行审批	变更审批表	站长	5	
	变更实施	1. 变更实施前进行了技术交底或培训	交底记录	站长	10	
		2. 变更投入使用前，变更审批人负责变更关闭审核	变更记录	站长		
		3. 紧急变更按规定程序实施，开展风险评估，落实风险管控措施，有记录	技术记录	站长		
	变更关闭	1. 变更项目实施完成后审批人负责变更关闭审核	变更关闭申请	专业技术管理人员	5	
		2. 有完整的变更资料和台账	变更台账	站长		
员工健康管理（40）	健康风险识别与监测	1. 每年开展一次健康危害因素清单和职业卫生培训计划	健康危险因素清单、职业卫生培训计划	站长	10	
		2. 定期开展职业病危害因素监测，公告牌与警示标识齐全，职业病防护设施及应急救援设施完好	检测报告、警示标识、防护设施	站长	10	

4　管理附录

续表 4-15

要素（标准分）	控制要点	审核内容	验证资料	审核对象	标准分	实得分
员工健康管理（40）	职业健康管理	1. 全员参加职业健康检查，体检结果书面告知员工，建立员工职业健康监护档案	职业健康监护档案	站长	20	
		2. 有职业禁忌的人员按规定调整岗位或上报	体检报告（禁忌人员）	站长		
		3. 按规定配备个体防护用品，建立发放登记档案	个体防护用品发放登记档案	安全员		
		4. 每季度开展一次职业卫生知识培训和考试，有教育培训档案	教育培训档案	安全员		
	身心健康管理	1. 做好EAP工作，建立心晴驿站，促进员工心理健康	工作记录	站长	10	
		2. 全员每年开展一次身心健康体检；配备应急药品、器械并有清单	体检报告、清单	安全员		
交通安全管理（30）	日常管理	1. 开展了车辆的日常安全检查，车辆GPS监控系统行驶区域设置和监控工作	检查记录	安全员	10	
		2. 每年开展一次驾驶员岗位风险、每季度开展一次车辆安全风险评估	评估报告	站长		
		3. 建立驾驶员教育培训记录、交通安全风险评估记录和审批后方可调派	相关记录	安全员		
		4. 节假日期间驻站车辆的"三交一封"	封存记录	安全员		
	派车管理	1. 出车前，调派人或安全员向驾驶员和带车人做好安全"三交待"并签字确认	签字记录	安全员	10	
		2. 特殊任务时指定带车人，开展风险评估和审批后可调派	相关记录	安全员		
	行车管理	1. 驾驶员每天检查车辆运转记录及检查本	车辆运转记录及检查本	驾驶员	10	
		2. 严禁机动车客货混装，按核定人数载人，运输"四超"物件有手续	相关手续	驾驶员		
		3. 机动车辆进入生产区域前安装防火帽，静电接地带等必要的防护装置	相关记录	驾驶员		
		4. 带车人按规定履职	相关记录	驾驶员		

续表 4-15

要素（标准分）	控制要点	审核内容	验证资料	审核对象	标准分	实得分
公共安全管理（40）	公共安全管理	1. 落实"两特两重"期间干部值班及领导带班	带班记录	站长	40	
		2. 开展公共安全风险识别与评估，有风险清单；每年开展一次教育培训和应急演练；安防设施完好；对外来人员进行信息筛查，有台账	培训记录、应急演练记录、风险清单	安全员		
		3. 门卫持证上岗，落实 24 小时值班制度	相关证件、值班记录	门卫		
		4. 岗位值班人员按时巡检，掌握突发事件应急处置措施和汇报流程	值班记录	岗位人员		
生态环境保护（30）	日常管理	1. 定期开展环境保护宣传和教育培训工作	宣传方案、培训记录	站长	10	
		2. 全员开展节能降耗行动；设备管理人员每月对站场能耗开展统计分析	检查记录、能耗统计分析	站长		
		3. 定期开展固体废物、废液、废油统计及环境监测，废物处置合规	相关台账	安全员		
		4. 每周组织开展一次环保隐患排查，落实整改治理及检查验收	排查、整改记录	安全员		
		5. 组织进行一体化污水处理装置日检、周检及日常设备维护保养，每半年开展一次装置外委维护保养	巡检记录、维护保养记录	操作人员、安全员		
		6. 站场生活垃圾落实定点、分类投放，委托协议单位定期外运处理	委托协议、外运记录	安全员		
	危废管理	1. 定期对危险废物进行识别，并持续进行完善	危险废物清单	安全员	10	
		2. 危险废物收集、储存场所有危险废物警示标识，及时更新危废物台账、危险废物转移处置委托协议单位	现场验证、台账、转运联单	安全员		
		3. 每天上午、下午各开展 1 次危废库房专项巡检，定期开展现场处置演练	巡检记录、演练记录	操作人员		
	绿色基层创建	1. 积极参与绿色基层创建活动	活动方案	安全员	10	
		2. 检维修作业有防污染措施	现场检查落实	安全员		
		3. 按要求开展节能宣传周、全国低碳日等活动；定期开展绿色公益活动	活动方案	专业技术人员		

续表 4-15

要素（标准分）	控制要点	审核内容	验证资料	审核对象	标准分	实得分
消防安全管理（40）	基本管理要求	1. 成立义务消防队，明确职责和要求	职责明确	站长	10	
		2. 建立沟通联防机制，定期备案消防安全相关信息	备案信息	安全员		
		3. 站场按照有关标准和规定配置消防设施和器材，设置标志	建立消防设施台账	安全员		
	培训与演练	1. 站控值班人员参加消防专项培训，消防设施操作人员持证上岗	培训记录、持证台账	站长	15	
		2. 对新员工、转岗员工开展岗前消防安全知识培训；对在岗员工每年至少开展1次消防安全知识培训	培训记录	安全员		
		3. 每季度至少组织开展1次灭火及应急疏散应急演练	演练记录	站长、安全员		
	设备设施管理	1. 消防设施和器材定期检查、维护保养，校验，并建立台账	检查、校验记录	操作人员	15	
		2. 每月开展1次火灾报警系统检查测试	检查记录	安全员		
		3. 每年开展1次消防系统专项检测	监测报告	安全员		
		4. 开展消防设备各项隐患问题整改治理	整改记录	安全员		
应急管理（60）	应急准备	1. 建立义务应急分队，并备案	分队备案名单	站长	30	
		2. 每年组织修订1次现场应急处置方案和重点岗位应急处置卡	应急处置方案、应急处置卡	站长		
		3. 有应急设备、工用器具和物资应急材料清单，定期检查，维护保养	应急物资台账及记录	安全员		
		4. 编制年度应急演练计划，每月至少开展1次演练；演练过程中发现的问题及时组织整改	应急演练计划、演练记录、问题整改记录	站长、安全员		
	应急响应	1. 当发生突发事件时，运行操作人员迅速确认，立即汇报当日值班干部，启动场相应应急处置方案，组织开展初期处置，并将事件情况向管理处汇报	处置记录（值班）记录	运行操作人员	10	
		2. 值班干部根据事件情况，启动站场相应应急处置方案，组织开展初期处置，并将事件情况向管理处汇报	处置记录	安全员		
	应急恢复	1. 站场应急处置完成后清理现场，确认具备安全生产条件后，恢复正常生产	处置记录	站长	10	
	应急评估	1. 开展应急评估，对处置过程中存在的问题制定整改措施，落实整改责任	应急评估记录	站长	10	

续表 4-15

要素(标准分)	控制要点	审核内容	验证资料	审核对象	标准分	实得分
HSSE信息管理(40)	HSSE信息	1. 明确HSSE信息管理责任人,按照要求管理HSSE信息,有台账 2. 对HSSE信息利用电子屏、公示栏、公告牌等各种载体进行目视化公示	HSSE信息台账 公示信息	安全员 站长	20	
	HSSE文件与记录	1. 建立有HSSE风险管控实施指南、作业指导书、应急处置预案等 2. 按照要求建立HSSE记录,按照规定时限保存	验证建立情况 HSSE记录台账	安全员 安全员	20	
纪律和行为(30)	纪律和行为	1. 有岗位负面行为清单 2. 安全记分纳入绩效考核 3. 员工了解负面清单内容	负面行为清单 绩效考核记录 公示或培训记录	站长 站长 安全员	30	
基层安全活动(60)	总体要求	制定有安全活动计划,按照活动计划开展各项安全活动	安全活动计划	站长	10	
	周一安全活动	每周召开安全活动,活动频次、时间和内容符合要求	检查记录	站长	15	
	重大节日及季节变更安全活动	在国家法定节假日及重大活动前开展了专项安全检查	季节性检查记录	站长	15	
	全员安全诊断	按季节风险特点开展了专项检查	检查记录	站长	10	
	活动记录管理	1. 每月开展了以岗位风险(隐患)为主的全员诊断活动 2. 诊断出来的各项问题有处置、有记录、形成闭环 3. 安全活动按要求填写记录 活动发现的问题纳入了风险防控或隐患治理管理	全员安全诊断记录 问题整改记录 安全活动记录 隐患治理台账等记录	安全员 安全员	10 10	
检查与审核(60)	检查管理	1. 编制有《压气站HSSE检查表》,检查表涵盖HSSE工作的所有关键内容 2. 按规定开展了专项检查、HSSE综合检查、HSSE专业检查和巡回检查 3. 内部、上级和外部的检查问题纳入风险防控和隐患治理	HSSE检查表 检查记录 风险防控和隐患治理台账	安全员 安全员 安全员	40	
	审核与改进	1. 每季度开展HSSE体系审核会对体系运行有评价,存在问题有整改提升措施 2. HSSE管理评审会对体系运行有评估、有诊断,整改和提升措施 3. 体系审核、HSSE评审发现的问题有整改记录	HSSE体系审核表 相关记录 相关记录	站长 安全员 安全员	20	

续表 4-15

要素(标准分)	控制要点	管理要点	审核内容	验证资料	审核对象	标准分	实得分
事故事件管理(40)	管理要求		1. 有未遂事件和事故警示分享常态机制	活动记录	站长	10	
	未遂事件管理		1. 有未遂事件台账	台账	安全员	20	
			2. 有未遂事件原因分析,落实防范措施	相关记录	安全员		
	事故管理		1. 有事故台账	台账	安全员	10	
			2. 有事故原因分析,落实防范措施	相关记录	安全员		
绩效考核(30)	绩效考核		1. 有 HSSE 绩效考核管理制度	制度	站长	30	
			2. HSSE 绩效考核有落实	绩效考核月报	站长		

4.2.10 岗位员工安全记分实施办法

岗位员工安全记分实施办法

1 记分管理

1.1 为进一步推进基层岗位 HSSE 责任制落实，规范岗位员工安全行为，特制定本办法。

1.2 本办法适用于压气站岗位运行人员，包括生产运行承包商人员。

1.3 记分管理覆盖上级、公司、管理处及站场四级检查发现的不安全行为（其中上级检查包括集团公司、上级直属企业等上级机关和地方政府检查）。记分考核主要针对《压气站安全行为负面清单》的一级、二级、三级不安全行为。

1.4 记分考核每月进行 1 次。

1.5 管理处工会应对安全记分管理进行全过程监督。

2 记分分值

2.1 记分总分 12 分，记分周期为一年度，从每年 1 月 1 日起计算。一个记分周期期满后，记分分值累加未达到 12 分的，记分清零。

2.2 发生三级不安全行为 1 次记 3 分；二级 1 次记 2 分；一级 1 次记 1 分。

3 记分程序

3.1 站场检查及上级检查提出的问题，由安全员汇总提出初步意见，站长审核。

3.2 站长召开月度 HSSE 领导小组会议，对当月记分进行对标审查、审核确认。

3.3 月度安全记分结果应进行公示。对记分存在异议的，由安全员复核。复核属实的，报站长签字核准进行变更。

4 记分考核

4.1 安全记分值作为岗位员工季度 HSSE 绩效考核的直接依据。

4.2 累计记分满 3 分的，不得参加先进评比，由站场组织专项培训。

4.3 累计记分满 6 分的，由管理处组织专项培训考核。

4.4 累计记分满 9 分的，应进行离岗培训，离岗期间扣发绩效工资；生产运行承包商人员通报至其所在单位。

4.5 累计记分满 12 分的，应视为不满足安全能力要求，报管理处批复，调离原岗位，或者重新上岗前安全培训，培训期间扣发绩效工资；生产运行承包商人员通报至其所在单位，并清退出场。

长输管道企业基层单位 HSSE 指南

基层单位
HSSE 工作指南

JICENG DANWEI HSSE GONGZUO ZHINAN

主　编　陈　飞
副主编　袁献忠

图书在版编目(CIP)数据

长输管道企业基层单位 HSSE 指南. 基层单位 HSSE 工作指南/陈飞主编. —武汉:中国地质大学出版社,2020.7

ISBN 978-7-5625-4808-9

Ⅰ.①长…
Ⅱ.①陈…
Ⅲ.①长输管道-天然气运输-工业企业管理-中国-指南
Ⅳ.①F426.22-62

中国版本图书馆 CIP 数据核字(2020)第 108695 号

长输管道企业基层单位 HSSE 指南	陈 飞 主 编
基层单位 HSSE 工作指南	袁献忠 副主编

责任编辑:阎 娟 张旻玥	选题策划:张 琰 阎 娟	责任校对:张咏梅

出版发行:中国地质大学出版社(武汉市洪山区鲁磨路388号)　　邮编:430074
电　　话:(027)67883511　　传　　真:(027)67883580　　E-mail:cbb@cug.edu.cn
经　　销:全国新华书店　　　　　　　　　　　　　　　　　　http://cugp.cug.edu.cn

开本:880 毫米×1230 毫米 1/16	字数:658 千字	印张:20.75
版次:2020 年 7 月第 1 版	印次:2020 年 7 月第 1 次印刷	
印刷:荆州鸿盛印务有限公司		

ISBN 978-7-5625-4808-9	定价:96.00 元

如有印装质量问题请与印刷厂联系调换

《基层单位 HSSE 工作指南》编委会

主　编：陈　飞

副主编：袁献忠

编　委：黄知坤　毕春波　闫井超　姚孝庭

　　　　余　俊　唐　彬　李　军　张思欣

　　　　彭竞飞　文　炜　姚　琳　赵云胜

　　　　张　浩　王瑞强

序

基层是企业大厦的根基，基层不牢，地动山摇。长期以来，石油石化行业一直着力于夯实基础、扎牢根基，持续推动基层"三基"建设。而安全"三基"是整个"三基"建设的核心和基础，是"安全管理仍处于从严管理阶段"现状判断的立足点和着力点。

管道公司成立时间不长，面临管理战线长、管理力量不足，同时体系管理的基础尚弱等问题，公司从2019年开始启动基层HSSE体系建设项目研究，坚持问题导向，着眼于满足自身发展需要，解决基层执行标准不唯一、管理战线长、管理力量薄弱等问题；坚持目标引领，着力打造"上下全面承接、基层自主管理、公司远端评价"的基层HSSE体系。这是一件继往开来、自我超越、自我提升的大事，更是一件为公司可持续发展奠基的好事。它将成为公司基层HSSE管理长效机制建立的里程碑事件。

这套《长输管道企业基层单位HSSE指南》特点非常鲜明。一是突出承接规范，把HSSE法规标准串联进来，与上级制度对接起来，实现基层单位HSSE管理的横向到边、纵向到底。二是突出责任落地，明确各要素运行责任主体，从岗位职责、HSSE职责、HSSE工作内容、考核标准全方位明晰HSSE责任，确保制度落地、责任落地。三是突出风险可控，突出"安全管理就是风险管理"的思想，立足风险管控，体现问题导向，突出实用性和操作性，确保主要风险全面受控。四是突出管理闭环，分级建立HSSE审核标准、落实审核考核，实现基层HSSE工作的自我循环、自我管理、自我提升。

这套《长输管道企业基层单位HSSE指南》包括《基层单位HSSE工作指南》和《压气站HSSE风险控制实施指南》，分别针对基层单位和压气站建立，应用针对性非常强。《基层单位HSSE工作指南》建立在基层单位，按要素明确控制要求、责任主体，主要解决管理者管什么、怎么管、怎样考核评价的问题；《压气站HSSE风险控制实施指南》建立在压气站，按要素规定工作内容、按操作规范风险防控，主要解决操作层干什么、怎么干、怎样管控风险的问题。

这两个指南是指导基层 HSSE 体系管理的总体原则和纲领性文件,是基层生产经营活动必须遵循的 HSSE 准则,也是基层管理和操作人员必须遵守的基本行为规范。公司各级领导和机关部门要发挥引领作用,率先学习遵守,规范管理行为;各级管理层要加强培训宣贯,确保全体员工理解、掌握和正确执行。

中石化天然气分公司总经理助理

2020 年 1 月 1 日

编 制 说 明

编写《基层单位 HSSE 工作指南》和《压气站 HSSE 风险控制实施指南》的目的是构建管道公司的基层 HSSE 长效机制,两个指南共同构成公司基层 HSSE 管理体系。《基层单位 HSSE 工作指南》承接公司的 HSSE 管理体系要求,《压气站 HSSE 风险控制实施指南》承接《基层单位 HSSE 工作指南》的管理内容,使公司的 HSSE 管理逐级向下延伸,到岗到人、落地生根。

指南的定位清晰。《基层单位 HSSE 工作指南》立足于满足管理处的 HSSE 管理控制要求,理清责任界面、重塑管理流程,解决管什么、怎么管和评价考核问题;《压气站 HSSE 风险控制实施指南》立足于满足各站(队)HSSE 风险全面受控,理透风险隐患,夯实管控措施,解决干什么、怎么干和执行到位问题。

指南的特点明确。一是突出合规性,符合法律法规,体现全面合规、显形管理标准,确保管理有效;二是凸显实用性,满足风险控制需要,体现问题导向,优化管理成果,确保管理落地;三是力求完整性,满足自我管理设定目标,引入体系思想,落实闭环管理,实现持续改进。

指南的依据宽泛。借鉴了国家、行业 HSSE 标准,以及集团公司和管道储运企业管理规范,承接了集团公司、上级直属企业、公司三级 HSSE 管理体系,运用了公司生产运行、设备管理、管道管理等专业制度,依托了前期开展的试点单位 HSSE 管理现状评估结果。

指南的编写是在公司 HSSE 委员会的领导下进行的,安全环保部主导编写、专业部门深度参与。管理处经理亲自组织,管理处 HSSE 人员和各站(队)长严格按照"写你干的、干你写的"的原则自主编制完成,突出了固化传承和自我完善,为指南下一步有效实施打下了坚实基础。

指南是基于公司基层单位 2019 年的 HSSE 管理实际和风险现状建立的。指南中单项文件的变更应及时更新并建立变更表;重大 HSSE 变更和重大 HSSE 风险变化应考虑指南的整体修订和改版。

管理处 HSSE 承诺

1. 遵守国家 HSSE 法律法规,贯彻落实上级 HSSE 管理体系与要求,最大限度地不发生事故、不损害员工健康、不破坏环境。

2. 全面建立运行 HSSE 管理体系,并提供有效的资源支持。

3. 建立完善全员 HSSE 责任制,持续开展 HSSE 培训,提高员工 HSSE 能力和水平;用实际行动鼓励安全行为,纠正预防不安全行为。

4. 全面落实管理处 HSSE 属地责任,持续开展风险识别管控和隐患排查治理,确保管理处所有 HSSE 风险全面受控。

5. 突出"以我为主",把承包商纳入管理处 HSSE 一体化管理。

6. 推动绿色基层创建和企地和谐共建,履行企业的社会责任。

7. 每年开展一次管理评审,持续提高 HSSE 绩效。公布管理处 HSSE 表现,并征询相关方意见。

管理处经理

HSSE 工作目标

一、安全生产指标
(1) 避免一般及以上生产安全事故。
(2) 从业人员事故死亡数(率)为零。
(3) 从业人员事故重伤数(率)为零。
(4) 承包商死亡事故为零。
(5) 不发生危及周边社区的天然气泄漏、火灾、爆炸事故。
(6) 无责任交通事故。

二、环境保护指标
(1) 无环境污染、生态破坏的事件发生。
(2) 外排工业废水达标率100%。
(3) 矿物油回收处置率100%。
(4) 固废处理处置率100%。
(5) 碳排放量达标率100%。

三、职业卫生指标
(1) 无职业卫生急性中毒事故发生。
(2) 从业人员职业健康体检率达到100%。
(3) 作业场所职业危害因素检测率100%。
(4) 职业危害合同告知率达到100%。
(5) 职业危害警示标识设置率达到100%。
(6) 从业人员劳动保护设施使用覆盖率100%。
(7) 岗位噪声强度消减措施执行率100%。

四、输气管道安全保护指标
(1) 站内输气管道责任失效停输次数为零。
(2) 投运压缩机组责任停运次数为零。
(3) 站场隐患和重大风险告知率100%。

五、过程控制指标
(1) 特殊作业和高风险作业现场视频监控率100%。
(2) 现场高风险作业JSA分析率100%。

六、合法合规指标
(1) 建设项目安全、环保、消防和职业卫生"三同时"执行率100%,杜绝出现新的未批先建、久试未验等违法问题。
(2) 站长、副站长、安全管理人员安全考核取证率100%;从业人员持证上岗率100%。

七、应急管理指标
(1) 应急物资储备完好率100%。
(2) 应急演练任务完成率100%。
(3) 应急事件反应迅速,协调、处置及时有效。

八、考核与问责
(1) 未完成年度HSSE责任指标,按照相关规定追究责任。
(2) HSSE考核指标完成情况作为管理处生产经营考核和年度HSSE先进评比的依据。

目 录

1 管理概要 ··· (1)
  1.1 单位概况 ··· (1)
  1.2 组织机构 ··· (1)
  1.3 HSSE 风险信息 ·· (1)
  1.4 相关方 HSSE 信息 ·· (2)

2 管理内容 ··· (3)
  2.1 领导引领力 ·· (3)
  2.2 HSSE 组织 ·· (5)
  2.3 HSSE 责任 ·· (5)
  2.4 HSSE 投入 ·· (6)
  2.5 社会责任 ··· (7)
  2.6 依法合规 ··· (7)
  2.7 风险识别与管控 ·· (8)
  2.8 隐患排查治理 ·· (10)
  2.9 培训管理 ·· (11)
  2.10 建设项目管理 ··· (12)
  2.11 生产运行管理 ··· (14)
  2.12 施工作业管理 ··· (17)
  2.13 管道管理 ··· (19)
  2.14 设备设施管理 ··· (21)
  2.15 承包商管理 ·· (24)
  2.16 变更管理 ··· (26)
  2.17 员工健康管理 ··· (27)
  2.18 交通安全管理 ··· (29)
  2.19 公共安全管理 ··· (31)
  2.20 生态环境保护 ··· (31)
  2.21 驻地安全管理 ··· (34)
  2.22 消防安全管理 ··· (36)

2.23	应急管理	(36)
2.24	HSSE信息管理	(38)
2.25	检查与审核	(39)
2.26	事故事件管理	(40)
2.27	绩效考核	(41)
2.28	持续改进	(42)
3	**管理附录**	(43)
3.1	清单类附录	(43)
3.2	应用类附录	(81)

1 管理概要

1.1 单位概况

1.1.1 管理处基本情况

管理处是管道公司的直属单位,承担管道 H 境内 A 市至 B 市段管道的运营管理任务,主要负责 H 省 A 市、B 市境内一定长度管道及附属设施的管理工作。

管理处办公地设在 H 省 A 市,现有员工 160 余人。管理处机关设有生产技术部、安全环保部、管道保护部、工程物资部、综合管理部 5 个职能部门;下设 * 座压气站、* 座输气站共 * 座输气站场,* 个巡线队、* 个维修队、* 个车队共 * 个站(队)。

1.1.2 管理处辖区管道概貌

管理处负责 H 省境内 C 市以西一定长度的管道,起点为 H 省 D 市某镇境内某编号的标志桩,终点为 H 省 C 市某镇某编号的标志桩。管道途经地级市 * 个(A 市、B 市),县级市 * 个,乡镇 * 个,村庄 * 个,山体隧道 * 条,盾构穿越 * 条,悬索桥 * 座,桁架 * 座,大中型河流穿越 * 条,公路铁路穿越 * 次,最高海拔约 * m,最低海拔 * m,管道管径 Φ * mm,设计压力 * MPa。管辖 * 座输气站场,* 座阀室。

1.2 组织机构

管理处组织机构如图 1-1 所示。

1.3 HSSE 风险信息

1.3.1 管理处 HSSE 风险清单

1.3.1.1 HSSE 风险清单

管理处组织专业部门、站(队)定期对工艺设备、管道线路、工程施工等专业系统开展风险识别与评估,重点针对周围环境发生重大变化的站场、线路风险。识别出的风险,经管理处、公司专题讨论评估后,形成管理处风险清单,风险清单表格样式见附录 3.1.1。目前,管理处风险清单有较大风险,包括管道类较大风险,工程类较大风险;一般风险,均为管道类风险。为保证风险处于受控状态,管理处严格落实制定的风险管控措施:一是督促管理处领导按照风险点承包台账,查看承包风险点现场情况,填写承包点活动记录;二是检查巡线队承包人每周前往风险点巡查 1 次的落实情况;三是抽查属地巡线工每周至少两次巡查承包风险点的情况,严格实行考核;四是对部分风险点采取工程技术措施进行管控,消减风险度。

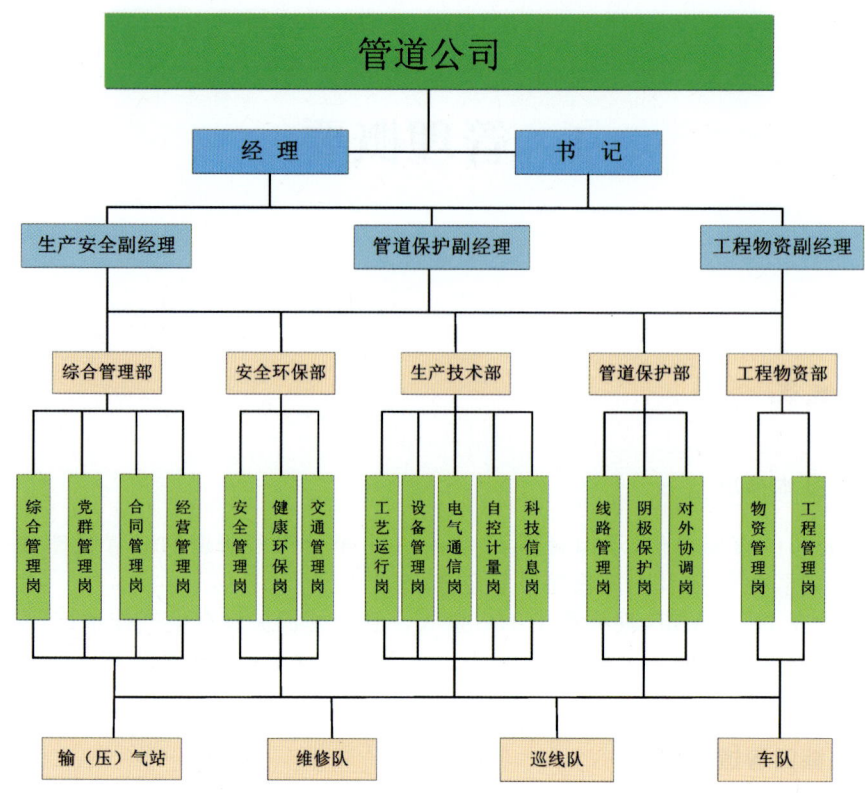

图 1-1　管理处组织机构图

1.3.1.2　管理处风险分布四色图

站场根据设备风险色(红、橙、黄、蓝)绘制站内设备风险分布图,巡线队根据管段的风险色绘制区域风险分布图。

1.3.2　管理处高后果区清单

管理处依据国家标准《油气输送管道完整性管理规范》(GB 32167—2015)和《管道公司管道完整性管理高后果区识别管理程序文件》组织开展高后果区识别,建立管理处高后果区清单,高后果区表格样式见附录 3.1.2,共识别出高后果区 * 段,包括Ⅰ级高后果区,Ⅱ级高后果区,Ⅲ级高后果区,高后果区管段总长度 * km,占所辖管道的 * %。

1.4　相关方 HSSE 信息

1.4.1　生产运行承包商

建立管理处生产运行承包商基本信息表,包括承包商单位名称、业务内容、联系人及联系方式等信息。

1.4.2　外部应急联络方式

建立管理处外部信息应急联络方式表,包括管道沿线地方政府应急办公室、发展改革委员会、应急管理局、公安局、防汛办、消防队、医院及街道办事处等单位应急联络信息。

2 管理内容

2.1 领导引领力

领导引领力要素索引图如图 2-1 所示。

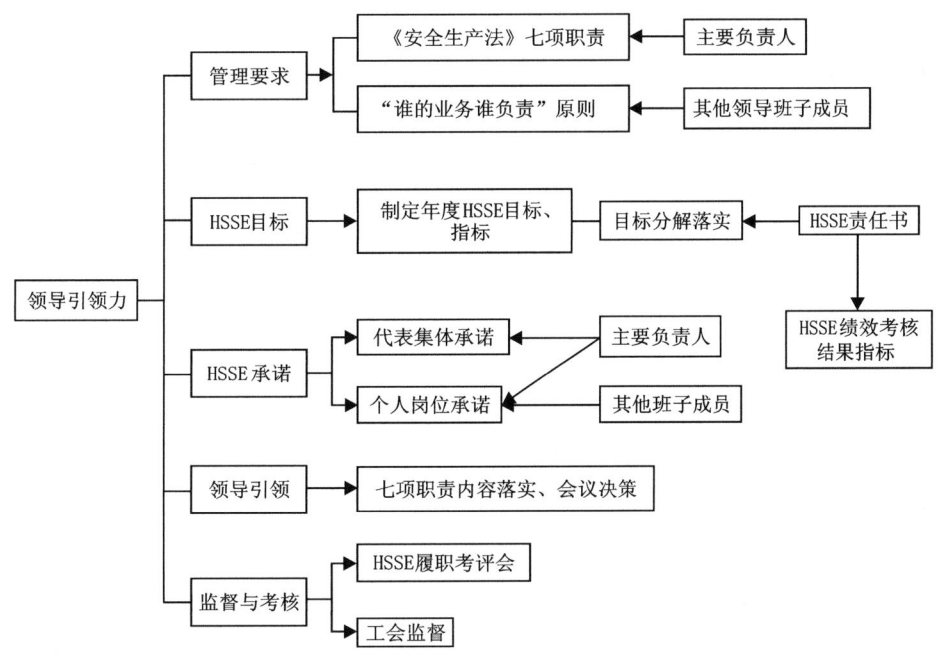

图 2-1 领导引领力要素索引图

2.1.1 管理要求

2.1.1.1 经理组织编制、发布管理处 HSSE 工作指南和站（队）HSSE 风险控制实施指南，保证公司 HSSE 体系在管理处执行落地；向员工和相关方做出公开承诺，并以实际行动保障体系有效运行。

2.1.1.2 以"零伤害、零污染、零事故"为目标，建立 HSSE 指标体系，并将指标逐级分解到站（队）及岗位。

2.1.1.3 按照"党政同责"原则落实《安全生产法》规定的主要负责人七项职责（建立责任制、制定规章制度和操作规程、制定实施教育培训计划、保证投入有效实施、督促检查消除隐患、制定实施应急预案、及时如实报告事故）。

2.1.1.4 按照"谁的业务谁负责"的原则，负责主管业务范围内的 HSSE 工作，落实 HSSE"五同时"（在计划、布置、检查、总结、评比业务工作时同时落实 HSSE 工作）。

2.1.1.5 管理处要全面开展集团公司、上级直属企业、公司 HSSE 文化宣贯，推动全员参与、安全分享，开展以亲情、关怀、激励为主题的各项 HSSE 群众参与活动。

2.1.2 HSSE 目标

2.1.2.1 经理依据公司下达的 HSSE 目标指标，组织制定管理处年度 HSSE 目标和指标，每年与各分管领导、各部门负责人、各站（队）长签订 HSSE 目标责任书，层层分解目标指标。

2.1.2.2 经理组织 HSSE 领导小组对 HSSE 目标指标发生偏离的情况进行原因分析，制定改进措施，实现动态管理。

2.1.2.3 经理组织 HSSE 领导小组将影响 HSSE 目标指标实现的典型问题纳入 HSSE 绩效考核。

2.1.3 HSSE 承诺

2.1.3.1 领导班子成员每年结合岗位 HSSE 职责对 HSSE 指标做出承诺，通过签订 HSSE 承诺书的方式进行，承诺应进行公示并接受员工监督。

2.1.3.2 经理、书记承诺重点关注以下内容：风险识别管控、隐患排查治理、HSSE 检查、最大 HSSE 风险承包、HSSE 培训、从严问责管理机制以及 HSSE 管理指标等。

2.1.3.3 其他班子成员按照"谁主管谁负责"的原则进行承诺，重点关注以下内容：业务领域 HSSE 引领力、专业 HSSE 责任落实、良好安全生产环境的创造、员工健康关爱、生态环境保护等。

2.1.3.4 领导班子成员每年年底运用 HSSE 管理审核检查表对全年 HSSE 承诺履行情况进行审核。经理、书记代表领导班子在年度工作总结会上进行 HSSE 履职报告，其他班子成员在 HSSE 领导小组会议上向经理、书记进行 HSSE 履职报告。

2.1.4 领导引领

2.1.4.1 经理、书记负责开展以下工作：
(1)组织 HSSE 责任制、HSSE 制度规范、操作规程等的建立与修订。
(2)组织制定员工 HSSE 教育培训计划并监督落实。
(3)组织开展 HSSE 综合检查，全面开展风险识别管控与隐患排查治理。
(4)组织制定管理处 HSSE 应急预案，并组织开展应急演练。
(5)保障 HSSE 资源的有效落实。
(6)及时如实上报 HSSE 事故和 HSSE 事件。
(7)每月主持召开 HSSE 领导小组会议和 HSSE 工作例会，研究解决 HSSE 工作运行中存在的主要问题，决策重要事项，追踪重点工作落实情况，部署下一步 HSSE 工作，开展安全分享。

2.1.4.2 特殊时期、特殊作业按照领导带班管理要求，落实领导带班工作。

2.1.5 监督与考核

2.1.5.1 HSSE 领导小组每年年底召开领导班子 HSSE 履职考评会，对各部门和各站（队）履职情况进行审查，其审查结果与年度推优评先、绩效兑现等挂钩。

2.1.5.2 工会组织基层员工代表在民主生活会上对领导班子 HSSE 履职情况实施监督，提出监督意见，作为领导班子履职考核的重要依据。

2.2 HSSE 组织

2.2.1 HSSE 领导小组由经理、书记任组长,成员包括副经理、部门负责人、站(队)长。

2.2.2 设置安全环保部门,配备专职安全环保管理人员;站(队)配备专、兼职安全环保人员。

2.2.3 建立义务应急队,经理、书记任队长,成员包括工艺、设备、安全、操作等相关人员;站(队)成立义务应急分队,站(队)负责人任分队长。

2.3 HSSE 责任

HSSE 责任要素索引图如图 2-2 所示。

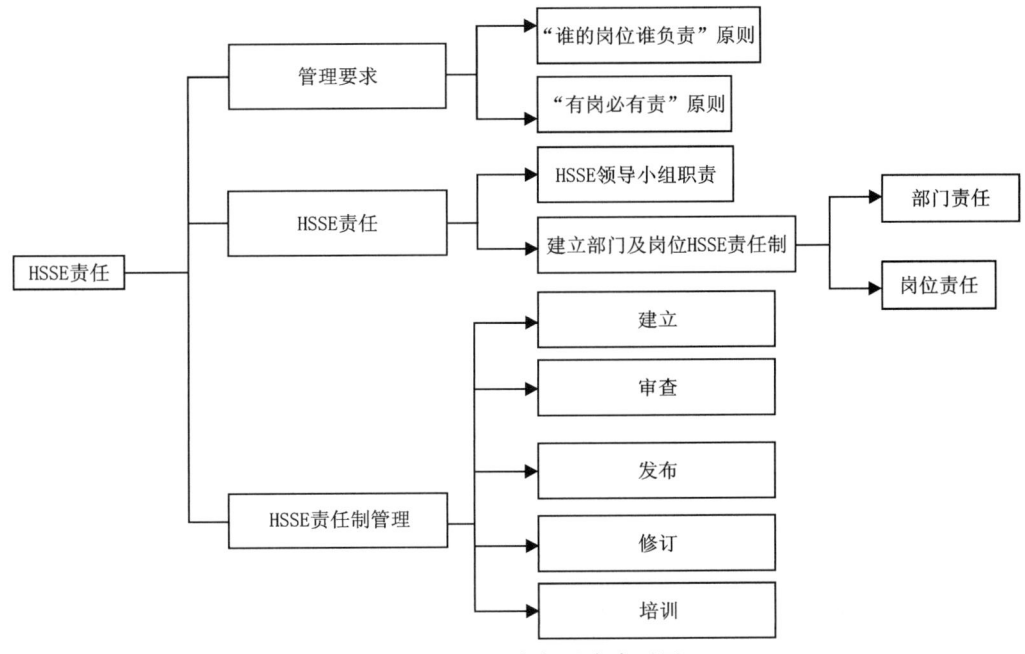

图 2-2 HSSE 责任要素索引图

2.3.1 管理要求

2.3.1.1 管理处应按照"谁的业务谁负责,谁的属地谁负责,谁的岗位谁负责"以及"党政同责"的原则,明确各部门、各站(队)和各岗位的 HSSE 职责,责任到岗到人。

2.3.1.2 HSSE 责任应全员覆盖,横向到边、纵向到底,达到"有岗必有责"的管理要求;应按照"一岗双责"原则,将 HSSE 职责与岗位职责全面对应。

2.3.1.3 岗位 HSSE 责任制应符合安全生产法要求,包括以下内容:岗位职责、HSSE 职责、HSSE 工作内容、HSSE 考核标准。

2.3.1.4 HSSE 责任的履行应纳入 HSSE 管理审核,通过审核检查实现闭环管理。

2.3.2 HSSE 责任

2.3.2.1 HSSE 领导小组应开展以下工作：

（1）贯彻执行 HSSE 法律法规和公司 HSSE 体系管理要求，建立完善管理处两级 HSSE 体系，明晰体系要素责任主体部门。

（2）依据公司年度 HSSE 计划和 HSSE 目标责任书，审定管理处年度 HSSE 计划，并组织实施。

（3）每月召开 1 次 HSSE 会议，听取部门、站（队）HSSE 工作汇报，研究解决 HSSE 重大问题，决策重要 HSSE 事项，保障 HSSE 投入有效实施。

（4）审定 HSSE 绩效考核结果，做出奖惩决定。

（5）开展审核和评审，推动管理处 HSSE 体系持续改进。

2.3.2.2 管理处建立部门及岗位 HSSE 责任制（《管理处领导及机关管理人员 HSSE 责任制清单及考核标准》见 3.1.3）。

2.3.3 HSSE 责任制管理

2.3.3.1 HSSE 责任制由管理处领导、各部门、各站（队）组织建立。安全环保部负责格式和基本要求初步审查；分管副经理负责职责内容的符合性审核；HSSE 领导小组集中统审，由经理签字发布。

2.3.3.2 管理处 HSSE 责任制发布后由安全环保部负责进行集中公示，所有岗位应持有 HSSE 责任制的有效版本。

2.3.3.3 管理处 HSSE 责任制建立或修订发布后报公司备案；站（队）HSSE 责任制由站（队）负责建立与修订，经管理处审核后一并发布。

2.3.3.4 管理处每年与各部门、各站（队）签订 HSSE 目标责任书；员工每年的 HSSE 承诺应结合岗位 HSSE 责任制制定。

2.3.3.5 安全环保部负责将 HSSE 责任制的培训学习纳入日常培训计划进行实施，管理处在各项检查、审核中，应通过提问、查验等手段追踪 HSSE 责任制的落实情况。对 HSSE 责任履职不到位问题，由 HSSE 领导小组纳入绩效考核，综合管理部负责落实。

2.3.3.6 HSSE 领导小组每年组织对 HSSE 责任制符合性、有效性进行 1 次专项评审，及时修订、变更、改进，保持 HSSE 责任制完整有效。

2.4 HSSE 投入

2.4.1 经理每年年底组织对当年 HSSE 投入的实施效果进行评估。

2.4.2 安全环保部负责开展以下工作：

（1）每年年底根据 HSSE 工作需要编制下一年度 HSSE 费用使用计划，经分管副经理审核及公司安全环保部批准后，由综合管理部纳入年度预算管理。

（2）汇总审核部门、站（队）每月提报的 HSSE 费用计划，经分管副经理审核及公司安全环保部批准后监督实施，确保专款专用，建立费用台账。

（3）会同综合管理部对费用计划实施进行分析和自查。

2.4.3 综合管理部负责开展以下工作：

（1）将下一年度 HSSE 费用使用计划纳入管理处年度预算管理。

(2)将员工EAP计划(员工帮助计划)推广应用所需费用纳入年度预算,为其提供必要的经费支持和物质保障。

(3)分析月度、年度HSSE费用计划实施情况。

2.5 社会责任

2.5.1 管理处建立与当地政府部门、公众和媒体沟通机制,开展"公众开放日""安全咨询日""世界环境日"等活动,及时响应社会关注的HSSE问题。

2.5.2 管理处参与地方政府应急演练,发生突发事件后按照应急管理程序及时向当地政府汇报并告知村镇居民。

2.5.3 管理处将安全发展、绿色低碳作为履行社会责任的首要任务,积极参与"雷锋活动日""公益植树"等志愿服务活动,形成良好的社会声誉。

2.6 依法合规

2.6.1 各专业部门负责收集、整理本专业相关的法律法规、标准规范、规章制度,并确保向岗位员工宣贯到位。

2.6.2 管理处依据上级文件编制、修订管理处HSSE体系和制度,并严格执行相关要求。

2.6.3 经理每年组织开展1次HSSE合规性排查工作,重点排查以下内容:

(1)管理制度依法合规情况。排查管理处相关制度是否存在缺失或更新不及时的情况,是否存在与属地行政法规、标准相悖的情况。

(2)生产装置及附属设施满足新标准情况。排查辖区内设备设施是否满足国家以及行业内部最新设计、制造和维修等规范要求。

(3)依法持证情况。排查管理处人员、设备依法取证情况,证件是否齐全有效。

(4)建设项目"三同时"执行情况。排查安全、职业病防护、环境保护、水土保持、地质灾害、安防、消防设施是否与主体工程同时设计、同时施工、同时投入使用。

(5)应急(消防)管理情况。排查管理处是否按照法律法规要求编制应急预案并按规定备案,是否定期开展应急演练。

(6)关键装置、安全设施检测检验情况。排查管道、储罐、起重装置、安全阀、安全仪表、防雷防静电设施、气体检测仪、压力容器、特种设备等是否按照相关法律法规要求开展定期检测检验。

(7)环境检测评估情况。排查各类排放源、每个排放口的检测因子、检测方法、监测管理、监测频次、达标情况等是否满足国家排放标准和监测技术指南要求。

(8)建设项目环保管理评估情况。排查需要开展环评的建设项目是否在基础设计批复前取得环评批复,在竣工后1年时间内是否完成竣工环境保护验收,在自然保护区、饮用水源地保护区以及新划定的生态红线区、禁止开发区内是否有违规建设生产设施等。

2.6.4 各专业部门负责对本专业排查出的不符合项进行统计、整改,整改完毕后经分管副经理审核后销项。

2.7 风险识别与管控

风险识别与管控要素索引图如图2-3所示。

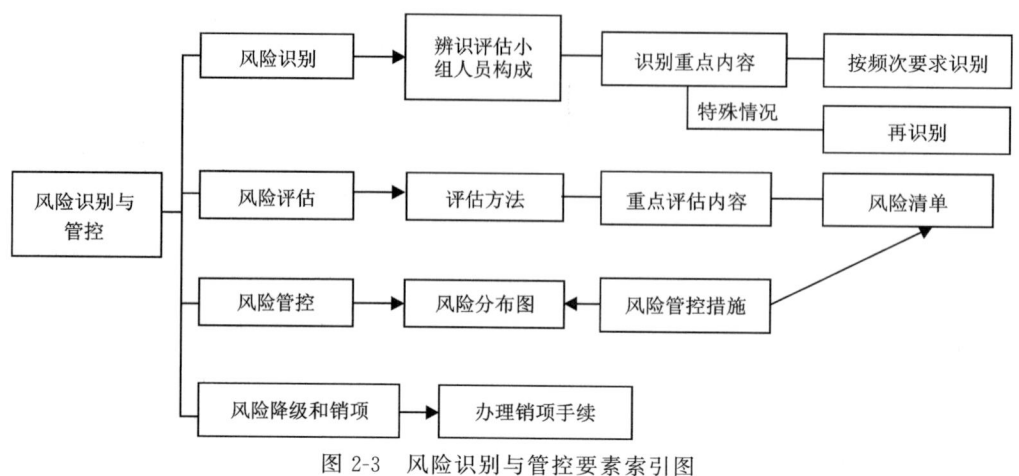

图 2-3 风险识别与管控要素索引图

2.7.1 风险识别

2.7.1.1 管理处成立由经理、书记为组长的风险辨识评估小组，成员包括安全、环保、生产、工艺、技术、设备、工程、管道等业务主管人员以及站(队)管理人员。每季度至少组织开展1次全面风险识别，对管辖范围内的业务逐区域、逐设备设施、逐专业、逐岗位进行风险识别。

2.7.1.2 站(队)长每月至少组织员工开展1次全面风险识别，对本岗位的作业活动和涉及的设备、设施等开展风险识别，建立岗位危险事件清单。

2.7.1.3 风险辨识评估小组对各站(队)的岗位危险事件清单进行统一审查。将管理处风险清单中涉及工艺层面和关键设备设施的相关风险分解落实到具体岗位的危险事件清单中。

2.7.1.4 风险识别应重点做好承包商安全管理、输气管道、输气站场及截断阀室、总体布局、自控及通信系统、电气系统、公用设施、施工检维修作业、员工健康、自然地质灾害、交通安全、环境因素、公共安全等方面工作。

2.7.1.5 管理处风险识别方法主要包括头脑风暴法(集体讨论)、安全检查表(SCL)、作业安全分析(JSA)、危险和可操作性分析(HAZOP)等方法。

2.7.1.6 对新、改、扩建工程施工项目，站(队)要同时进行岗位风险识别，检维修项目要结合实际适时进行岗位风险识别。

2.7.1.7 当出现以下情况时，管理处应开展风险再识别与评估：
(1)HSSE相关法律、法规与标准规范发生重大变化。
(2)采用新技术、新工艺、新设备和新材料。
(3)危险源发生变化。
(4)风险管控措施失效。
(5)设备设施、工艺管线、外管道等长时间在设计上、下限运行或延长检修周期。
(6)施工内容和方案发生重大变化。
(7)发生火灾爆炸、天然气泄漏等事故。
(8)同行业发生重大影响的事故。

2.7.1.8　安全环保部负责组织开展"全员安全诊断"活动，每月汇总诊断建议，报送分管领导组织审核、评定，反馈建议并督查问题整改。

2.7.2　风险评估

2.7.2.1　风险辨识评估小组采用安全风险矩阵（见3.2.2），对站（队）上报的岗位危险事件和各专业识别出的风险进行评价，建立管理处风险清单。

2.7.2.2　风险辨识评估小组应重点开展以下评估工作：

（1）对管道线路重点区域、输气站场等设备（设施）生产过程的安全风险进行评估。重点关注高后果区管段、高风险管段、第三方施工相关管段、自然灾害（包括台风、洪水、雷电等）区域、地质灾害（包括自然因素和人类活动因素引起的滑坡、泥石流、崩塌等）区域。

（2）对工程建设、检维修作业中存在的高处坠落、物体打击、机械伤害、火灾爆炸、中毒、窒息、触电、淹溺、灼伤和跌倒等作业过程安全风险进行评估。重点关注特殊作业、非常规作业、交叉作业、边生产边施工作业、容器及管线打开作业、深基坑及大型管沟施工作业、抢修及抢险作业、管道内检测、清管、管道试压等高风险作业。

（3）对自然灾害、地质灾害、恐怖袭击、刑事犯罪、社会治安事件、公共卫生等公共安全风险进行评估。重点关注主要输气站场、天然气管道、"两特两重"涉及地和政府发布的恐怖威胁指地。

（4）对员工的职业健康、身体健康、心理健康进行风险识别评估。重点关注天然气、噪声、粉尘、高温、电磁辐射等职业危害因素以及身体和心理健康异常因素。

（5）对人员、交通工具、道路、气象条件和环境因素等交通安全风险进行评估。

2.7.2.3　有下列情形之一的，经理应当及时组织人员重新划定环境风险等级，编制环境风险评估报告，建立管理处环境风险清单：

（1）环境风险未划定等级或环境风险等级划定已满三年的。

（2）涉及环境风险物质的种类或数量、生产工艺过程与环境风险防范措施或周边可能受影响的环境风险受体发生变化，导致企业环境风险等级变化的。

（3）发生突发环境事件并造成环境污染的。

（4）环境风险评估标准或规范性文件发生变化的。

2.7.3　风险管控

2.7.3.1　安全环保部每年应对输气站场、管道高后果区等风险点绘制红、橙、黄、蓝四色风险分布图，根据风险清单中最大风险确定单位的风险色。重大风险应当编制专项应急预案并组织演练。

2.7.3.2　各专业部门按照工程技术、管理、个体防护、应急响应的顺序制定并落实风险消减管控措施。

2.7.3.3　经理承包管理处HSSE最大风险以及一级要害部位，每月开展1次到点承包活动，活动主要内容：检查现场HSSE工作开展情况；指导风险识别管控和隐患排查治理；协调解决HSSE突出问题；开展安全分享；参加应急演练和站（队）HSSE活动。

2.7.3.4　其他班子成员依次承包管理处其余HSSE风险以及二级、三级要害部位，每月开展1次到点承包活动，包括以下内容：检查现场HSSE工作开展情况；指导风险识别管控和隐患排查治理；协调解决HSSE突出问题；开展安全分享；参加应急演练和站（队）HSSE活动。

2.7.3.5　风险承包领导应确保风险消减与管控方案有效落实，在承包期内实现风险降级或风险值降低；定期组织现场专项检查，发现风险值增加的危害因素时及时调整风险管控方案；各项管控措施落实到位后应当及时组织评估、销项。

2.7.3.6　站（队）应结合岗位危险事件清单开展日常检查。

2.7.4 风险降级和销项

2.7.4.1 风险达到降级或销项条件时,由安全环保部向公司安全环保部申请办理降级或销项手续。工程施工和作业活动类风险销项应当在施工和作业完成后进行。

2.7.4.2 风险降级或销项后应当持续保持管控措施的有效运行。

2.8 隐患排查治理

隐患排查治理要素索引图如图 2-4 所示。

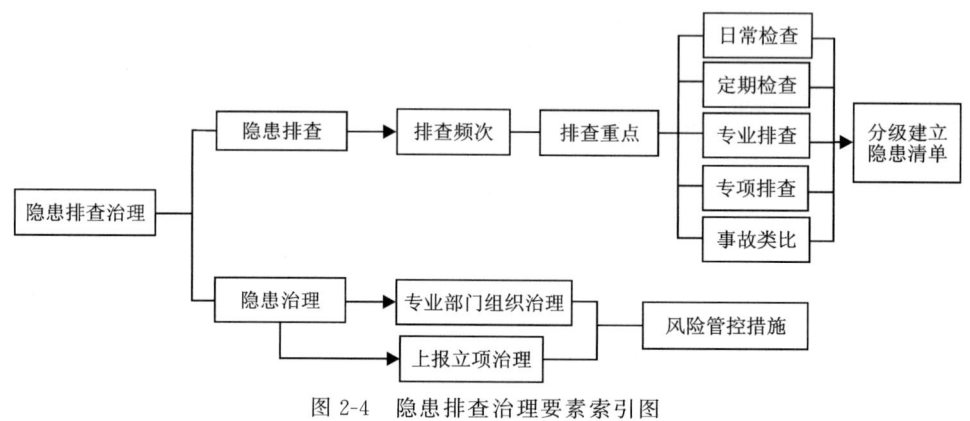

图 2-4 隐患排查治理要素索引图

2.8.1 隐患排查

2.8.1.1 经理每季度至少组织 1 次全面排查和专项排查,每年组织开展 1 次环保隐患排查;站(队)每月至少组织 1 次隐患排查。

2.8.1.2 管理处、站(队)通过日常检查、定期检查、专业排查、专项排查和事故类比等多种方式持续开展隐患排查,对排查出的隐患进行分级,逐级建立隐患清单。

2.8.1.3 当发生以下情形时,应及时组织开展专项隐患排查:

(1) HSSE 法律法规、标准规范颁布执行或修订发布时。

(2) 生产作业场所外部环境发生重大变化时。

(3) 同类企业发生生产安全事故时。

(4) 公司要求开展的其他隐患排查。

2.8.1.4 生产运行安全隐患排查重点:站场区域布置合规性;输气工艺本质安全性;天然气输送系统设备设施完整性;消防系统、电气与仪表系统可靠性;HSSE 设施及其附件完好性;特殊作业、高风险的非常规作业;公共安全防范措施;劳动组织和人员行为等。

2.8.1.5 管道安全隐患排查重点:安全距离不足,管道占压,打孔盗气,第三方破坏;高后果区管段;临水体设备设施及作业活动;交叉并行(含穿跨越城镇雨(污)水管涵,热力、电力、通信管涵交叉,密闭空间等);地质灾害等。

2.8.1.6 环保隐患排查重点:污染物治理设施运行稳定性和生态保护措施的可靠性;主要废气、废水排放口管理情况;危险废物贮存、处置、利用合规性;重大环境风险管控情况;涉环境敏感区的生产设施及作业活动;噪声、粉尘等超标场所;突发环境事件应急预案;环境应急装备和物资储备情况;突发环境事件风险防控措施是否满足规范要求。

2.8.2 隐患治理

2.8.2.1 隐患实行动态管理,按照轻重缓急及时整治;不能立即完成治理的隐患由专业部门负责进行风险分析,从工程控制、管理、个体防护、应急处置及培训教育等方面采取有效的管控措施,防止 HSSE 事故的发生。

2.8.2.2 需要立项治理的隐患,由经理负责组织专题研究,上报公司申请立项治理。其他隐患由安全环保部负责下达隐患整改通知,各责任部门、责任站(队)组织治理。

2.8.2.3 安全环保部如实记录隐患排查治理情况,建立隐患排查治理台账,及时向员工通报。

2.8.2.4 责任部门、责任站(队)在隐患治理完成前应采取相应防控措施,制定应急预案并组织演练。

2.8.2.5 责任部门、责任站(队)应对隐患治理实行动态管控,及时完成隐患治理工作,并做好相关记录,办理销项手续。

2.8.2.6 管理处将隐患排查治理工作纳入 HSSE 绩效考核。鼓励员工报告、举报和排除隐患,对发现、举报和排除隐患的有功人员给予表彰和奖励。

2.9 培训管理

培训管理要素索引图如图 2-5 所示。

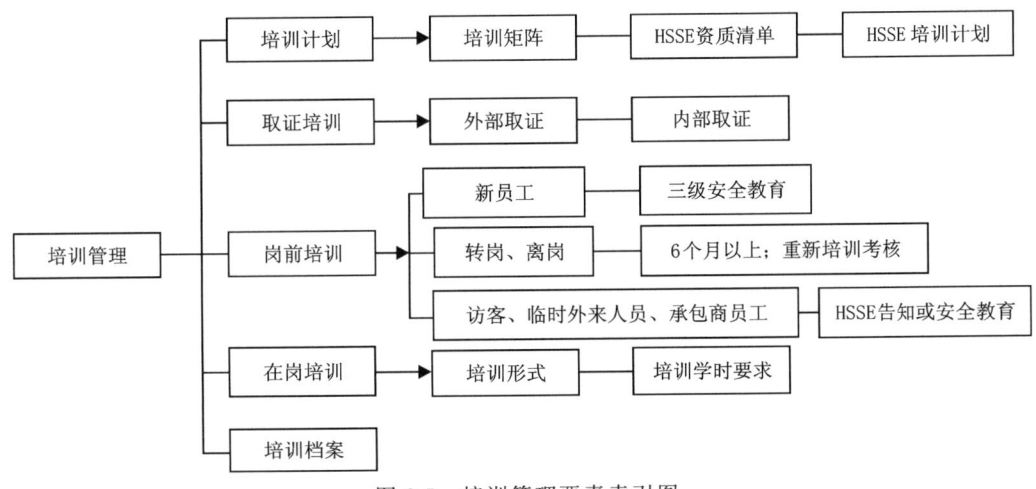

图 2-5 培训管理要素索引图

2.9.1 培训计划

2.9.1.1 经理组织建立管理处 HSSE 培训矩阵(见 3.2.3)和员工应具备 HSSE 资质清单(见 3.1.4)。

2.9.1.2 HSSE 副经理每年依据 HSSE 培训矩阵和员工 HSSE 资质要求组织各专业部门开展 1 次 HSSE 培训需求调查分析,制订年度 HSSE 培训计划,报经理批准后实施,并报公司安全环保部备案。

2.9.2 取证培训

2.9.2.1 管理处主要负责人和生产安全管理、特种作业、特种设备作业(管理)人员的取证(再教育、复审)培训由安全环保部按照年度培训计划组织实施,依法取得政府主管部门颁发的资质证书,并及时更新管理台账。

2.9.2.2 《健康、安全、环境管理培训证书》《硫化氢防护技术培训证书》《直接作业审批证》《直接作业监护证》《直接作业申请人证》以及《直接作业接收人证》等岗位资质的取证(复审)培训工作由安全环保部配合公司组织实施。

2.9.3 岗前培训

2.9.3.1 新员工(含劳务派遣人员、外单位调入人员和院校实习生等)的管理处级安全培训由综合管理部牵头组织,教育时间不得少于32学时;站(队)级培训由站(队)负责组织,教育时间不得少于16学时。经考试合格后,凭新员工三级安全教育培训记录领取防护用品方可上岗。

2.9.3.2 转岗、离岗6个月以上的人员,必须重新经管理处、站(队)进行HSSE培训考核,合格后持证上岗。

2.9.3.3 在证书有效期内,特种作业人员、特种设备作业人员、内部取证人员(如直接作业许可申请人、签发人、监护人、接收人)连续离岗3个月以上的,由站(队)重新组织考核验证相应安全能力,合格后方可上岗。

2.9.3.4 对访客、临时外来人员、承包商员工的HSSE告知或入站(场)教育由站(队)负责开展。

2.9.3.5 实施新工艺、新技术,或者使用新材料、新设备,由分管副经理负责组织专业部门对相关生产、作业人员进行专项HSSE培训。

2.9.4 在岗培训

2.9.4.1 安全环保部按照年度HSSE培训计划执行。培训方式可采用网络学习、远程视频培训、脱产集中培训、技能比武等多种形式开展。

2.9.4.2 各站(队)的培训采用师带徒、技术比武、应急演练等形式开展。

2.9.4.3 管理处领导和安全生产管理人员HSSE培训时间不少于16学时/年,站(队)长、班组长不少于24学时/年,操作人员不少于20学时/年,后勤辅助人员(保安、厨师、保洁等)不少于8学时/年。

2.9.4.4 站(队)应对休假返岗人员进行返岗培训。培训内容应包括:休假期间工艺、设备、人员变更情况;泄漏和异常情况;检查问题整改情况;新下发管理制度情况等。

2.9.5 培训档案

2.9.5.1 管理处、站(队)按要求建立HSSE培训记录和档案,实行分级管理,并将员工日常安全教育及考核情况及时登记建档。

2.9.5.2 培训档案主要包括以下内容:
(1)HSSE培训矩阵。
(2)员工应具备HSSE资质一览表。
(3)HSSE年度培训计划。
(4)人员取证台账。
(5)新员工三级安全教育卡。
(6)承包商HSSE教育档案。
(7)员工安全教育档案表。
(8)培训考核记录(包括试卷)。

2.10 建设项目管理

建设项目管理要素索引图如图2-6所示。

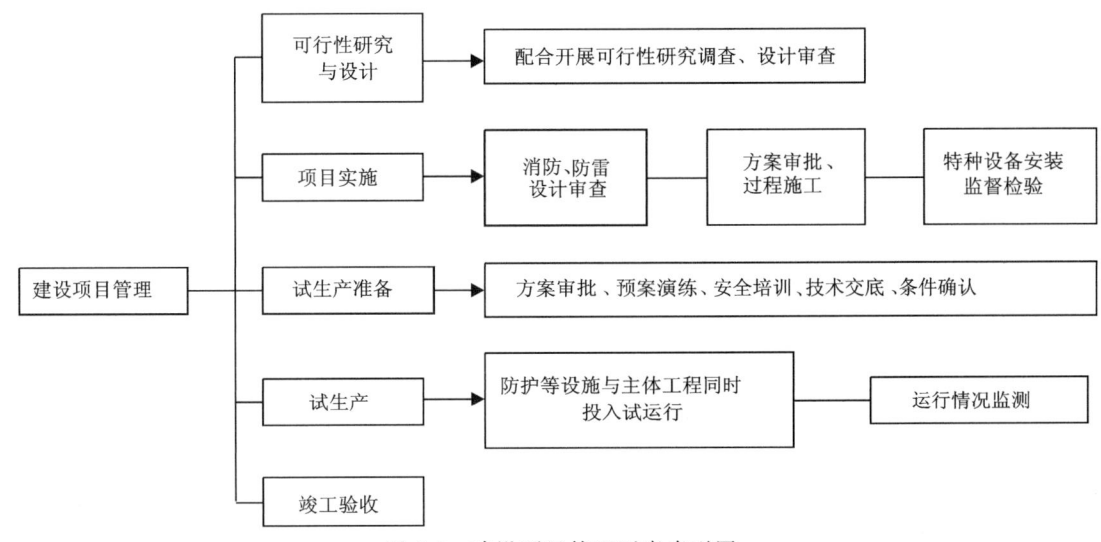

图 2-6 建设项目管理要素索引图

2.10.1 可行性研究与设计

2.10.1.1 经理组织相关人员配合公司开展项目前期调研,参加安全、消防、职业病防护设施设计、环保专篇等的审查,对评价报告及审查意见中提出的对策措施与建议采纳情况进行审查确认。

2.10.1.2 经理组织相关人员参与项目设计现场交底和图纸会审,对 HSSE 设施设置的合规性提出建议。

2.10.2 项目实施

2.10.2.1 项目开工前,安全环保部负责向政府主管部门提出消防、防雷设计审核申请,取得设计核准意见书。

2.10.2.2 工程副经理负责开展以下工作:

(1)组织施工设计、施工方案的初审和报批,督导责任部门签订 HSSE 管理协议,监督施工单位严格按照设计要求及标准规范施工。

(2)每月至少组织开展 1 次监督检查,监督施工单位落实安全、职业卫生、水土保持、环保等评价、批复文件以及施工方案中的相关措施。

2.10.2.3 工程物资部、安全环保部负责监督施工单位按地方特种设备主管部门要求开展特种设备安装监督检验,并取得安装监督检验报告。

2.10.3 试生产准备

2.10.3.1 经理负责组织配合公司对试生产条件进行检查确认,对建设项目安全、环保、职业病防护及消防设施等进行试运行。

2.10.3.2 HSSE 副经理负责组织编制项目生产安全事故和突发环境事件应急预案,按要求向地方主管部门备案。

2.10.3.3 生产副经理应开展以下工作:

(1)组织试生产方案的编制、初审及报批。试生产方案中应包括安全、环保及事故应急救援等有关内容。

(2)对试生产方案进行现场交底,并组织开展应急演练。

2.10.3.4 安全环保部应开展以下工作：
(1)办理消防、防雷验收手续，并取得相应批复。
(2)参与审查和确认试生产方案中安全、环保等有关内容。
(3)组织对参与试生产的员工及相关方开展安全教育培训。

2.10.3.5 生产技术部应开展以下工作：
(1)编制试生产方案。
(2)组织对操作人员开展安全技术培训。
(3)落实抢修队伍和应急救援人员，配备抢修设备及安全防护设施。

2.10.4 试生产

2.10.4.1 工程物资部应确保安全、消防、防雷、安防、水土保持、职业病防护、环境保护、地质灾害防护等设施与主体工程同时投入试运行。

2.10.4.2 安全环保部负责配合公司对环保、职业卫生设施的运行情况进行监测。

2.10.4.3 其他各部门应按照试生产方案要求开展相关工作，对试生产过程中存在的问题进行记录，并组织整改。

2.10.5 竣工验收

2.10.5.1 安全环保部负责配合公司在法规规定的期限内开展安全、环保、职业卫生、水土保持等专项竣工验收，确保生产运行依法合规。

2.10.5.2 项目验收结束后，各专业部门应配合公司对建设项目"三同时"相关文件资料进行收集，统一归档。

2.11 生产运行管理

生产运行管理要素索引图如图2-7所示。

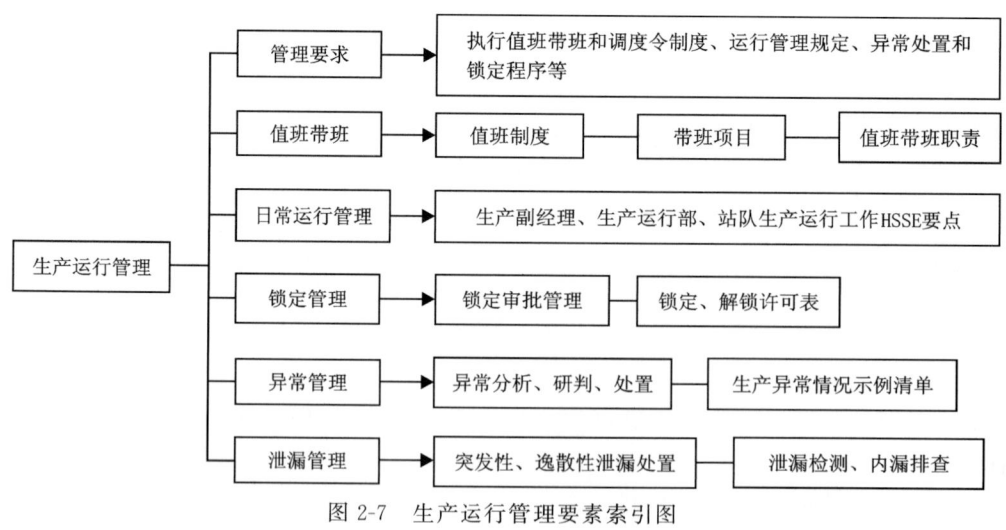

图 2-7 生产运行管理要素索引图

2.11.1 管理要求

2.11.1.1 管理处应建立值班带班制度，明确各级值班带班人员职责和权限。

2.11.1.2 管理处应做好日常生产运行管理,执行调度令制度,调度发出的安全生产信息指令,接收人应接收确认并及时反馈执行结果,做好记录。

2.11.1.3 管理处应落实公司检测、报警系统运行管理规定。生产报警(检测)联锁系统不得擅自摘除和停用。发生报警必须查明原因,采取处置措施。

2.11.1.4 管理处应对生产过程中可能发生的异常情况制定应急处置程序。

2.11.1.5 管理处应对停用设备、管线、预留部位及作业过程中需要上锁的阀门和电气开关实行锁定管理。

2.11.2 值班带班

2.11.2.1 经理每周组织召开1次值班交接会,听取本周值班情况汇报,提出下周值班要求。

2.11.2.2 干部值班实行值班签到制,日常干部值班实行"1+2"周值班制度(1名领导、2名机关专业人员),值班期间手机保持24小时畅通。"特殊时间"值班人员中至少安排1名生产技术人员,并进行值班考核和记录保存。

2.11.2.3 "特殊作业"情况下,实行领导现场带班工作。带班领导应为管理处领导、站(队)长、生产技术管理干部等具备带班能力的领导干部。

(1)管理处级现场带班由处领导负责,带班项目如下:

①长输管道干线、专线、支线、输气场站、大型压缩机设备等新建项目投产。

②输气站场、阀室重大工艺设备改造及管道不停输改线作业、清管作业;悬索、桁架、隧道的检维修作业。

③特级、一级用火作业;Ⅱ、Ⅲ、Ⅳ级高处作业;Ⅰ级、Ⅱ级起重作业;经公司授权的进入受限空间作业;盲板抽堵作业等直接作业项目。

(2)站(队)级现场带班由部门技术管理人员或站(队)负责人负责,带班项目如下:

①经管理处授权的悬索、桁架、隧道检维修作业;进入受限空间作业;盲板抽堵作业。

②二级用火、动土作业;Ⅰ级高处作业;Ⅲ级起重作业;检维修作业和其他项目。

2.11.2.4 现场带班干部应履行以下职责:

(1)监督作业现场人员按章操作、正确履职。

(2)督促落实现场各项安全技术措施。

(3)对重点部位、关键环节进行检查巡视,及时发现和消除隐患,制止违章作业。

(4)处理异常事态,报告紧急事态,按授权组织应急处置。

(5)带班交接应包括现场安全状况、设备运转情况、下一步安全注意事项。

(6)如实填写领导带班记录表。

2.11.2.5 值班干部应履行以下职责:

(1)掌握、了解值班期间安全生产动态,协调和处理安全生产遇到的各类问题以及上级交办的临时性任务。

(2)监督检查各站(队)的干部值班、安全生产和劳动纪律。

(3)负责突发事件信息的上传下达,确保信息传递的及时、准确与完整。

(4)在应急状态下,根据事件类型,及时按照管理处应急预案要求进行应急处置。

(5)及时上报、审核各项统计报表等。

(6)如实记录本班值班情况。

2.11.2.6 各站(队)按照管理处干部值班、领导带班管理规定要求,由值班干部每日填写站(队)干部值班记录和HSSE检查记录。

2.11.2.7 "特殊作业""特殊时间"期间,带班领导、值班干部分别填写"特殊作业"领导带班作业记录,"特殊时间"干部值班记录。

2.11.3 日常运行管理

2.11.3.1 生产副经理负责组织开展以下日常生产运行管理工作：
(1)每周组织召开生产例会，安排生产重点工作，协调解决生产安全问题。
(2)负责生产现场安全监督检查工作，组织开展各项生产培训和相关安全活动。
(3)审核投产、运行方案，按照公司批复的方案实施管道及站场的试运投产。
(4)负责提出公司生产运行方案中涉及管理处压缩机运行计划的生产安全意见。

2.11.3.2 生产技术部负责开展以下日常生产运行工作：
(1)每日通过监控终端监视辖区管道运行情况，掌握管道工艺设施运行状况，定期分析运行状况，确保所辖区域内生产设施运行良好。
(2)监督落实调度指令（特别是压缩机运行调整指令）完成情况，并及时通过周报、月报汇报各项生产安全信息。
(3)及时协调解决站（队）生产运行过程中出现的 HSSE 问题。
(4)在投产、运行方案编制中，落实 HSSE 措施。

2.11.3.3 站（队）做好值班巡检工作，及时收集、上报和反馈生产安全信息，处理各项生产安全问题；压气站严格落实公司压缩机转速、冷热设备调整指令，按照操作规程实施压缩机及其辅助设备启停安全操作。

2.11.4 锁定管理

2.11.4.1 生产副经理负责作业锁或固定锁的锁定审批。
2.11.4.2 作业锁用于检修作业时防止误操作导致系统、设备损坏。
2.11.4.3 固定锁用于避免因误操作导致能量（电能、天然气等）进入预留部位，从而造成人身伤亡或设备损坏。
2.11.4.4 生产技术部对站（队）锁定及解锁程序的执行情况进行检查和监督。
2.11.4.5 站（队）应做好以下工作：
(1)负责作业锁、固定锁的锁定及解锁申请（见 3.2.5、3.2.6）。
(2)负责锁定部位的确认、锁定、挂牌及钥匙的保管和使用。
(3)负责安排专人现场监督实施。
(4)负责现场锁具的管理。
2.11.4.6 涉及到电气设备锁定管理时，低压电设备执行此锁定管理要求；高压电设备执行变电站运行专用规程相关锁定管理要求。

2.11.5 异常管理

2.11.5.1 管理处应用自动化控制系统、安全监控系统以及信息管理系统对生产异常情况进行监测和预警，发现异常及时处置。
2.11.5.2 生产副经理应开展以下工作：
(1)组织专业技术人员对异常情况进行分析，动态研判风险，制定处置措施，开展异常处置。
(2)每周组织对异常情况进行统计分析（生产异常情况示例清单见 3.1.5）。
2.11.5.3 生产技术部应开展以下工作：
(1)及时向生产副经理汇报生产异常情况。
(2)分析异常原因、动态研判风险、评估处置措施、提出改进方法，对异常情况实行闭环管理。
(3)对各站（队）生产异常情况管理进行指导、监督和考核。
2.11.5.4 各站（队）负责属地生产异常的管理工作，应做好以下工作：

(1)按照规程(方案)进行异常情况处置;没有规程或处置方案的,立即采取处置措施,并向管理处报告。

(2)配合管理处专业技术人员开展异常分析、风险评估,制定并落实处置措施。

(3)建立异常情况记录,并保存有关数据、图表、趋势图,每周上报异常情况台账。

2.11.6 泄漏管理

2.11.6.1 管理处应做好逸散性和突发性泄漏管理。

2.11.6.2 逸散性泄漏主要是天然气从阀门、法兰、压缩机、人孔、管道焊接处等密闭系统密封处发生非预期或隐蔽泄漏。突发性泄漏主要是设施失效或施工、操作不当导致天然气非计划、不受控制泄漏。

2.11.6.3 结合天然气实际泄漏情况,将天然气突发性泄漏分为大量泄漏、少量泄漏。

2.11.6.4 生产副经理负责组织突发性泄漏应急处置,分析泄漏原因,制定防范措施。

2.11.6.5 生产技术部应开展以下工作:

(1)组织对可能存在泄漏部位进行风险识别与评估。

(2)组织在春秋检时进行阀门内漏排查。

(3)泄漏发生后,按规定程序开展应急处置工作。

(4)统计各站(队)密封点台账和泄漏点台账。

2.11.6.6 安全环保部负责将泄漏事件纳入生产安全事故(事件)管理。

2.11.6.7 站(队)应开展以下工作:

(1)建立密封点台账和泄漏点台账,落实泄漏点分级(色)挂牌管理。

(2)开展阀门内漏日常检查、密封点泄漏检测、及时开展逸散性泄漏处置。

(3)发生突发性泄漏,立即上报并开展初期应急处置。

2.12 施工作业管理

施工作业管理要素索引图如图 2-8 所示。

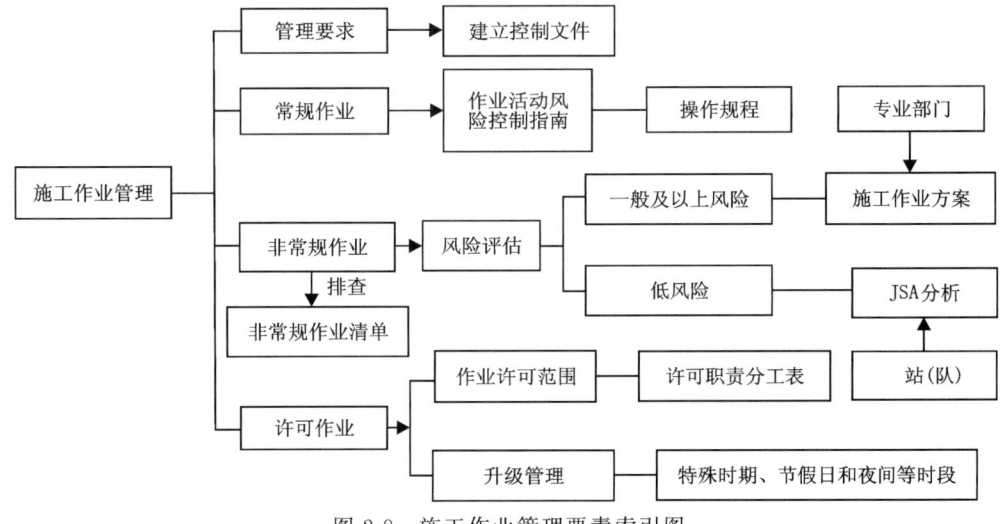

图 2-8 施工作业管理要素索引图

2.12.1 管理要求

2.12.1.1 管理处应编制作业活动 HSSE 风险控制指南、操作规程等控制文件,规范常规作业。

2.12.1.2 生产过程中进行的无规律或固定频次的、缺乏相应作业规程或操作规程的作业纳入非常规作业管理。

2.12.1.3 特殊作业、经风险识别存在一般及以上风险,以及承包商在生产区域内的其他临时性作业(日常及有程序指导的维修作业除外)执行作业许可管理。

2.12.1.4 作业许可的申请人、监护人、签发人、接收人应持证上岗。

2.12.1.5 所有作业现场应实行封闭化管理,人员、车辆持证进出;无法做到封闭化管理的,设警示带,划警戒区,杜绝闲杂人员及车辆进出。

2.12.1.6 分管副经理组织对施工作业进行监督检查,对作业过程中存在的问题进行监督整改,并纳入季度统一考核。

2.12.2 常规作业

2.12.2.1 经理每年组织相关人员结合岗位风险对作业活动 HSSE 风险控制指南和操作规程进行评估、确认,确保风险控制的有效性。

2.12.2.2 经理组织开展作业活动 HSSE 风险控制指南和操作规程的培训。

2.12.2.3 站(队)应按照作业活动 HSSE 风险控制指南和操作规程组织实施常规作业。

2.12.3 非常规作业

2.12.3.1 分管副经理每年组织各专业部门、站(队)对非常规作业进行排查梳理,安全环保部负责对排查出的非常规作业登记建档,形成管理处非常规作业清单(见 3.1.6)。

2.12.3.2 分管副经理组织对非常规作业开展风险评估,制定风险管控措施。

2.12.3.3 一般及以上风险的非常规作业,专业部门应编制作业方案,纳入许可作业管理。

2.12.3.4 低风险的非常规作业由站(队)长组织实施,作业前应开展 JSA 分析,检查确认风险控制措施,落实全过程监督管理。

2.12.3.5 外部单位进场开展检维修作业纳入非常规作业管理。

2.12.4 许可作业

2.12.4.1 用火、临时用电、进入受限空间、高处、动土、起重、盲板抽堵、管道清管、内检测、管道试压作业,较大及以上风险的其他作业项目,承包商在生产区域内的其他临时性作业应实行许可管理。未经许可禁止作业。

2.12.4.2 作业许可管理的内容包括作业申请、风险辨识、许可确认与签发、作业实施、作业关闭等环节(各环节的许可作业业务职责分工见 3.2.7)。

2.12.4.3 站(队)辖区内的许可作业由站(队)提出申请,新建项目的许可作业由施工单位提出申请,按照审批权限进行审批。

2.12.4.4 作业前,作业现场负责人组织相关人员开展 JSA 分析,并对识别出的风险制定防控措施。签发人对许可证列出的有关安全措施逐条确认后,现场签发许可证。

2.12.4.5 检维修项目、新建项目、改造项目、扩建项目由属地站(队)和施工单位实施作业现场"双监护"。实施全程视频监控,视频监控应传输至站控室,实时纠正违章行为。

2.12.4.6 作业完毕,签发人或签发人授权的作业现场负责人应对现场进行检查,确认无遗留安全隐患后,办理作业票关闭手续。

2.12.4.7 特殊时期、节假日和夜间等时段的许可作业实行升级管理。分等级的作业,提升许可票证等级;未分等级的作业,提级审批权限。

2.12.4.8 同一作业涉及两种或两种以上许可作业的,应同时办理相应的作业审批手续。作业内容、作业条件等发生变化的,作业许可须重新确认、签发。

2.12.4.9 各专业部门负责对业务范围内的许可作业实施过程监管。安全环保部负责作业许可证的定期归档。

2.12.4.10 站(队)负责辖区内许可作业的现场管理。作业结束后,应对作业许可票证等相关资料进行收集,及时上报。

2.13 管道管理

管道管理要素索引图如图 2-9 所示。

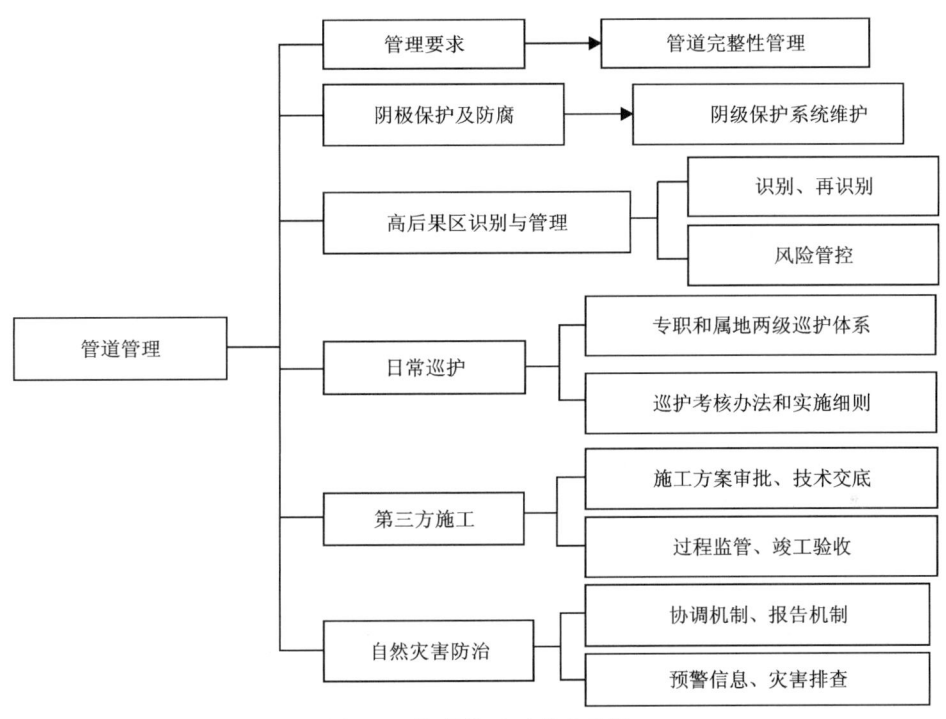

图 2-9 管道管理要素索引图

2.13.1 管理要求

2.13.1.1 管道完整性管理应纳入 HSSE 管理体系,管理处应将完整性管理涉及的内容与 HSSE 管理体系相关要素有机融合、保持一致。

2.13.1.2 管理处应当建立专业的管道管理队伍,明确相应岗位和人员,承担完整性管理职能。

2.13.1.3 管理处应配合公司做好辖区管道基础信息收集,补充完善相关数据。

2.13.1.4 管理处负责实施管道线路及附属设施维检修,配合公司开展大型维修项目。

2.13.1.5 管理处成立以经理为组长的防汛抗灾领导小组和义务应急队,明确任务和责任,统一指挥、分级负责。

2.13.1.6 管理处应重点围绕阴极保护及防腐管理、高后果区识别和管理、日常巡护管理、第三方施工管理、自然灾害防治开展管道管理工作。

2.13.2　阴极保护及防腐

2.13.2.1　管道保护部应开展以下工作：
(1)负责辖区内管道的阴极保护及防腐管理工作。
(2)根据测试参数，综合分析、评价所辖区域阴极保护系统的运行情况。
(3)编制上报阴极保护系统的大修计划和更新改造项目。
(4)参加阴极保护重大维修、改造方案审查，参加新建、扩建、改造管道阴极保护投用前的检查验收。
(5)建立健全阴极保护及防腐管理技术档案。

2.13.2.2　站(队)负责落实站场和线路阴极保护设备设施的日常巡检、数据记录、故障调试处理，开展阴极保护电位测试，配合完成管道防护层的检测和修复。

2.13.3　高后果区识别与管理

2.13.3.1　管道保护部应开展以下工作：
(1)每年组织开展1次高后果区识别，形成高后果区清单，编制高后果区"一区一案"管控方案，报公司审核后，在当地政府备案。
(2)当管道运行状态(压力、本体)、管道周边环境发生较大变化或完成风险消减措施后，应及时开展高后果区再识别，识别结果报公司审核后，在当地政府备案。
(3)新建、新投管道应配合公司做好高后果区识别工作。对于新竣工移交管道，在移交后6个月内完成高后果区识别。
(4)将高后果区作为风险管理的重点区域，落实人防、物防、技防等措施，开展风险消减和维修维护工作。
(5)根据高后果区管段的主要风险因素制定针对性的应急预案，建立企地应急联动机制，按照管控方案，每季度开展1次应急演练。

2.13.3.2　站(队)负责配合管理处开展高后果区识别和风险评价，做好现场巡检和设备设施维护工作。

2.13.4　日常巡护

2.13.4.1　管道保护部应开展以下工作：
(1)负责沟通协调当地政府、公安、安监等部门，建立良好的企地关系、工农关系。
(2)负责建立专职巡护和属地巡护看护两级责任体系，落实管道的日常巡护管理，制止和清理违章占压、违章施工，消除安全隐患，保证管道及附属设施完好。
(3)组织属地巡护员的招聘、培训、考核、监督、检查工作。
(4)负责本辖区管道巡护报表、资料、信息和档案的管理工作，按照规定及时上报。
(5)负责制定巡护考核办法和实施细则，并推动实施。
(6)组织开展辖区内管道安全保护宣传。

2.13.4.2　站(队)负责开展专职巡护和属地巡护看护的日常巡护工作，按照要求进行属地巡护员监督考核、资料上报、管道保护宣传、第三方施工巡查等。

2.13.5　第三方施工

2.13.5.1　管道保护副经理应开展以下工作：
(1)对管理处审查的项目进行审批，对公司审批的项目进行初审。
(2)与业主或施工单位签订管理处负责审核的项目的管道安全保护协议。
(3)第三方施工关键阶段亲自现场监护。

(4)组织对管理处审批的项目进行工程竣工验收。

2.13.5.2 管道保护部应开展以下工作：

(1)安排专人每月走访1次管道沿线的地方政府、管道保护主管部门及国土、规划、城建、发改委等部门，掌握第三方施工的各类工程建设规划信息，并跟踪项目的设计进展情况，提前妥善处理好管道与后建项目之间的相遇关系。

(2)采取宣传手段加强管道保护和第三方施工宣传工作，畅通有关第三方施工信息的举报途径。

(3)对管理处审查的项目和公司审批的项目进行初审，将管理处审查的项目电子版资料报管道完整性管理中心备案。

(4)组织开展施工交底和开工条件确认。

2.13.5.3 站(队)负责第三方施工规划跟踪、安全告知、违法行为制止、管道定位标示、施工点巡查监护、问题处理和施工动态上报，以及施工作业企业、机械设备、机械操作手的摸排和建档等工作。

2.13.6 自然灾害防治

2.13.6.1 管道副经理应开展以下工作：

(1)组织与地方政府建立有效的协调机制，取得对地质灾害防治工作的有力支持。

(2)建立健全管理处地质灾害信息报告机制。

(3)负责辖区站场、阀室设备设施的防汛抗震抗灾抢险协调工作。

(4)定期研究部署和协调解决各站(队)防汛抗震抗灾重大问题，督促检查各站(队)防汛抗震抗灾工作的实施情况。

(5)协调解决防汛、抗震、抗灾物资调动问题，确保防汛、抗震、抗灾工作顺利开展。

(6)组织各站(队)做好汛前防汛抗震抗灾准备，汛期安全渡汛和抢险救灾，汛后善后工作。

2.13.6.2 管道保护部应做好以下地质灾害防治工作：

(1)负责辖区内地质灾害风险识别和排查。

(2)组织地质灾害点应急预案的编制。

(3)负责落实各项地质灾害治理措施。

(4)负责督察防汛抢险设备的维护保养。

(5)收集气象、灾害预报信息，并及时通知站(队)。

(6)组织各站(队)进行防汛抗震抗灾应急演练。

(7)开展防汛、抗震、抗灾知识的宣传、教育。

(8)负责与上级部门的信息沟通，以及管理处内部各站(队)之间的协调工作。

2.13.6.3 巡线队负责收集管道周边地质灾害数据、管理维护地灾监测设备、开展雨后灾害排查、进行地灾初期应急处置等工作。

2.14 设备设施管理

设备设施管理要素索引图如图2-10所示。

2.14.1 管理要求

2.14.1.1 按照"谁主管谁负责"和"谁使用谁负责"原则落实设备设施的专业管理和属地管理HSSE责任。

2.14.1.2 设备设计、选型、制造、安装、调试、验收、检修、维护保养、报废应符合国家相关安全法规和标准。

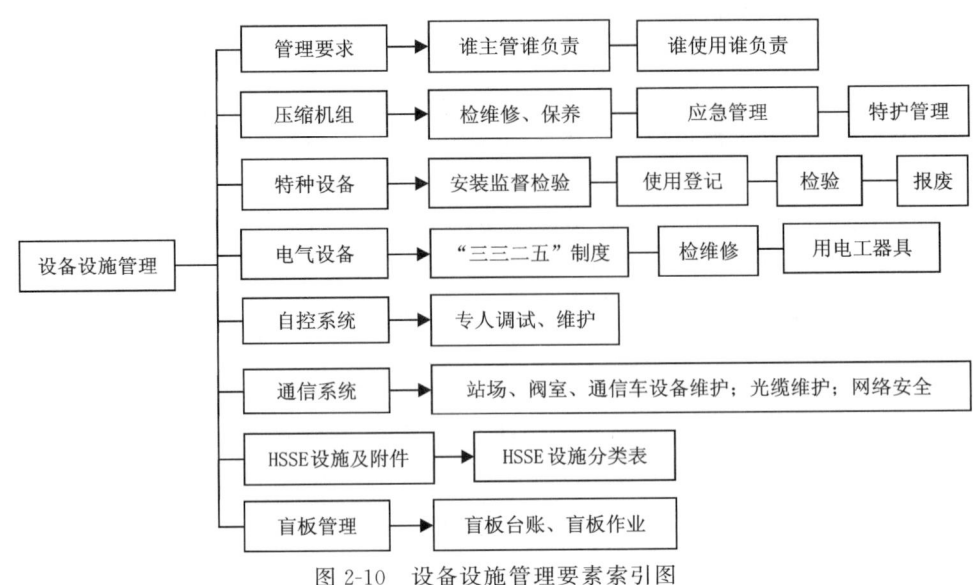

图 2-10 设备设施管理要素索引图

2.14.1.3 基于风险管理的原则,应对设备设施的技术性能和安全可靠性进行评估。当法律法规、标准规范发生变化时,应及时进行专项评估。

2.14.1.4 设备设施应有完善的安全附件和防护措施。严格执行安全联锁系统管理制度。

2.14.1.5 设备设施实行"三定"管理(定岗、定人、定责)。多人操作的设备,要严格执行交接班制度,及时发现和处置设备故障及隐患,保证设备完好及技术性能的稳定。

2.14.1.6 建立健全设备设施操作规程、维护保养制度和设备设施档案,定期开展监督检查和指导。

2.14.1.7 开展设备设施技术、操作培训,确保设备操作人员达到"四懂三会"的要求(四懂:懂性能、懂原理、懂结构、懂用途;三会:会操作、会保养、会排除故障)。

2.14.1.8 春秋检方案应包括 HSSE 措施并严格落实。

2.14.1.9 设备设施管理应包括食堂、宿舍等生活区域设备的安全管理。

2.14.2 压缩机组

2.14.2.1 生产副经理组织编制、审查压缩机组周期性维护保养和检维修方案,并组织实施。

2.14.2.2 生产技术部负责压缩机组的综合管理,开展以下工作:

(1)制定压缩机组的设备试运行方案,对技术和操作人员进行设备投用前培训。

(2)编制压缩机及辅助系统操作规程和应急预案,每年至少开展1次应急演练。

(3)每月开展1次压缩机专项检查并召开专题会,解决 HSSE 问题。

2.14.2.3 站场负责压缩机组的运行管理,应开展以下工作:

(1)按照《压缩机组作业指导书》和《压缩机运行维护保养规程》开展压缩机及辅助系统的运行操作和日常维护管理,每年至少开展1次压缩机专项应急演练。

(2)开展压缩机及辅助系统状态监测和故障诊断,及时发现设备缺陷并落实整改措施,每月上报运行机组的状况分析报告。

(3)负责压缩机及辅助系统在用油品质量的定期送检分析工作,并做好分析报告单的归档工作。

(4)成立压缩机特护管理小组,实行包机管理,按时开展"机、电、仪、管、操"五位一体的压缩机组特护巡检,做好记录及总结工作。

2.14.3 特种设备

2.14.3.1 安全环保部负责特种设备的综合管理,开展以下工作:

(1)在压力管道、压力容器、起重机械安装前向政府特种设备监督管理部门申报安装监督检验,并取得安全监督检验报告。

(2)设备投用前后 30 日内向政府特种设备监督管理部门办理使用登记,取得特种设备使用登记证。

(3)按照"一台一档"管理要求,建立特种设备技术档案和台账。

(4)编制特种设备年度检验检测计划(压力管道、压力容器办理注册使用登记 3 年内申请首次定期检测,3 年后按照检定报告规定日期内申请定期检测),并组织实施。

(5)编制专项应急预案,每年开展 1 次应急演练。

(6)符合报废条件时,向原登记的特种设备安全监督管理部门办理设备注销手续,并向公司备案。

2.14.3.2 各站(队)负责辖区内特种设备安全管理工作,每月开展 1 次检查,按计划开展年度检查。

2.14.4 电气设备

2.14.4.1 生产技术部负责电气设备的综合管理,应开展以下工作:

(1)负责管理处范围内用电安全管理。

(2)落实电气设备运行管理"三三二五"制度(三票:工作票、操作票、临时用电票;三图:一次系统图、二次回路图、电缆走向图;三定:定期检维修、定期试验、定期清扫;五规程:检维修规程、试验规程、运行规程、安全规程、事故处理规程;五记录:检维修记录、试验记录、运行记录、事故记录、设备缺陷记录)。

(3)向公司编报电气设备设施检修、维修保养、更新改造、春秋检等计划和方案,并监督方案实施。

(4)负责所辖范围内的变配电设备的运行和技术管理,并按要求向公司汇报电气设备管理和运行情况及所出现的问题。

(5)对用于电气维修、检测的仪器仪表、安全防护工器具、备件进行定期检验,确保在有效期内。

2.14.4.2 站(队)负责管辖区域内电气设备设施的运行安全管理。

2.14.5 自控系统

2.14.5.1 生产技术部负责自控系统的综合管理,应开展以下工作:

(1)自控系统投运前,编制相关操作规程,开展培训、应急演练等工作。

(2)专人负责自控系统维护,按规定进行月检和春秋检维护工作。

(3)开展自控系统调试、维护和检测。

(4)对检查发现的问题进行整改,对检查结果进行汇总分析,对系统的运行状况进行评估。

2.14.5.2 站(队)负责站场、阀室自控系统的日常管理工作。

2.14.6 通信系统

2.14.6.1 生产技术部应开展以下工作:

(1)负责辖区内站场、阀室通信网络设备和应急通信指挥车车载通信设备(含车载 UPS)的运行、操作、调试、维护、故障处理和维修工作。

(2)负责辖区内管道光缆线路的维护抢修工作,保障光缆性能指标正常。

(3)负责站场、阀室通信设备和应急通信指挥车车载通信设备运行、维护、维修计划编制上报和具体实施。

(4)负责站场、阀室通信系统和应急通信指挥车车载通信设备仪器仪表、备品备件的需求计划编报,并做好备品备件的管理。

(5)负责网络的运营、维护、使用的安全监督管理,包括设置路由器、交换机、防火墙、台式电脑、笔记本电脑及与网络安全相关的软硬件。

(6)负责向公司申请涉及网络安全的各种系统登录账户和默认密码,登记后分配至个人,并不定期进行使用情况监督、检查。

(7)负责定期对所有人员进行网络安全和信息安全方面的教育,制定网络安全管理要求,并对照要求进行检查、考核。

2.14.6.2 站(队)应开展以下工作:
(1)负责站场、阀室通信设备运行管理,及时发现并处理故障。
(2)记录、报告故障通信设备告警状态,并协助分析处理。
(3)填报所辖通信设备、仪表、备品备件台账,更新基础管理资料。
(4)负责辖区内光缆线路的巡护检查,及时发现隐患。
(5)对辖区内管道沿线第三方施工的现场监护,设置安全警示标识,保证施工期间光缆安全。
(6)负责配合专业人员处理光缆故障。
(7)负责路由器、交换机、台式电脑、笔记本电脑等网络设备和防火墙等网络信息的安全管理,禁止个人在网络设备上使用未授权的各类存储介质或可移动的信息设备,如软盘、光盘、移动硬盘、U盘、笔记本电脑等。
(8)接受并配合管理处进行网络的监督检查,以及网络系统及信息系统的安全检查。

2.14.7 HSSE设施及附件

2.14.7.1 生产技术部、安全环保部按照HSSE设施分类表(见3.2.8)分别负责各自业务范围内的HSSE设施及附件的管理工作。组织开展HSSE设施及附件的定期检验、检测。建立并更新HSSE设施及附件的档案、台账。

2.14.7.2 生产技术部、安全环保部负责HSSE设施的更新、检修、停用(临时停用)、报废、拆除。未经公司主管领导和部门批准,严禁擅自拆除、停用(临时停用)HSSE设施。

2.14.7.3 站(队)负责HSSE设施的日常检查及维护,建立并完善HSSE设备设施及附件的台账与技术档案。

2.14.8 盲板管理

2.14.8.1 生产技术部负责盲板的综合管理,应开展以下工作:
(1)配合开展盲板的选型、安装。
(2)组织建立盲板台账和档案卡片。
(3)制定盲板作业的生产运行方案和安全防护措施。
(4)对站(队)盲板现场管理情况进行检查和监督。

2.14.8.2 安全环保部负责盲板作业过程中安全监督管理。

2.14.8.3 站场负责盲板的现场管理,应开展以下工作:
(1)建立盲板台账和档案卡片,并进行编号,做到现场一盲一牌,并现场挂牌。
(2)负责盲板的日常巡检和维护保养管理,及时上报和处理异常情况。
(3)负责盲板作业现场安全防护措施落实和安全监护。

2.15 承包商管理

承包商管理要素索引图如图2-11所示。

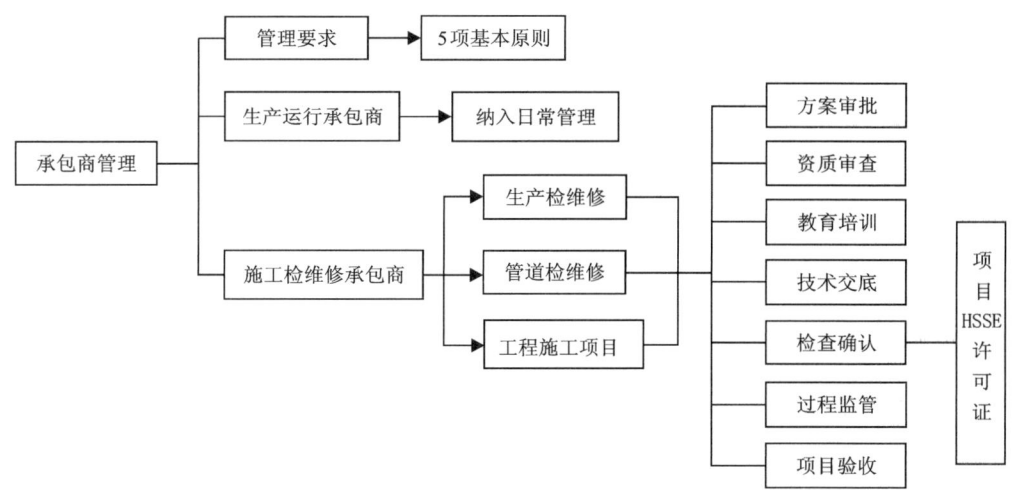

图 2-11　承包商管理要素索引图

2.15.1　管理要求

2.15.1.1　承包商 HSSE 管理遵循以下基本原则：

(1)以我为主、强势管理。

(2)统一标准、统一管理、统一要求、统一考核。

(3)谁引进谁负责、谁发包谁负责、谁主管谁负责、谁用工谁负责。

(4)甲乙同责。承包商事故就是甲方事故,承包商问题就是甲方问题。

(5)按照"谁的属地谁负责"原则落实属地监管责任；按照"职责相符"原则,落实其他业务分管责任。

2.15.1.2　业务分管副经理负责协调解决分管专业承包商管理中发现的问题,组织开展承包商安全检查和考核。

2.15.1.3　各专业部门负责落实所属承包商安全教育培训、安全技术交底、开工报告、过程监护与监督、检查及考核。

2.15.2　生产运行承包商

2.15.2.1　生产技术部负责对承包商人员资质进行审查,组织承包商人员开展入场安全教育,对承包商人员开展业绩考核。

2.15.2.2　各站(队)依据"四统一"原则,将生产运行承包商人员纳入站场日常管理。

2.15.3　施工检维修承包商

2.15.3.1　生产副经理负责站场和阀室工艺、设备检维修项目承包商安全管理；管道副经理负责管线检维修项目承包商安全管理；工程副经理负责施工项目承包商安全管理。

2.15.3.2　分管副经理应开展以下工作：

(1)组织对专项施工方案、安全技术措施(由业主、承包商双方共同编制)、应急预案进行初审后报公司主管部门审批,明确检维修作业现场负责人。

(2)组织开展承包商人员资质审查；安全环保部负责对承包商人员的安全资格证、特种作业、特种设备操作等资质进行审查；专业部门负责对承包商人员身份信息、专业资质进行审查。

(3)组织安全环保部对承包商项目管理人员进行专项安全培训和考核工作,组织专业技术人员、安全管理人员对承包商参加项目的所有人员进行入场前安全教育,培训时间不少于 4 小时。考核合格后,方能进场施工。具体培训人员见表 2-1。

(4)组织专业技术人员、安全管理人员开展安全技术交底,安全交底必须以书面形式进行,并签字确认。

(5)组织专业部门、施工单位、监理单位对作业现场进行检查确认,具备施工条件后,签发《项目施工作业许可证》(开工报告);现场负责人对 HSSE 审核项目逐一确认后,现场签发《项目开工 HSSE 许可证》(见 3.2.9)。

表 2-1 承包商主要管理人员清单

序号	承包商类型	主要管理人员
1	施工	项目负责人、施工负责人、安全负责人、技术负责人、质量负责人
2	工程总承包	项目负责人、技术负责人、质量负责人、安全负责人、采购负责人、设计负责人、施工负责人、现场设计代表
3	监理	总监、总监代表、总监安全代表

(6)落实高风险作业许可管理(特殊作业的安全食品监控信号必须传输至站控室)。

(7)组织每月开展 1 次承包商 HSSE 综合检查,召开 1 次承包商管理专题会议,分析承包商管理中存在的问题和不足,明确改进措施和要求,并依据《承包商安全行为负面清单》(见 3.1.7)对承包商进行计分考核。

2.15.3.3 HSSE 副经理负责组织相关人员,按照程序和要求对承包商施工现场开展安全督查工作。督查结果纳入承包商绩效考核。

2.15.3.4 各站(队)负责对施工人员进行身份确认,发放"临时入场证",施工结束后收回"临时入场证";落实作业现场监督检查。

2.15.3.5 施工现场实行封闭管理,所有人员和车辆必须持有效证件进出现场大门。长输管道施工应设置警戒带,划定警戒区。

2.15.3.6 两个及以上承包商在同一作业区域内作业、可能危及对方生产安全的,分管副经理应明确工作边界,协调承包商之间签订安全管理协议,并指定专人进行安全检查与协调。

2.15.3.7 施工过程中,业务主管部门定期核查承包商项目经理、安全管理人员、现场技术负责人及关键工种人员是否与投标文件中承诺的人员相一致,并检查持证情况。若发现无证人员上岗,应立即清出施工现场。

2.16 变更管理

变更管理要素索引图如图 2-12 所示。

2.16.1 管理要求

2.16.1.1 变更应当执行降低风险和尽量减少变更的原则。

2.16.1.2 变更按照"申请、风险评估、审批、实施、关闭"的流程进行管理。部门、站(队)按照分管业务、属地化管理对各自业务范围内的变更管理负责。审批人对审批结果负责。

2.16.1.3 全生命周期系统中所涉及的工艺参数等变更按照系统过程控制开展变更管理,工程变更不在此变更管理过程控制中。

2.16.2 过程风险控制

2.16.2.1 安全环保部负责变更安全管理的监督,综合管理部负责劳动组织变更安全管理,生产技术部负责生产工艺、设备设施变更安全管理。

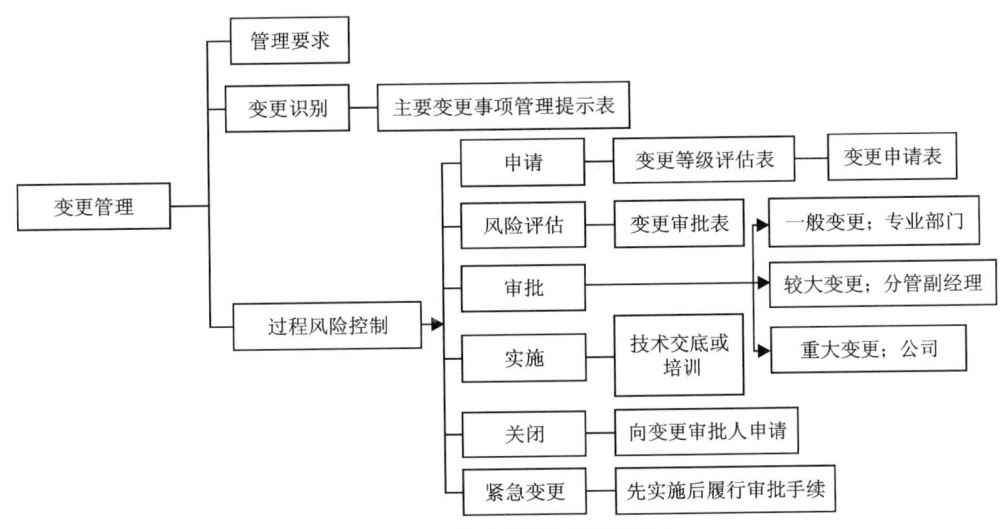

图 2-12 变更管理要素索引图

2.16.2.2 变更申请。由发生变更事项的站(队/部门)对照"主要变更事项管理提示表"(见 3.2.10),识别是否属于变更,确定变更类别;按照"变更等级评估表"(见 3.2.11)对变更内容进行核实,确定变更等级,填写"变更申请表"(见 3.2.12)。

2.16.2.3 变更风险评估。由申请变更的站(队/部门)对变更项目进行风险评估,制定消减和控制措施,填写"变更审批表"(见 3.2.13)。

2.16.2.4 变更审批。一般变更由管理处部门负责人审批;较大变更由管理处分管副经理审批;重大变更上报公司审批。

2.16.2.5 变更实施。变更实施前,申请站(队/部门)对参与实施的人员进行技术方案、安全风险和防控措施、应急处置措施等相关内容的技术交底或培训。变更审批人对变更投运条件进行确认后,变更申请站(队)、部门严格按照审批内容和范围实施变更。

2.16.2.6 变更关闭。变更实施结束,变更申请站(队/部门)收集完整的变更资料(包括变更申请、方案、风险评估及管控措施、培训记录、修改完善的制度以及投用后的运行情况等),向变更审批人提交变更关闭申请。变更结束后,变更项目纳入正常管理范围进行管理,变更申请站(队/部门)完善变更台账。

2.16.2.7 紧急变更。需要紧急变更时,执行应急处置规定,在风险预判可控的情况下经现场负责人同意后先行实施;实施期间做好相关技术记录,并及时按变更程序开展风险评估,制定和落实风险管控措施;实施结束后补办变更审批手续。

2.17 员工健康管理

员工健康管理要素索引图如图 2-13 所示。

2.17.1 管理要求

依法合规开展员工健康管理工作,建立健全员工健康管理基础资料,确保职业卫生"四档四率"符合要求。"四档"指职业卫生档案、职业卫生监督档案(包括单位职业健康监护管理档案和个人职业健康监护档案)、个人防护用品档案、职业卫生教育培训档案。"四率"指体检率、监测率、合格率和"三同时"审查验收率。

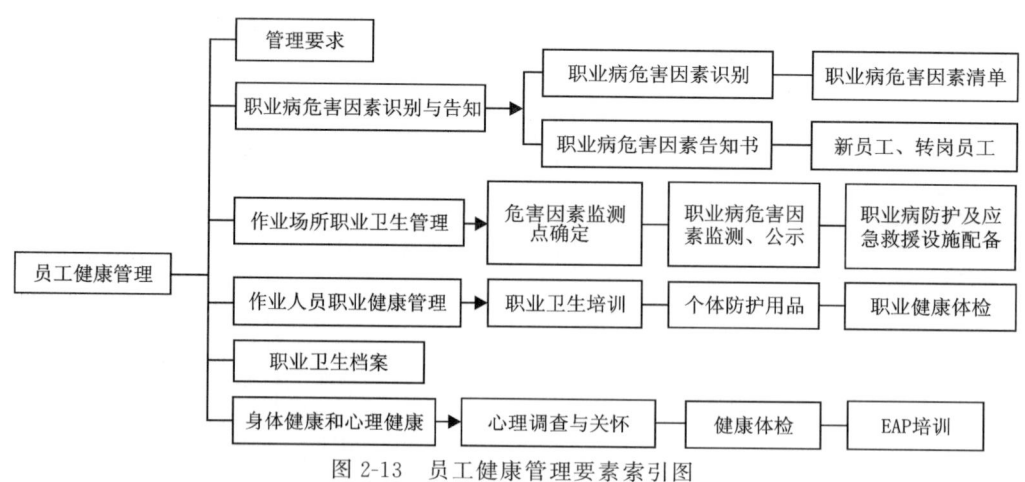

图 2-13 员工健康管理要素索引图

2.17.2 职业病危害因素识别与告知

安全环保部负责开展以下工作：

(1) 配合公司每年开展 1 次职业病危害因素识别，建立管理处职业病危害因素清单，对接触噪声、甲烷、非甲烷总烃、工频电场等职业病危害因素人员进行重点关注。

(2) 组织新员工、转岗员工签订《职业病危害因素告知书》，告知可能存在的职业健康危害因素及后果、工作过程中个人应采取的防护和应急措施。

2.17.3 作业场所职业卫生管理

2.17.3.1 安全环保部应开展以下工作：

(1) 配合公司确定职业病危害因素监测点，具体执行以下要求：在输气站场（压气站）进出站区、汇管区、发球区、过滤分离、调压计量区、压缩机区等场所设置甲烷、非甲烷总烃监测点；在以上场所及燃气发电机房、主控室、变电所值班室等场所设置噪声监测点；在变压器室、配电室、变电所值班室设置工频电场监测点；在一体化污水处理区设置氨监测点。

(2) 配合公司开展职业病危害因素监测：噪声监测每年 2 次；甲烷及非甲烷总烃监测每年 1 次；其他有害因素按国家规范监测；及时上报作业场所职业病危害因素超标等隐患。

(3) 按照要求配备相应的职业病防护设施及应急救援设施。

2.17.3.2 站（队）应开展以下工作：

(1) 绘制职业病危害因素分布图，并进行公示。

(2) 在产生职业病危害的作业岗位的醒目位置设置警示标识和职业病危害告知卡，每半年至少检查 1 次，发现有破损、变形、褪色等不符合要求时及时修整或更换。

(3) 配合开展职业病危害因素监测，在监测点设置监测公告牌，并在收到监测结果之日起 7 日内更新公告牌有关内容。

(4) 做好职业病防护设施及应急救援设施日常维护管理工作。

2.17.4 作业人员职业健康管理

2.17.4.1 安全环保部应开展以下工作：

(1) 组织对新员工及转岗员工开展岗前职业卫生培训，每半年组织对作业人员开展 1 次在岗期间职业卫生培训，并将记录填入职业卫生教育培训档案。

(2) 上报年度个体防护用品计划，建立并更新管理处员工个体防护用品发放登记档案；检查、督促全员正确佩戴个体防护用品。

(3)组织接触职业病危害因素的员工、专职驾驶员开展上岗前、在岗期间、离岗时及应急情况下的职业健康检查,并书面告知受检员工检查结果。接触甲烷、非甲烷总烃、噪声、工频电场职业病危害因素的员工及职业机动车驾驶员在岗期间职业健康体检周期均为1年。

(4)建立并更新接触职业病危害因素的员工及专职驾驶员职业健康监护档案。

2.17.4.2 站(队)应开展以下工作:

(1)组织对站(队)新员工及转岗员工开展岗前职业卫生培训,每季度组织开展1次职业卫生知识学习活动,将记录填入职业卫生教育培训档案。

(2)上报站(队)个体防护用品计划,建立并更新站(队)员工个体防护用品发放登记档案;监督站(队)员工正确佩戴个体防护用品。

(3)配合管理处开展员工职业健康体检工作,建立并更新站(队)员工职业健康监护档案。

2.17.4.3 上岗前存在职业禁忌的员工,不得安排从事其所禁忌的作业;在岗期间检查发现职业禁忌的员工,HSSE副经理应将处理建议上报公司审批,并落实审批结果;对疑似职业病患者,安全环保部应安排其进行复查、职业病诊断或医学观察,及时上报检查结果,配合公司进行处理。

2.17.4.4 对女员工应实施特别劳动保护,不得安排其从事特别繁重或有害妇女生理机能的工作;不得安排孕期、哺乳期(婴儿一周岁内)女工从事对本人和胎儿、婴儿有危害的作业;不得安排生育期女工从事有可能引起不孕症或妇女生殖机能障碍的有毒作业。

2.17.5 职业卫生档案

2.17.5.1 安全环保部负责建立和更新管理处职业卫生档案。

2.17.5.2 站(队)负责建立并更新站(队)职业卫生档案。

2.17.6 身体健康和心理健康

2.17.6.1 书记负责推行员工帮助计划(EAP),每年组织开展1次员工心理调查,对发生工伤、存在重大疾病或心理问题以及偏远、敏感地区的员工开展人文关怀,对需要帮助的员工进行心理疏导,促进员工自我健康管理。

2.17.6.2 书记负责组织建设心理咨询室、健康小屋等EAP服务场所,配备必要的器械。

2.17.6.3 综合管理部负责每年组织开展员工健康检查,应重点关注冠心病、2级高血压等心脑血管疾病员工的健康状况,督促其及时诊疗。

2.17.6.4 综合管理部负责每年组织1次EAP培训,并运用板报、网络等形式普及EAP常识;定期开展EAP特色活动和业余健身活动,推进员工心理健康、身体健康同步提高。

2.18 交通安全管理

交通安全管理要素索引图如图2-14所示。

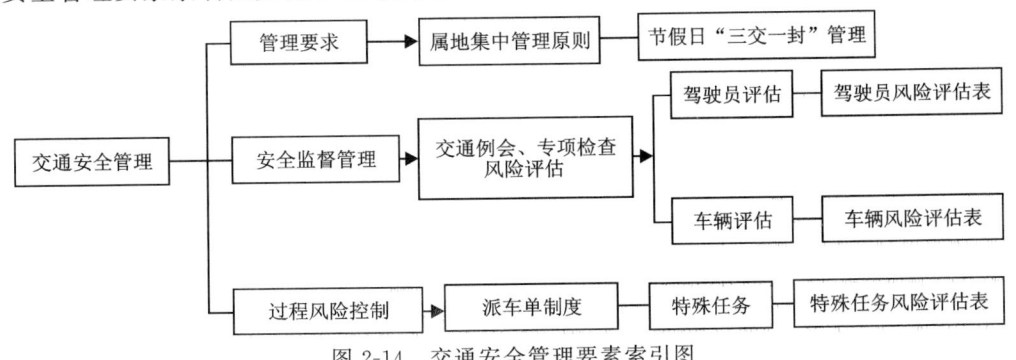

图2-14 交通安全管理要素索引图

2.18.1 管理要求

2.18.1.1 新招聘驾驶员由综合管理部会同安全环保部负责对其进行岗前驾驶技能、理论知识考核,报公司审核取得内部准驾证后方可上岗。

2.18.1.2 对身体条件不适宜继续从事驾驶工作的,应及时进行沟通处理。

2.18.1.3 车辆和驾驶人员实行集中管理,驻站(队)期间由站(队)长负责管理。

2.18.1.4 租用社会车辆,承运单位必须具有法律法规规定的相应资质(营运资质;车辆的年检、保险;驾驶员资质)。车辆使用部门负责与其签订安全协议,明确各自安全职责,纳入日常安全管理。

2.18.1.5 法定节假日期间车辆实行"三交一封"(三交:准驾证、车钥匙、行驶证;一封:车辆封存停放)。

2.18.1.6 管理处车队应建立公务车辆和驾驶员档案、驾驶员教育培训记录、交通安全风险评估记录、交通安全检查和问题整改记录、交通事故档案等相关记录。

2.18.1.7 站(队)应建立驾驶员教育培训记录、交通安全风险评估记录、交通安全检查和问题整改记录、交通事故档案等相关记录。

2.18.2 安全监督管理

2.18.2.1 HSSE 副经理应开展以下工作:
(1)每年初组织驾驶员签订交通安全承诺书。
(2)每月组织1次驾驶员例会。
(3)每月组织1次交通安全专项检查。

2.18.2.2 车队队长、站(队)长应开展以下工作:
(1)每年按照"驾驶员岗位风险评估表"(见 3.2.14)开展1次驾驶员岗位风险评估;每月按照"车辆风险评估表"(见 3.2.15)与车辆定点维修单位共同开展1次车辆风险评估。根据评估结果制定相应的监管措施,明确责任人并跟踪落实,评估结果应向全体驾驶员公示。
(2)每周组织1次驾驶员安全活动,传达上级文件精神,总结上周交通安全情况,分析本周任务情况和特点,并做好记录。
(3)每周组织1次车辆安全检查,及时消除隐患和车辆故障。
(4)每日利用 GPS 系统对车辆运行状况进行监控,对发现的超速、超时、疲劳驾驶、人为损坏 GPS 车载终端等违法违规行为及时进行提示纠正;每月对车辆运行监控情况进行统计分析,在月度驾驶员例会上进行通报,提出改进处理意见,并将统计情况报送公司。

2.18.2.3 带车人作为义务安全员,应监督驾驶员安全驾驶并对驾驶员行车情况进行评价。

2.18.3 过程风险控制

2.18.3.1 管理处车队长和基层站(队)长负责公务车辆调派。

2.18.3.2 出车前,调派人或安全员向驾驶员和带车人做好安全"三交待"(任务、路况、安全注意事项),驾驶员和带车人签字确认。

2.18.3.3 驾驶员应做好出车前、行车中、回场后的车辆检查,并做好记录。

2.18.3.4 执行特殊任务时,应指定带车人,由车队长按照"特殊任务风险评估表"(见 3.2.16)组织带车人和驾驶员开展风险评估,报 HSSE 副经理审批后方可调派。特殊任务执行完毕后,驾驶员应向车队长报告行车安全和车辆技术状况。

2.18.3.5 下列驾驶任务按特殊任务进行管理。
(1)执行长途任务(辖区外用车)。
(2)大风、大雾天气或冰雪道路驾驶。

(3)异常道路条件(如涉水过河道路、山体滑坡道路、泥石流冲刷道路、山区泥泞渣土道路等)驾驶。
(4)大型抢险机具搬运作业。
(5)其他具有较大安全风险的驾驶任务。

2.19 公共安全管理

2.19.1 日常控制要求

2.19.1.1 管理处重点安保风险部位主要包括站场、阀室、悬索、桁架、长江盾构。站场、野三河悬索、支井河桁架实行24小时门禁管理,人员进入需核实身份进行登记。

2.19.1.2 安全环保部是公共安全主管部门,应开展以下工作:
(1)组织公共安全教育培训、检查考核、隐患排查、应急演练。
(2)每年组织1次公共安全风险自评估,建立公共安全风险清单,编制公共安全风险评估报告,制定防控措施。
(3)按照公共安全人防、物防、技防配备标准相关人员、设备设施,并监督落实。

2.19.1.3 管道保护部负责检查、协调管道方面的公共安全工作,建立与地方政府有关部门关于反恐怖防范和社会治安的信息通报、重特大事件报告、工作协作和联络机制。

2.19.1.4 站(队)负责所辖区域的公共安全管理,做好以下工作:
(1)建立与当地派出所、辖区村镇政府的信息沟通,了解当地社会民情、治安状况和反恐形势。
(2)落实日常公共安全教育培训,每月对周界安防、视频监控、防撞装置等安防设施进行检查,确保完好有效。每年至少开展1次公共安全突发事件应急演练。

2.19.2 升级管理要求

"两特两重"(特殊时间、特殊作业;重大节日、重大活动)及严重自然灾害期,管理处重点安保风险部位实行公共安全升级管理,落实以下安防措施:
(1)管理处及各站(队)做好两级干部值班工作,维修队做好24小时应急准备工作,保安加强巡检。
(2)各站(队)提前检查物防、技防设施,确保完好,关闭非主要出入口,将可升降防撞设施设置为拦截状态。
(3)管道保护部、各站队加强与属地政府相关部门的联系,突发情况及时汇报,并启动应急预案。

2.20 生态环境保护

生态环境保护要素索引图如图2-15所示。

2.20.1 管理要求

2.20.1.1 管理处贯彻执行国家关于环保的法律法规以及公司有关环保、绿色基层创建的各项制度标准,将环境保护及绿色基层创建内容纳入年度计划、生产、经营、建设的全过程管理。

2.20.1.2 推行绿色生产,优化原料、工艺和生产,减少能耗物耗和污染物的产生,实现废物减量化。

2.20.1.3 安全环保部负责环境保护工作的管理,其他部门按"谁主管、谁负责"的原则,对业务范围内的环保工作负责。

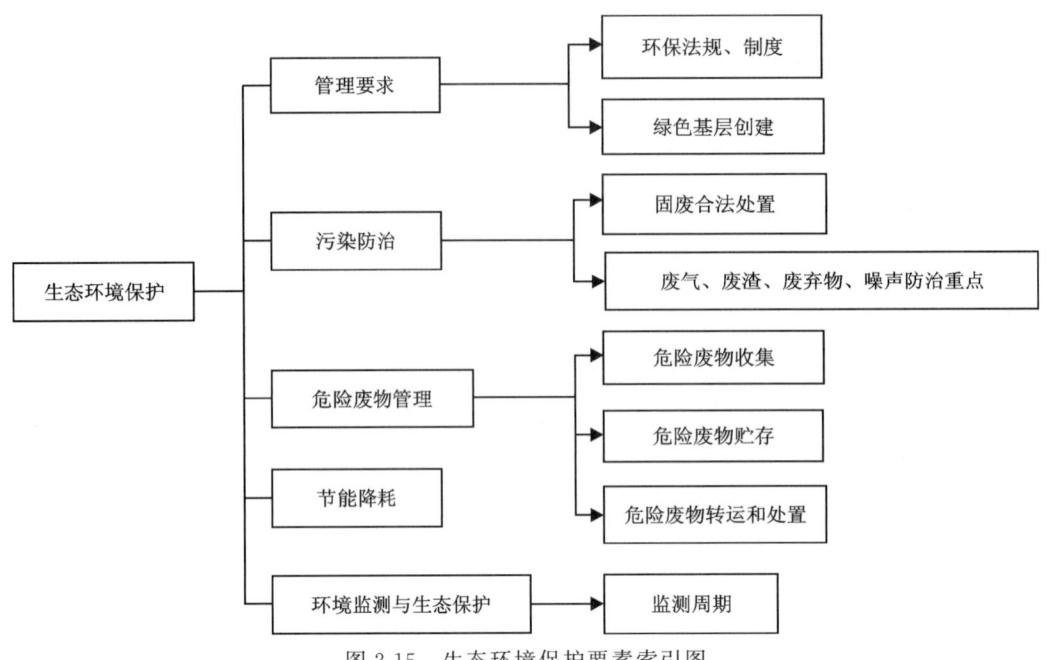

图 2-15　生态环境保护要素索引图

2.20.2　污染防治

2.20.2.1　HSSE 副经理全面负责管理处污染物防治工作,组织制定废液、废气、噪声、固体废物、土壤等污染防控措施,并监督落实。

2.20.2.2　安全环保部应开展以下工作:

(1)参与检维修和施工方案中环保内容审查,对站(队)日常污染防治及作业环保措施落实进行监督。

(2)联系有资质单位对废液、固体废物等进行集中处置。属于危险废物的,纳入危险废物管理。

(3)建立、更新并上报污染物防治设施台账及废气、废液、固体废弃物管理台账。

2.20.2.3　站(队)应开展以下工作:

(1)结合环保有关法律、规定及污染物防治重点要求,落实各项防治措施。

(2)对产生的废液、固体废弃物进行收集和分类保存,监督辖区内施工做到"工完料净场地清"。

(3)对辖区内降噪设施、一体化污水处理装置开展日常维护保养和检查,配合公司开展每半年 1 次一体化污水处理装置外委维护保养,并留存维保记录。

(4)建立、更新并上报废气、废液、固体废弃物的排放处理统计台账。

2.20.2.4　废气污染防治重点:检维修、工艺装置连头、突发事件等确需将天然气放空的,必须通过放空火炬点燃放空。不具备点燃条件的,控制放空速度,设专人监护。

2.20.2.5　废液、废渣污染防治重点:设备、管道等生产、检维修作业中产生的清洗污水、废润滑油、废防冻液及其他废液、废渣,要用密封容器(带盖的桶)盛装,集中回收,严禁使用稀释的方法和采用渗坑的方式处理有害废水和其他废液。

2.20.2.6　固体废弃物防治重点:优先考虑回收利用;无法回收利用的,妥善收集、分类保存,合规处置。

2.20.2.7　噪声污染防治重点:站场日常设备操作应平稳,减少设备偶发性噪声产生;对噪声值超过 85dB 采取隔音降噪措施,减少噪声污染。

2.20.3 危险废物管理

2.20.3.1 危险废物收集

(1)安全环保部应开展以下工作:

①按规范要求组织开展危险废物收集和内部转运作业。

②收集并更新危险废物产生及处置台账。

(2)站场负责开展以下工作:

①负责在危险废物产生节点将其集中到适当的包装容器中,配合管理处开展内部转运,集中到危险废物储存间。

②负责落实收集过程中安全防护和污染防治措施。

③负责建立并更新站场危险废物产生及处置台账、内部转运台账。

2.20.3.2 危险废物贮存

(1)安全环保部应开展以下工作:

①组织识别管理处危险废物种类和特性,建立危险废物清单。

②负责建立危险废物贮存的台账、制度。

③负责根据危险废物清单和规范要求识别需设置的警示标志。

④按规范要求建立单独的危险废物储存间,配置有机气体报警、火灾报警装置和导出静电的接地装置。

⑤确保危险废物储存不超过 1 年。

(2)站(队)应开展以下工作:

①按照危险废物种类和特性进行分区贮存。

②负责落实危险废物贮存制度管理要求,做好危险废物贮存过程管理。

③负责根据贮存的废物种类进行警示标志的设置和日常维护管理。

2.20.3.3 危险废物的运输和处置

(1)安全环保部应开展以下工作:

①负责与有资质的单位签订危险废物处置协议,确认获得交通运输部门颁发的危险货物运输资质的单位承担危险废物运输处置,并及时完成危险废物的处置。

②安排人员跟踪危险废物运输和处置情况,确保依法合规。

③组织确认运输车辆按要求设置车辆警示标志。

④组织落实危险废物装卸过程中的安全监护,确保符合相关技术要求。

⑤存档危险废物转移联单,建立并更新危险废物产生及处置台账。

(2)站(队)应开展以下工作:

①负责处置单位危险废物装卸过程中的现场安全监护,落实安全防护措施。

②负责跟踪运输和处置情况,确保无违规行为。

③负责建立暂存间出入库信息台账,并如实进行记录。

2.20.4 节能降耗

2.20.4.1 生产副经理负责组织制定并实施节能、节水、低碳等节能降耗措施。

2.20.4.2 生产技术部负责每月汇总分析节能降耗工作开展情况,鼓励员工开展 QC(Quality Control,质量控制)、五小创新(小发明、小创造、小革新、小设计、小建议)等活动,研究绿色工艺技术,为节能降耗工作提供新思路。

2.20.4.3 站(队)负责节能降耗具体措施的落实,每月编制上报节能工作报告及能耗分析台账。

2.20.5 环境监测与生态保护

2.20.5.1 安全环保部、站(队)应配合公司定期开展环境监测及应急环境监测。监测报告由安全环保部负责存档。监测周期：污水 4 次/年,大气 4 次/年,厂界噪声 4 次/年。

2.20.5.2 工程施工涉及土方开挖时,开挖土方应分层堆放,减少土壤扰动;可能有液体渗出的检维修作业区内应设防渗布或吸油毡,避免造成土壤污染。

2.20.5.3 巡线队应加强穿越林区、耕地、水源保护区、生态红线区等区域的管道及其附属设施的巡检,发现问题及时处理。

2.21 驻地安全管理

2.21.1 管理要求

2.21.1.1 按照"谁的业务谁负责"原则,由管理处归口部门承担公司主管部门关于食堂、宿舍的安全管理;按照"谁的属地谁负责"原则落实属地直接管理责任。

2.21.1.2 管理处机关负责机关食堂的安全卫生管理和监督,各站场负责各站食堂安全卫生管理,合建站场的维修队、巡线队负有监督、协助的职责,并服从站场的管理。

2.21.1.3 食堂应建立安全卫生责任制,并将责任制落实到人,机关食堂按照谁主管谁负责的原则落实责任人,站长是站场食堂安全卫生管理的第一责任人。各站应指定专人或成立食堂安全卫生管理小组具体负责食堂安全卫生的日常安全检查,确保各项设备安全可靠运行和食品健康卫生。

2.21.1.4 各站场应对食堂管理员和厨师进行必要的用气、用电安全培训,使其懂得天然气(液化气)性质、火灾危险性、防火措施及使用操作方法和电气设备使用操作方法,掌握防火、灭火知识。

2.21.2 用气安全

2.21.2.1 综合管理部负责食堂管理,每年组织开展 1 次厨师用气安全培训,每季度组织开展 1 次用气安全检查;生产运行部负责组织建立食堂天然气使用操作规程;安全环保部负责按照要求配备消防器材。

2.21.2.2 站(队)应做好以下工作:

(1)负责对食堂管理员和厨师进行必要的用气、用电安全培训。重点强调点气时要按"火等气"的原则,先点火后开气;使用燃气灶具要按说明书要求正确操作;工作结束时,最后离开厨房的人员,要认真检查确认厨房区域安全后关闭门窗;确认燃气总开关处于关闭状态,确认可燃气体报警系统能够正常运行后方可离开。

(2)负责使用燃气设备的房间保持通风良好,在燃气设施周围及使用场所严禁存放易燃易爆物、可燃杂物。

(3)严禁作为休息间、仓库使用;严禁吸烟和其他明火作业;禁止安装临时用电设备;禁止将电线缠绕在天然气管道上;禁止在管道上悬挂任何物品。

(4)定期检查天然气管道是否漏气,灶具连接胶管是否发现老化、磨损,发现问题,及时维修更换。更换液化石油气钢瓶时,检查减压阀与钢瓶接口处的胶圈是否脱落、老化、坏损,减压阀是否上紧,严禁违规操作。

(5)负责对食堂管理员和厨师进行应急培训。要求发现漏气时(或可燃气体报警器发出报警信号时),立即关闭气源,清除火种,切勿启动和关闭电气(及照明)设备,打开门窗通风(直至可燃气体报警信号自行停止),再进行检修。

(6)负责对燃气灶具、可燃气体报警器、安全切断阀等设备设施,每周进行1次全面检查或测试,及时消除安全隐患,并做好检查记录。

(7)负责消防器材配放在固定的位置;消防疏散通道不被占用,安全出口、疏散通道畅通,安全警示标志醒目。

2.21.3 用电安全

2.21.3.1 综合管理部负责每年组织开展1次食堂、宿舍用电安全培训,每季度组织开展1次检查,制定宿舍安全管理制度;生产运行部负责组织建立食堂电气设备使用规程;安全环保部负责按照要求在宿舍区域配备消防器材。

2.21.3.2 站(队)应做好以下工作:

(1)尽量避免多台蒸饭柜、强排风机、热水器等大功率设备同时使用,应交错使用,避免产生用电过载现象。

(2)食堂、宿舍使用的电气、电动、照明等设备,要设专人负责,每天下班前,要认真进行安全检查,关闭厨房、餐厅不必要工作的所有开关,切断电源。

(3)确保食堂、宿舍所有的用电设备金属外壳有牢固的保护接地措施;凡能碰触到的设备导电部分,均应采取相应防护措施。

(4)食堂电气开关箱内不准放置杂物,定期检查漏电保护开关,以确保灵活可靠。

(5)食堂、宿舍电气设备发生故障时,要立即通知专业电工维修,不得私自处理;为了确保人身安全必须先切断电源,严禁带电作业或维修。

(6)应急培训应包含电气方面,强调电气设备、用电线路起火而发生火灾,应先切断电源,然后用干粉或二氧化碳灭火器灭火,或用砂子灭火,严禁用水直接灭火。

(7)食堂、宿舍每周1次对食堂内的配电柜、配电箱、电线、电缆进行安全检查,特别是电加热部分以及有水接触的部分,对检查出的隐患要及时处理并做好记录。

2.21.4 卫生安全

2.21.4.1 综合管理部负责监督食堂工作人员(含厨师及帮厨)每年进行健康体检,无传染性疾病,并持有健康证方能上岗,每季度组织1次卫生安全检查。

2.21.4.2 站(队)应做好以下工作:

(1)各站应建立食堂工作人员健康证管理台账。

(2)监督厨房工作人员在上班时间,必须穿戴白色的工作服、工作帽,并经常换洗,保证工作服、工作帽干净整洁。

(3)食堂管理员、厨师要每天对采购的食品进行检查,要保证食品的新鲜,不变霉、不变质,以防食物中毒。食品要按计划采购,避免过量采购,造成长时间存放。

(4)食堂管理员应检查消毒柜工作情况,厨房各种用品、用具清洁情况,餐具每天必须进行高温灭菌消毒。

(5)每周对餐厅及厨房大清洗1次;食堂餐桌、地面,饭后必须及时进行清扫,保持餐桌、餐椅的干净整齐。

(6)禁止在厨房内进行非食品生产及危害食品安全的操作。

2.22 消防安全管理

2.22.1 经理是管理处消防安全第一责任人,站(队)长为各站(队)消防安全第一责任人,其他员工对各自岗位工作范围内的消防安全负责。

2.22.2 经理负责组织与周边具备消防救援能力的企业签订消防联防协议。

2.22.3 HSSE 副经理应开展以下工作:

(1)负责每月开展 1 次消防安全检查,及时消除火灾隐患。
(2)参与新、改、扩建项目的消防设施设计审查和竣工验收检查工作。
(3)定期分析本单位消防安全管理情况,研究解决实际问题。

2.22.4 安全环保部应开展以下工作:

(1)参与新增、更新的消防设施、设备投用前的验收。
(2)负责消防器材配置计划的收集、汇总和上报审核。
(3)每半年至少组织 1 次灭火和应急疏散演练。
(4)每年组织开展 1 次建筑消防设施的全面检测。
(5)建立管理处消防安全重点部位清单,组织重点部位站控值班人员参加消防专项培训,取得国家《消防设施操作员证》,保证消防设施操作人员持证上岗。

2.22.5 各站(队)应开展以下工作:

(1)对新员工、转岗员工以及在岗员工进行消防安全知识教育。
(2)属于消防安全重点部位的站(队),每季度至少组织进行 1 次灭火和应急疏散演练,其他站(队)每半年至少组织 1 次灭火和应急疏散演练。
(3)每日进行防火巡检并做好巡检记录。
(4)对消防设施定期进行试运及检查,消防泵每周试运 1 次,消火栓每周检查 1 次,灭火器材每半月检查 1 次,火灾报警系统每月检查测试 1 次。

2.23 应急管理

应急管理要素索引图如图 2-16 所示。

2.23.1 管理要求

2.23.1.1 建立健全应急管理组织和义务应急队伍,履行应急职责,完善应急装备和应急物资的配备(应急资源清单见 3.1.8)。

2.23.1.2 开展风险辨识、评估和应急资源调查,建立完善应急预案和关键岗位的应急处置卡,按规定频次开展应急演练和评估。

2.23.1.3 收集地方政府和公司发布的台风、洪涝、地震、泥石流等自然灾害、事故灾难和公共安全等险情信息,落实预警措施和应对措施。

2.23.1.4 开展桌面、实战等多种形式应急演练,并做到全员参与,覆盖所有应急预案。桌面演练

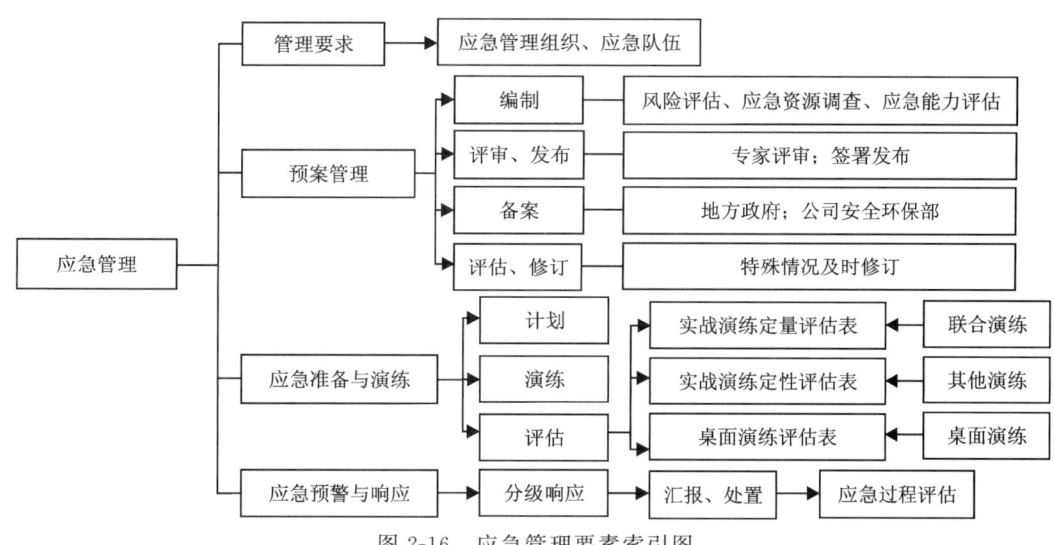

图 2-16 应急管理要素索引图

要贴近实际,逐步推演;实战演练要对照预案,不编脚本。

2.23.1.5　与当地政府、周边企业应急队伍建立应急协调工作机制,提高联合应对重大突发事件的能力。

2.23.2　预案管理

2.23.2.1　经理负责组织人员在全面风险评估、应急资源调查和应急能力评估的基础上编制管理处应急预案。对于可能造成周边公众人身伤害、财产损失或较大社会不稳定状态的生产作业行为,应制定企地联动应急预案。

2.23.2.2　业务主管副经理负责组织承包商等对新、改、扩建及检维修项目和重大风险作业以及重大隐患编制专项应急预案。

2.23.2.3　应急预案编制后,经理负责组织专家进行评审,并签署发布。

2.23.2.4　安全环保部负责将应急预案报公司应急指挥办公室、安全环保部和地方政府备案。

2.23.2.5　经理负责每年组织1次应急预案评估,每三年至少修订1次。实施的应急预案如有变动,应对正文和附件部分进行修改、补充,必要时重新编制并报批。出现下列情形,应及时修订应急预案及其附件：

(1)法律法规或上位预案等编制依据发生重大变更的。
(2)隶属关系、经营方式等信息发生变化的。
(3)应急指挥机构及其职责发生调整的。
(4)生产工艺、技术或设备发生重大变更的。
(5)面临的事故风险发生重大变更的。
(6)重要应急资源发生重大变更的。
(7)预案中的其他重要信息发生变更的。
(8)在应急演练或应急救援中发现问题需要修订的。
(9)联络人员联络通信发生变化时。

2.23.2.6　站(队)长组织人员编制现场处置方案和重点岗位应急处置卡,报管理处安全环保部审批、备案。

2.23.3　应急准备与演练

2.23.3.1　安全环保部负责每年编制应急演练计划,监督各站(队)按计划开展演练,对存在的问题进行指导；对于未按计划开展演练的站（队），在月度安全会上进行通报并督促整改。

2.23.3.2　工程物资部负责合理配备应急抢险设备、备用器具和物资材料，建立应急物资装备清单，每月定期组织检查、维护、保养，保证齐全有效。

2.23.3.3　经理每月组织开展1次管理处应急演练，演练内容应结合重大风险、生产异常、设备故障等实际情况。站（队）长每月至少组织开展1次现场应急处置方案演练，提升应急处置队伍的初期应急处置能力。

2.23.3.4　经理负责组织与维抢修中心、地方政府应急办等单位、机构定期开展联合应急演练，完善应急联动机制。

2.23.3.5　对于与其他单位联合开展的应急演练，应组织成立评估组实施定量评估；其他实战演练实施定性评估；桌面演练实施桌面演练评估。演练结束后形成总结报告，7日内向公司安全环保部备案并存档（演练评估表见3.2.17、3.2.18、3.2.19）。

2.23.3.6　站（队）级应急演练结束后，由站（队）长组织进行演练评估和总结，形成总结报告向管理处安全环保部备案并存档。

2.23.4　应急预警与响应

2.23.4.1　管理处接到政府自然灾害、事故灾难和公共卫生等预警信息后，由经理负责组织落实应对措施，对异常状况进行实时监控。公司发布预警指令后，由经理启动相应应急预案。

2.23.4.2　按照应急事件的严重程度、可控性、影响范围和应急能力等因素，将事件响应分为二级及以上应急事件（公司及以上级）响应、三级应急事件（管理处级）响应。

2.23.4.3　应急事件发生后，岗位员工负责向站（队）值班干部报告并进行现场处置，值班干部负责向公司调控中心和管理处值班领导报告，启动站（队）应急处置程序。

2.23.4.4　经理收到消息后按照事件级别进行分级响应并向公司应急指挥中心汇报，公司三级应急事件立即启动管理处应急预案；达到公司二级应急事件标准，申请启动公司应急预案。

2.23.4.5　经理到达现场后，立即接替现场指挥，协调管理处应急力量和应急资源实施抢险救援，尽快控制事态，防止发生次生、衍生事件。

2.23.4.6　现场指挥人员负责向公司应急指挥中心及时汇报现场险情最新处置情况，落实指令要求。

2.23.4.7　在上级或政府人员到达现场后，现场指挥人员负责介绍抢险情况，并配合开展抢险工作。

2.23.4.8　应急响应程序关闭后，由生产副经理组织清理现场，恢复生产，消除环境污染。

2.23.4.9　应急结束后，安全环保部负责依据"实战演练定量评估表"和"实战演练定性评估表"编制应急过程评估表，由经理组织开展应急全过程评估，对于处置过程中存在的问题制定整改措施，明确整改期限，落实整改责任。

2.24　HSSE信息管理

2.24.1　HSSE信息

2.24.1.1　管理处相关部门及站（队）按要求填报GIS系统，对于需要处置的HSSE信息进行落实、反馈。

2.24.1.2　生产技术部负责将SCADA、压缩机诊断检测平台等监测预警纳入信息管理，对监测预警信息进行统计、分析、上报。

2.24.1.3 安全环保部负责对环保、公安、应急、卫生、市场监管等部门的 HSSE 信息进行收集、研判、传递、上报。

2.24.1.4 管道保护部负责对水利、能源、气象、发改委等部门的 HSSE 信息进行收集、研判、传递、上报。

2.24.1.5 对于上报地方政府的 HSSE 信息须经分管领导审核、经理批准。

2.24.1.6 安全环保部对周安全生产例会发布的各专业相关 HSSE 信息进行收集、整理,并在会前进行 5 分钟事故案例经验分享。站(队)在周一安全活动上进行事故案例分享。

2.24.1.7 管理处各站(队)对风险、隐患、变更、高风险作业、职业性危害因素监测结果、主要环境因素等,利用电子屏、公示栏、公告牌等各种载体进行目视化公示。

2.24.1.8 安全环保部建立更新 HSSE 体系要素与集团公司、管道公司 HSSE 制度对应表。

2.24.2 文件与记录

2.24.2.1 经理负责组织管理处 HSSE 工作指南、站(队)HSSE 风险控制实施指南、操作规程、应急预案的编制、修订、审核、发布、培训。

2.24.2.2 HSSE 管理体系每年由 HSSE 领导小组进行 1 次合规性、符合性评审,发生变更及时动态更新,文件变更由安全环保部组织培训。

2.24.2.3 HSSE 工作指南管理处管理人员、站(队)长人手一册;HSSE 风险控制实施指南管理处一部一册,站(队)一岗一册。

2.24.2.4 安全环保部每半年开展 1 次体系文件持有情况核查,确保管理人员、岗位人员都持有体系文件的有效版本。

2.24.2.5 综合管理部负责公司 HSSE 文件签收、呈批、分发,对于列入督办的 HSSE 事项进行收集、反馈。

2.24.2.6 管理处相关部门及站(队)按照 HSSE 工作指南要素及表单对应表建立 HSSE 记录、台账,并按保管周期进行存档。上级有规范标准的执行上级规范;上级未规范的,管理处进行统一规范。没有存档周期要求的至少保存 1 年,涉密记录严格落实保密规定。

2.25 检查与审核

检查与审核要素索引图如图 2-17 所示。

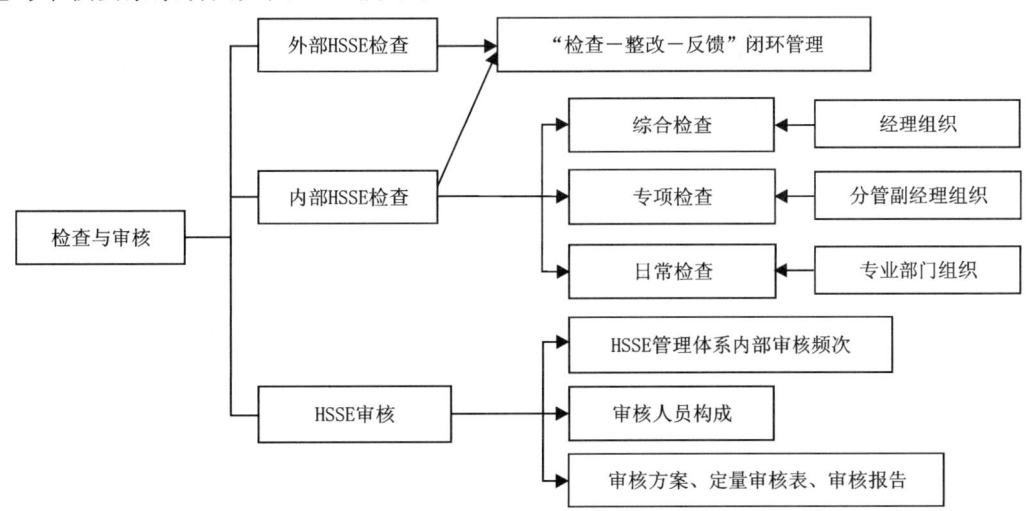

图 2-17 检查与审核要素索引图

2.25.1 外部 HSSE 检查

2.25.1.1 外部检查指地方政府部门及上级公司对管理处开展的检查。

2.25.1.2 经理组织相关部门和站(队)编制"HSSE 检查问题整改计划表"。

2.25.1.3 相关部门和站(队)落实问题整改。对于一时不能整改的问题,由经理组织制定防范措施,需要立项治理的要列入隐患治理计划进行治理。

2.25.1.4 安全环保部负责填写"HSSE 检查问题整改验收表",并将整改情况反馈至检查单位。

2.25.2 内部 HSSE 检查

2.25.2.1 内部检查指管理处对各站(队)开展的检查,包括综合性检查、专项检查和日常检查。

2.25.2.2 经理每月依据"HSSE 现场检查表"(见 3.2.20)和阶段工作重点组织开展 1 次 HSSE 综合性检查。

2.25.2.3 分管副经理依据专项要求和相关技术规范组织开展业务范围内的专项检查,包括专业性安全检查、专项环保检查、工程 HSSE 检查、开(停)工前安全环保检查、季节性安全环保检查和特殊时期 HSSE 检查。

2.25.2.4 专业部门按照公司管理要求和相关技术规范开展日常检查,包括管理处管道、生产、设备、工程、物资、HSSE 等专业管理人员的经常性检查。

2.25.2.5 检查组织部门应及时将检查问题反馈至被检查站(队)。

2.25.2.6 各站(队)制定问题整改计划并组织落实。检查责任部门对整改情况进行复核验证的情况。

2.25.2.7 对于一时不能整改的问题,由专业部门负责制定防范措施,需要立项治理的要列入隐患治理计划进行治理。

2.25.2.8 安全环保部定期对各类检查结果进行统计分析,提出改进建议和 HSSE 考核意见,提交 HSSE 领导小组审议,审议结果由责任部门落实。

2.25.2.9 站(队)应开展周检查,岗位交接班检查和班中巡回检查,特殊设备专项巡检等。

2.25.3 HSSE 审核

2.25.3.1 经理负责每季度组织 1 次 HSSE 管理体系内部审核。

2.25.3.2 审核人员应由专业知识及现场经验丰富的安全环保人员和专业技术人员担任。

2.25.3.3 安全环保部负责编制 HSSE 管理体系审核方案和定量审核表(见 3.2.21),由 HSSE 副经理牵头成立审核组进行审核,对于发现的不符合项,纳入 HSSE 绩效考核并由主管部门和责任站(队)落实整改。

2.25.3.4 HSSE 副经理组织编制 HSSE 管理体系审核报告,对管理处 HSSE 管理体系存在的问题进行评估分析,提出整改、提升措施和建议,纳入 HSSE 管理评审,落实持续改进。

2.26 事故事件管理

2.26.1 管理要求

2.26.1.1 贯彻"预防为主"的管理思想,通过未遂事件管理和开展事故教育反思,实现 HSSE 事故的预防预控管理。

2.26.1.2 完善未遂事件和事故警示分享常态机制。

2.26.1.3 事故等级分为上报集团公司级、上级直属企业级、管道公司级、管理处级和备案事故（事件）。具体等级划分及需提级问责的事故详见 3.2.22、3.2.23。

2.26.1.4 事故调查期间，管理处、站场相关人员应积极配合调查，不得擅离职守，随时接受询问，如实提供相关情况。

2.26.1.5 任何人不得伪造或者故意破坏事故现场，销毁有关证据和资料，不得拒绝接受调查或者拒绝提供相关情况，不得逃匿、作伪证或者指使他人作伪证。

2.26.1.6 事故（事件）处理坚持"四不放过"原则。各级人员责任追究标准、追究原则见 3.3.24、3.2.25。

2.26.1.7 承包商安全事故按照内部安全事故报告和调查处理。

2.26.2 未遂事件管理

2.26.2.1 管理处应加强生产异常、未遂事件管理，鼓励员工及时报告未遂事件情况。

2.26.2.2 分管副经理组织分析未遂事件原因，制定防范措施。

2.26.2.3 安全环保部负责对防范措施的落实情况进行监督。

2.26.2.4 安全环保部每季度对未遂事件进行统计分析，提出改进措施，开展事件分享。

2.26.3 事故管理

2.26.3.1 事故发生后，事故当事人或第一发现人向公司调控中心和站（队）长汇报。

2.26.3.2 站（队）长接报后立即向管理处经理（值班干部）报告，同时组织开展初期应急处置。

2.26.3.3 管理处经理（值班干部）在事故发生 15 分钟内向公司调控中心汇报，同时按照应急预案进行处置。2 小时内向公司生产运行部（调控中心）、安全环保部及业务主管部门上报生产安全事故快报，事故持续发展的，要随时向公司调控中心报告情况。

2.26.3.4 管理处级事故，经理组织调查并召开事故原因分析会，形成事故调查报告，3 日内报公司主管部门和安全环保部审查备案；管理处 HSSE 领导小组负责提出事故处理意见，上报公司 HSSE 委员会，按批复意见执行。

2.26.3.5 管理处级以上事故，经理组织配合事故调查和处理。

2.26.3.6 事故整改措施由经理组织落实。管理处级以上事故整改措施落实情况在事故报告批准后 10 天内报送公司安全环保部。

2.26.3.7 事故教训应纳入管理处、站（队）事故警示分享范围。

2.27 绩效考核

2.27.1 管理要求

2.27.1.1 过程与结果并重，以过程为主；定量与定性相结合，以定量为主。定期考核与日常考核相结合；单位绩效考核与员工绩效考核同步进行。

2.27.1.2 坚持"公平、公正、公开"，结果公开公示。

2.27.1.3 经理、书记负责确定 HSSE 目标指标、提出绩效评价办法，对管理处、站（队）、岗位员工 HSSE 绩效进行考核评价。

2.27.2 考核办法

2.27.2.1 管理处考核评价办法

(1) 管理处的 HSSE 自考核实行千分制。内容包括三方面：否决性指标（400 分）、定期 HSSE 审核平均折合分（300 分）、上级各类检查所得分（300 分－检查扣分）。

(2) 计算方法：季度 HSSE 绩效考核分＝结果性指标得分（400 分）＋HSSE 审核平均折合分（300 分）＋上级 HSSE 检查所得分（300 分－检查扣分）。

(3) 机关管理人员考核以 HSSE 责任清单考核得分（100 分－所扣分）为准。

2.27.2.2 站（队）考核评价办法

(1) 对各站（队）的 HSSE 考核实行千分制。考核内容在管理处自考核内容基础上，增加"安全记分"考核项（《管理处员工记分实施办法》见 3.2.26）。

(2) 计算方法：季度 HSSE 绩效考核分＝结果性指标分（400 分）＋HSSE 审核折合分（300 分）＋上级 HSSE 检查所得分（200 分－检查扣分）＋安全记分（100 分－所扣分）。

(3) 各站（队）HSSE 审核得分按百分制折算即为站队长考核得分。

(4) 副站长、专业技术人员考核以 HSSE 责任清单考核得分（100 分－所扣分）为准。

(5) 对岗位操作人员的 HSSE 考核实行百分制。减除安全记分个人所扣分值后，即为员工个人的考核所得分（安全行为负面清单见 3.1.9）。

2.27.3 考核实施

2.27.3.1 管理处的自考核，对站（队）、员工的 HSSE 考核每季度进行 1 次。

2.27.3.2 HSSE 副经理组织安全环保部和相关部门进行评价考核，提出初步考核意见。

2.27.3.3 经理、书记召开 HSSE 领导小组会议审核确认最终考核结论，并进行公示。

2.27.3.4 管理人员考核结果由人力资源管理岗按 30% 权重纳入绩效工资兑现。

2.27.3.5 HSSE 考核结果与部门、站（队）、员工年度 HSSE 评先挂钩。

2.27.3.6 站（队）的考核结果由生产技术部纳入生产运行承包商季度绩效考核。其中承包商人员考核结果按下述办法落实：

(1) 得分为 80～89 分的，由站长组织开展专项培训考核。

(2) 得分 70～79 分的，管理处发文通报批评，文件抄送其所在单位，并由综合管理部和安全环保部组织专项培训考核。

(3) 得分 69 分及以下的，应视为不满足安全能力要求，通报其所在单位，清退出场。

2.28 持续改进

2.28.1 经理每年年底组织召开 HSSE 管理评审会，HSSE 领导小组成员参加，HSSE 副经理对年度 HSSE 体系运行情况进行汇报，各专业部门汇报本专业 HSSE 工作开展情况，与会人员对体系运行状态进行评价分析，确认要素偏离和不符合项，提出下一步改进措施。

2.28.2 管理评审应重点关注：HSSE 体系审核结果、HSSE 绩效、HSSE 检查问题、HSSE 投入效果、HSSE 优秀实践、合规性、内外部环境变化、事故事件等。

2.28.3 HSSE 副经理组织编写评审报告，评估报告内容包括：体系运行的整体评价、存在的主要不符合项、下一步改进措施与计划等。

2.28.4 持续改进工作应体现在以下方面：

(1) 固化、推广优秀实践。

(2) 修订完善 HSSE 工作指南、岗位 HSSE 责任制、检查表等。

(3) 确定下一年度 HSSE 工作的提升目标和改进措施。

3 管理附录

3.1 清单类附录

3.1.1 管理处风险清单（表3-1）

表3-1 管理处风险清单

序号	风险名称	风险等级	风险位置	基层单位层级		风险值
				所属单位	基层单位层级	
1						
2						
3						
...						

3.1.2 管理处高后果区清单(表 3-2)

表 3-2 管理处高后果区清单

序号	高后果区编号	高后果区名称	区域位置	高后果区长度(km)	起点桩	终点桩	高后果区分级	主要风险因素
1								
2								
3								
…								

3.1.3 管理处领导及机关管理人员 HSSE 责任制清单及考核标准

表 3-3 管理处领导及机关管理人员 HSSE 责任制清单及考核标准

基本情况				
单位名称	管理处			
岗位名称	经理			
直接上级	公司领导			

岗位概况	岗位职责	HSSE 职责	HSSE 工作内容	HSSE 考核标准	单项分
1. 确保管理处 HSSE 管理全面依法合规。2. 是管理处 HSSE 第一责任人。3. 按照责任制、全面负责管理处 HSSE 工作	1. 贯彻执行国家以及上级的各种法令、法规和上级的有关规章制度。2. 全面负责本单位行政和生产管理工作，领导并组织完成上级下达的生产经营指标、行政和生产管理工作，对管理处的安全生产、环境保护、廉洁从业及队伍稳定负主要领导责任。3. 对本单位安全生产全面负责，及时讨论解决安全生产中的重大问题并落实检查及安全措施的实施。4. 制定并实施本单位发展规划、构建和谐的生产生活环境。5. 抓好员工队伍"三基"（基层建设、基础工作、基本功训练）工作，努力提高员工队伍的素质和管理水平。6. 完成上级领导交办的其他任务	1. 贯彻和上级法规要求，策划组织 HSSE 体系的运行管理。2. 组织建立完善 HSSE 责任制，HSSE 制度和操作规程。3. 组织制定并实施 HSSE 培训计划。4. 保障 HSSE 投入的有效实施。5. 组织 HSSE 检查，风险识别及隐患排查治理工作。6. 组织制定并实施处级应急预案。7. 及时如实上报 HSSE 事故（事件）	1. 按照 HSSE 职责进行承诺并公示。2. 组织编制修订《管理处 HSSE 工作指南》及(队) HSSE 风险控制实施指南，并有效实施。3. 组织制定年度 HSSE 计划和 HSSE 目标指标，层层分解并进行考核。4. 定期组织开展 HSSE 综合检查，召开管理处 HSSE 领导小组会议（例会），解决 HSSE 突出问题并实施运行纠偏。5. 组织 HSSE 责任制、HSSE 制度、操作规程评审。6. 组织制定 HSSE 培训计划并监督落实。7. 建立完善 HSSE 机构，按规定配置 HSSE 人员，落实资源保障。8. 组织开展全面风险识别和隐患排查治理，建立管理处风险数据库和隐患清单。9. 每季度组织 1 次 HSSE 定量审核，对管理处、站（队）员工开展 HSSE 绩效评价；每年组织 1 次管理评审和领导班子 HSSE 履职考评。10. 及时组织修订应急预案，应急处置卡，建立企地联动应急机制。11. 发生 HSSE 事故（事件）立即上报并配合调查处理，落实"四不放过"（事故原因不查清不放过、责任人员未处理不放过、整改措施未落实不放过、有关人员未受到教育不放过）。12. 按规定承包管理处检查，每月 1 次承包检查	1. 避免一般以上生产安全事故。2. 从业人员重伤及以上事故为零。3. 承包商死亡事故为零。4. 不发生危及周边社区的天然气泄漏、火灾、爆炸事故。5. 无责任交通事故。6. 无环境污染、生态破坏、职业卫生急性中毒事件发生。7. 输气管道新增占压为零。8. 每年组织 1 次 HSSE 工作指南、HSSE 责任制，应急预案评审，管理合规有效。9. 年度 HSSE 工作及培训按计划实施；HSSE 领导小组会议组织到位率 100%。10. 单位主要负责人、安全主管领导、安全管理人员安全考核取证率 100%；从业人员持证上岗率 100%。11. 管理处应急预案建立及演练到位率 100%。12. 安全风险承包管理处到位率 100%。13. HSSE 检查、风险识别、隐患排查按规定开展；每季度 1 次的 HSSE 定量审核组织到位、考核到位	15
					10
					10
					10
					5
					10
					5
					5
					6
					4
					5
					3
					12

续表 3-3

基本情况		
单位名称	管理处	
岗位名称	书记	
直接上级	公司领导	

岗位概况：
1. 确保 HSSE 管理全面依法合规。
2. 党政同责，是管理处 HSSE 第一责任人。
3. 按照党委职责，协同经理全面负责管理处 HSSE 工作。

岗位职责	HSSE 职责	HSSE 工作内容	HSSE 考核标准	单项分
1. 贯彻执行党的路线方针政策，召集并主持党总支会、党员大会，召集并主持领导班子及党员民主生活会，负责组织召开的各种会议和思想政治工作例会。	1. 贯彻执行 HSSE 法规和上级要求，策划组织 HSSE 体系运行管理。	1. 按照 HSSE 职责进行承诺并公示。	1. 避免一般及以上生产安全事故	15
2. 掌握单位党建情况，及时发现存在的问题，有针对性地提出加强党建议并组织实施。	2. 把 HSSE 管理内容纳入干部培训计划，并监督落实。	2. 组织编制修订《管理处 HSSE 工作指南》，并有效实施。	2. 从业人员重伤及以上事故为零	10
3. 检查指导基层党支部工作，按时向上级党组织报告工作。	3. 把 HSSE 工作纳入管理处宣传文化建设一体推进。	3. 组织制定年度 HSSE 目标指标，层层分解并进行考核。协同组织开展全面风险识别和隐患排查治理，建立管理处风险和隐患清单。	3. 承包商死亡事故为零	10
4. 制定思想政治工作和精神文明建设长远规划和年度计划。	4. 组织安全生产工会公益活动和参与公益监督。	4. 协同组织 HSSE 领导小组会议，保持体系持续改进。	4. 不发生危及周边社区的天然气泄漏，火灾、爆炸事故	10
5. 指导协调工会和共青团等群众组织，按照各自的职责发挥在思想政治工作中的作用，向工会和共青团等群众组织宣传党的有关方针政策。	5. 督促、检查 HSSE 工作，及时消除事故隐患。	5. 在干部教育培训中督导落实 HSSE 培训内容，提升 HSSE 履职能力。	5. 无责任交通事故	5
6. 完成上级领导交办的其他任务	6. 组织制定并实施消除事故处置应急预案。	6. 将 HSSE 宣传文化纳入思想政治工作和精神文明建设计划督导实施。	6. 无环境污染、生态破坏、职业卫生急性中毒的事件发生	10
	7. 及时如实上报 HSSE 事故（事件）	7. 组织工会及员工参与安全生产监督。	7. 每年组织 1 次 HSSE 工作指南、HSSE 责任制、应急预案评审、管理合规有效	5
		8. 推行员工帮助计划（EAP），组织开展 HSSE 员工参与和创先争优竞赛。	8. 按计划组织开展 HSSE 宣传文化工作、公司和地方政府要求组织的相关活动按规定组织到位	6
		9. 组织开展绿色公益活动，宣传环境保护知识，履行社会责任。	9. 按计划开展员工体检和评价，组织心理健康调查	5
		10. 协同组织 HSSE 定量审核，开展处级应急演练。	10. 1次员工身体健康体检和评价，组织心理健康调查	5
		11. 发生 HSSE 事故（事件）立即上报并配合调查处理，落实"四不放过"。	11. 单位主要负责人、安全主管领导、安全管理人员安全考核取证率 100%	4
		12. 按规定组织承包管理处最大安全风险，每月组织 1 次承包检查	12. 安全风险包管理系包到位率 100%	3
			13. HSSE 检查、风险识别、隐患排查按规定开展；每季度 1 次承包管理处 HSSE 定量审核组织到位、考核到位	12

续表 3-3

基本情况	岗位职责	HSSE 职责	HSSE 工作内容	HSSE 考核标准	单项分
单位名称：管理处 岗位名称：生产副经理 直接上级：管理处经理 岗位概况： 1. 确保分管专业 HSSE 系统管理依法合规。 2. 按照"谁专业谁负责"，是生产安全责任人。 3. 按照"五同时"原则，组织落实本专业领域 HSSE 工作	1. 贯彻执行国家、集团公司、上级直属企业、公司有关法令、法规及相关制度。 2. 负责生产、设备现场安全监督检查工作，积极组织推广应用"四新"技术并开展各专项安全活动。 4. 负责上级下达的生产任务落实和考核考查标准实施。 5. 参与制定、审核各种技术规程、操作规程、规章制度并监督实施。 6. 协助管理处经理抓好本单位安全隐患治理，确保安全生产。 7. 完成领导交办的其他工作。	1. 组织建立本专业 HSSE 管理制度和工作计划，并监督落实。 2. 负责生产运行和设备专业的 HSSE 监督管理。 4. 负责专业承包商的 HSSE 监督管理。 5. 负责现场 HSSE 标准化建设管理。 6. 负责 HSSE 标准和科技管理。 7. 完成领导交办的其他 HSSE 工作	1. 结合岗位 HSSE 责任每年年初公开做出并践行 HSSE 承诺。 2. 组织制定并落实业务范围内 HSSE 制度、操作规程、计划。 3. 组织开展专业风险识别管控宣贯和隐患排查治理。 4. 组织开展 HSSE 标准化建设。 5. 组织开展 HSSE 标准化考核。 6. 部署安排生产和设备管理的 HSSE 工作并组织监督、考核。 7. 每月对承包商的 HSSE 标准化风险管控措施落实情况进行监督检查。 8. 负责将生产承包商纳入内部管理和业务范围内承包商安全管理，对作业锁定固定承包商解决发现的问题，组织安全检查和考核。 9. 对作业锁定及解锁按程序审批，并监督实施。 10. 组织制定节能降耗措施并监督落实。 11. 组织开展生产异常处置和突发性泄漏应急处置、动态研判风险，审查压缩机组周期性维护保养和检维修方案编制，并组织实施。 13. 组织生产、审核生产、设备的投产及运行方案措施实施。 14. 协助总指挥做好应急工作，协调机关各部门、各站（队）的应急工作。 15. 组织实施科研项目和"四新"（新技术、新材料、新设备、新工艺、新技术）技术推广，落实过程 HSSE 管理。 16. 参与事故（事件）分析、处理和调查、配合落实事故整改整顿防范措施	1. 管理处级及以上责任事故为零 2. 设备设施完好率 98% 3. 分管专业的操作规程、技术规程、应急预案修订完善率 100% 4. 按规定开展分管专业的风险识别管控和隐患排查治理 5. 及时开展分管专业 HSSE 技术培训和标准宣贯 6. 监督承包包风险管控措施落实到位 7. 每月组织召开 1 次压缩机组专题例会 8. 每月开展 1 次 HSSE 专项检查，提出考核建议、监督问题整改 9. 锁定及解锁程按程序进行 10. 压缩机组周期性维护保养和检维修措施落实到位 11. 异常处置风险管控措施落实到位、方案 HSSE 措施落实 12. 生产、设备的投产及运行方案和可研项目的 HSSE 措施落实到位	15 10 6 15 5 5 5 10 6 8 8 8

续表 3-3

基本情况	岗位职责	HSSE 职责	HSSE 工作内容	HSSE 考核标准	单项分
单位名称：管理处 岗位名称：HSSE副经理 直接上级：管理处经理 岗位概况： 1. 确保管理处全面依法合规管理。 2. 是管理处HSSE主管责任者、HSSE管理者代表。 3. 对管理处HSSE工作负综合监管责任。	1. 贯彻执行国家、集团公司、上级直属企业、公司有关法令、法规及相关制度。 2. 负责生产、设备现场安全监督检查工作，积极推广应用"四新"技术并组织开展各项安全活动。 3. 负责上级下达的生产任务、专业技术和检查考核工作落实及培训工作。 4. 参与制定、审核各种技术规范、操作规程。 5. 参与制度制定并监督实施。 6. 协助管理处经理抓好本单位HSSE隐患的治理。 7. 完成领导交办的其他工作。	1. 建立运行HSSE体系，组织编制并监督实施HSSE工作计划。 2. 监督落实HSSE培训工作。 3. 组织识别及隐患排查治理工作。 4. 组织管理处重大HSSE事项协调和处置。 5. 组织制定并实施管理处应急救援预案。 6. 及时、如实报告HSSE事故（事件），落实"四不放过"措施。 7. 每月向HSSE领导小组报告工作，监督议定事项落实	1. 结合岗位HSSE责任每年年初公开做出并践行HSSE承诺。 2. 协助经理制定、修订和审查《管理处HSSE工作指南》并有效实施。 3. 协助经理组织开展综合检查，HSSE体系审核和管理评审；负责开展分管专业专项检查。 4. 负责环保、职业健康、交通和消防综合监督以及特种设备、承包商、公共安全的管理。 5. 组织开展HSSE检查、隐患排查治理。 6. 每月对承包商风险管控措施落实情况进行监督检查。 7. 负责修订应急预案并每月组织开展1次应急演练。 8. 负责制定HSSE培训矩阵，开展HSSE教育、培训和管理人员、特殊作业人员取证培训。 9. 组织开展非常规作业排查梳理，建立作业清单。 10. 协助总指挥做好应急工作，协调机关各部门，各站队组织措施落实。 11. 发生HSSE事故（事件）立即上报并配合调查处理，协助经理落实"四不放过"措施	1. 管理处级及以上生产安全事故为零 2. 不发生危及周边社区的天然气泄漏，火灾、爆炸事故 3. 无责任交通事故 4. 无环境污染、生态破坏、职业卫生急性中毒事故发生 5. 外排工业废水、碳排放量达标率100%，矿物油回收利用率、固废处理处置率100%，危险化学品承运资格审查合格率100% 6. 从业人员职业健康体检率和劳保配置率100%，作业场所职业危害因素检测率、职业危害合同告知率和警示标识设置率100% 7. 岗位噪声强度达标率大于95% 8. 应急预案修订完善率、备案率、演练任务完成率100% 9. 公司及以上安全风险降级和隐患治理销项计划符合率100% 10. 建设项目安全、环保、消防和职业卫生"三同时"执行率100% 11. HSSE工作和培训按计划落实，依据培训矩阵开展培训 12. 按规定开展风险识别和隐患排查治理工作，监督各项风险管控措施落实 13. 按规定开展综合检查、专项检查；每季度策划实施1次审核 14. 每月向HSSE领导小组汇报月度工作；每年在HSSE管理评审会上汇报年度HSSE体系运行情况 15. 监督承包商风险管控措施落实到位 16. 事故（事件）"四不放过"措施落实到位	15 10 5 10 5 6 3 4 4 3 5 8 10 6 3 3

续表 3-3

基本情况	岗位职责	HSSE 职责	HSSE 工作内容	HSSE 考核标准	单项分
单位名称：管理处	1. 协助管理处经理抓好本单位所辖管道的运行管理工作，落实国家、行业及公司有关管道保护的方针政策的宣传落实。 2. 负责组织领导管道保护人员对管道附属设施的日常维护、春秋检、管道应急管理以及阴极保护系统的日常运维管理。 3. 负责本单位所辖管段的防恐、反恐工作。 4. 及时制止、清理违法占压，及时制止违章施工隐患，除线路重大安全问题及时处理和上报。 5. 负责管道线路第三方施工的监督管理工作。 6. 协助管理处经理做好企地关系协调，建立企地联动机制，及时掌握地方各类建设项目的发展动态，尽可能避免与管道交叉。 7. 负责管道突发事件的应急抢险工作。 8. 协助管理处经理对本单位突发事件进行应急处置工作。 9. 负责完成领导交办的其他工作任务	1. 组织编制本专业 HSSE 管理制度和工作计划，并监督落实。 2. 组织实施管道保护和管道完整性安全管理。 3. 负责管道公共安全监督管理。 4. 负责管道线路第三方施工 HSSE 监管。 5. 负责管道线路检修承包 HSSE 监管。 6. 完成领导交办的其他 HSSE 工作	1. 结合岗位 HSSE 责任每年年初公开做出并践行 HSSE 承诺。 2. 组织制定并落实业务范围内 HSSE 制度、操作规程、计划。 3. 组织开展专业风险识别管控和隐患排查治理。 4. 组织开展专项 HSSE 培训和专项检查。 5. 每月对承包商措施落实情况进行监督检查。 6. 组织开展防止管道占压的宣传，制止工作，对已有占压进行清理，消除隐患。 7. 组织开展管道阴极保护及防腐管理，审核阴极保护系统的大修和更新改造计划，并组织实施。 8. 组织开展管道高后果区的识别，编制管控方案，落实防护措施。 9. 配合开展管道内检测及缺陷问题处理。 10. 开展企地协调，建立企地联防、联治，联动机制。 11. 组织落实管道自然灾害防范措施。 12. 组织落实管道第三方施工前方案审批、HSSE 协议签订，组织开展施工中安全监护，负责施工后安全验收。 13. 组织实施管道检修维修项目安全技术交底和 HSSE 培训，协调解决检修维修的问题，开展承包商安全检查和考核。 14. 参与事故(事件)分析、处理和调查，配合落实事故整改防范措施	1. 管理处级及以上责任事故为零 2. 不发生危及周边社区的天然气泄漏、火灾、爆炸事故 3. 输气管道失效停输新增违章占压次数为零 4. 输气管道施工"安全保护工作同步运行机制"审查合格率 100% 5. 管道沿线隐患和重大风险告知率 100% 6. 管道设施完好率 98%，阴极保护率 100%，阴极保护设施运行率 98%，数据采集率 100%，高后果区识别率 100%，风险评价完成率达到 100%，完整性管理合规性达到 100% 7. 第三方施工方案审批率 100%，施工现场 24 小时监护 100% 8. 管道巡护人员培训持证 100%，卫星定位配备率 100%，巡护人员上线率 100%，巡护必经点的巡检到位率 100% 9. 按规定开展管道数据采集落实到位，阴保护系统的大修计划和更新改造、内检测缺陷问题整改到位 10. 按规定开展风险识别和隐患排查治理工作，监督各风险管控措施落实 11. 按规定开展数据采集落实到位，监督"一区一案"管控措施落实到位 12. 监督承包风险管控措施落实到位 13. 企地联防、联治、应急通讯机制有效，信息畅通、应急通讯录完善 14. 自然灾害防范措施落实到位 15. 按规定开展应急专项检查 16. 事故(事件)"四不放过"措施落实到位	15 10 10 5 5 10 4 4 5 3 6 5 4 4 6 4
岗位名称：管道副经理					
直接上级：管理处经理					
岗位概况： 1. 确保主管专业 HSSE 系统依法合规。 2. 按照"谁主管、谁负责"的专业推进原则，是管道保护 HSSE 系统 HSSE 分管责任人。 3. 按照"五同时"原则，组织落实本专业领域 HSSE 工作					

续表 3-3

基本情况			HSSE 职责	HSSE 工作内容	HSSE 考核标准	单项分
单位名称	管理处				1. 工程项目管理处级及以上责任事故为零；承包商死亡事故为零	20
岗位名称	工程副经理				2. 建设项目安全、环保、消防和职业卫生等"三同时"执行率100%	10
直接上级	管理处经理				3. 按规定开展分管专业的风险识别管控和隐患排查治理	15
岗位概况	1.确保主管专业系统HSSE管理依法合规。2.按照"谁主管谁负责"原则，是工程HSSE系统分管负责人。3.按照"五同时"原则，组织落实本专业领域HSSE工作	1.协助管理处经理抓好本单位所错工程管理工作，落实国家及公司有关工程管理的方针政策的宣传落实。2.参与公司开展项目的前期调研、设计审查，对不符合项提出建议。3.配合公司对所管理项目施工、监理、设计、无损检测等承包单位进行考核。4.主体工程完成后参与项目"三查四定"和项目中间交接、监督发现问题的整改。5.协调建设项目外部关系，组织项目开展相关前期手续、开工手续的办理及工农关系的协调。6.组织检查、监督参建单位严格履行合同，对项目HSSE管理、施工质量、进度负责。7.组织相关部门进行设备单机试运、逐项整改。8.负责完成领导交办的其他工作任务	1.组织建立本专业HSSE管理制度和工作计划，组织培训和监督落实。2.组织业务范围内风险识别管控和隐患排查治理。3.组织专业HSSE培训和检查。4.负责工程过程HSSE管理。5.负责建设项目承包商的HSSE监督管理。6.参与事故（事件）分析、处理和调查。7.完成领导交办的其他HSSE工作	1.结合岗位HSSE责任做出HSSE承诺。2.组织制定并落实业务范围内HSSE制度、操作规程、计划。3.组织开展业务范围内风险识别管控和隐患排查治理工作，监督风险管控和隐患治理措施的落实。4.组织开展分管专业HSSE技术培训和专项检查。5.落实工程项目高风险作业许可管理。6.负责工程项目设计、施工方案中HSSE专篇的初审和报批，并监督实施。7.组织工程项目开工手续的办理，并监督实施。8.组织落实工程建设项目安全、消防、防雷、安防、水土保持、职业病防护、环境保护等设施，同时施工、同时投入运行和使用。9.组织工程项目应急预案的编制和应急演练。10.组织开展工程承包商HSSE检查和考核、协调解决承包商管理中发现的问题。11.每月对承包风险管控措施落实情况进行监督检查。12.参与事故（事件）分析、处理和调查，配合落实事故整改防范措施	4.及时开展分管专业HSSE技术培训和标准宣贯	5
					5.每月开展1次HSSE专项检查，提出考核建议，监督问题整改	10
					6.工程项目施工方案HSSE专篇措施落实到位	10
					7.开工报告和开工许可现场签发，许可作业许可证现场签发，视频监控率100%	8
					8.承包商方案审核到位，人员资质符合率100%，人员培训和考核到位	6
					9.每月至少召开1次承包商会议并进行HSSE检查	10
					10.风险承包管控措施落实到位	6

续表 3-3

基本情况		岗位职责	HSSE 职责	HSSE 工作内容	HSSE 考核标准	单项分
单位名称	管理处	1. 贯彻执行国家有关物资管理的法律法规、技术标准，完善物资管理规定、制度。 2. 在管理处经理的领导下对物资管理工作全面负责。 3. 负责组织对物资管理人员的考核制度的执行情况的考核。 4. 负责组织对管理处物资计划进行审核。 5. 负责物资、使运输和存储符合相关标准。 6. 负责组织落实关键设备、物资采购符合上级制度要求。 7. 建立绿色采购制度，从源头开展绿色企业建设。 8. 完成领导交办的其他工作。	1. 组织建立本专业范围 HSSE 管理制度和工作计划，并监督落实。 2. 组织业务范围内风险识别管控和隐患排查治理。 3. 组织专业 HSSE 培训和检查。 4. 建立并落实绿色采购制度。 5. 负责关键物资采购地安全监督管理。 6. 参与事故（事件）分析、处理和调查。 7. 负责完成领导交办的其他 HSSE 工作	1. 组织制定并落实专业范围内 HSSE 制度、操作规程、计划，并监督实施。 2. 结合岗位 HSSE 责任做出 HSSE 承诺。 3. 组织开展业务范围内风险识别风险管控和隐患排查和隐患治理措施的落实。 4. 组织开展专业 HSSE 技术培训、专项检查。 5. 规范采购流程，减少采购污染源。 6. 组织关键物资设备计划提报和到场验收。 7. 组织建立设备备品备件和应急物资配备标准，及时采购补充。 8. 每月对承包风险管控措施落实情况进行监督检查。 9. 参与事故（事件）分析、处理和调查，配合落实事故整改防范措施	1. 物资采购责任事故为零	25
岗位名称	物资副经理				2. 应急物资储备完好率 100%	15
直接上级	管理处经理				3. 每月开展 1 次 HSSE 专项检查，提出考核建议，监督问题整改	15
岗位概况					4. 及时开展专业 HSSE 技术培训和标准宣贯	8
1. 确保主管专业体系 HSSE 管理依法合规。 2. 按照"谁主管谁负责"原则，是物资系统 HSSE 分管责任人。 3. 按照"五同时"原则，组织落实本专业领域 HSSE 工作					5. 按规定开展专业风险识别和隐患排查、风险管控和隐患治理措施到位	12
					6. 按规定开关键物资到场验收	10
					7. 承包风险管控措施落实到位	10
					8. 按要求参加事故处理和调查，事故"四不放过"措施落实到位	5

续表 3-3

综合管理部	安全环保部	生产运行部	管理保护部	工程物资部
1. 作为 HSSE 领导小组成员，参与本专业 HSSE 事项的落实和报告。 2. 组织本专业 HSSE 风险识别防控和隐患排查治理。 3. 负责将变更设备、新工艺、新技术、新材料应用 HSSE 培训和新入培训纳入培训计划并监督各部门落实。 4. 参与 HSSE 审核和管理评审，负责本部门要素责任的报告和持续改进管理	1. 负责管理处 HSSE 领导小组的日常工作。 2. 筹划落实 HSSE 领导小组会议和周 HSSE 例会相关组织实施事项。 3. 负责做好上级和外部 HSSE 检查迎检工作；具体策划实施 HSSE 综合检查。 4. 负责上级和地方 HSSE 工作对接与实施协调。 5. 协调、指导各专业部门 HSSE 工作。 6. 负责 HSSE 费用的管理和使用监督。 7. 负责 HSSE 绩效考核的统筹实施。 8. 负责管理处上级应急演练的统一协调组织。 9. 负责 HSSE 事故的统计上报和综合管理。 10. 筹划落实 HSSE 审核和管理评审具体事项，落实同题整改和持续改进工作。 7. 完成经理、HSSE 副经理交办的 HSSE 相关协调、组织任务	1. 作为 HSSE 领导小组成员，参与本专业 HSSE 事项的落实和报告。 2. 组织本专业 HSSE 风险识别防控和隐患排查治理。 3. 负责本专业许可作业审批。 4. 负责本专业变更 HSSE 培训和新设备、新工艺、新技术、新材料应用 HSSE 培训。 5. 负责本专业非常规作业的识别，HSSE 风险管控措施的制定和落实。 6. 负责本专业承包商 HSSE 管理和业绩评价。 7. 参与 HSSE 审核和管理评审，负责部门要素责任的报告和持续改进管理	1. 作为 HSSE 领导小组成员，参与本专业 HSSE 事项的落实和报告。 2. 组织本专业 HSSE 风险识别防控和隐患排查治理。 3. 负责本专业许可作业审批。 4. 负责本专业变更 HSSE 培训和新设备、新工艺、新技术、新材料应用 HSSE 培训。 5. 负责本专业非常规作业的识别，HSSE 风险管控措施的制定和落实。 6. 负责本专业承包商 HSSE 管理和业绩评价。 7. 参与 HSSE 审核和管理评审，负责部门要素责任的报告和持续改进管理	1. 作为 HSSE 领导小组成员，参与本专业 HSSE 事项的落实和报告。 2. 组织本专业 HSSE 风险识别防控和隐患排查治理。 3. 负责本专业许可作业审批。 4. 负责本专业变更 HSSE 培训和新设备、新工艺、新技术、新材料应用 HSSE 培训。 5. 负责本专业非常规作业的识别，HSSE 风险管控措施的制定和落实。 6. 负责本专业承包商 HSSE 管理和业绩评价。 7. 参与 HSSE 审核和管理评审，负责本部门要素责任的报告和持续改进管理

续表 3-3

基本情况		岗位职责	HSSE 职责	HSSE 工作内容	HSSE 考核标准	单项分
单位名称	管理处				1. 做出个人 HSSE 承诺，并按承诺履行了岗位 HSSE 责任。	10
岗位名称	综合管理岗	1. 负责收发文件、资料、信函的归档管理工作和印鉴的保管工作。 2. 负责差旅、来访的登记上报工作。 3. 负责会议的记录、录音、组织，及时整理会议纪要。 4. 负责本单位办公物资采购管理工作。 5. 负责材料的审核、归档工作。 6. 在管理处经理指导下，负责完成管理处章制度、行政文件、年度工作报告等文件的编制工作。 8. 负责编制员工培训计划并组织培训、考核	1. 全面落实分管业务内的 HSSE 工作。 2. 负责劳动组织中的 HSSE 管理。 3. 负责员工培训的实施和监督。 4. 负责 HSSE 会议记录和 HSSE 文件管理。 5. 负责单位食堂的 HSSE 管理。 6. 完成领导交办的其他 HSSE 工作	1. 结合 HSSE 职责，对个人安全行为做出 HSSE 承诺。 2. 参与本岗位业务范围的 HSSE 风险识别防控、隐患排查治理和 HSSE 检查。 3. 参加 HSSE 培训，具备本岗位必备的 HSSE 知识与能力和履职知识与能力。 4. 落实劳动组织，人员变更的 HSSE 培训与能力培训与考核。 5. 在"两特两重"值班中落实 HSSE 工作要求。 6. 将 HSSE 培训需求和各专业 HSSE 培训计划纳入整体培训计划并组织实施。 7. 组织开展入厂人员 HSSE 培训教育；会同安全环保部开展新聘驾驶员岗前驾驶技能、理论知识考核。 8. 根据考核通报，将 HSSE 绩效考核落实到岗位。 9. 负责制定食堂 HSSE 重点工作落实情况，做好 HSSE 文件与记录的归档管理。 11. 跟踪管理处 HSSE 重点工作落实情况，并及时向业务主管领导汇报。 12. 落实管理处其他 HSSE 工作要求	2. 主要负责人、安全主管领导、安全管理人员安全考核取证率 100%	10
直接上级	经理				3. 员工岗位资质符合率 100%	10
					4. 新入厂人员 HSSE 培训合格率 100%	10
岗位概况					5. 按规定开展安全用工管理和变更培训与效果验证	5
1. 确保本岗位 HSSE 工作依法合规。 2. 按照一岗双责，是本岗位 HSSE 工作直接责任人。 3. 按照属地责任，落实本岗位区域 HSSE 工作					6. "两特两重"期间 HSSE 重点措施提示到位率 100%	5
					7. 每半年组织 1 次 HSSE 培训专项检查，开展培训需求调查和效果验证	10
					8. HSSE 绩效考核落实到岗	10
					9. 每月开展 1 次食堂 HSSE 专项检查，HSSE 措施执行到位	10
					10. HSSE 记录和文件按时归档	5
					11. HSSE 重点工作督办落实到位	5
					12. 不发生群体公共卫生事件	10

续表 3-3

实得分	岗位名称	岗位职责	HSSE 职责	HSSE 工作内容	HSSE 考核标准	单项分
单位名称	管理处					
党群管理岗	直接上级 管理处书记	1. 在管理处党支部领导下，负责做好党支部党建和思想政治工作，组织开展好各类党建活动和形势任务教育。 2. 组织开展好党组织建设、思想政治、精神文明、保密等重要工作。 3. 负责制定党支部学习计划，组织好学习活动。 4. 负责工会、女工、计生等工作，组织开展困难帮扶，积极组织开展丰富多彩的文体娱乐活动，不断丰富员工的业余文化生活。 5. 负责做好党总支各项会议记录及相关服务工作。 6. 负责做好管理处的文化建设和对内外宣传，营造良好企业形象。 7. 负责做好公司党委文件的接收和传达，管理处党总支印鉴的使用与管理工作。 8. 完成上级交办的其他工作任务	1. 全面落实分管业务内的 HSSE 工作。 2. 把 HSSE 工作纳入管理处宣传文化建设一体推进。 3. 负责落实员工参与 HSSE 监督、履行工会监督职责。 4. 负责落实员工帮助计划（EAP）和创先争优竞赛活动。 5. 完成领导交办的其他 HSSE 工作	1. 结合 HSSE 职责，对个人安全行为做出 HSSE 承诺。 2. 参与本岗位业务范围的 HSSE 风险识别防控和 HSSE 检查。 3. 参加 HSSE 培训，具备本岗位 HSSE 资质和履职的知识与能力。 4. 负责在宣传文化建设中落实 HSSE 宣传文化内容与措施。 5. 落实工会 HSSE 监督职责。 6. 开展劳动保护检查，保护员工的 HSSE 权益。 7. 开展员工帮助计划（EAP）、健康体检、员工关怀工作。 8. 组织开展员工 HSSE 竞赛、绿色公益、HSSE 合理化建议活动。 9. 落实管理处其他 HSSE 工作要求	1. 做出个人 HSSE 承诺，并按承诺履行了岗位 HSSE 责任	20
					2. 员工健康体检到位率 100%	20
					3. 按计划落实 HSSE 宣传文化工作	16
					4. 员工 HSSE 权益保障到位	12
					5. 每年开展 2 次劳动保护检查	10
					6. 每年度组织工会会员大会听取 HSSE 工作报告，提出管理建议	6
					7. 每年开展 1 次员工帮助计划（EAP）培训	6
					8. 上级及管理处开展的员工参与活动，组织到位、参与到位	10

岗位概况：
1. 确保本岗位 HSSE 工作依法合规。
2. 按照一岗双责，是本岗位 HSSE 工作直接责任人。
3. 按照属地责任，落实本岗位 HSSE 区域责任工作

续表 3-3

单位名称	岗位名称	直接上级	岗位概况	岗位职责	HSSE 职责	HSSE 工作内容	HSSE 考核标准	单项分
管理处	经营管理岗	管理处经理	1. 确保本岗位 HSSE 工作依法合规。 2. 按照一岗双责，是本岗位 HSSE 直接责任人。 3. 按照属地责任，落实本岗位责任区域 HSSE 工作。	1. 认真贯彻执行国家《会计准则》及相关财经纪律、法律法规和公司的各项规章制度。 2. 严格遵守财经纪律，依据合同及公司内控规定认真审核原始票据，及时做好账务处理、会计资料整理。 3. 制定、修订资产管理规章制度。 4. 完善预算管理体系，抓好预算编制、上报、执行、分析工作；根据管理处实际情况提出降低成本、提高效益措施。 5. 及时、准确、高效地完成日常财务核算业务，确保会计工作质量。	1. 全面落实分管业务内的 HSSE 工作。 2. 协助经理落实 HSSE 资金投入。 3. 负责 HSSE 合规性管理。 4. 负责将 HSSE 管理制度纳入管理处制度建设。 5. 负责安全生产相关费用的管理与核销工作。 6. 完成领导交办的其他 HSSE 工作。	1. 结合 HSSE 职责，对个人安全行为做出 HSSE 承诺。 2. 参与本岗位业务范围的 HSSE 检查。 3. 参加 HSSE 培训，具备本岗位 HSSE 资质和履职的知识与能力。 4. 协助经理做好 HSSE 资金投入计划，并监督实施。 5. 组织 HSSE 制度文件和 HSSE 措施的合规性审查。 6. 将 HSSE 制度纳入管理处制度管理，指导 HSSE 制度建立与修订。 7. 将 HSSE 风险纳入管理处生产经营风险一体化管理控制。 8. 监督落实安全生产费用的使用。 9. 落实管理处其他 HSSE 工作要求。	1. 做出个人 HSSE 承诺，并按承诺履行了岗位 HSSE 责任 2. HSSE 资金按计划落实和有效实施 3. 每年开展 1 次 HSSE 合规性排查 4. HSSE 制度与管理处制度统一管控 5. HSSE 风险与生产经营风险融合一体、统一进行监督管理 6. 安全生产费用专款专用	20 15 25 10 20 10

续表 3-3

单位名称	岗位名称	直接上级	岗位概况	岗位职责	HSSE 职责	HSSE 工作内容	HSSE 考核标准	单项分
管理处	合同管理岗	管理处经理	1. 确保本岗位 HSSE 工作依法合规。 2. 按照一岗双责,是本岗位 HSSE 责任人。 3. 按照落实本岗位责任及本区域 HSSE 工作	1. 掌握国家的相关法律、法规,掌握公司在合同管理方面的规章制度,维护管理处的利益。 2. 负责管理处合同的起草、会签,对管理处各类合同进行准确登记、编号。 3. 及时掌握合同履行、变更、终止情况,并与相关部门沟通,确保管理处利益不受损失。 4. 科学规范管理合同档案,保证查阅方便、保密性。 5. 熟悉管理项目各类施工图纸,了解工程施工范围及内容,将合同前期准备工作做充分。 6. 动态更新、完善各种合同范本及相关法律法规。 7. 将合同管理情况及时向部门领导汇报。	1. 全面落实分管业务内的 HSSE 工作。 2. 负责各类合同中 HSSE 条款的审查管理。 3. 配合安全环保部对 HSSE 协议进行审查。 4. 完成领导交办的其他 HSSE 工作。	1. 结合 HSSE 职责,对个人安全行为做出 HSSE 承诺。 2. 参与本岗位业务范围的 HSSE 风险识别防控和 HSSE 检查。 3. 参加 HSSE 培训,具备本岗位 HSSE 资质和履职的知识与能力。 4. 对合同相对人的资质和 HSSE 内容进行审查,确保依法合规。 5. HSSE 协议中双方 HSSE 责任明确,与合同同步上报公司。 6. 参加管理处各项 HSSE 活动	1. 做出个人 HSSE 承诺,并按承诺履行了岗位 HSSE 责任	35
							2. 合同相对人资质和 HSSE 内容合规率 100%	35
							3. HSSE 协议双方责任满足合同要求,责任界面清晰	30

续表 3-3

实得分	岗位职责	HSSE 职责	HSSE 工作内容	HSSE 考核标准	单项分
单位名称					
管理处					
岗位名称					
安全管理岗					
直接上级					
管理处副经理					
岗位概况	1.收集有关安全标准、规范,并做好宣贯落实施工作,监督落实安全生产责任制。 2.搞好员工安全教育培训和取证工作,加强对从作业人员的安全管理,深入开展HSSE活动,提高员工安全素质和安全技能。 3.按照"四不放过"原则,参加有关事故的调查处理。 4.认真执行"三同时"制度,落实安全技术措施项目,积极推广应用先进技术和方法,不断提升本质安全化水平。 5.加强重要部位、关键装置和直接作业环节安全监理,督促检查的落实,并建立安全检查台账。 6.建立健全安全技术资料台账,协助编制应急救援预案及演练计划,并负责预案检查落实。 7.负责治理隐患处理的维修、隐患治理设施和安全措施费用预算的组织实施。	1.确保HSSE岗位工作依法合规。 2.按照一岗双责,是本岗位HSSE工作直接责任人。 3.按照属地责任,落实本岗位HSSE区域工作。	1.全面落实分管业务内的HSSE工作。 2.负责安全生产规划、制度、HSSE责任制、应急预案编制与修订。 3.负责编制安全培训计划并组织实施。 4.负责安全风险识别防控和隐患排查治理工作。 5.负责开展日常、定期安全检查和高风险作业监管。 6.负责特种设备、承包商、公共安全、消防安全管理。 7.负责应急管理工作。 8.参与生产安全事故的调查、分析、处理,开展事故分享。 9.完成领导交办的其他HSSE工作	1.结合HSSE职责对个人安全行为做出HSSE承诺。 2.编制完善安全生产标准规范、规章制度、HSSE责任制应急预案;编制发展规划和年度工作方案,分解安全目标指标,并监督落实。 3.组织开展安全培训需求调查,编制各部门安全培训计划并组织实施;指导各部门专业安全培训工作。 4.组织全员安全风险识别和隐患排查,开展风险评估和隐患分级,建立风险和隐患清单,并动态管理。 5.参与HSSE综合检查,HSSE审核开展日常和专项安全检查,提出专项考核意见。 6.汇总检查发现问题,向公司申报安全隐患整改,及时安排整改;不能整改的,向公司申报安全隐患治理计划。 7.负责特种设施及附件安全过程检验、检测。 8.负责作业许可证作业、高风险作业非常规作业的重点监管。 9.负责现场安全生产标准化建设和建设项目"三同时"监督管理。 10.组织制定公共安全管理制度并监督落实。 11.负责承包商人员安全资质审查、专项培训、过程监管和安全绩效评价。 12.配备、更新消防器材、监督站(队)落实日常消防安全管理。 13.开展突发事件应急处置及演练,监督站(队)应急工作。 14.参与突发事故的调查,火灾、爆炸事故人身伤害,开展事故分享工作。	1.做出个人HSSE承诺,并按承诺履行了岗位HSSE责任 2.避免一般及以上生产安全事故 3.从业人员重伤及以上事故为零 4.承包商死亡事故为零 5.不发生危及周边社区的天然气泄漏,火灾、爆炸事故 6.输气管道新增占压为零 7.单位主要负责人、安全主管领导、安全人员取证率100% 8.应急预案完善率、备案率,消防器材配置到位率100%。应急演练按计划开展 9.特种设备登记率100%;特种设备、HSSE设施附件检定检查率100% 10.HSSE制度、责任制完善到位 11.按规定开展风险识别和隐患排查工作,及时更新隐患清单 12.按计划开展安全检查,问题闭环整改 13.公共安全措施监督、落实到位 14.承包商人员资质符合要求,教育培训到位,问题闭环整改 15.事故事件"四不放过"措施落实到位	10 10 5 5 5 10 5 5 5 5 10 10 5 5 5

续表 3-3

实得分					
单位名称	管理处				
岗位名称	健康环保岗				
直接上级	管理处副经理				
岗位概况	1. 确保本岗位 HSSE 工作依法合规。2. 按照一岗双责，是本岗位 HSSE 工作直接责任人。3. 按照属地责任，落实本岗责任区域 HSSE 工作				
岗位职责	HSSE 职责	HSSE 工作内容	HSSE 考核标准	单项分
1. 协助制定环保、职业卫生规章制度，并监督检查计划目标，实施。2. 组织环保、职业卫生教育培训，提高全员环保、职业卫生素质和技能。3. 按照"四不放过"原则，参加环保、职业中毒事故等有关事故调查处理，监督检查防范措施的落实，做好事故统计上报工作。4. 认真执行"三同时"制度，配合搞好环境影响、危害源项目方案的落实，职业卫生评价。5. 加强环保、职业卫生检查，组织有毒有害作业场所的检验检测和职业病危害项目的治理。6. 组织职业健康体检和有毒有害各类劳保防护用品、护具的配备和使用，保证员工健康，促进安全生产	1. 全面负责环保、职业健康管理工作。2. 负责环保和职业健康管理计划制定、以及制度和应急预案的编制修订。3. 组织实施环保、职业健康教育培训工作。4. 负责环保、职业健康风险识别防控和隐患排查治理工作。5. 负责环保、职业健康监督检查。监督环境危害源、危害项目方案的落实。6. 组织落实环保、职业卫生"三同时"管理。7. 组织职业健康体检、有毒有害作业场所的监测和职业危害项目的治理工作。8. 开展绿色基层创建工作。9. 参加环保、职业健康事件统计上报、调查处理。10. 完成领导交办的其他 HSSE 工作	1. 结合 HSSE 职责对个人安全行为做出承诺。2. 编制完善环保、职业健康标准规范、规章制度、责任制度、应急预案；编制发展规划和年度指标、分解目标责任制并督促落实。3. 组织开展环保、职业健康培训计划并组织实施。4. 组织环境危害因素、职业危害因素识别，建立危害因素清单，并进行公示和动态管理。5. 参与 HSSE 综合检查，HSSE 审核，组织开展环保、职业健康日常和专项检查，督查"三同时"制度执行情况，提出专项考核意见。6. 负责监督污染物防治措施落实，组织开展污染源管治线的污染物、危险废物处置。7. 开展管道沿线的污染物防治和生态保护管理。8. 开展绿色文化宣传，绿色公益活动，开展绿色基层创建工作。9. 落实员工职业健康体检、场所职业危害因素检测，建立职业卫生档案。10. 负责员工个人防护用品配备的管理。11. 开展管理处环保、职业健康专项应急演练。12. 参与站队突发事件应急处置及环境、职业健康事件的调查上报，开展事件分享	1. 做出个人 HSSE 承诺，并按承诺履行了岗位 HSSE 责任 2. 无环境污染、生态破坏、职业卫生急性中毒事件发生 3. 外排工业废水、碳排放量达标率、矿物油回收利用率、固废处理率 100%，危险化学品承运资质审查合格率 100% 4. 从业人员职业健康体检率和劳保配置率 100%；职业危害合同告知率 100%；岗位噪声强度达标率大于 95% 5. 作业场所职业危害因素检测率 100%；警示标识设置率 100% 6. 环境、职业健康应急预案修订完善率、备案率 100% 7. 职业健康档案到位率 100% 8. 专业 HSSE 管理制度修订到位 9. 环境保护、职业卫生"三同时"制度执行到位 10. 按规定开展环保、职业健康专项培训和检查，检查问题实现闭环整改 11. 污染物防治措施落实到位，污染物、危险废物处置依法合规 12. 事故事件"四不放过"措施落实到位	10 15 10 10 10 5 5 5 5 10 10 5

续表 3-3

单位名称	岗位职责	HSSE职责	HSSE工作内容	HSSE考核标准	单项分
管理处					
岗位名称 交通管理岗（车队长）	1. 负责监督全体安全驾驶员贯彻国家有关机动车辆交通安全法律、法规、条例及公司、管理处有关机动车辆交通安全管理的各项规章制度。 2. 制订、修订本单位有关交通安全管理制度。 3. 参加新招驾驶员岗前驾驶技能、理论知识考核。 4. 组织交通安全培训，提高驾驶员安全意识和安全驾驶技能。 5. 配合公司驾驶员年度检审和公司办理机动车和驾驶员保险。 6. 组织交通安全检查，监督问题整改。 7. 按照"四不放过"原则，参加交通事故调查处理，做好事故防范措施的落实、统计上报工作。 8. 完成领导交办的其他工作	1. 全面落实分管业务内的HSSE工作。 2. 负责交通安全管理计划、制度、应急预案的编制与修订。 3. 负责编制驾驶员培训计划并组织实施。 4. 负责在岗驾驶员准驾证管理。 5. 定期组织驾驶员、车辆组织特殊任务风险评估和专项检查。 6. 负责车辆安全审批调派和长途安全审批管理。 7. 负责交通应急演练组织实施。 8. 参与交通事故的调查、分析、处理，开展事故分享。 9. 完成领导交办的其他HSSE工作	1. 结合HSSE职责对个人安全行为做出承诺。 2. 编制完善交通安全工作方案，并监督落实。 3. 组织落实驾驶员日常安全培训。 4. 每年组织1次在岗驾驶员的安全知识、技能考核，新聘驾驶员岗前考核。 5. 定期开展交通安全、车辆安全状况专项检查、监督问题的闭环整改。 6. 定期开展驾驶员、车辆专项风险评估，结果向全体驾驶员公示。 7. 特殊任务组织专项风险评估，并报HSSE副经理审批。 8. 节日非生产车辆组织"三交一封"措施。 9. 对长途车辆实施措施确认和审批。 10. 车辆使用部门负责与其签订安全协议。 11. 对车辆运行实行动态安全监督。 12. 配合公司组织车辆和驾驶员年审年检、协助办理保险业务。 13. 开展特殊任务处交通应急演练、监督站（队）落实交通安全专项措施。 14. 参与受理交通安全事件的应急处置及交通安全事件的调查，开展事故分享	1. 做出个人HSSE承诺，并按承诺履行岗位HSSE责任	10
				2. 无责任交通事故	15
				3. 每月召开1次驾驶员例会	5
				4. 每周组织1次驾驶员安全活动	5
				5. 准驾证持证率100%	5
直接上级 管理处副经理				6. 长途车审批执行率100%	5
				7. 节日"三交一封"落实率100%	5
				8. 每季度安全专项检查、检查问题整改到位	10
				9. 每年开展1次驾驶员风险评估	5
岗位概况				10. 每季度开展1次车辆风险评估	10
1. 确保本岗位HSSE工作依法合规。 2. 按照一岗双责，是本岗位HSSE工作直接责任人。 3. 按照属地责任，落实本区域HSSE责任，做好区域HSSE工作				11. 每次特殊任务按规定开展特殊任务评估，落实管控措施	10
				12. 每日利用GPS系统对车辆运行状况进行监控	5
				13. 每月对车辆运行监控情况进行统计分析、通报	5
				14. 事故事件"四不放过"措施落实到位	5

续表 3-3

实得分	单位名称	岗位名称	直接上级	岗位概况	岗位职责	HSSE 职责	HSSE 工作内容	HSSE 考核标准	单项分
	管理处	工艺运行岗	管理处副经理	1. 确保本岗位 HSSE 工作依法合规。2. 按照一岗双责，是本岗位 HSSE 工作直接责任人。3. 按照属地责任，落实本岗区域 HSSE 工作。	1. 负责本单位工艺技术管理工作，认真贯彻国家有关法律法规和上级部门的有关规章制度。2. 负责各项工艺运行参数的制定、审核并监督落实。3. 负责工艺管道的运行状况和腐蚀状况调查。4. 建立健全工艺专业的各种资料、台账，报表等，并做好动态归档工作。5. 参与管输工艺的更新改造技术方案的制定、审核和实施，并组织相关技术培训。6. 制定每月管理处生产运行计划。7. 完成领导交办的其他工作。	1. 全面落实分管业务内的 HSSE 工作。2. 负责判定标准和处置程序的制定、审核并参与异常处置。3. 负责工艺管道泄漏的 HSSE 管理。4. 负责工艺 SCADA 系统的运行管理、对监测预警信息进行统计、分析、上报。5. 组织制定新、改、扩项目的试生产方案和检维修方案 HSSE 措施，并监督落实。6. 负责锁定和解锁的安全监管。7. 完成领导交办的其他 HSSE 工作。	1. 结合 HSSE 职责，对个人安全行为做出 HSSE 承诺。2. 参与本岗位业务范围的 HSSE 风险识别防控和 HSSE 检查。3. 参加 HSSE 培训，具备本岗位 HSSE 资质和履职的知识与能力。4. 建立完善工艺运行异常判定标准和处置程序，开展异常处置。5. 组织开展站内管密封点台账、泄漏点，制定应急预案并落实高风险泄漏点管控措施。6. 组织建立泄漏应急预案并开展培训和演练。7. 通过周报、月报等汇总收集各项 HSSE 问题并及时协调处置。8. 通过监控终端监视辖区管道运行情况，确保管道安全运行。9. 制定新、改、扩项目的试生产方案和检维修方案 HSSE 措施，并监督落实。10. 对站（队）锁定及解锁程序及监督。11. 参加管理处各项 HSSE 活动进行检查和监督。	1. 做出个人 HSSE 承诺，并按承诺履行了岗位 HSSE 责任。2. 异常和泄漏处置及时率 100%。3. 异常判定标准和处置程序符合规定要求，处置过程中风险管控措施落实到位。4. 定期开展管道腐蚀状况调查，春秋检时开展阀门内漏排查，建立健全密封点和泄漏点台账。5. 工艺管道运行正常，及时修复腐蚀管段，高风险泄漏点管控措施落实到位。6. 锁定及解锁按规定程序开展。7. 新、改、扩项目试生产过程、检维修过程中 HSSE 措施落实到位。	15
									20
									15
									15
									15
									10
									10

续表 3-3

单位名称	岗位名称	岗位职责	HSSE职责	HSSE工作内容	HSSE考核标准	单项分
管理处	设备管理岗				1. 做出个人HSSE承诺，并按承诺履行岗位HSSE责任。	15
	直接上级	1. 认真贯彻国家有关法律、法规和上级部门有关的设备管理、维修规章制度。 2. 协助主管领导做好日常设备管理工作，负责本单位设备的技术管理，完成上级下达的各项设备管理指标。 3. 参与制定设备管理方面的规章制度、建立健全设备报表、资料台账。 4. 负责设备的维护保养计划的落实。 5. 参与设备更新改造、大修技术方案实施、审核和实施和相关技术培训。 6. 完成领导交办的其他工作	1. 全面落实分管业务内的HSSE工作。 2. 组织编制、修订机械设备管理制度、操作和维护保养规程。 3. 组织机械设备安全操作培训。 4. 负责机械设备管理。 5. 组织落实机械设备安装、调试、验收、投运、检修、大修、改造及春秋检的HSSE措施。 6. 监督压缩机特护管理。 7. 参与设备事故（事件）的分析、调查、处理。 8. 完成领导交办的其他HSSE工作。	1. 结合HSSE职责，对个人安全行为做出HSSE承诺。 2. 参与本岗位业务范围的HSSE风险识别防控的HSSE检查。 3. 参加HSSE培训，具备本岗位HSSE资质和履职的知识和能力。 4. 组织开展机械设备管理制度、操作和维护保养规程的编制、修订，并监督执行。 5. 监督开展机械设备操作技能培训，确保操作技能满足岗位要求。 6. 监督落实机械设备"三定"（定人、定位、定置）管理，组织开展本专业HSSE检查、风险识别、隐患排查，监督落实措施和隐患整改。 7. 组织编制机械设备大修改造的HSSE措施方案，验收、并监督落实。 8. 监督落实压缩机的特护管理，包机管理、"五位一体"（机、电、仪、操、管）特护巡检和油水检测。 9. 参与本专业事故（事件）的分析、调查、处理。	2. 设备完好率98%。	15
					3. 设备维护保养率100%。	10
					4. 压缩机专项检查到位率100%。	5
					5. 压缩机非计划停机率为零。	5
					6. 设备责任事故为零。	10
					7. 操作、维护保养规程齐全合规；安全附件和防护措施完善有效。	10
					8. 按规定开展培训，操作人员达到"四懂三会"要求。	5
					9. 风险管控措施、隐患整改落实到位。	5
					10. 检修方案的HSSE措施落实到位。	5
					11. 每月开展1次专业检查，每月开展1次压缩机专项检查并召开专题会，督促跟踪问题整改。	10
					12. 每年至少组织开展1次压缩机应急演练。	5
管理处副经理	岗位概况					
	1. 确保本岗位HSSE工作依法合规。 2. 按照一岗双责，是本岗位HSSE工作直接责任人。 3. 按照属地责任，落实本岗位区域HSSE工作		4. 负责电力安全运行监督管理。 5. 负责用电安全、安全工器具管理。 6. 参与本专业事故（事件）的分析、调查、处理。 7. 完成领导交办的其他HSSE工作			

续表 3-3

实得分	单位名称	管理处								
	岗位名称	电气通信岗								
	直接上级	管理处副经理								
	岗位概况	1. 贯彻执行公司电气系统管理的有关办法，遵循电气系统操作手册要求，负责辖区内电气设备的运行、操作、维护工作。 2. 负责本单位电气设备的管理，保证仪器仪表、备品备件的完好性。 3. 协调电力及维护单位处理电网电路出现的故障。 4. 做好电气设备的日常检查管理工作，确保本单位电气设施安全可靠运行。 5. 制定电气设备的维修、保养、检验计划并监督实施。 6. 参加电气设备的选型、更改、大修、负责电气施工现场管理。 7. 组织电气专业的技术培训，不断提高岗位人员的技能。 8. 负责本单位计算机、服务器系统的软硬件以及升级换代工作，同时为其他部门提供技术支持。 9. 负责通信专业技术培训工作，提高岗位人员专业技能								
	HSSE 职责	1. 确保本岗位 HSSE 工作依法合规。 2. 按照一岗双责、是本岗位 HSSE 工作直接责任人。 3. 按照属地责任、落实本岗位区域 HSSE 工作	1. 全面落实分管业务内的 HSSE 工作。 2. 组织编制、修订电气、通信设备管理制度，操作技术和维护保养规程。 3. 组织电气、通信设备操作培训。 4. 负责电力安全运行监督管理。 5. 负责用电安全、安全工器具管理。 6. 参与本专业事故（事件）的分析、调查、处理。 7. 完成领导交办其他 HSSE 工作	HSSE 工作内容	1. 结合 HSSE 职责，对个人安全行为做出 HSSE 承诺。 2. 参与本岗位业务范围的 HSSE 检查。 3. 参加 HSSE 培训，具备本岗位 HSSE 风险识别防控和履职的知识和能力。 4. 监督落实电气设备运行管理"三三二五"制度。 5. 组织开展电气、通信设备管理制度、操作和维护保养规程的编制、修订，并监督执行。 6. 督促落实电气、通信设备操作培训，确保操作技能满足岗位要求。 7. 督促落实设备"三定"管理、参与本专业的风险识别、隐患排查、监督落实管控措施。 8. 开展用电安全检查，负责安全工器具检测，督促问题整改。 9. 组织报电气、通信设备安装、调试、验收、检修、更新改造、春秋检计划和方案，并监督实施。 10. 参与本专业事故（事件）的分析、调查、处理	HSSE 考核标准	1. 做出个人 HSSE 承诺，并按承诺履行岗位 HSSE 责任 2. 电气、通信设备完好率 100% 3. "两票"执行正确率 100% 4. 责任停电事故为零 5. "三三二五"制度完善、设备操作、维护保养规程齐全合规 6. 按规定开展培训，操作人员达到"四懂三会"要求 7. 风险管控措施、隐患整改落实到位 8. 检修等方案的 HSSE 措施落实到位 9. 每月开展 1 次专业检查，督促跟踪问题整改	单项分	15
										15
										10
										10
										10
										10
										10
										10
										10

续表 3-3

实得分				
单位名称	管理处			
岗位名称	计量自控岗			
直接上级	管理处副经理			
岗位概况	1. 确保本岗位HSSE工作依法合规。2. 按照一岗双责，是本岗位HSSE工作直接责任人。3. 按照属地责任，落实本岗位区域HSSE工作。			
岗位职责	HSSE职责	HSSE工作内容	HSSE考核标准	单项分
1. 贯彻国家有关法律、法规和上级单位的相关规章制度，参与制定计量、自动化仪表方面的技术规程和规章制度并监督执行。2. 负责本单位计量管理工作，公平公正计量。3. 建立健全计量管理合账、报表，做到数据准确可靠并按时上报，定期进行输差分析，最大限度降低输差损耗，提高整体经济效益。4. 掌握仪表运行状况，制定自动化仪表周期检定计划并组织实施。5. 完成领导交办的其他工作。	1. 全面落实分管业务内的HSSE工作。2. 负责计量、自动化仪表管理制度HSSE管理制定及标准宣贯。3. 负责计量、自动化仪表的维护和检定等HSSE管理。4. 负责自控系统的调试、维护等HSSE管理。5. 负责计量和自动化仪表检修方案中HSSE措施的制定，并组织实施。6. 完成领导交办的其他HSSE工作。	1. 结合HSSE职责，对个人安全行为做出HSSE承诺。2. 参与本岗位业务范围的HSSE风险识别防控和HSSE检查。3. 参加HSSE培训，具备本岗位HSSE资质和履职的知识和能力。4. 修订完善计量、自动化仪表HSSE管理制度和操作规程并监督落实。5. 开展计量、自动化仪表HSSE专项培训。6. 制定计量、自动化仪表维护和检定计划并组织实施。7. 组织开展自控系统调试，自动化仪表检修等专项检查，对系统的运行状况进行评估。8. 制定并监督落实计量、自动化仪表检修方案HSSE措施。7. 参加管理处各项HSSE活动。	1. 做出个人HSSE承诺，并按承诺履行岗位HSSE责任。	25
			2. 计量、自动化仪表完好率，定期检验率100%。	30
			3. 每月开展1次自控系统运行评估。	25
			4. 计量、自动化仪表检修方案HSSE措施落实到位。	20

续表 3-3

实得分				
单位名称	管理处			
岗位名称	科技信息岗			
直接上级	管理处副经理			
岗位概况	确保本岗位HSSE工作依法合规。按照一岗双责，是本岗位HSSE工作直接责任人。按照属地责任，落实本岗位责任区域HSSE工作			
	岗位职责	HSSE职责	HSSE工作内容	HSSE考核标准	单项分
	1. 建立完善的科技信息管理制度，并对公司下发的管理制度及时宣贯。 2. 完善相关设备台账、档案、数据等基础资料。 3. 负责计算机等网络设施的管理和维护，对信息和网络安全负责。 4. 配合做好公司承担的集团公司、上级直属企业科研项目实施工作，根据实际情况和技术问题的总结和改进。 5. 负责信息系统的应用，完善网站和系统相关应用的数据和信息。 6. 完成领导交办的其他工作	1. 全面落实分管业务内的HSSE工作。 2. 负责信息化基础设施及SCADA、GIS等系统的建设、运维的HSSE监督管理。 3. 负责信息化、QC、"五小"以及科研项目方案措施的制定，并组织实施。 4. 完成领导交办的其他HSSE工作	1. 结合HSSE职责，对个人安全行为做出HSSE承诺。 2. 参与本岗位业务范围的HSSE风险识别防控和HSSE检查。 3. 参加HSSE培训，具备本岗位HSSE资质和履职的知识和能力。 4. 制定信息化HSSE管理制度和操作规程并监督实施。 5. 负责计算机等网络设备的安全防护措施，落实信息化、QC、"五小"以及科研项目方案的HSSE措施。 6. 参加管理处各项HSSE活动	1. 做出个人HSSE承诺，并按承诺履行岗位HSSE责任	25
				2. 网络系统完好率98%	25
				3. 网络设备的安全防护措施到位	25
				4. QC、"五小"、科研项目、信息化项目方案HSSE措施落实到位	25

续表3-3

单位名称	岗位名称	岗位概况	HSSE职责	HSSE工作内容	HSSE考核标准	单项分
管理处	线路管理岗 直接上级 管理处副经理	1.负责巡检系统设备日常管理工作,通过巡检系统督促属地巡护工完成日常巡线,并定期对属地巡护队巡线情况和巡线工作考核,记录对属地巡护队巡线情况进行抽查和考核,同时收集线路基础信息,进行整理分析。 2.参与制定管道事故预案和救援预案,建立健全各种记录、统计报表、资料、台账。 3.负责编制管理处线路巡护计划,根据实际需要安排线路巡护及重点要害部位巡线工作。 4.负责核查管理辖区内线路上的管道设施、仪器及其附属设施,对设备仪器定期做好维护保养。 5.协助做好对管道巡线人员的技术培训。 6.负责核查属地巡线工巡线到位情况,统计巡线队每月巡线到位率。 7.负责对站场、巡线队进行管道保护方面的月度、年度绩效考核。 8.负责编制管理处管道保护宣传方案,开展管道保护宣传工作。 9.完成领导交办的其他工作。	1.确保本岗位HSSE工作依法合规。 2.按照一岗双责,是本岗位HSSE工作直接责任人。 3.按照属地责任,落实本岗位、本区域HSSE工作。 1.全面落实分管业务内的HSSE工作。 2.负责制定线路巡检细则和巡护队考核制度。 3.负责组织开展巡线人员和属地巡护工的培训、检查。 4.负责开展线路高后果区识别,建立后果区清单,编制管控方案,落实管控措施,开展应急演练。 5.负责开展线路风险识别管控和隐患排查治理。 6.负责管道保护HSSE宣传工作。 7.负责组织管道维修承包商HSSE管理。 8.完成领导交办的其他HSSE工作	1.结合HSSE职责,对个人安全行为做出HSSE承诺。 2.参与本岗位业务范围的HSSE风险识别防控、隐患排查治理和HSSE检查。 3.参加HSSE培训,具备本岗位HSSE资质和履职的知识与能力。 4.建立完善HSSE管理制度、操作规程。 5.组织开展线路、阀室、隧道、悬索、桁架等巡护管理。 6.制定管道保安全宣传方案并组织实施。 7.负责线路安全标识的设置和维护管理。 8.建立高后果区"一区一案",落实人防、物防、技防等管控措施,每季度开展1次应急演练。 9.组织开展违章占压排查治理,预防新增占压。 10.落实安全技术交底,开月报告,过程监督与考核。 11.落实管理处其他HSSE工作要求	1.做出个人HSSE承诺,并按承诺履行岗位HSSE责任	15
					2.投运输气管道新增占压为零	15
					3.高后果区识别率100%,风险评价完成率达到100%,管道沿线隐患和重大风险告知率100%	10
					4.管道巡护人员培训持证100%,巡护人员上线率100%,巡护仪配备率100%,卫星定位覆盖率100%,巡护必经点的巡检到位率100%	10
					5.管道设施完好率100%	10
					6.对巡线队、属地巡线工培训和检查考核落实到位	5
					7.按管道保护标准要求设置"三桩一牌"(里程桩、水平转角桩、标志桩、警示牌)和警示标识	5
					8.按照巡检标准要求巡线到位	5
					9.按规定开展风险识别和隐患排查治理工作,监督各项风控措施落实	10
					10.每年开展1次高后果区识别,"一区一案"(一个高后果区,一个应急预案)管控措施落实到位,应急演练开展到位	10
					11.按规定开展承包商专项检查	5

续表 3-3

实得分		
单位名称	管理处	
岗位名称	阴极保护岗	
直接上级	管理处副经理	
岗位概况	1. 确保本岗位 HSSE 工作依法合规。 2. 按照一岗双责，是本岗位 HSSE 工作直接责任人。 3. 按照责任、落实本岗责任、区域 HSSE 工作	

岗位职责	HSSE 职责	HSSE 工作内容	HSSE 考核标准	单项分
1. 建立健全阴极保护防腐管理的规章制度、办法、技术规范、操作规程。 2. 负责各类阴极保护设施的正常运行。 3. 负责阴极保护设备、仪器的维护检修管理。 4. 负责组织管线防腐层的检漏、防腐补伤工作。 5. 负责管道阴极防腐各类数据报表的收集、汇总编报。 6. 负责分析管道腐蚀分析、提出技术建议。 7. 负责全年阴极保护使用费用的分析及明年费用预算编报。 8. 完成领导交办的其他工作	1. 全面落实阴极保护专业分管的 HSSE 工作。 2. 负责制定阴极保护管理制度和阴极保护仪器、设备、设施 HSSE 管理。 3. 组织开展阴极保护系统安全培训。 4. 组织开展阴极保护系统隐患排查和治理。 5. 负责灾害治理 HSSE 管理。 6. 完成领导交办的其他 HSSE 工作	1. 结合 HSSE 职责，对个人安全行为做出 HSSE 承诺。 2. 参与本岗位业务范围的 HSSE 风险识别防控、隐患排查治理和 HSSE 检查。 3. 参加 HSSE 培训，具备本岗位 HSSE 资质和履职的知识与能力。 4. 建立完善专业 HSSE 管理制度、操作规程。 5. 制定阴极保护器、设备、设施检查维修、大修计划，并组织实施。 6. 收集阴极保护测试数据，分析管道腐蚀情况和阴极保护系统巡行状况。 7. 组织开展地灾排查、上报地灾隐患治理项目、落实管控措施、制定灾害治理方案，监督落实整改。 8. 参加管理处各项 HSSE 活动	1. 做出个人 HSSE 承诺，并按承诺履行岗位 HSSE 责任	20
			2. 管道阴极保护率 100%，阴极保护运行率 98%	20
			3. 阴极保护设备完好率 100%	15
			4. 检维修计划及自然灾害 HSSE 措施落实到位率 100%	10
			5. 每季度开展 1 次阴极保护电位测试	10
			6. 按规定开展阴极保护系统隐患排查、整改措施落实	15
			7. 按规定开展灾害排查、灾害治理监督到位	10

续表 3-3

单位名称	管理处			
岗位名称	管理处副经理			
对外协调岗				
直接上级				
岗位概况	1. 确保 HSSE 工作依法合规。 2. 按照一岗双责，是本岗位 HSSE 工作的直接责任人。 3. 按照属地责任，落实本岗位责任区域 HSSE 工作			
	岗位职责	HSSE 职责	HSSE 工作内容	HSSE 考核标准	单项分
	1. 负责向管道沿线各级政府和群众宣传有关管道保护和管理的法律法规。 2. 配合管理处主管领导与管道各行政主管部门建立长效管道保护工作机制。 3. 负责企地日常沟通协调、公函收发、建立企地协调台账。 4. 负责协调地方政府部门促进隐患治理工作。 5. 负责组织召开协调会、协调处理各种工农、企地关系纠纷问题，及时收集和掌握地方政府工作政策信息，进行整理归档。 6. 负责长江航道合同续签等相关工作。 7. 完成上级交办的其他工作	1. 全面落实分管专业的 HSSE 工作。 2. 负责企地协调工作的实施。 3. 负责第三方施工的 HSSE 管理。 4. 负责管道的公共安全管理。 5. 完成领导交办的其他 HSSE 工作	1. 结合 HSSE 职责，对个人安全行为做出 HSSE 承诺。 2. 参与本岗位业务范围的 HSSE 风险识别防控、隐患排查治理和岗位 HSSE 检查。 3. 参加 HSSE 培训，具备本岗位 HSSE 资质和履职的知识与能力。 4. 协助领导落实企地管道保护长效安全工作机制和管道安全事故应急抢险的联动机制。 5. 开展涉及第三方管道隐患促进隐患治理。 6. 建立与地方政府行政主管部门和群众联系制度，定期开展管道安全反防护知识宣传。 7. 收集、研判、传递水利、能源、气象、发改委等部门的 HSSE 信息。 8. 建立与地方治安行政主管部门反恐防范和社会治安的信息通报、重特大事件报告，工作协作和联络机制，配合地方政府开展反恐应急演练。 9. 落实长江航道 HSSE 合同（协议）的签订。 10. 参加管理处各项 HSSE 活动	1. 做出个人 HSSE 承诺，并按承诺履行岗位 HSSE 责任	20
				2. 企地管道保护长效机制联络畅通、运行良好	15
				3. 涉及第三方管道隐患治理率 100%	10
				4. 输气管道施工"安全保护"审查合格率 100%	10
				5. 管道沿线隐患和重大风险告知率 100%	10
				6. 第三方施工方案审批率 100%，施工现场 24 小时监护率 100%	10
				7. 长江航道 HSSE 合同签订及时率 100%	10
				8. 及时、准确收集、研判、传递、上报地方政府部门发布的 HSSE 信息	10
				9. 每年开展 1 次反恐应急演练	5

续表 3-3

实得分	单位名称	管理处
	岗位名称	物资管理岗
	直接上级	管理处副经理

岗位概况	岗位职责	HSSE 职责	HSSE 工作内容	HSSE 考核标准	单项分
1.确保本岗位 HSSE 工作依法合规。2.按照一岗双责，是本岗位 HSSE 工作直接责任人。3.按照属地责任，落实本岗位责任区域 HSSE 工作	1.负责接收上级各项管理制度和通知，及时向领导汇报并根据领导安排贯彻执行。2.根据工作需要向上级上报物料编码维护申请，在系统中维护物料基本信息。3.根据实际工作需要，编制物资采购收、发、存等报表，负责物资统计工作。4.负责本单位零星采购资金的核定。5.负责或参与积压、报废物资的调剂和上报，协调及时处理结构不合理、长期无动态物资装备及时提出处理建议。6.负责接收、汇总，审批和分交管理程序。7.协助上报，根据预留创建出库单。8.负责制定管理处有关物资管理的基础资料管理、物资质量管理、ERP系统管理，部门行政管理等方面基础资料管理相关办法。9.负责物资装备基础资料管理、物资质量管理及ERP系统管理的监督落实及考核评价。10.负责收集、整理物资供应各项基础资料、工作文档，汇总、编制、上报部门各类报表。	1.全面落实分管专业的HSSE工作。2.负责物资绿色采购，落实HSSE管理。3.负责库房HSSE管理。4.负责关键物资、备品备件和应急物资管理。5.参与事故（事件）分析、调查、处理、配合落实事故整改防范措施。6.完成领导交办的其他HSSE工作。	1.结合HSSE职责，对个人安全行为做出HSSE承诺。2.参与本岗位业务范围的HSSE风险识别防控，隐患排查治理和岗位HSSE检查。3.参加HSSE培训，具备本岗位HSSE资质和履职的知识与能力。4.建立完善HSSE管理制度、操作规程。5.负责核验出、入库物资和备品备件备计划的提报。6.负责各类物资的巡检盘点，维护保养，确保物资账实相符，满足安全生产需求。7.负责库房HSSE管理，定期组织检查库房防火、防盗、防雨性能。8.参与事故（事件）处理和调查，配合落实事故整改防范措施。9.落实管理处其他HSSE工作要求。	1.做出个人HSSE承诺，并按承诺履行岗位HSSE责任	20
				2.本专业制度、操作规程覆盖率100%	10
				3.参加HSSE综合检查和专项检查，监督本专业检查问题整改到位	15
				4.出、入库物资HSSE资质证件齐全完善，合规率100%	20
				5.关键、应急物资和备品备件到位率100%，完好率100%	20
				6.库房防火、防盗、防雨性能完好	15

续表 3-3

单位名称	岗位职责	HSSE职责	HSSE工作内容	HSSE考核标准	单项分
管理处					
岗位名称					
工程管理副岗	1. 负责本单位固定资产维修计划汇总、初审和上报工作；负责对维修工程概算预算进行验收。 2. 负责工程概算预算工作。 3. 负责工程维修方案的审批，上报工作。 4. 负责工程材料、半成品进场验收；负责隐蔽工程的验收。 5. 负责协调监理、定期召开监理例会、掌握供应商工程动态。 6. 负责工程现场的安全管理、工程质量的核定。 7. 负责工程验收结算、资料存档工作。 8. 负责监督工程质量标准执行情况，对工程建设工艺规程有关的质量负责。 9. 配合上级部门制定工程建设相关的质量管理制度、参与质量管理体系的建设。 10. 负责工程质量管理体系的运行管理。 11. 参与质量事故的质量分析。 12. 完成领导交办的其他工作				
直接上级	管理处副经理				
岗位概况	1. 确保本岗位HSSE工作合规。 2. 按照一岗双责，是本岗位HSSE工作直接责任人。 3. 按照属地责任，落实本岗位区域HSSE工作	1. 全面落实分管专业的HSSE工作。 2. 负责编制本专业HSSE管理制度、操作规程管理工作计划。 3. 负责开展本专业HSSE培训和检查。 4. 参与本专业风险识别管控和隐患排查治理。 5. 负责工程监督管理。 6. 参与工程事故（事件）分析、调查和处理。 7. 完成领导交办的其他HSSE工作	1. 结合HSSE职责，对个人安全行为做出HSSE承诺。 2. 参与本岗位业务范围的HSSE风险识别防控、隐患排查治理和HSSE检查。 3. 参加HSSE培训，具备本岗位HSSE资质和履职的知识与能力。 4. 建立完善本专业HSSE管理制度、操作规程。 5. 参与项目设计现场交底和图纸会审、参与工程项目施工方案HSSE专篇初审、对HSSE措施的合规性提出建议并监督措施落实。 6. 按要求办理项目相关前期手续、开工手续的办理。 7. 参加安全、消防、职业病防护设施设计、环保专篇的审查。 8. 负责落实工程承包商安全教育培训、过程HSSE监督，检查及考核。 9. 参与工程事故（事件）分析、处理和调查。 10. 落实管理处其他HSSE工作要求	1. 做出个人HSSE承诺，并按承诺履行岗位HSSE责任 2. 本专业制度、操作规程覆盖率100% 3. 参加HSSE综合检查和专项检查、监督本专业检查问题整改到位 4. 高风险作业JSA分析率100%，现场HSSE措施落实到位 5. 工程材料合格率100% 6. 建设项目安全、环保、消防和开工许可 7. 建设项目安全、环保、消防和职业卫生等"三同时"执行率100% 8. 承包商人员资质符合率按要求开展承包商HSSE检查、监督承包商隐患整改	20 10 10 10 10 5 10 10

续表 3-3

单位名称	岗位职责	HSSE 职责	HSSE 工作内容	HSSE 考核标准	单项分
管理处					
岗位名称 驾驶员岗	1. 每天坚持车辆的安全检查，每次行车前检查车辆，发现问题及时排除。 2. 做好车辆的维护、保养工作，保持车辆整洁和车况良好。 3. 执行驾驶员操作规程，听从交通管理人员的指挥，行车时集中精力驾驶。 4. 车辆用完后，停放在指定位置，锁好方向盘、门窗等。 5. 按时参加安全例会，并做好记录。 6. 对车辆事故、违章、损坏等异常情况及时汇报，写好情况汇报。 7. 每次出车后，如实填写行车记录和车辆档案。 8. 完成领导交办的其他工作。	1. 全面落实岗位 HSSE 工作。 2. 做好车辆的检查、保养。 3. 负责执行驾驶员操作规程、遵守道路交通法和管理处规定。 4. 完成领导交办的其他 HSSE 工作。	1. 结合 HSSE 职责，对个人安全行为做出 HSSE 承诺。 2. 参与本岗位业务范围的 HSSE 风险识别防控，隐患排查治理和 HSSE 检查。 3. 参加 HSSE 培训，具备本岗位 HSSE 资质和履职的知识与能力。 4. 执行驾驶员操作规程，遵守道路交通法和交通管理人员的指挥。 5. 按照路单任务规划行车路线，开展风险识别并落实防控措施。 6. 开展一日三检，按要求保养车辆并做好记录。 7. 参加驾驶员月度例会，接受 HSSE 培训。 8. 配备应急物品并按时检查。 9. 参加管理处各项 HSSE 活动	1. 做出个人 HSSE 承诺，并按承诺履行岗位 HSSE 责任	20
直接上级 管理处副经理				2. 无交通事故	25
				3. 无违章记录	15
岗位概况 1. 确保本岗位 HSSE 工作依法合规。 2. 按照一岗双责，是本岗位 HSSE 工作直接责任人。 3. 按照属地责任，落实本区域 HSSE 工作				4. 一日三检执行到位	20
				5. 车辆维护保养到位	10
				6. 灭火器、警示标志配备齐全	10

备注：组织：为完成某项工作，运用组织所赋予的权力，安排人员运用所需的资源完成该项工作。
负责：担负责任，具体开展工作。
配合：作为扶助对象，帮助负责人完成某项工作。
参与：参加某项工作，并不具体承担工作中的重要职能。

3.1.4 HSSE 资质清单

所属要素：2.9　　　　　　　　　　　　　　　　　　　　　　　　　　控制码：3.1.04-29-2019

表 3-4 HSSE 资质清单

序号	类别	证件名称	管理处领导	安全、生产、设备、工程等专业管理人员	其他管理人员	站(队)负责人	副站(队)长	操作人员	电工	焊工	驾驶员
1	资质类证件	健康、安全、环境管理培训证书	√	√	√	√	√	√	√	√	√
2		硫化氢防护技术培训证书		√	√	√	√	√	√	√	
3		井控培训合格证		*		*	*	*			
4		直接作业环节审批证	√	√		√	√	√			
5		直接作业环节监护证		√		√	√	√			
6		直接作业环节申请人证		*		√	√	*	*	*	
7		直接作业环节接收人证		*		√	√	*	*	*	
8		危险化学品经营安全管理人员考核合格证	√	√		√	√				
9		特种设备安全管理(A)	√	√		√	√				
10	特种设备作业证	快开门式压力容器操作(R1)				*	*	√		√	
11		起重机械作业指挥(Q1)				*	*	*	*	*	
12		桥门式起重机司机(Q2)				*	√	*	*	*	
13		永久气体气瓶充装(P)				*	*	*	*	*	
14		叉车司机(N1)					√	*			
15	特种作业证	焊工证								√	
16		防爆电气证							√		
17		高压电工证							√		
18		低压电工证							√		

备注："√"—必须取证；"*"—酌情取证。

3.1.5 生产异常情况示例清单(表 3-5)

表 3-5 生产异常情况示例清单

所属要素:2.11　　　　　　　　　　　　　　　　　　　　　　　　　　　控制码:3.1.05-211-2019

类别	序号	示例
安全设施报警	1	可燃气体报警器报警
	2	烟感、温感、红外探测等各类消防监控设备报警
	3	激光对射等各类周界安全监控设备报警
	4	安全阀异常、火炬系统异常
工艺操作异常	5	温度、压力、流量、液位、密度、压差、温变、流速、比例调节等超出控制范围
	6	装置负荷受到外界影响而波动
设备运行异常	7	电流、电压、油压、油温、振动、声音等指标异常
	8	执行机构卡阻、管线(阀门)堵塞
	9	变形、裂纹、损伤、防护设施损坏
	10	密封不严、渗漏、滴漏,阀门内漏,设备(管线)泄漏
	11	回路反馈不正常报警、电源故障报警、卡件故障报警
	12	现场仪表与远传仪表指示不一致
	13	外电网晃电、电压不稳,跳闸
储存运输异常	14	管线堵塞、憋压
	15	管道附近有破坏管道的活动,第三方施工、管道占压、管道承载超标、位移、漂浮、防腐层破损、地面塌陷、保护设施受损
	16	埋地管道裸露、阴极保护电位超范围
	17	车辆偏离预设路线、车辆 GPS 终端故障或异常关闭
施工作业异常	18	设备设施(施工机具)故障
	19	作业内容、地点、工具、人员等发生变化
	20	容器内残存介质挥发
	21	打开管线作业有介质泄漏
外部影响	22	外部单位发生可能危及本单位安全的突发情况
	23	极端异常气象条件对生产经营带来影响
人员异常	24	情绪异常、行为异常

3.1.6 管理处非常规作业清单

所属要素：2.12

表3-6 管理处非常规作业清单

控制码：3.1.06-212-2019

序号	名称	作业过程描述	频次	风险管控措施	备注
1	氮气吹扫置换作业	投产或检维修期间，采用纯氮气对管道或设备内空气进行置换	视生产情况决定	1. 根据实际情况编制施工方案。 2. 组织进行技术交底和安全风险告知，现场实施警戒。 3. 专人进行作业全程监护。 4. 3次检测确认含氧量低于2%，确认氮气置换完成	
2	光缆整改作业	光缆发生信号衰减或中断时，找出衰减点或中断点，利用续接设备进行光缆续接	根据现场实际情况需要	1. 确认衰减点或者中断点后，采用人工开挖的方式找出衰减点或者中断点具体位置。 2. 利用光缆续接设备进行细心的续接操作。 3. 续接完成后，进行光缆通路测试，确保满足通信要求	
3	踏线作业	每年对整个管道线路开展2次徒步踏勘巡查	春季、秋季	1. 制定踏线作业方案，明确作业主要内容和要求。 2. 组织开展作业宣贯学习。 3. 记录线路周边道路、河流、房屋、山体等环境变化。 4. 变更环境信息，确定风险管控，制定或修订风险管控措施	
4	外线电缆沟巡检作业	定期对电缆沟进行徒步巡护检查	定期或雨后	1. 进入电缆沟前行氧含量检测合格后方可进入。 2. 保持电缆沟通风。 3. 巡护时必须有专职监护人员，并保持通信畅通	

3.1.7 承包商安全行为负面清单（表 3-7）

所属要素：2.15　　　　　　　　　　　　　　　　　　　　　　　　　　控制码：3.1.07-215-2019

表 3-7　承包商安全行为负面清单

	一级		二级		三级
1	高处作业不佩戴、不系挂安全带	1	未经设计和批准，擅自制作、使用自制机具（工具）	1	主要工种技术工人未经建设单位技能验证进场施工
2	在岗饮酒、酒后上岗	2	作业前或作业中断后再次作业时，工作负责人未进行安全措施确认	2	施工现场未设置安全生产宣传警示牌
3	高空抛物	3	地下电力电（光）缆，在用设备、设施保护措施未落实	3	施工机具、设备设施未按要求进行日常性检查，或用特种设备超期使用
4	在禁烟区域内吸烟	4	未根据规范、制度、方案设置安全边坡或固定支撑	4	动土开挖前，未做好地面及地下排水工作，地面水渗入作业层面
5	违规操作特种车辆	5	动土开挖时，未采取防护措施，未加强观测，造成邻近建（构）筑物、道路、管道等下沉和变形	5	在拆除固壁支撑时，未按规定从下而上进行；更换支撑时，未无表新的，后拆旧的
6	无证上岗或变造伪造证件上岗	6	在坑、槽、井、沟的边缘安放机械，铺设轨道及通行车辆时，未保持适当距离，未采取有效的固壁措施	6	未由上至下逐层挖掘，采用挖空胸和挖洞的方法进行挖掘
7	承包单位资质不符合或者资质造假	7	基坑深度大于 2m 时，未按规定设置应急逃生通道	7	使用的材料，挖出的泥土堆放在距坑、槽、井、沟边沿 0.8m 内，堆土高度大于 1.5m
8	工程项目转包，违反业主要求进行分包的	8	未按标准规范及施工方案开展开展顶管、人工挖孔桩等特殊动土作业	8	进入受限空间未佩戴便携式气体报警仪
9	工程项目挂靠	9	安排不适于高处作业的人员从事高处作业	9	受限空间作业停工期间，未在入口处设置警告牌，未采取措施防止人员误进
10	未按规范进行压力管道、压力容器试压作业	10	高处作业人员未正确佩戴、使用符合标准的安全带、防坠器或自锁器	10	临时用电设施未做到"一机一闸一保护"，开关箱和移动式、手持式电动工具未安装符合规范要求的漏电保护器

续表 3-7

	一级		二级		三级
11	雨、雪天高处作业时未采取必要的防滑、防寒措施	11	暴风雪、台风、暴雨后，未对作业安全设施进行检查，发现问题未立即处理	11	临时用电的漏电保护器未按要求定期进行电保护试验，或试验不正常情况下使用
12	在带有转动部件的设备内作业，未切断电源、摘除保险或挂接地线，未在开关上挂"有人工作，严禁合闸"的警示牌	12	同一垂直方向交叉作业，未采取"错时错位硬隔离"的管理和技术措施	12	擅自增加用电负荷或向其他单位转供电
13	进入受限空间作业未使用安全电压和安全行灯	13	违规使用脚手架、吊笼、防护栏、梯子、移动式作业平台等	13	施工过程中停工、人员离开时，临时用电单位未切断临时用电开关
14	受限空间作业前，作业中，未按规定进行气体检测	14	临边及洞口四周未设置防护栏、警示标志或未覆盖	14	临时用电线路未按规范要求铺设，未设置警示和走向标志
15	使用未安装漏电保护器的电器设备、电动工具及用电设施	15	高处作业所用材料、工器具未采取有效防坠落措施	15	现场临时用电配电盘、箱无编号或未采取规范措施
16	使用起重机械起吊超载、质量不清的物品和埋置物体	16	受限空间出入口内外有障碍物，阻碍人员出入和抢救疏散	16	起重指挥人员指挥不当，操作人员不听从指挥作业
17	起重作业时，没有指挥人员、司索人员、起重机作业人员	17	临时用电设备周围存放易燃易爆物、污源和腐蚀介质	17	停工或休息时，将吊物、吊具、吊笼、吊具和吊索悬吊在空中
18	在防爆区或使用非防爆设备、机具，未采用相应的防爆安全措施	18	在防爆场所使用的临时电源、电气元件和线路未达到相应防爆等级要求，未采用相应的防爆安全措施	18	起重设备、用具不完好，或未经检验合格的
19	擅自动用、停用或损坏在役的各类生产、安全设施以及工艺连锁装置、各类报警系统等	19	临时用电的单相和混用线路未采用五线制或接电不规范	19	起重机支脚下没有使用垫木、垫板不符合规定要求
20	未按规定对施工方案组织专家论证	20	正式起吊前未按规定进行试吊；未检查机具、地锚受力情况	20	在用火前未清除现场可燃物，或未采取有效隔离措施，未配备消防器材
21	没有编制施工方案或施工方案未经审查、批准或未按审批开展施工	21	起重吊具和吊索等选用不符合要求、使用不规范、操作不当	21	防火花措施措施落实不到位

续表 3-7

序号	一级	序号	二级	序号	三级
22	未经论证和批准，擅自变更施工方案	22	起重作业面内有无关人员，或吊物上有人、浮置物时进行起重操作	22	气焊器材接管未使用管夹，或使用的管夹连接不牢固
23	高处作业手架空电线未保持规定的安全距离	23	起重机械及其臂架、吊具、铺具、钢丝绳、缆风绳和吊物靠近高低压输电线路，未按规定保持足够的安全距离	23	气瓶摆放不规范（间距小于5m，乙炔瓶卧放）、暴晒
24	违反规定未进行现场监护或擅离职守	24	未对高处、动土、用电、受限空间、用火等高危作业许可证手续办理情况进行检查	24	气瓶及其附件（压力表、胶管、减压阀、阻火器等）不完好或超期使用
25	无许可或未办理作业票进行作业	25	未按规定在用火范围（含受限空间）内及用火点下方同时进行易燃易爆相关作业	25	未使用或未正确使用防护用品、用具上岗作业
26	作业人员未参加安全教育培训	26	遇有恶劣气象条件时，未按规定停止起重、用火作业、高处作业或攀登	26	承包商未组织内部安全教育无记录
27	高处作业无安全带悬挂设施或者无防护设施的	27	高风险作业未按规定设置警戒、标识、隔离，或未告知的	27	未体检或体检结果、体检表弄虚作假的
28	未经技术、安全交底便开始施工作业	28	各类承包商未发放劳动防护用品	28	出现紧急情况，未按应急预案要求及时处置
29	施工设备机具未报验，或检验不合格投入使用的	29	探伤作业未识别或未考虑临近装置的生产作业安全	29	未按规定配备、检查应急救援物资、消防器材等
30	危险性较大的施工现场安全视频监控的	30	承包商主要管理人员未经同意擅自离岗或施工现场无管理人员	30	施工作业现场未按规定进行封闭化管理
31	承包商管理人员未参加专项安全培训	31	未按规定要求及时清理现场垃圾	31	施工过程未做到工完、料净、场地清
32	作业许可申请人、签发人、监护人、接收人未经过作业许可管理培训合格并取得相应资质	32	现场管理人员及作业人员未按国家规定及合同要求购买保险	32	未按规定对承包商进场的施工机具、检测设备进行查验

续表 3-7

一级		二级		三级
	33	未按规定建立废弃物品处理台账	33	未对承包商现场安全警示标识、安全防护设施是否满足规范、标准要求进行检查
	34	未对承包商进场的工程材料、构配件等进行见证取样、平行检验	34	未按要求编制、演练应急预案，未组织应急演练
	35	违规使用起重机械移送人员		
	36	未对现场临设、消防、临时用电进行检查		
	37	仓储区域的卫生、安全、防火、防盗措施不落实		
	38	未按规范搭设、拆除脚手架		

备注：各类安全计分事件扣分分数：一级—3 分；二级—2 分；三级—1 分。

3.1.8 管理处应急资源清单(表 3-8、表 3-9)

表 3-8　管理处维抢修设备、机具

序号	物资名称	型号	数量	存放地点
1				
2				
3				
⋮				

注：管理处维抢修设备、机具主要包括起重机械、工程抢险车、液压车叉、砂轮机、注脂机、切割机、轴流风机、发电机、电焊机、潜水泵等。

表 3-9　管理处应急抢险物资

序号	物资名称	型号	数量	位置
1				
2				
3				
⋮				

注：管理处应急抢险物资主要包括正压式空气呼吸器、检测仪、急救箱、防爆手电筒、防汛物资(编织袋、铁锹)等。

3.1.9 安全行为负面清单（表3-10）

所属要素：2.2.26

表3-10 安全行为负面清单

控制码：3.1.09-226-2019

	一级		二级		三级
1	井盖破损后未及时采取警戒隔离措施	1	不按规定穿戴劳保用品进入生产岗位和施工现场	1	未办理作业许可或违规许可；特殊作业中断后再次作业时，未对安全措施进行再确认
2	未经许可触摸或操作设备	2	监护人作业期间擅离岗位	2	无操作证从事电气、起重、电气焊作业
3	焊接作业时，未严格使用防护面罩	3	驾驶员、乘车人不系安全带，驾驶员行车过程中接打手机	3	起吊作业过程中，操作人员离开工作控制合将重物悬在空中，用手或身体其他部位直接扶持重物
4	作业时踩踏管道、设备	4	不按规定开展JSA分析	4	桁车使用后大小车未复位，斜拉吊物
5	起重吊装作业、脚手架搭拆作业、试压作业等风险作业未设置警戒、隔离	5	无关人员随意进出作业现场警戒区域	5	起重吊装作业时信号指挥不明，吊物质量不明，超负荷，散物捆扎不合格，或物料装放过满、单点捆绑，机索具不合格，棱刃绳直接触无保护措施；危险区域半径内有无关人员穿行或停留；违规使用吊带
6	意外事件发生时向事发地集聚、看热闹	6	巡线不到位、迟报漏报瞒报事故隐患，对第三方施工未采取有效防范措施	6	在挖掘机、起重机工作过程中的机械臂下作业、站立、行走，或擅自使用自制吊装器具、拆改脚手架、钢格板、护栏、盖板、防护网等防护设施
7	雷雨天气户外巡检、作业在大树下躲雨	7	使用汽油及其他易挥发溶剂擦洗设备	7	高处作业未系安全带、无安全带悬挂设备无防护设施（缺少脚手架、作业平台、支护平台、临边护栏、护栏、平台、安全通道等）进行作业
8	高温、低温天气长时间野外工作	8	使用过期或者质量不合格安全帽	8	土方开挖未按规定采取放坡、支护等安全措施
9	照明条件不足时施工作业	9	不系安全带驾驶、乘坐公务用车	9	使用未安装漏电保护装置的电气设备、电动工具；带负荷操作刀闸、带接地线合闸、带电挂接地线和作业前不验电，使用不合格的绝缘工器具
10	冰雪路段未安装防滑链行驶	10	超负荷使用发电机	10	受限空间盲目施救

续表 3-10

一级	二级	三级
11 堵塞安全及消防通道，挪用消防设施	11 工艺运行参数超过上级调度规定的范围，发现参数异常未及时汇报	11 未开展气体置换或者置换不合格，进行盲板、流量计、阀门、过滤器等拆卸作业
12 氧气瓶、乙炔瓶未按照安全距离放置	12 食用不明野果、菌类，饮用不明水源，捕捉野生动物	12 未经检测进入阀井、隧道、涵洞、排污池等受限空间进行巡检、作业
	13 进场机械设备、施工机具及配件未经检查、验收合格而擅自使用	13 未采取防中毒、防窒息、防自燃等安全措施对含有硫化物的天然气管道设备进行作业
	14 进行切削、打磨作业戴手套或不戴护目镜	14 违反规定运输、保管、使用危险化学品（汽油、油漆、稀释剂）
	15 暴力拆卸螺栓和设备	15 车辆未采取防火、防静电等安全措施进入易燃易爆危险区域
	16 巡检时冒险经过临崖路段，冒险涉水	16 叉车违章载人行驶
	17 监护人员不在现场进行施工	17 防爆区域使用非防爆工具
	18 高处作业上下抛掷工具、材料，无保护措施	18 在站场、阀室、隧道等生产作业场所吸烟、使用非防爆手机、相机
	19 危险废弃物、固体废弃物随意丢弃	19 擅自翻越、移动、更改变电所安全遮栏
		20 梯子架在车辆或者未固定物体上登高
		21 签发人不到现场签发作业许可证
		22 未经授权代签作业许可证
		23 值班期间睡岗、饮酒、酒后上岗、擅离岗位
		24 值班人员不到现场确认擅自关闭异常报警
		25 擅自停用、屏蔽报警装置、联锁装置
		26 不按规定逐级升压验漏
		27 未经论证和批准、擅自变更施工方案、擅自变更作业范围

3.2 应用类附录

3.2.1 风险、隐患和高后果区相关定义

危险源：是指可能导致人员伤害或疾病、物质财产损失、工作环境破坏或这些情况组合的根源或状态因素。在《职业健康安全管理体系要求 GB/T 28001—2011》中的定义为：可能导致人身伤害和(或)健康损害的根源、状态或行为，或其组合。

风险：风险是指生产安全风险，是安全不期望事故事件概率与其可能后果严重程度的综合结果风险，分为重大、较大、一般和低风险四个等级，分别对应红、橙、黄、蓝四种颜色。

安全风险矩阵：称风险矩阵法(Risk Matrix)，是一种能够把危险发生的可能性和伤害的严重程度综合评估风险大小的定性的风险评估分析方法。体现了容忍安全风险准则和可接受安全风险准则。常用一个二维的表格对风险进行半定性的分析，其优点是操作简便快捷，因此得到较为广泛的应用。

隐患：是指生产安全事故隐患，是违反安全生产法律、法规、规章、标准、规程和安全生产管理制度的规定，存在可能导致事故发生的物的危险状态、人的不安全行为和管理上的缺陷。按危害大小、治理难易程度和紧迫性将隐患分为一般、较大和重大隐患。

隐患分级

一般隐患是指危害和整改难度较小，发现后能够立即整改消除的隐患。

较大隐患指危害较大，整改有一定难度，不能即查即改，但又急需整治的隐患。

重大隐患是指符合国家、集团公司规定的重大隐患判定标准或经评估可能导致较大及以上事故、必须及时整治的隐患。

高后果区

高后果区(High Consequence Areas,HCAs)是指管道如果发生泄漏会严重危及公众安全和(或)造成环境较大破坏的区域。典型的高后果区为人口密集区和环境敏感区，输气管道对于河流、湖泊、自然保护区等环节敏感区危害相对较小，因此环境敏感类高后果区主要是针对输油管道。

3.2.2 安全风险矩阵（表 3-11，表 3-12）

表 3-11 安全风险矩阵

安全风险矩阵		1	2	3	4	5	6	7	8
后果等级		类似的事件没有在石油石化行业发生过,且发生的可能性极低	类似的事件曾在石油石化行业发生过	类似的事件在石油石化行业发生过	类似的事件在石油石化行业曾经发生过	类似的事件在本企业相似设备设施（使用寿命内）或相似作业活动中发生过	在设备设施（使用寿命内）同作业活动中发生过1~2次	在设备设施（使用寿命内）或相同作业中发生过多次	在设备设施或相同作业活动中经常发生（至少每年发生）
		$\leq 10^{-6}$/年	$10^{-6} \sim 10^{-5}$/年	$10^{-5} \sim 10^{-4}$/年	$10^{-4} \sim 10^{-3}$/年	$10^{-3} \sim 10^{-2}$/年	$10^{-2} \sim 10^{-1}$/年	$10^{-1} \sim 1$/年	>1/年
事故严重等级（从轻到重）	A	1	1	2	3	5	7	10	15
	B	2	2	3	5	7	10	15	23
	C	2	3	5	7	11	16	23	35
	D	5	8	12	17	25	37	55	81
	E	7	10	15	22	32	46	68	100
	F	10	15	20	30	43	64	94	138
	G	15	20	29	43	63	93	136	200

发生的可能性等级（从不可能到频繁发生）

表 3-12 后果严重性分级表

后果等级	健康和安全影响(人员损害)	财产损失影响	非财务性影响与社会影响
A	轻微影响的健康/安全事故： 1. 急救处理或医疗处理，但不需住院，不会事故伤害损失工作日。 2. 短时间暴露超标，引起身体不适，但不会造成长期健康影响	事故直接经济损失在 10 万元以下	能够引起周围社区少数居民短期内不满，抱怨或投诉(如抱怨设施噪声超标)
B	中等影响的健康/安全事故： 1. 因事故伤害损失工作日。 2. 1~2 人轻伤	直接经济损失 10 万元以上，50 万元以下；局部停车	1. 当地媒体的短期报道。 2. 对当地公共设施的日常运行造成干扰(如导致某道路在 24 小时内无法正常通行)
C	较大影响的健康/安全事故： 1. 3 人以上轻伤或 1~2 人重伤(包括急性工业中毒，下同)。 2. 暴露超标，带来长期健康影响或造成职业相关的严重疾病	直接经济损失 50 万元以上，200 万元以下；1~2 套装置停车	1. 存在合规性问题，不会造成严重的安全后果或不会导致地方政府相关监管部门采取强制性措施。 2. 当地媒体的长期报道。 3. 在当地造成不利社会影响，对当地公共设施的日常运行造成严重干扰
D	较大的安全事故，导致人员死亡或重伤： 1. 界区内 1~2 人死亡或 3~9 人重伤。 2. 界区外 1~2 人重伤	直接经济损失 200 万元以上，1000 万元以下；3 套及以上装置停车；发生局部区域的火灾爆炸	1. 地方政府相关监管部门采取强制性措施。 2. 引起国内或国际媒体的短期负面报道
E	严重的安全事故： 1. 界区内 3~9 人死亡或 10 人及以下重伤。 2. 界区外 1~2 人死亡或 3~9 人重伤	事故直接经济损失 1000 万元以上、5000 万元以下；失控的火灾或爆炸	1. 引起国内或国际媒体长期负面关注。 2. 造成省级范围内的不利社会影响；对省省级公共设施的日常运行造成严重干扰。 3. 省级政府相关部门采取强制性措施。 4. 导致失去当地市场的生产、经营和销售许可证
F	非常重大的安全事故，将导致工厂界区内或界区外多人伤亡： 1. 界区内 10 人及以上、30 人以下死亡或 50 人及以上、100 人以下重伤。 2. 界区外 3~9 人死亡或 10 人及以上、50 人以下重伤	事故直接经济损失 5000 万元以上、1 亿元以下	1. 国家相关部门采取强制性措施。 2. 在全国范围内造成严重的社会影响。 3. 引起国内国际媒体重点跟踪报道或系列报道
G	特别重大的灾难性安全事故，将导致工厂界区内或界区外大量人员伤亡： 1. 界区内 30 人及以上死亡或 100 人及以上重伤。 2. 界区外 10 人及以上死亡或 50 人及以上重伤	事故直接经济损失 1 亿元以上	1. 引起国家领导人关注，或国务院、相关部委领导作出批示。 2. 导致吊销国际国内主要市场的生产、销售经营许可证。 3. 引起国际国内主要市场上公众或投资人的强烈愤慨或谴责

3.2.3 管理处员工 HSSE 培训矩阵（表 3-13）

表 3-13 管理处员工 HSSE 培训矩阵

所属要素：2.9　　　　　　　　　　　　　　　　　　　　　　　　　控制码：3.2.03-29-2019

序号	培训内容划分		管理处领导	HSSE、生产、设备、工程等专业管理人员	其他管理人员	站（队）长	操作人员
	培训模块	培训内容					
1	公司 HSSE 管理体系、规章制度、操作规程	公司 HSSE 管理体系	✳	√	✳	√	✳
2		安全生产规章制度	✳	√	✳	√	✳
3		安全操作规程	✳	√	✳	√	✳
4	基层 HSSE 管理体系	管理处 HSSE 工作指南	√	√	✳	√	✳
5		管理处 HSSE 风险控制实施指南	✳	√	✳	√	✳
6	风险管理	风险辨识与研判	√	√	✳	√	✳
7		评估方法（风险矩阵）	✳	√	✳	√	✳
8		风险清单及管控	√	√	✳	√	✳
9		岗位危险事件清单	✳	√	✳	√	✳
10	隐患管理	隐患初步排查	✳	√	✳	√	√
11		隐患排查分级与治理	√	√	✳	√	✳
12	作业许可管理	作业许可的范围	✳	√		√	✳
13		管理流程	✳	√		√	✳
14		5 个必须落实	✳	√		√	✳
15	常规作业、非常规作业	作业操作规程	✳	√	✳	√	✳
16		作业活动风险控制指南	✳	√		√	✳
17	承包商及现场安全管理	承包商员工入厂安全培训要求	√	√		√	✳
18		开工许可办理	✳	√		√	✳
19		过程监督	✳	√		√	√
20	监督检查	安全生产现场检查表	√	√	✳	√	✳
21		定量审核检查表	√	√	✳	√	✳
22	设备设施管理	特种设管管理	√	√		√	✳
23		防火防爆	✳	√	✳	√	√
24		防雷防静电管理	√	√	✳	√	√
25		电气安全	√	√	✳	√	✳
26		泄漏、锁定管理	√	√	✳	√	✳
27	变更管理	变更内容	✳	√	✳	√	✳
28		变更等级确定	✳	√	✳	√	✳
29		变更风险评估	✳	√	✳	√	✳

续表 3-13

序号	培训模块	培训内容	管理处领导	HSSE、生产、设备、工程等专业管理人员	其他管理人员	站(队)长	操作人员
30	应急管理	管理处应急预案	√	√	＊	√	＊
31		现场应急处置方案	√	√	＊	√	√
32		重点岗位应急处置卡	√	√	＊	√	＊
33		应急指挥	√	＊		√	
34		应急装备器材配备、使用	＊	√	＊	√	√
35	事故事件管理	事故分级标准	√	√	√	√	＊
36		报告与处置	√	√	√	√	＊
37		责任追究原则与标准	√	√	√	√	√
38	公共安全	安防、防暴设施使用维护	＊	√	＊	√	＊
39		公共安全事件应急处置	√	√	√	√	√
40		恐怖防范和社会治安	√	√	√	√	√
41	生态环境保护	绿色文化、节能降耗	√	√	√	√	＊
42		危废综合管理	＊	√	√	√	√
43	交通安全	驾驶员、车辆风险评估	＊	√	＊	√	
44		防御性驾驶	＊	＊		√	
45		乘车安全	√	√	√	√	√
46	个体防护与自救互救	空气呼吸器使用	＊	√	＊	√	√
47		现场急救（心肺复苏、外伤包扎）	＊	√	＊	√	√
48		有毒有害气体检测	＊	√		√	√
49		个体防护用品使用	＊	√	＊	√	√
50	员工健康	健康危害因素	√	√	√	√	＊
51		职业危害预防	＊	√	＊	√	√
52		身体健康和心里健康、EAP	＊	＊	＊	＊	＊

注：1. 属于本岗位直接操作的项目，要求经过培训后必须达到熟知或能够独立操作的培训内容，应确定为"掌握"。

2. 属于理念性或与本岗位操作无直接关系的培训内容，培训效果可确定为"了解"。

3. "√"—掌握；"＊"—了解。

3.2.4 承包商员工 HSSE 培训矩阵（表 3-14）

所属要素：2.9　　　　　　　　　　　　　　　　　　　　　　控制码：3.2.04-29-2019

表 3-14　承包商员工 HSSE 培训矩阵

序号	培训内容	培训类型					
		项目负责人	安全负责人	技术负责人	作业监护人	作业接收人	操作员工
1	企业 HSSE 管理体系介绍	√	√	*	√	√	√
2	集团公司相关管理规定	√	√	*	*	*	*
3	员工安全守则	√	√	√	√	√	√
4	所从事作业的事故分享	√	√	√	√	√	√
5	作业许可管理要求	*	√	*	√	√	*
6	危险化学品安全	*	√	*	*	*	√
7	作业 JSA 要求	*	√	√	√	*	*
8	应急处置	*	√	*	√	*	√
9	违规考核	√	√	√	√	√	√
10	项目区域要求	√	√	*	√	√	√
11	起重/脚手架/电工/焊工/受限空间等特殊作业要求	*	√	√	√	√	√

备注："√"—掌握；"*"—了解。

3.2.5 锁定许可表(表 3-15)

表 3-15 锁定许可表

所属要素:2.11　　　　　　　　　　　　　　　　　　　　　　　　　　　控制码:3.2.05-211-2019

申请单位		申请人		锁具类型	□固定锁□作业锁
锁定的设备		设备位置		锁定时间	
申请原因					
流程简图					
审批意见	生产技术部			业务分管领导	
	签名　　年 月 日			签名　　年 月 日	
序号	锁定实施注意事项		作业人签字		监督人签字
1	确认需要锁定的设备准确				
2	确认锁定的设备已处于正确状态				
3	确认锁定方法正确,锁定牢固				
4	确认锁定操作完成,并挂牌				
5	确认锁定的设备钥匙专人保管				
验收人				年　月　日	

备注:申请、验收由站(队)长负责;审批由管理处主管部门和分管领导负责;锁定实施由作业人员负责;现场监督由安全员负责。

3.2.6 解锁许可表(表3-16)

表 3-16 解锁许可表

所属要素:2.11　　　　　　　　　　　　　　　　　　　　　　　　　控制码:3.2.06-211-2019

申请单位		申请人		锁具类型	□固定锁□作业锁
解锁的设备		设备位置		解锁时间	
申请原因					
流程简图					
审批意见	生产技术部			业务分管领导	
	年　月　日			年　月　日	
序号	解锁实施注意事项		作业人签字		监督人签字
1	确认需要解锁的设备准确				
2	确认解锁方法正确				
3	确认解锁操作完成				
4	确认解锁的设备处于正确状态				
5	确认解锁设备的钥匙和锁具专人保管				
验收人				年　月　日	

备注:申请、验收由站(队)长负责;审批由管理处主管部门和分管领导负责;解锁实施由作业人员负责;现场监督由安全员负责。

3.2.7 许可作业业务职责分工表（表3-17）

所属要素：2.12　　　　　　　　　　　　　　　　　　　　　　　　　　　控制码：3.2.07-212-2019

表3-17　许可作业业务职责分工表

阶段	程序	程序及步骤 步骤（内容）	责任部门（单位）	职能	责任	责任人	责任领导
作业许可申请	作业许可申请	提出施工作业申请	站（队）	根据站（队）现场实际提出作业许可申请	对站（队）所辖区域内的项目施工作业的必要性负责	站（队）长	分管副经理
作业许可审批	风险辨识	开展风险识别	施工单位	对新建项目施工作业的必要性申请	对新建项目施工作业的必要性负责	施工单位现场负责人	
		制定安全措施	站（队）/施工单位	成立JSA小组，组织人员运用JSA等方法进行危害识别和风险分析	对风险识别的全面有效性负责	作业现场负责人	
	许可前安全确认	现场安全措施确认、安全交底	站（队）/施工单位	组织人员对识别出的风险制定切实可行的安全措施	对风险控制措施制定的可行性、有效性负责	作业现场负责人	
			管理处/站（队）/施工单位	组织施工单位现场负责人及有关专业技术人员、设备监护人对现场进行检查，对作业内容、设施存在的风险进行交底，告知JSA结果，对许可证列出的有关安全措施逐条确认	对安全措施的确认及作业内容、安全交底的可靠性、有效性负责	签发人	
	作业许可签发	签发作业许可	管理处/站（队）	安全确认后，签发作业许可	对作业审批的可靠性、必要性负责	签发人（权限分工见说明）	
作业许可实施	作业实施	作业实施	站（队）/施工单位	按施工方案、作业实施管理规定落实有关	对施工质量、施工安全、环保措施落实的有效性负责	作业现场负责人	
		作业监护	站（队）/施工单位	对作业现场实施监护，监督安全、环保及有关管理规定要求的落实	对作业安全、环保措施落实的有效性负责	监护人	

续表 3-17

阶段	程序及步骤		责任部门（单位）	职能	责任	责任人	责任领导
	程序	步骤（内容）					
检查与监督	检查与监督	安全检查确认、办理作业票关闭手续	业务主管部门	对站（队）作业许可管理、作业实施现场管理情况进行监督检查、检查结果纳入考核人负责管理	对检查监督的有效性负责，对考核的结果负责	专业部门负责人	分管副经理
作业许可关闭	作业票关闭		管理处/站（队）/施工单位	作业完毕，现场检查确认无遗留施工废弃物、安全隐患后，办理作业票关闭手续	对作业结束现场无遗留废弃物、安全隐患的可靠性、有效性负责	签发人或签发人授权的作业现场负责人	

说明：
1. 分管副经理负责签发一级用火作业、二三级起重作业、盲板抽堵作业、Ⅱ级高处作业、公司授权风险性较小的进入受限空间作业、公司授权风险性较小的动土作业、管道试压作业及以上风险及以上风险的其他作业项目的作业许可。
2. 站（队）长负责签发辖区内的临时用电作业、Ⅰ级高处作业的作业许可，及承包商在生产区域内的其他临时性作业。
3. 专业技术人员负责业务签发业务范围内的二级用火作业。
4. 审批权限授予、责任不授予。

备注：
1. 固定用火区：专业部门提出书面申请，经公司主管部门审查批准，报公司安全环保部门备案；每半年组织检查认定 1 次。
2. 凡经人员特殊培训的岗位人员在进行正常岗位作业时，以及在正式巡检路线进行正常高处检查时不需要办理高处作业许可证。
3. 压缩机厂房行吊起重作业不需要办理起重作业许可证。

3.2.8 HSSE 设施分类表（表 3-18）

所属要素：2.14

表 3-18 HSSE 设施分类表

控制码：3.2.08-214-2019

序号	类别	种类	项目	检验/检测周期	检查周期	台账	责任部门
1	预防事故设施	检测、报警设施	火灾报警系统	每年	每季度	火焰探测器台账 手动火灾报警按钮台账 声光火灾报警器台账 感温探测器台账 感烟探测器台账	生产技术部
2			便携式可燃气体检测仪（甲烷、氧气）	每年	日常	便携式气体检测仪台账 便携式六氟化硫检测仪管理台账	安全环保部
3			固定式可燃气体检测仪	每年	每月	固定式可燃气体检测仪台账	安全环保部
4			压力表	每半年	日常	压力表台账	
5			压力变送器	每年	日常	压力变送器台账	生产技术部
6			温度表	每年	日常	温度表台账	
7			温度变送器	每年	日常	温度变送器台账	
8			视频监控系统	—	每月	工业监控设备台账	
9			报警电话	—	日常		安全环保部
10			应急广播系统	—	月检		
11		设备安全防护设施	安全锁闭设施（电气设施）	每年	年检		
12			配电箱内电涌保护器	每半年	—		
13			配电箱内漏电保护器	每月	日常	电力安全用具台账	生产技术部
14			配电箱内热继电保护器	—	—		
15			PLC 机柜内浪涌保护器	—	每月		
16			固定式可燃气体检测仪配套浪涌保护器	—	每月		
17			站场、阀室、悬索防雷接地	每半年	日常		

续表 3-18

序号	类别	种类	项目	检验/检测周期	检查周期	台账	责任部门
18	预防事故设施	设备安全防护设施	接闪器、接闪带	每半年	日常	电力安全用具台账	生产技术部
19			站场、阀室防静电接地	每半年	日常		生产技术部
20			设备防静电接地	每半年	日常		生产技术部
21			车用阻火器	—	每天		生产技术部
22		作业场所防护设施	静电释放柱	每半年	日常		安全环保部
23			压缩机降噪设施	—	月检		生产技术部
24			轴流风机	—	日常		生产技术部
25			防护栏（网）	—	月检		安全环保部
26		安全警示标志	危险警示标志	—	日常		安全环保部
27			风向标	—	月检		安全环保部
28		公共安全设施	周界报警系统（激光对射）	—	日常	周界安防台账	生产运行部
29			门禁系统	—	月检	反恐防暴器材管理台账	生产运行部
30			防暴设施（防暴盾牌、防暴头盔、防刺服等）	—	—		生产运行部
31	泄压、止逆设施		工艺管线安全阀（天然气管线、润滑油管线、仪表风管线安全阀）	每年	日常	安全阀管理台账	生产技术部
32			站场紧急放空阀	—	日常		生产运行部
33			分输安全切断阀	—	日常		生产运行部
34			工艺管线单向阀	—	日常		生产技术部
35			高位油箱呼吸阀	—	每月		生产技术部
36	紧急处理设施		站场 ESD 系统	—	每半年		生产技术部
37			放空火炬及操作系统	—	每半年		生产技术部
38			压缩机 ESD 连锁系统	—	每半年		生产技术部
39			燃气发电机	—	每半月		生产技术部

3 管理附录

续表 3-18

序号	类别	种类	项目	检验/检测周期	检查周期	台账	责任部门
40	预防事故设施	紧急处理设施	综合楼 UPS 不间断电源	—	每季度		生产技术部
41			变频器室 UPS 不间断电源	—	每季度		生产技术部
42			变电所机柜间 UPS 不间断电源	—	每季度		
43			变电所交直流屏	—	每半年		安全环保部
44			变电所、综合楼应急照明系统	—	每半年		生产技术部
45		防止火灾蔓延设施	管道阻火器	—	日常		
46			防火门	—	日常		
47	减少与消除事故影响措施	消防灭火设施	消防水池	—	每周	消防器材管理台账	安全环保部
48			消防沙池	—	日常		
49			消防水泵	—	每周		
50			消防稳压泵	—	每半月		
51			消防水管网	—	每半月		
52			消火栓	—	每半年		
53			推车式灭火器	—	每周		
54			手提式灭火器（干粉、二氧化碳）	—	每周		
55		紧急个体处置消防人员装备	急救药品	到期更换	日常		安全环保部
56			消防头盔、消防战斗服、消防手套、消防靴	—	每周		安全环保部
57		劳动防护用品	安全帽、安全带、防护鞋	—	日常	正压式空气呼吸器管理台账	安全环保部
58			正压式空气呼吸器	3年	每周	正压式空气呼吸器管理台账	安全环保部
59			防毒面具、防尘口罩、防护眼镜、防噪声耳塞	—	每周	噪声监测服管理台账	安全环保部
60			防火服、隔热服	—	每周	隔热服管理台账	安全环保部
61		应急救援、避难设施	应急救援车辆等	—	每周	应急抢险工器具台账	安全环保部
62			救生（助）艇、救生圈（衣）等	—	每月	应急物资管理台账	安全环保部

3.2.9 项目开工 HSSE 许可证（表 3-19）

表 3-19 项目开工 HSSE 许可证

所属要素：2.12　　　　　　　　　　　　　　　　　　　　　　　　　控制码：3.2.09-212-2019

项目名称		开工日期	年　月　日
序号	审核项目		检查确认
1	项目施工作业许可证（开工报告）已签发		
2	签订了 HSSE 管理协议		
3	编制了项目 HSSE 工作计划，并获得项目管理单位批准		
4	承包商项目负责人、技术员、安全管理人员等项目关键岗位人员与投标文件一致，或项目管理单位同意变更		
5	明确承包项目 HSSE 管理工作的责任人、现场 HSSE 管理人员。生产、技术、质量管理人员配备到位，职责明确		
6	承包商项目负责人、安全管理人员、特种作业操作人员、特种设备操作人员资格证已审验合格；承包商人员已经公安系统信息比对；承包商人员健康体检合格，无从事作业所涉及的工作禁忌症，现场施工人员的年龄不应超过法定退休年龄，从事高空作业及特种作业的人员男性不宜超过 50 周岁，女性不宜超过 45 周岁		
7	承包商人员完成了入场 HSSE 培训并考核合格		
8	施工组织设计、专项方案等已按规定审批；已完成安全技术交底		
9	现场应急预案和演练计划已编制报备；现场人员熟悉应急处置措施		
10	进场机具、设备设施的配置、安装和完整性符合要求		
11	现场安全标准化建设符合要求，临时设施已验收合格		
12	施工现场已设置安全风险及职业危害告知牌并公布了安全风险及职业危害因素、防护措施；施工现场危险部位已按规定设置各种警示标识		
13	所有检查出的 HSSE 问题整改完毕，作业现场已具备安全作业条件		
施工单位意见	施工单位现场负责人（签字）：		年　月　日
监理单位意见	监理工程师（签字）：		年　月　日
项目管理单位意见	项目管理单位现场负责人（签字）：		年　月　日

3.2.10 主要变更事项管理提示表(表3-20)

表3-20 主要变更事项管理提示表

所属要素:2.16 控制码:3.2.10-216-2019

序号	变更事项		业务主管部门	业务分管领导
第一部分:生产工艺变更				
1.1	工艺技术的变更	1.1.1 工艺路线或技术规程变更	生产运行部	生产副经理
		1.1.2 岗位操作法变更		
		1.1.3 超出岗位操作法规定或已批准操作票范围的操作		
		1.1.4 工艺管线的介质流向改变、废除		
1.2	联锁、报警的变更	1.2.1 联锁变更(包括联锁值、联锁预报警值、联锁条件、联锁方式及联锁逻辑、联锁摘除等的变更)		
		1.2.2 气体检测报警仪、工艺参数报警值变更		
1.3	应急的变更	应急预案的变更	安全环保部	安全副经理
第二部分:设备设施变更				
2.1	型式、材料或材质等的变更(指与原设计不同)	2.1.1 设备、配件(包括垫片、密封、阀体、阀内件等)型式或材料、材质的变更	生产运行部	生产副经理
		2.1.2 设备周围安装旁通连接或特殊工作用的临时连接,临时配管		
2.2	润滑的变更	润滑油种替代或润滑介质改变	生产运行部	生产副经理
2.3	电气设备的变更	2.3.1 电气负荷超过设备额定容量	生产运行部	生产副经理(电气)
		2.3.2 供配电方式变更		
		2.3.3 继电保护配置及定值变更		
		2.3.4 重新确定电气断路器的规格,或者增加电气过载的规格		
		2.3.5 电气设备的检修、试验周期延长		
2.4	仪表设备的变更	2.4.1 温度表、压力表、变送器的变更		生产副经理
		2.4.2 报警信号屏蔽		
		2.4.3 按钮、开关、安全栅、隔离器、继电器、信号转换器、报警设定器等回路元件增减		
2.5	特种设备的变更	2.5.1 延期检验(校验)	安全环保部	安全副经理
		2.5.2 安全阀定压值的变更		
2.6	设备设施的停用	装置运行时仪表、设备设施的停用	生产运行部	生产副经理
2.7	安保设施的变更	2.7.1 旁通或者停用、新增、拆除卸压系统、安全系统	安全环保部	安全副经理
		2.7.2 消气防、职业病防护设施的减少或移位		
第三部分:劳动组织变更				
3.1	岗位人员的变更	与生产紧密相连的关键岗位人员的变更(管理处领导,安全环保部、工程物资部、生产运行部、管理保护部各岗位人员,站(队)长,压缩机工,输气工,维修工,巡线工等)	人力资源部	经理

3.2.11 变更等级评估表(表 3-21)

表 3-21 变更等级评估表

所属要素:2.16　　　　　　　　　　　　　　　　　　　　　　　　　　　　　控制码:3.2.11-216-2019

生产工艺变更等级评估			
第一部分:关键安全因素(任意一项"是"即为重大变更,风险评估时必须审查关键安全因素)		是	否
G1	变更是否使工艺参数或过程参数超出"允许操作范围",即:压力、温度、转速等	□	□
G2	变更是否改变、摘除、停用或旁路一个或多个安全设施或安全仪表功能(或安全联锁)	□	□
是否重大变更	是□　否□		
第二部分:危险程度(任意一项"是"上打勾代表"高"危险程度)		是	否
W1	变更是否显著增加人员接触有害物质的可能性或显著增加人员的安全风险(如变更将远程操作改为手动现场操作)	□	□
W2	变更是否显著增加后果的严重性,如将后果级别提高 2 个级别或可能引发 E 级及以上后果等级的事故	□	□
W3	变更是否显著增加对公众产生负面影响的可能性(如释放难闻气味、增加噪声)	□	□
危险程度	高□　低□		
第三部分:重要性(任意一项"是"上打勾代表"高"重要性)		是	否
Z1	变更是否增加或跳过装置工艺步骤	□	□
Z2	变更是否改变爆炸危害性	□	□
Z3	变更是否显著改变能量/质量平衡,包括改变能量的来源	□	□
Z4	变更是否要求执行变更的技术人员得到专业的培训(如新进设备涉及受限空间进入)	□	□
Z5	变更是否涉及安全、消防等政府审批事项(如是否涉及"三废"排放)	□	□
重要性	高□　低□		

第四部分:变更等级			
重要性		低□	高□
危险程度	低□	一般变更□	较大变更□
	高□	较大变更□	重大变更□
关键安全因素	是□	重大变更□	

设备设施变更等级评估			
第一部分:设备设施变更因素		是	否
S1	变更是否引入首次使用的新设备新设施	□	□
S2	是否在事故影响范围内增加新的人员占用建筑物或设施	□	□
S3	变更是否影响紧急通道和出口,消防系统和通道,泄漏控制设施,应急广播系统的正常使用	□	□
S4	是否增加新的储存危险物料的设施	□	□
S5	变更是否涉及有害废水、废气、固废排放	□	□
S6	变更是否增加电气系统	□	□
S7	变更涉及的设施是否在防爆区内或是否影响现有防爆区域的划分	□	□
S8	变更是否涉及任何政府许可事项	□	□

续表 3-21

第二部分:变更等级	
8 项均为否时,为一般变更	一般变更□
S3～S8 任意一项"是"上打勾即为较大变更	较大变更□
S1～S2 任意一项"是"上打勾即为重大变更	重大变更□
劳动组织变更等级评估		

第一部分:劳动组织变更因素		是	否
L1	变更是否涉及与生产直接相关的关键业务承包商的变化	□	□
L2	变更是否影响关键操作岗位人员和工作机制变化	□	□
L3	变更是否影响人员在相关活动中的角色和责任(如操作标准、应急处置、作业安全、维护/检查作业等)	□	□
L4	变更是否过度增加操作人员身体或心理上的工作负荷	□	□
L5	变更是否影响在生产过程中所需要的人员能力和数量	□	□
L6	变更是否导致新的任务任命(如新任命的义务消防员、义务急救人员等)	□	□
L7	变更是否导致新的取证工作(如新的取证培训、特殊体检等)	□	□
L8	变更是否导致新的批准、签字任命(如增加开作业票人员)	□	□

第二部分:变更等级	
L3～L8 任意一项"是"上打勾即为一般变更	一般变更□
L1～L2 任意一项"是"上打勾或 L3～L8 的任意两项"是"上打勾即为较大变更	较大变更□

3.2.12 变更申请表(表3-22)

表 3-22 变更申请表

所属要素:2.16　　　　　　　　　　　　　　　　　　　　　　　　　　控制码:3.2.12-216-2019

变更申请单位(部门)							
变更名称							
所在区域/装置				变更编号			
申请人				申请日期	年	月 日	时 分
变更描述	变更原因						
	工作范围						
	变更目标						
	相关附件						
变更类型		生产工艺变更□　　设备设施变更□　　劳动组织变更□					
是否为紧急变更		是□　　否□					
变更等级		一般变更□　　较大变更□　　重大变更□					
变更事项涉及专业		生产工艺□　设备□(动设备□ 静设备□ 电气□ 仪表□)　HSSE□ 质量□　消气防□　计量□　物资供应□　人力资源□　其他□					
变更涉及单位							

3.2.13 变更审批表(表3-23)

表 3-23 变更审批表

所属要素:2.16　　　　　　　　　　　　　　　　　　　　　　　　　　控制码:3.2.13-216-2019

1.变更风险评估(由评估小组完成)				
序号	风险描述	主要控制措施	剩余风险等级	负责部门/责任人
1				
2				
…				
		风险是否可接受:是□　否□		
2.制度和技术文件清单				
序号	需完善制度或技术文件名称		负责人	计划完成日期
1				
2				
…				
3.变更事项的业务确认和审批				
变更申请站队(部门)意见:　　　　　签名:　　　年　月　日			评估小组负责人意见:　　　　　签名:　　　年　月　日	
一般变更			较大变更	
变更申请站队(部门)负责人审批意见:　　　　　签名:　　　年　月　日			管理处分管副经理审批意见:　　　　　签名:　　　年　月　日	
4.投用前的条件确认意见:　　　　　　　　　　　　　　　　　　　　　变更审批人签名:　　　年　月　日				

3.2.14 驾驶员岗位风险评估表(表3-24)

表3-24 驾驶员岗位风险评估表

所属要素:2.18　　　　　　　　　　　　　　　　　　　　　　　　控制码:3.2.14-218-2019

编号:

个人信息					
姓名	年龄	政治面貌	驾驶车辆类型	业余爱好	性格特点
岗位风险评估					
A 岗位资质	风险值	D 防御驾驶技能	风险值	G 个人嗜好	风险值
按规定要求证件齐全	0	技能考试85分以上	2	情绪稳定,乐观向上	0
按规定要求证件不全	禁止	技能考试60~85分	5	休息无规律	10
		技能考试60分以下	20	有喝酒习惯	16
B 驾龄	风险值	E 履职状况	风险值	H 家庭状况	风险值
5年及以上	1	1年内有1次违章行为	1	家庭和睦	0
3~5年	5	1年内有2次违章行为	5	家庭有困难	5
1~3年	12	1年内有3次违章行为	15	家庭变故	10
		1年内发生责任交通事故	25		
C 安全行车累计里程	风险值	F 身体状况	风险值	I 其他	风险值
15万km以上	1	身体良好	1	调整车型	7
10万~15万km	2	有轻微疾病	10	复工3个月以下	10
5万~10万km	4	有影响驾驶行为的伤病	禁止	其他因素	2~25
5万km以下	10				
评估项	A	B	C	D	E	F	G	H	I	总计
自评估										
车队评估										
风险评估结果										
低风险(C类)12分以下			中风险(B类)13~19分				高风险(A类)20分以上			
风险控制措施描述:										

评估日期:　　　　　　　　评估人员:　　　　　　　　驾驶员:

3.2.15 车辆风险评估表（表3-25）

表3-25 车辆风险评估表

所属要素：2.18　　　　　　　　　　　　　　　　　　　　　　　　控制码：3.2.15-218-2019

编号：

车牌号		驾驶员签名	
车辆类型		评估组长签名	
评估日期		参加评估人员	

风 险 评 估					
A 制动系统	风险值	C 传动系统	风险值	E 电器系统	风险值
确认完好	0	确认完好	0	确认完好	0
制动踏板行程大	2	传动轴十字节松旷	5	雨刮器坏	5
制动分泵漏油（气）	5	传动轴螺丝松	20	喇叭损坏	10
助力器漏油	5	传动轴螺丝缺失	25	仪表工作不正常	10
制动总泵漏油（气）	5	其他	2～20	线路老化	15
制动跑偏	15			灯光不全	20
制动距离过大	15			其他	2～20
制动失效	25				
其他	2～20				
B 转向系统	风险值	D 行驶系统	风险值	F 其他部件	风险值
确认完好	0	确认完好	0	确认完好	0
方向盘自由行程大	2	钢板中心螺栓松	5	倒车镜损坏	5
方向机漏油	3	轮胎气压不符合标准	10	灭火器失效或缺失	5
转向摇臂松旷	5	车辆钢板弹簧断片	10	无故障警示牌	5
横拉杆及球头销松旷	25	半轴螺丝松动	15	车厢与大梁连接螺丝松动	15
直拉杆及球头销松旷	25	轮胎磨损严重或有硬伤	15	车架变形	15
助力泵损坏	25	轮胎螺丝松	20	前后桥变形	15
其他	2～20	轮胎螺丝缺失	25	安全带失去作用或缺失	15
		钢板"U"形螺栓松旷	25	其他	2～20
		其他	2～20		

A	B	C	D	E	F	总计

风险评估果		
低风险□12分以下	中风险□13～19分	高风险□20分以上

风险削减措施描述：

隐患整改情况：

3.2.16 特殊任务风险评估表（表3-26）

表3-26 特殊任务风险评估表

所属要素：2.18　　　　　　　　　　　　　　　　　　　　　　　　　　　　控制码：3.2.16-218-2019

单位名称		车队长		任务名称		任务是否必要	
管理处						是□否□	
出　发				到　达			
地点	日期	时间	地点	距离	日期	时间	
驾驶员姓名		出车前安全驾驶培训		培训人签字		义务安全员签字	
		是□ 否□					
车辆类型		乘员人数					
风险评估							
A 车辆安全状况	风险值	D 行驶距离	风险值	G 驾驶时段	风险值		
经检验确认完好	0	≤200km	2	6:00—19:00	0		
未经检验或存在隐患	禁止	200～400km	5	19:00—6:00	25		
		≥400km	8				
B 乘员人数	风险值	E 道路状况	风险值	H 驾驶员	风险值		
小型车有带车人	1	高速公路	1	本单位驾驶员	1		
小型车无带车人	2	国道省道	2	外聘驾驶员	10		
商务车有带车人	3	混合路面	3				
商务车无带车人	4	山路	10				
货车或特种车辆有带车人	5	F 驾驶时间	风险值	I 计划车速	风险值		
货车或大客车无带车人	10	出车前24h内休息＞8h		控制在规定范围内	0		
超员超载	禁止	计划行车＜12h	1	超速行驶（按计划行车时间与里程计算）	25		
		12h≤计划行车＜14h	3				
C 行车天气	风险值	14h≤计划行车＜16h	5				
晴天	1	出车前24h内休息＜8h		J 任务类型	风险值		
雨天	2	计划行车＜12h	2	货运	1		
雾天 能见度≤200m	10	12h≤计划行车＜14h	5	客运	2		
雾天 能见度≤100m	15						
雾天 能见度≤50m	25						
冰雪天配备防滑链	12	14h≤计划行车＜16h	8	紧急任务	8		
冰雪天未配防滑链	25	计划行车＞16h	25	危险品运输	10		
A	B	C	D	E	F	G	H	I	J	总计
风险评估结果										
低风险 □12分以下			中风险 □13～19分			高风险 □20分上				
风险削减措施描述：										

驾驶员签字：　　　　　　　　　　　　　队长签字：

3.2.17 实战演练定量评估表

实战演练定量评估表（表3-27）

所属要素:2.2.22

表3-27 实战演练定量评估表

控制码:3.2.17-222-2019

序号	评估项目	评估内容	评估要点	分值	得分
一	演练策划与组织:总计10分			权重:10%	
1	策划与准备（6分）	1.1 演练目标明确、合理,有针对性	演练未结合管理处实际安全风险,扣1分;未从提高演练人员应急能力角度设计演练目标,扣1分	2	
		1.2 参演人员应涵盖应急预案中主要职责部门或分组	对照应急预案或演练场景要求,每缺一个职责部门或分组参演,扣0.5分	2	
		1.3 大型综合演练应结合应急预案制定演练方案,明确参演人员的角色,分工与应急预案实际不相符,扣1分	大型综合演练未制定演练方案,扣1分;参演人员角色、分工与应急预案实际不相符,扣0.5分	1	
		△1.4 大型综合演练的演练现场布置、器材设备等硬件条件,保障人员数量及工作人员能力满足演练需要	演练的场地布置,器材设备等对演练产生不利影响,或现场工作人员数量和能力不满足需要,扣0.5分	0.5	
		△1.5（带培训演练）演练现场,应能向观摩人员清晰介绍演练信息,现场标识或标志清晰	演练信息介绍每有一处不清晰,扣0.2分;现场无明显标识或标志（分组桌签等）,扣0.5分	0.5	
2	演练情景（4分）	2.1 演练情景（演练模拟需处置的应急事件）的设置应科学、合理（临时组织的检验性演练应对演练情景进行明确告知）	演练情景设计不合理或出现关键内容缺失（如火灾演练未考虑对相邻设备影响,未考虑消防污水收集、事件后果和影响范围描述不完整等）,每一处扣0.5分	3	
		△2.2 大型综合演练多场景之间衔接流畅,演练节点连续	大型综合演练涉及的多场景衔接性差（如消防灭火和水体防控节点衔接不及时或中断）,每一处扣0.2分	1	
二	演练实施:总计80分			权重:80%	
3	△事故预警（6分）	3.1（对于自然灾害引发的事故演练）演练单位能够及时获取外部预警信息（例如气象部门发布的台风预警,监测监控系统发布的雷电预警）	没有建立预警机制或预警程序,扣1分;预警采用的方式达不到预警效果,1次扣0.5分	1	
		3.2 演练单位将自然灾害预警信息发送至相关部门和人员,应采取措施	未将预警信息推送给相关部门和人员,扣1分;推送部门每缺失一个部门扣0.2分	1	

3 管理附录

续表 3-27

序号	评估项目	评估内容	评估要点	分值	得分
3	△事故预警（6分）	3.3 对于生产作业现场事故演练基层单位能及时发现工艺、设备、仪表等异常信息，并及时报告预警	没有及时发现异常险情信息，扣2分；未及时按照操作规程要求进行报告，每处扣1分	2	
		3.4 相关部门和人员能够在接收到预警信息后，能够按照"防小防早"的原则及时开展应急准备或应急行动	当班人员未根据预警信息及时开展应急行动，依据报告进行处置、联系调度人员，采取工艺措施，每缺失一条扣0.5分	2	
4	信息报告（6分）	4.1 现场第一发现人及时上报事故信息，信息报告内容完整、程序规范	第一发现人未及时上报事故信息，扣1分；第一发现人上报信息要素不完整（缺失时间、位置、事故情况、人员伤亡信息等），每项扣0.2分；现场报告人员未做好自身安全保障措施，扣0.5分	1	
		4.2 事发单位能及时给消防等专职应急队伍报警	未及时向相关专职队伍进行报警，扣1分；报警信息要素不完整（缺失时间、位置、事故情况、人员伤亡信息等），每项扣0.2分	1	
		4.3 事故信息能通过内部信息通报系统（如应急指挥中心）的信息推送及时推送给相关领导、职能部门	未通过内部信息通报系统推送信息，扣1分；每缺失一个相关部门没有推送，扣0.2分	1	
		△4.4 能够按要求在规定时间内向上级单位报告事故信息，并持续更新	未向上级单位报告，扣1分；报告内容不完整，1处扣0.5分；发生变化未更新报告，每次扣0.5分	1	
		△4.5 能够按要求在规定时间内向地方政府报告事故信息，并持续更新	未向地方政府相关部门报告，扣1分；报告内容不完整，1处扣0.5分；发生变化未更新报告，每次扣0.5分	1	
		△4.6 能够按要求在规定时间内向本单位以外的相关单位（如联防单位）、周边群众通报事故信息	未向可能受到事故波及的临近单位、周边企业、社区等通报信息，每缺失1个单位，扣0.2分；通报信息的工具不能达到快速传达要求，扣0.2～0.5分	1	
5	预案启动与响应分级（3分）	5.1 演练单位（应急指挥中心）能够根据接报信息，及时做出应急准备或应急启动的决策	不能及时开展应急准备工作（跟踪异常情发展动态，协调生产平衡，协调资源调配参演人员不能达到应急启动条件扣1分，做好应急准备等）扣0.5～1分，参演预案不清楚人员不能达到应急启动条件扣1分	1	
		5.2 达到相应预案启动条件时，能够准确启动相应急预案	演练单位没有启动相应级别的应急预案，扣2分	2	

续表 3-27

序号	评估项目	评估内容	评估要点	分值	得分
6	指挥与协调（12分）	6.1 能够通过应急会议等形式，及时对事故组织协商、研判	未及时组织对事故组织协商、研判，扣 3 分；公众火灾、爆炸等较大事故未按预案要求，及时启用应急指挥中心的相关信息平台进行指挥协调，扣 2 分	3	
		6.2 能够按照要求及时成立现场指挥部和各应急组	未成立现场指挥部，扣 3 分；应急分组每缺失一个扣 1 分	3	
		6.3 参与应急处置的成员单位（应急人员）人员及时就位，职责明确	应急成员单位（分组）人员未及时到位，每个扣 1 分；应急成员单位（分组）不清楚自身职责，每个扣 1 分	3	
		6.4 应急指挥人员能够科学指导参与应急处置的成员单位（应急组）人员开展应急行动	应急指挥人员未对重要工作做出部署（如未安排危险区域撤离、未组织调配应急资源、未安排伤员搜救转移等），每缺失一项，扣 1 分	3	
7	管理处初期应急处置（12分）	7.1 当班操作人员（义务应急队员）能够在指定时间内到达现场指定地点	未按照要求到达指定地点，每人次扣 0.5 分；到场应急人员数不满足现场处置需求，扣 1 分	2	
		7.2 现场带班人员能够按照应急预案等要求及时组织分配处置任务、指令清晰，要点明确	现场带班人员（班长、值班长、站长等）指令不清晰或安排的处置措施不明确，扣 0.5~1 分；参与应急人员没有进行分工或分工不明确，扣 0.5~1 分	2	
		7.3 当班操作人员及时采取工艺处置措施，现场处置程序正确、规范	工艺处置措施执行不到位（如未及时调整工艺参数，关阀断气等），每项扣 0.5 分	3	
		7.4 义务应急队员第一时间开启现场应急消防设施、组织泄漏、初起火灾扑救、动作熟练	义务应急队员对于初起事故的应急救援措施不到位（如不能熟练操作灭火器进行初起火扑救、不能熟练操作消防设施、泡沫等固定消防设施），每项扣 1 分	3	
		7.5 进入现场人员个体防护装备齐全	个体防护装备穿戴不符合要求（如未佩戴空气呼吸器，未穿戴相应防护服等），每人次扣 0.5 分	2	

续表 3-27

序号	评估项目	评估内容	评估要点	分值	得分
8	人员搜救与转移（5分）	8.1 及时安排对被困（失踪）或受伤人员进行救护	未安排人员救护工作，扣1分；搜救方式不合理，扣1分	1	
		8.2 参与搜救人员配备了合理的个体防护装备	搜救人员未配备个体防护装备，扣1分	1	
		8.3 搜救人员对伤员采取了正确初期急救和合理转运方式	未采取正确的伤员转运方式（如担架使用不合理）或有效急救措施（如心肺复苏等），扣1分	1	
		8.4 联系协调具备救治能力的医疗救护机构	未与外部医疗机构取得联系，扣1分；不熟悉协议救治机构的救治能力，扣0.5分	1	
		8.5 医疗救护机构针对伤员中毒症状安排有效救治	未采取有针对性的救治措施（特效解毒剂等），扣1分	1	
9	警戒与疏散（6分）	9.1 告知事故现场及周边无关人员紧急避险	未及时告知事故现场及周边无关人员紧急避险，扣1分	1	
		9.2 划定了合理的警戒区域（或初始隔离区）	未划分警戒区域（初始隔离区）或区域划分不科学的，扣1分	1	
		9.3 各种警戒与管制标识设置明显，标识设置有效管制	警戒和管制标志设置不合理或无科学依据，扣1分	1	
		9.4 划分了明确的人员疏散范围，制定了明确的疏散方案	未划分疏散范围或未制定疏散方案，扣1分；疏散范围的确定无科学依据或疏散方案不合理，扣0.5分	1	
		△9.5 提出了合理的交通管制建议措施	未合理设置交通管制点，扣1分；未划定管制区域，不合理扣0.5分	1	
		△9.6 提出了有效的人员安置措施建议（如划定安全区域并提供基本生活等后勤保障措施，现场应急人员后勤保障条件等）	未考虑疏散人员后的安置措施，扣1分；未考虑现场处置人员的后勤保障需要，扣1分	1	
10	现场应急救援（10分）	10.1 能够及时、有效开展现场侦检，获取事件的准确信息，并对事故的潜在危害性进行科学分析	应急救援出现初期评估失误未考虑风向，未落实救援人员个体防护、未对救援人员后勤有效冷却等，扣0.5~1分	1	
		10.2 能够科学制定救援方案高效、有序开展救援	未组织（现场可燃气体、有毒气体等）侦检，扣1分；未进行事故早期评估（如救援人员行动路线等），扣1分	4	
		10.3 能够准确、熟练使用各类救援装备、器材	未有效操作救援装备、器材（如应急堵漏工具使用不熟练、消防车未能及时到位、展开出水等），每项扣0.5分	3	
		△10.4 采取了必要的次生灾害防范措施	未考虑次生灾害防范措施（如及时收集消防废水避免环保事故等），每项扣1分	2	

续表 3-27

序号	评估项目	评估内容	评估要点	分值	得分
11	△应急联动（6分）	11.1 按照应急预案与政府部门进行企地联动	未按要求与政府（消防、环保、交通等）部门进行企地联动应急联动方案不合理，扣2分；应急联动方案不合理，扣1分	2	
		11.2 按照应急预案与周边应急协议单位进行有效应急联动	未与周边应急协议单位进行应急联动，扣2分；应急联动方案不合理，扣1分	2	
		11.3 按照应急预案开展区域应急联防	未与联防区内单位进行应急联动，扣2分；应急联动方案不合理，扣1分	2	
12	资源保障（10分）	12.1 根据现场应急需求，提出了关键应急资源清单，明确了联系协调方式	没有提出关键应急资源清单，扣1分；△没有体现应急资源联系协调，扣1分	2	
		12.2 调集的应急设施、设备、器材等能够及时到达，且数量和性能满足现场应急需要	调集的应急设施、设备、器材（经过时间计算）不能及时到位或无法满足需求时，每项扣0.5分	2	
		12.3 现场应急资源的管理和使用规范有序	应急资源现场管理混乱或不会使用的，每项扣0.5分	2	
		12.4 应急处置过程中通信畅通，并实现信息持续更新和共享	现场使用的对讲机等通信不畅通的，扣1分；需要远传信息给集团总部等单位时，卫星通讯指挥车（腾点仪）无法正常使用的，扣1分	2	
		△12.5 应急队伍之间建立了有效的通信系统	外部增援应急队伍到场后通信混乱的，扣1分	1	
		△12.6 应急专家能够及时到位，提供技术支撑	专家库人员未及时到位或无法提供有效技术支撑的，扣1分	1	
13	△信息公开（2分）	13.1 明确事故信息发布部门、发布程序；相关部门能按照程序发布新闻通稿	未明确事故信息发布部门和发布程序，扣1分；未及时准备事故新闻通稿的，扣1分	1	
		13.2 能够对事件舆情持续监测和研判，事故信息能够由现场指挥部及时准确向新闻媒体通报，并对涉及的公共信息妥善处置	未对事件舆情持续监测和研判，扣1分；事故信息未及时向新闻媒体通报，扣1分；未妥善处置涉及的公共信息的，扣1分	1	
14	应急终止（2分）	14.1 应急响应的解除程序符合实际，与应急预案中规定的内容相一致	未进行应急终止条件研判，扣2分；应急终止条件有遗漏（如：现场未得到有效处置，导致次生、衍生事件的隐患未消除；受伤人员未得到妥善救治等），每项扣1分	2	

续表 3-27

序号	评估项目	评估内容	评估要点	分值	得分
				权重:10%	
三	演练结束:总计10分				
15	人员集合与讲评（3分）	15.1 演练结束后应清点人员,确保参演人员安全无遗漏	未集合参演人员并进行清点人员,扣1分	1	
		15.2 演练讲评明确存在的不足和发现的问题	演练发现的关键问题未讲评,每个扣1分	2	
16	△总体效果（7分）	16.1 参演人员能够认真参与演练,及时有效完成演练中应承担的角色工作内容,人员应急能力得到检验	参演人员不能承担角色内容,每人扣0.5分;参演人员能力未得到检验和锻炼,每人扣0.5分	3	
		16.2 演练内容完整,从事件发生、信息报告、应急响应应急终止的全过程应急功能都得到了检验,并有效发现问题	涉及应急功能每缺失1项（如事故预警、信息报告、预案启动与响应分级、指挥与协调、基层单位初期应急处置、人员搜救与疏散、警戒与转移、资源保障、信息联动、应急公开、应急终止等)没有通过演练检验,每项扣0.5分	4	

注:1. 本表采用定量评估方式,主要适用于管理处开展的演练,以及参演人员较多的演练。
2. 表格中带"△"标示为可选项,如果演练不涉及此项内容,可不计入总分。

3.2.18 实战演练定性评估表(表 3-28)

表 3-28 实战演练定性评估表

所属要素:2.22　　　　　　　　　　　　　　　　　　　　　　　　　　控制码:3.2.18-222-2019

序号	评估项目	评估要点(示例)	问题记录
1	△事故预警	当班人员及时发现工艺、设备、仪表等异常险情信息,并及时报告	
		当班人员根据预警信息提前开展应急行动,如调整工艺操作、联系抢修设备等	
2	信息报告	第一发现人(如操作工)在规定时间内向带班人员(如班长、站队长等)、专职应急队伍完成报警,内容清晰准确	
		带班人员(如班长、站长等)在规定时间内向管理处负责人、公司生产调度等报告,内容清晰准确	
3	预案启动与响应分级	管理处按要求启动相应预案	
4	指挥与协调	根据要求成立现场指挥部,落实人员分工	
		现场指挥部及人员标志明显	
		承担应急职责人员及时赶到现场,领受任务	
		(根据演练需求)明确紧急集结场地、疏散路线,组织现场气体检测,采取防水体等污染防控措施等	
		确保通信联络方式畅通(如对讲机、蹲点仪等)	
5	基层单位初期应急处置	根据应急预案、操作规程等要求,现场带班人员(班长、站长等)组织当班人员(义务应急队员)迅速分工,指令清晰	
		当班人员根据要求及时采取工艺处置措施(关阀断料、紧急停车),处置程序正确、规范	
		(模拟火灾等事故时)当班人员有效操作现场应急消防设施(包括使用灭火器等进行初起火灾扑救,开启消防喷淋、泡沫等固定消防设施),操作熟练	
		现场操作人员个体防护装备齐全(包括按要求佩戴空气呼吸器、穿着防护服等),符合演练现场要求	
6	△人员搜救与转移	第一时间开展受伤人员救护,及时转移离开现场,必要时采取有效急救措施(如心肺复苏等)	
		及时联系专职应急队伍或外部医疗机构接走伤员,救护车及时到达现场,停车位置合理	
		专职医疗人员检测生命体征、包扎伤口、氧气袋吸氧等操作正确,合理正确使用车上吸氧、负压吸引等装置	

续表 3-28

序号	评估项目	评估要点(示例)	问题记录
7	警戒与疏散	负责警戒与疏散人员及时接到信息、快速就位	
		(根据有毒气体泄漏、火灾爆炸等影响范围)合理划分警戒区域,及时通知并疏散警戒区域以内无关人员(包括周边群众)	
		警戒线等设施明显有效,警戒区域有人监控值守,阻止无关人员进入事故现场和危险区	
		疏散人员按照要求(沿上风向、疏散路线等)有序撤离	
8	应急队伍现场处置	应急人员及时到场,现场操作人员个体防护装备齐全(包括按要求佩戴空气呼吸器、穿着防护服等),符合演练现场要求	
		现场堵漏人员:选用工器具齐全且满足要求(如选用铜制防爆器具、堵漏用具等)	
		气防专业人员:搜救并转运伤员,对现场有毒、可燃气体浓度进行检测	
		消防专业人员:消防车辆装备及时展开,消防车辆站位合理,灭火战术运用合理	
		环保专业人员:对大气、水质等环境信息进行监测,开展污油、污水收集等工作	
9	△应急联动	按照应急预案等要求与地方政府、周边应急协议单位等进行有效应急联动	
10	资源保障	对讲机、防爆手机等通信系统畅通	
		应急信息平台、应急指挥中心及时投用,现场信息实现互联互通	
		各类应急物资齐全(如吸油毡、沙包等)	
11	应急终止	应急响应的解除程序符合实际,与应急预案中规定的内容相一致	
12	人员集合与讲评	演练结束后参演人员清点人数,组织现场讲评,明确存在的不足和发现的问题	

注:1. 本表采用定性评估方式,重点记录演练发现的问题,主要适用于管理处、站队开展的小型演练。

2. 表格中带"△"标示为可选项,如果演练不涉及此项内容,可不作为评估内容。

3.2.19 桌面演练评估表（表 3-29）

所属要素：2.22　　　　控制码：3.2.19-222-2019

表 3-29　桌面演练评估表

总分：100 分

序号	评估项目	评估内容	评估要点	分值	得分
1	策划与准备 （10 分）	1.1 演练目标明确、合理、有针对性	未明确演练目标，扣 2 分； 未结合演练单位安全风险设计演练目标，扣 1 分； 未结合应急预案设计演练目标，扣 1 分； 演练目标与演练单位现状不符，扣 2 分	4	
		1.2 参演人员涵盖了应急预案的主要职责部门或分组	对照应急预案，每缺一个职责部门或分组参演，扣 0.5 分	3	
		△1.3 演练现场布置、设施设备、标志标识及人员着装等满足演练需要	未按照演练需求进行现场分区（演练、导调、评估、观摩），扣 1 分； 未设置指挥部与演练各分组标识、设施设备、视频音频等影响演练的，扣 1 分； 演练有着装要求，参演人员未按要求着装，扣 1 分	3	
2	演练情景 （10 分）	2.1 演练情景应涵盖事件发生、事件演化过程、事件后果和事件终止等全过程，内容完整	演练情景内容不完整，主要环节缺失，每一处扣 1 分	4	
		△2.2 演练情景设置科学、合理	演练情景出现关键内容缺失（如无气象条件信息，无事件持续时间，无具体发生场所，后果描述不完整等），每一处扣 1 分	2	
		△2.3 演练情景节点信息能够连贯展示	情景展示出现中断或长时间停顿，每一处扣 1 分	2	
		△2.4 能通过多媒体文件、沙盘、信息条或演练软件等多种形式展示应急演练要求	仅通过口述或文字描述，不能直观展现情景的，扣 2 分； 情景信息展示不清晰，每一处扣 0.5 分	2	

续表 3-29

序号	评估项目	评估内容	评估要点	分值	得分
3	演练实施 (70分)	3.1 参演人员熟悉事故信息的接报程序、方法和内容	依据演练情景，未能将事故信息及时上报给相关单位（包括上级单位、专职应急队伍、地方政府、应急协议单位及联防区等），每报错或遗漏一项重要信息，扣1分；每缺失一家单位，扣1分	4	
		3.2 演练单位能够根据给出的演练情景，准确对事故等级和严重程度进行研判	对事故等级没有做研判，扣2分；研判无依据，扣1分	2	
		3.3 演练单位能够准确启动对应应急预案	没有准确启动应急预案，扣1分	1	
		3.4 演练单位能及时成立指挥部，并依据应急预案明确应急分组	没有成立指挥部，扣2分；成立指挥部时间滞后，扣1分；每缺失一个应急分组，扣1分	3	
		△3.5 考虑了特殊时间（夜间、节假日等）对应急响应的影响	公需召开首次会议的，未体现相关内容，扣1分；如果演练事件发生在夜间、节假日等特殊时间，未考虑对人员到位时间、资源调度等影响的，扣2分；考虑了特殊时间影响，但未制定有效措施的，扣1分	2	
		3.6 指挥部依据应急预案进行了合理分工部署	对应急预案的分组、警戒疏散、资源保障、应急联动等，人员救护，未进行合理分工的，每有一项重要工作遗漏（信息报告、人员疏散、资源调动等），扣1分	5	
		3.7 指挥部制定的应急处置方案科学、可行	方案中每有一处措施不合理（如罐区火灾扑救的供水保障、消防污水处置、有毒气体泄漏的人员防护、疏散途径等），扣1分	5	
		3.8 指挥部根据情景信息，合理调集应急资源和装备	演练单位不明确本单位的应急资源、地方政府、联防区单位应急资源状况的，扣2分；不明确应急协议单位的应急资源，联防区单位应急资源调整状况的，每有一处扣1分	5	
		3.9 总指挥能够表现出较强指挥协调能力，能够根据情景信息，及时研判事态变化，动态调整应急要点	应急资源调度方式不明确不合理，每有一处扣1分；没有针对情景要点（如响应升级后与地方政府、上级单位的协调和分工）的协调一处扣1分	5	

续表 3-29

序号	评估项目	评估内容	评估要点	分值	得分
3	演练实施（70分）	3.10 依据情景对应急人员的个体防护措施（PPE）进行了分析和明确	未考虑现应急处置人员（包括专职、兼职队伍）的个体防护措施；未有一处个体防护措施不合理，扣2分	3	
		△3.11 参演人员能根据情景信息和应急需求，与政府部门协议单位、联防区单位等进行应急联动	未考虑应急联动需求，扣3分；每有一处联动单位（政府部门、协议单位、联防区单位）遗漏，扣1分	3	
		△3.12 （承担通信保障职责）参演人员制定了保障应急通信畅通的有效措施	未考虑演练单位内部（专职救援队伍与各分组）的通信问题，扣1分；未考虑与增援队伍之间的通信问题，扣1分；未考虑现场与指挥中心信息互通，扣1分；未考虑与上级单位及地方政府信息互通，扣1分	3	
		△3.13 （承担信息公开职责）参演人员准确把握了舆情应对和信息公开的途径和措施	未考虑舆情与信息公开问题，扣3分；不明确舆情应对的职责部门和相关措施，扣1分；不明确信息公开程序和途径，扣1分	3	
		△3.14 （承担警戒疏散职责）参演人员提出了有效的现场警戒和交通管制措施	未明确现场警戒范围，扣2分；不清楚划定警戒范围的依据，扣1分；需要交通管制的，未能提出实现途径和措施，扣1分	3	
		△3.15 （承担人员救护职责）参演人员提出了必要的医疗救护措施，熟悉可用的医疗救护资源	未考虑医疗救护需求，扣3分；提出的人员救护措施不合理，扣1分；对周边医疗救护资源的分布不明确，扣2分	3	
		△3.16 （承担疏散安置职责）参演人员对人员疏散和安置工作进行了合理部署	未考虑人员疏散需求或未划定人员疏散范围，扣2分；划定了疏散范围但未明确具体措施等，扣1分	3	
		3.17 应急终止程序符合实际，与应急预案中规定的内容相一致	应急终止条件未研判，扣2分；每出现一处遗漏（如现场未得到有效处置，导致次生、衍生事件的隐患未消除，受伤人员未得到妥善救治，环境污染未得到有效控制，社会影响未减到最小，政府应急处置未终止等），扣1分	2	

续表 3-29

序号	评估项目	评估内容	评估要点	分值	得分
3	演练实施（70分）	3.18 参演人员能够正确理解演练情景信息，响应与情景同步	超前或滞后于情景进行响应，每有一人次扣0.5分	5	
		3.19 参演人员熟悉各自应急职责，做出的各项决策、行动符合角色身份要求	每出现一处不符合角色应急职责的响应，扣0.5分	5	
		3.20 参演人员及时、有效地完成演练中应承担的角色工作内容，人员的能力能够得到充分检验和锻炼	参演人员不能承担角色内容，每出现1人扣0.5分；出现一个分组参演人员能力未得到检验和锻炼，扣1分	5	
4	总体效果（10分）	4.1 演练结束后，通过讲评或自评总结了演练存在的不足和发现的问题	演练后未讲评或自评，扣5分；内容未真实反映本次演练的问题，1处扣1分	5	
		4.2 应急预案得到了验证和检验，通过演练发现了应急预案的不足之处	未检验应急预案，扣5分；应发现应急预案存在的问题未发现，1处扣1分	5	

注：1. 本表重点针对应急指挥协调、研判决策、资源调度等内容进行定量评估。
2. 对于开展的培训式桌面演练，以及在实战演练前后组织的桌面推演等，可参照本表进行定性评估，重点记录演练发现的问题。
3. 表格中带"△"标示为可选项，如果演练不涉及此项内容，可不计人总分。

3.2.20 HSSE 现场检查表(表 3-30)

表 3-30　HSSE 现场检查表

所属要素:2.24　　　　　　　　　　　　　　　　　　　　　　　　　　控制码:3.2.21-224-2019

检查项目	序号	检查内容	检查情况
一、生产工艺运行及设备设施管理	1	应执行巡回检查、交接班及定期安全检查制度,有巡检、交接班、安全检查记录及发现问题整改记录	
	2	工艺运行参数控制在上级调度规定的范围内,发现参数异常应及时汇报	
	3	严格执行调度令,工艺流程切换应执行操作票,按时汇报	
	4	应填写包括运行参数、生产事件、交接班、调度令等内容的各类生产记录	
	5	运行、检修、备用设备应有明显标志	
	6	工艺改造、设备大修应有完整的技术方案及竣工资料	
	7	站内地上工艺管网无锈蚀,表面漆、保温层完好,地下管网定期检测	
	8	站场阴极保护设备、仪器、仪表完好	
	9	阀门、设备应有编号,管线、阀门按照 SY/T 0043 的规定涂色并标示介质流向	
	10	压力表、温度计及安全阀安装位置正确并定期检查和校验,做到指示准确、检测记录齐全	
	11	设备、工艺操作严格执行标准、操作规程和作业指导书	
二、输气生产现场管理	1	天然气站场(包括计量分输站、压气站、储气库注采站及井场等)与周围居住区、相邻厂矿企业、公路等设施防火间距以及站场内部设施之间防火间距符合 GB 50183 的规定	
	2	站场设备、管道基础无下沉、开裂、倾斜,管道、设备支撑牢固可靠	
	3	天然气放空及点火系统完好,放空管及拉索牢固可靠	
	4	站场排污池无杂物、无大量挥发性易燃液体,定期检测排污池周围可燃气体浓度	
	5	各类防爆设备(包括防爆配电箱、防爆灯具等)密封完好,穿管电缆出口处要进行封堵	
	6	管网防腐保温层完好、整洁	
	7	生产区内不应随意架设临时电源线和简易构筑物,站区道路、管网区域照明设施齐全	
	8	阀室内应保持清洁,管道、阀门及仪表无泄漏,定期进行维修保养	
	9	生产站区门前应有"进站安全须知",生产区与办公区应有明显的分界线和标记,生产场所及要害部位应设警示标志	
	10	站场应标识紧急集合点及逃生路线;逃生路线、消防、巡检和人行通道无阻塞,保持畅通;建筑物内安全出口的指示正确,保持应急疏散通道畅通	
	11	压缩气瓶外表面涂色符合 GB 7144 的规定,应用标牌标明气瓶的状态(满瓶、空瓶、故障或使用中)。压缩气瓶存放使用链、支架固定以防止翻倒,易燃气体的气瓶应始终保持直立存放,空瓶和满瓶应分开放置	
	12	建立有限空间台账,有限空间有明显标识	
	13	现场设置必要的工作平台及通道,满足 GB 17888.1,GB 17888.2,GB 17888.3 及 GB 17888.4 的相关要求	
	14	盛装危险化学品的器具应分类摆放,并设置标牌。标牌内容应参照危险化学品技术说明书确定,包括化学品名称、主要危害及安全注意事项等基本信息	
	15	生产现场应设置风向标	

续表 3-30

检查项目	序号	检查内容	检查情况
三、管道管理	1	按《中华人民共和国石油天然气管道保护法》的规定,及时处理、解决管道沿线问题,管道采取防腐绝缘层和管道阴极保护双重保护措施	
	2	应定期测量管道沿线保护电位,保护电位符合要求,每年测试 1 次管道沿线自然电位。埋地管道干线应不露管、不漏铁、不失阴极保护	
	3	阴极保护率达到 100%,阴极保护设备开机率大于 98%	
	4	标志桩、测试桩、转角桩齐全、位置准确,完好率大于 95%	
	5	管道沿线水工保护、护坡、护堤、过水路面完好。线路阀室内管道、阀门防腐良好,室内无积水气	
	6	管道重点穿跨越段有应急处置方案,跨越管道两侧设立"禁止通行"标志	
	7	按规定设置巡线工,并按规定在管道沿线巡线	
	8	应建立河流、公路、铁路等穿跨越管道档案;应绘制重点管段、要害点(人口密集区、打孔盗频发段、地质灾害频发段、反恐重点部位)分布图;应建立管道占压段、点档案;应建立水工保护档案	
	9	管道、光缆埋深应符合设计要求	
	10	及时发现、处理第三方施工和新增管道违章占压事件,并将有关情况上报上级主管部门和地方主管部门	
四、防汛管理	1	应成立防汛领导小组,职责明确	
	2	应进行汛前检查,发现问题及时整改	
	3	抢修设备、防汛物资齐全完备	
	4	防汛、抢修物资摆放整齐,做到账、卡、物一致	
	5	防汛值班及时到位,防汛信息(雨情、汛情、险情等)沟通及时、准确	
五、管道维抢修管理	1	维抢修队伍应建立岗位责任制、安全责任制、抢修值班制	
	2	队伍各工种齐全、分工搭配合理;所有人员了解抢修程序和职责;工人熟练掌握本工种技能;队伍培训针对性强	
	3	维抢修设备齐全完好,符合相关规定;抢修集装设备、抢修机具、卡具和材料充足;对设备、材料状况清楚,调度准确。防爆区域进行维抢修作业时应使用防爆工具	
	4	应建立管道周边地区大型机械设备档案	
	5	应按照规定定期进行抢修演练,演练方案合理、反应快速,演练结束应进行总结评价	
六、特种设备管理	1	企业应根据特种设备的种类,配备特种设备作业人员;特种设备作业人员应按照国家有关规定经特种设备安全监督管理部门考核合格,取得特种设备作业人员证书,方可从事相应的作业或者管理工作	
	2	特种设备作业人员证书应按照国家规定每 2 年复审一次。使用单位应对本单位持有作业证书的人员建立档案,并按规定及时组织作业人员参加证件复审	
	3	特种设备应按规定办理使用许可证,并定期校验检定	
	4	特种设备应建立管理台账	
	5	特种设备安全状况发生变化、长期停用、移装或者过户的,应向企业主管部门和设备属地特种设备安全监督管理部门申请办理变更	

续表 3-30

检查项目	序号	检查内容	检查情况
七、可燃气体报警器管理	1	安装场所、安装位置符合 SY/T 6503 的要求	
	2	选型应合理	
	3	现场传感器防雨、防尘罩完好	
	4	手动试验声光报警应正常	
	5	仪表的使用温度应满足环境温度的要求	
	6	每年至少对报警器检测 1 次,并有检测记录,技术参数符合 JJG 693 的规定	
八、锁定管理	1	按照 Q/SY 1266 的要求,对应锁定的设备、部位等进行识别、判定	
	2	锁使用有申请、审批记录	
	3	现场在用锁具类型及被锁定设施状态符合要求,锁具应与挂牌配合使用	
	4	锁具配备与摆放符合要求,应在锁具管理板上相应位置处悬挂在用锁具的"锁具领用牌"	
	5	上锁、解锁、应急解锁等操作应做到程序合规、记录清晰完整	
九、压缩机组安全检查	1	机组运行参数应在技术要求的允许范围之内,仪表定期校验,记录齐全	
	2	机组的报警、保护控制系统齐全完好,动作准确可靠	
	3	动静密封点管线连接处无泄漏现象,各部件之间连接牢固,无松动现象	
	4	备用机组应按规定要求定期进行运行且记录齐全	
	5	机组润滑油按时化验,指标不合格时及时更换;需按照制造商操作手册选用润滑油,不同品牌润滑油不应混合使用	
	6	机体上的各个部件、盖板、支架的紧固螺栓齐全、连接紧固可靠,旋转部件的保护罩完好、可靠	
	7	机组各辅助系统配管应无松动、泄漏	
	8	机房内照明设施完好,所有电气线路符合防爆要求	
	9	机房内不应堆放闲杂物品、工器具等物品	
	10	烟雾、火灾报警探头、自动消防系统应处于正常工作状态,并定期检验,记录齐全	
	11	定期检查工艺气、燃料气、仪表风压差,超限时应及时更换滤芯或进行清洗	
	12	压缩机组的维护保养按规范要求执行	
	13	各类安全标识齐全、明显、清晰	
十、阀门安全检查	1	阀门排污嘴、注脂嘴等密封点无泄漏;各连接部位的所有紧固件无松动	
	2	各种阀门编号清楚,且有明显的开关标识	
	3	阀门应启闭灵活、开启指示正确	
	4	阀杆无弯曲、锈蚀,阀杆与填料压盖配合良好,螺纹无缺陷	
	5	阀门控制系统各元件功能良好,设定值正确	
	6	阀门执行机构传动部位润滑良好,无锈蚀;传动部位外露丝杠清洁、无锈蚀,且润滑良好	
	7	阀门执行机构变速箱无积水、冻冰现象,润滑良好	

续表 3-30

检查项目	序号	检查内容	检查情况
十一、压力容器安全检查	1	压力容器本体、接口、焊接接头无裂纹、过热、变形、泄漏、损伤等现象,压力容器外表无严重腐蚀,无异常结霜、结露	
	2	支撑或支座无损坏,基础无下沉、倾斜、开裂,紧固螺栓齐全、完好	
	3	安全状况等级为4级的压力容器应有监控措施执行情况	
	4	安全阀铅封、检验标签完好,在检验有效期之内	
	5	液位计完好、指示清晰	
	6	压力表外观、校验标签完好,在检验有效期内	
	7	快开盲板压力保护连锁装置功能完好,快开盲板无泄漏、变形、裂纹、腐蚀	
十二、收发球筒安全检查	1	收发球筒快开盲板、通球指示器、阀门完好,无渗漏;压力表定期校验,保持完好	
	2	快开盲板各部件及连接处不松不旷,密封处不渗、不漏	
	3	收发球筒快开盲板前方60m范围内不应有建构(筑)物	
	4	收发球筒内应无杂物	
十三、电气安全检查	1	照明设施应完好,照度满足要求,并符合防爆要求	
	2	仪表完好,指示准确,指示灯完好	
	3	变电所应配有应急灯,保证事故照明可靠。巡检道路平整,无障碍物,有巡视点及巡视要点提示牌	
	4	电工作业应持证上岗,并严格执行工作票、操作票制度	
	5	电器设备、接地、遮栏完好,按要求悬挂警告牌和标示牌	
	6	电缆沟盖板完好,沟内无积水、积物。有防止小动物进入电力设施的措施	
	7	仪器、仪表及绝缘工具齐全,定期校验	
	8	手持电动工具应配备漏电保护器	
	9	发电机机体应清洁无腐蚀,无"跑、冒、滴、漏"等现象,油位、水位处于正常范围内	
十四、自控专业安全检查	1	站场应设置紧急停车系统(ESD),且功能完好,定期进行功能测试,记录完整	
	2	在线气体分析系统工作正常,取样系统压力正常,无泄漏,滤芯、膜片无堵塞破损	
	3	站控人机监控界面(HMI)系统、配套辅助设备工作状态完好,设备、软件均工作正常,操作灵活	
	4	过程检测仪表工作正常,无泄漏,测量数据准确	
	5	电线有端子号,电缆有挂牌,各种仪表、开关和指示灯有明显准确的标志牌	
	6	安全接地点都有连接线,安全接地电阻符合要求	
	7	控制室不间断电源可正常供电	
十五、防雷防静电安全检查	1	防雷、防静电接地应符合SY5984的规定。接地点应编号,定期测试,接地电阻符合要求	
	2	工艺站场地上绝缘法兰要保持清洁、干燥	
	3	仪表自动化及通信系统应设置防雷浪涌保护器	
	4	直击雷保护接地、防静电接地、电气设备接地和信息系统接地,应共用同一接地装置或进行接地网的等电位连接,接地电阻要符合要求	
	5	防雷防静电接地引下线上应设有断接卡,不应埋入水泥中或地下,断接卡应用2个M10的不锈钢螺栓连接并加防松垫片固定,接地引下线不应采用软线连接	

续表 3-30

检查项目	序号	检查内容	检查情况
十六、公共安全管理	1	按照治安防范等级要求配备符合配置标准的人防、物防、技防等资源	
	2	按照巡检要求组织保安、巡检人员开展公共区域巡检巡查	
	3	每月对周界安防设备、视频监控系统、反恐装备、防撞设施、110联动设备等安全防护设备设施进行检查,及时维护保养和故障排除	
十七、应急物资管理	1	按照有关法规标准和应急预案配备齐全应急物资	
	2	对应急物资进行分类、分级管理,有应急物资清单/目录,建立应急物资台账,账表与储备实物对应	
	3	库房应急物资摆放整齐,物资标签清晰,品名、规格、产地、编号、数量、质量、生产日期、入库日期齐全,有使用期限的标明有效期	
	4	每月对应急物资进行检查,确保物资完好,及时更换过期等不符合要求的物资	
十八、驻地安全管理	1	每年对食堂管理员和厨师进行必要的用气、用电安全培训	
	2	工作结束时,最后离开厨房人员,要认真检查确认厨房区域安全后关闭门窗;确认燃气总开关处于关闭状态,确认可燃气体报警系统能够正常运行后方可离开	
	3	厨师按"火等气"的原则,先点火后开气,正确使用燃气灶具	
	4	食堂通风良好,未存放易燃易爆物、可燃杂物	
	5	未作为休息间、仓库使用,无吸烟和其他明火作业;电线未缠绕在天然气管道上;管道上未悬挂任何物品	
	6	定期检查天然气管道无漏气,灶具连接胶管未发现老化、磨损	
	7	对燃气灶具、可燃气体报警器、安全切断阀等设备设施,每周进行1次全面检查或测试,及时消除安全隐患,并做好检查记录	
	8	食堂、宿舍电气开关箱不得放置杂物,每月检查、测试漏电保护开关,确保灵活可靠	
	9	厨房工作人员在上班时间,工作服、工作帽干净整洁	
	10	每天对采购的食品进行检查,确保食品的新鲜,不变霉、不变质,以防食物中毒	
	11	消毒柜工作正常,厨房各种用品、用具清洁干净,餐具每天进行高温灭菌消毒	
十九、消防安全检查	1	建立企业防火档案,对重点要害部位有消防灭火"三案"(防火档案、灭火预案、灭火作战方案),每年义务消防队至少演练1次。岗位人员熟练掌握所配备的消防器材、消防设备使用方法、灭火流程、灭火预案、灭火作战方案	
	2	灭火器配备数量、摆放位置及保护距离应符合GB 50140的规定	
	3	消防器材放置在便于使用的指定地点,不准随意挪用,用后及时补充,实行"定人""定位""定数量""定型号"管理。每半月对消防器材进行检查(标牌、检查卡片齐全),对失效灭火器及时充气换药	
	4	站内有环形或回车场消防道路,并保持畅通,不应随意断路或堆积障碍物	
	5	消防泵房设专用电话,并保持畅通。消防泵每年维护保养1次	
	6	每天对固定消防泵盘车1次。每周开泵试运1次。进入冬季前对消防管线进行1次防冻保温专项检查	

续表 3-30

检查项目	序号	检查内容	检查情况
十九、消防安全检查	7	消防泵应设双回路供电,能随时启动	
	8	消防管线阀门每月活动加油,消防水池要保持正常水位	
	9	消防栓无"跑、冒、滴、漏"现象,消防专用铁锹、斧、防火毯等配备齐全,按规定要求储备消防沙	
	10	每年对二氧化碳气体灭火系统的气瓶进行称重,重量偏差不应超过瓶身标重的5%,否则应充气或进行更换	
二十、压力分界点安全检查	1	高、低压分界点处安全控制措施满足要求,低压端的管线设备应有压力泄放装置,并处于投用状态	
	2	建立压力分界点台账,根据实际情况及时更新	
	3	高、低压分界点部位应有明显的标识,并注明高、低压两端的设计压力	
	4	应对高、低压分界点进行巡检,并做好记录	

3.2.21 HSSE管理审核表（表3-31）

所属要素：2.2.24　　　　　　控制码：3.2.22-224-2019

表3-31　HSSE管理审核表

子要素	审核要点	审核内容	验证资料	审核对象	标准分	实得分
领导引领力（50分）	HSSE目标	与各分管领导、各部门负责人、各站（队）长签订了HSSE目标责任书，层层分解目标指标	HSSE目标责任书	经理	10	
		对HSSE目标指标发生偏离的情况及影响HSSE目标指标实现的典型问题，整改、考核落实到位	考核资料	经理	10	
	HSSE承诺	HSSE承诺写进了管理处HSSE工作指南，进行公示	HSSE工作指南	经理		
		个人HSSE承诺结合岗位HSSE职责及HSSE指标制定，并进行了公示	承诺书及公示记录	领导班子	10	
	领导引领	HSSE责任制全覆盖；管理处HSSE制度规范、操作规程等建立完善	HSSE工作指南制度规范、操作规程	经理、书记	20	
		制定了员工HSSE教育培训计划，并按计划落实	HSSE教育培训计划和培训档案	经理、书记		
		HSSE综合检查、风险识别管控与隐患排查治理工作落实到位	综合检查记录风险清单与隐患清单风险承包记录	经理、书记		
		HSSE应急预案建立完善，并按规定组织开展了管理处级演练	应急预案、演练记录	经理、书记		
		HSSE事故（事件）反时、如实上报	事故（事件）报告记录	经理、书记		
		每月召开了HSSE领导小组会议和HSSE工作例会，开展了安全分享	会议记录	经理、书记		
		特殊时期、特殊作业期间按规定落实了带班职责	带班记录	领导班子		
	监督与考核	经理、书记代表领导班子在年度工作总结会上向经理、书记进行了HSSE履职报告	履职报告	经理、书记	10	
		其他班子成员在HSSE领导小组会议上进行了HSSE履职报告	履职报告	其他班子成员		
HSSE组织机构（20分）	HSSE组织机构	HSSE领导小组及义务应急队等组织机构建立完善，成员职责明确	HSSE组织机构文件	经理	10	
		按规定设置了安全环保部门（岗位），配备专兼职HSSE管理人员	HSSE组织机构文件	经理	20	

续表 3-31

子要素	审核要点	审核内容	验证资料	审核对象	标准分	实得分
HSSE责任 (40分)	HSSE责任	管理处 HSSE 工作指南、站(队) HSSE 风险控制实施指南两级 HSSE 体系建立完善，体系要素责任主体部门明晰	HSSE 工作指南 HSSE 风险控制实施指南	经理	20	
		HSSE 责任制实现了到岗到人	HSSE 责任制	经理、书记		
	HSSE责任制管理	HSSE 领导小组会议召开及时，主要职责履行到位	领导小组会议记录	经理、书记	20	
		HSSE 责任制发布后进行了公示，所有岗位持有 HSSE 责任制的有效版本	工作指南、公示记录	安全管理员岗		
		HSSE 责任制的培训学习纳入了日常培训计划并进行实施	培训记录	安全管理员岗		
		HSSE 责任制每年进行了 1 次符合性、有效性专项评审	评审记录	经理		
HSSE投入 (20分)	HSSE投入	HSSE 费用、EAP 推广应用所需费用纳入了年度预算	年度预算文件	党群综合岗	20	
		HSSE 费用使用按计划实施、专款专用	HSSE 费用计划、台账	安全管理员岗		
		每年底对 HSSE 投入实施效果进行了评估	评估记录	经理		
社会责任 (20分)	社会责任	与当地政府部门、公众和媒体沟通完善、运行畅通，参与了地方政府活动、HSSE 宣传、志愿服务及绿色公益等其他活动到位	活动开展记录	书记	20	
依法合规管理 (20分)	合规性管理	每年年管管理处内部开展了 1 次 HSSE 合规性排查工作	合规性排查记录	经理	20	
		对排查出的不符合项进行了统计、整改	各专业不合格项统计、整改记录	专业部门		
		整改完毕后经分管领导审核后销项	销项手续	分管副经理		
风险识别管控 (40分)	风险识别	成立了业务主管人员、站(队)管理人员的风险辨识评估小组	小组成立文件	经理	10	
		管理处每季度至少开展 1 次全面风险识别；站(队)每月开展 1 次风险识别	岗位危险事件清单	站(队)长		
		每月开展 "全员安全诊断" 活动，进行了统计分析	安全诊断建议书 统计分析表	安全管理员岗 站(队)长		
	风险评估	对岗位危险事件识别出的专业风险进行评估，建立了环境风险清单，并报公司备案	风险清单	经理、书记	10	
		开展了环境风险识别和评估并形成报告，建立了环境风险清单，并报公司备案。发生特定情形，及时开展了环境风险再评估	风险清单 环境风险评估报告	经理、书记		

续表 3-31

子要素	审核要点	审核内容	验证资料	审核对象	标准分	实得分
风险识别管控（40分）	风险管控	每年对输气站场、高后果区等绘制了四色风险分布图	四色风险分布图	安全管理岗 站（队）长	10	
		制定并落实了风险消减管控措施，落实了责任人	风险清单 现场验证	专业部门	10	
		按规定承包了风险，要害部位、承包人每月开展了到点承包活动	承包活动记录	领导班子成员 安全管理岗 专业部门		
	风险降级销项	风险降级或销项后，办理了相关手续	降级或销项手续			
		风险降级或销项后，管控措施持续有效运行	现场验证			
隐患排查治理（40分）	隐患排查	管理处每季度组织开展 1 次全面排查和专项排查，每年开展 1 次环保隐患排查；站（队）每月组织 1 次隐患排查	排查记录	经理 专业部门	20	
		对排查出的隐患进行了分级并建立了隐患清单。发生特定情形，及时开展了专项隐患排查	隐患清单	分管副经理 专业部门	20	
	隐患治理	列入清单中的隐患及时开展了治理。需要立项治理的隐患，上报公司立项治理，并落实了管控措施	隐患排查治理台账	经理 专业部门		
		隐患完成治理后，及时办理了销项手续	销项手续	安全管理岗		
培训管理（50分）	培训计划	建立了HSSE培训矩阵和员工应具备的HSSE资质清单	HSSE 培训矩阵、HSSE资质清单	安全管理岗	10	
		制定了年度HSSE培训计划并报公司备案	年度 HSSE 培训计划	经理		
	取证培训	各岗位取得了相应的HSSE资质证件	人员取证台账	安全管理岗	10	
	岗前培训	新员工、转岗、离岗 6 个月以上员工进行了管理处、站（队）级安全教育，并建立了新员工三级安全教育记录	安全教育记录	综合管理岗 各站（队）	10	
		连续离岗 3 个月以上的员工进行了重新培训考核	培训考核记录	站（队）长		
		访客、临时外来人员、承包商员工进行了 HSSE 告知或入场 HSSE 教育	教育记录	副站（队）长		
		开展了"四新"专项 HSSE 培训	培训考核记录	专业部门		

3 管理附录

续表 3-31

子要素	审核要点	审核内容	验证资料	审核对象	标准分	实得分
培训管理（50分）	在岗培训	每季度至少组织1次HSSE培训	培训考核记录	安全管理岗	10	
		开展了返岗员工HSSE教育培训	培训考核记录	安全管理岗	10	
	培训档案	按规定建立了HSSE教育培训档案	培训档案	安全管理岗各站（队）	5	
建设项目管理（30分）	可行性研究及设计	参加了安全、消防、职业病防护设施设计、环保专篇等的审查以及项目设计现场交底和图纸会审	会议记录	分管副经理		
		取得了政府主管部门的消防、防雷设计核准	核准意见书	安全管理岗		
	项目实施	进行了设计方案、施工方案的初审和报批；组织签订HSSE管理方案	方案审批表 HSSE管理方案	工程副经理	10	
		每月至少开展了1次项目监督检查	检查记录	工程经理		
		监督施工单位按地方主管部门要求开展了特种设备安装监督检验，并取得了安装监督检验报告	安装监督检验报告	工程副经理 安全环保部		
	试生产	试生产方案进行了初审和报批；在地方主管部门备案了项目专项应急预案；取得了消防、防雷验收批复	方案审批表、备案手续、验收批复	生产副经理 安全管理岗	10	
		安全、消防、防雷、安防、水土保持、职业病防护、环境保护、地质灾害防护等设施与主体工程同时投入了试运行	试运行记录	工程副经理		
	竣工验收	开展了安全、环保、职业卫生、水土保持等专项竣工验收	验收记录	安全管理岗	5	
生产运行管理（50分）	带班值班	日常开展了"1+2"干部周班；"两特两重"时期，实行了值干部值班签到制	干部值班记录 干部值班签到表	生产副经理	10	
		"特殊作业"情况下，值领导开展了现场带班	带班记录	值班人员 值班领导 值班干部		
		站（队）落实了干部值班和领导带班带班规定	HSSE检查记录 带班、值班	站（队）长		

续表 3-31

子要素	审核要点	审核内容	验证资料	审核对象	标准分	实得分
生产运行管理（50分）	日常运行管理	每周生产例会协调解决了有关安全生产事项	会议纪要	生产副经理	10	
		按规定实施了生产现场安全监督检查，开展了各项生产培训和相关安全活动	检查记录、培训记录、活动记录	生产副经理		
		每日通过监控终端监视了辖区管道运行情况，掌握了管道工艺设施运行状况、定期分析运行状况	分析报告	工艺运行岗		
		监督落实了调度指令，通过周报、月报汇报了各项生产安全信息；协调解决了生产运行过程中的HSSE问题	现场验证周报、月报	工艺运行岗		
		站（队）及时收集、上报和反馈了值班巡检中的生产安全信息	生产安全信息	站（队）长		
	锁定管理	按规定开展了作业锁定或固定锁的锁定、解锁审批	锁定许可表解锁许可表	生产副经理	10	
		检查和监督落实了锁定及解锁程序的执行情况	检查监督记录	工艺运行岗		
		站（队）按程序落实了锁定和解锁现场管理	锁定许可表解锁许可表	站（队）长		
	异常管理	落实了异常情况分析和风险研判，必要时，实施了处置措施；进行了异常情况的周统计分析	现场验证统计分析报告	生产副经理	10	
		及时落实了生产异常情况报告和闭环管理	异常情况记录	工艺运行岗		
		按照要求落实了属地生产异常情况管理和异常情况信息上报	异常情况台账	站（队）长		
		按规定开展了突发性泄漏应急处置	处置记录	生产副经理		
	泄漏管理	按规定开展了泄漏风险识别与评估，阀门内漏排查和泄漏应急处置	密封点台账、泄漏点台账、泄漏应置台账	工艺运行岗	10	
		泄漏事件纳入了生产安全事故（事件）管理	事故（事件）台账	安全管理岗		
		开展了阀门日常内漏检查、密封点泄漏检测	密封点台账、泄漏点台账	站（队）长		
		及时开展了逸散性泄漏应急处置；及时上报突发性泄漏并正确开展初期应急处置	泄漏处置记录	站（队）长		

续表 3-31

子要素	审核要点	审核内容	验证资料	审核对象	标准分	实得分
施工作业管理（50分）	管理要求	编制了作业活动HSSE风险控制指南、操作规程等控制文件	风险控制实施指南、操作规程	经理、专业部门		
		作业许可证的申请人、监护人、签发人、接收人做到持证上岗	人员台账	安全管理岗	10	
		所有作业现场实施了封闭化管理或设置了安全监督警戒	现场验证	专业部门		
		对施工作业现场开展了安全监督检查	检查记录	分管副经理		
	常规作业	每年结合岗位风险对作业活动HSSE风险控制指南、操作规程进行了评估，有效性确认	有效性确认记录	经理	10	
		站（队）按照作业活动HSSE风险控制指南、操作规程实施常规作业	现场验证	站（队）		
	非常规作业	每年对非常规作业进行了排查梳理	非常规作业清单	安全管理岗	10	
		对非常规作业制定了风险管控措施，对一般及以上风险的非常规作业纳入许可作业管理	作业方案及审批记录	分管副经理		
		对低风险的非常规作业实施了有效管控	JSA记录	站（队）		
	许可作业	涉及到许可作业，办理了许可作业证。许可证条件有变化时，重新办理了许可作业证	票证记录、现场验证	作业负责人	20	
		作业现场有监护、许可作业有双监护，监护人持证上岗	票证记录、现场验证	专业部门		
		特殊时期、节假日和夜间等时段的许可作业实行了升级管理	现场验证、视频	经理		
管道管理（50分）	阴极保护及防腐	按规定开展了阴极保护系统运行情况的分析、评价与日常管理	阴极保护及防腐管理技术档案	阴极保护岗	10	
		及时上报了阴极保护系统的大修和更新改造方案	大修和更新改造计划	阴极保护岗		
		开展了站场和线路阴极保护设备设施的日常巡检、数据记录、故障调试处理、阴极保护电位测试	巡检记录、测试记录、处理记录	站（队）长		
	管道高后果区识别和管理	按要求开展了高后果区识别和评估工作	高后果区清单	线路管理岗	10	
		编制、上报了高后果区"一区一案"管控方案，落实了人防、物防、技防等措施	高后果区管控方案及实施备台账备案手续	线路管理岗	10	
		针对每个高后果区管段的主要风险因素制定了应急预案，每季度开展了1次高后果区专项应急演练	应急预案、应急演练记录	线路管理岗		

续表 3-31

子要素	审核要点	审核内容	验证资料	审核对象	标准分	实得分
管道管理（50分）	日常巡护	建立了良好的企地关系、工农关系	地方政府及相关方联系通讯录	线路管理岗	10	
		落实了属地巡护员的招聘、培训、考核、监督、检查工作	培训记录、考核记录、检查记录	线路管理岗		
		制定了巡护考核办法和实施细则并推动实施	管道巡护报表、资料、信息和档案	线路管理岗		
		按规定开展辖区内管道安全保护宣传	宣传资料	线路管理岗		
		对管理处审批的项目进行了审批，对公司审批的项目进行了初审	审批记录	管道副经理		
		与施工单位签订了管理处负责审核项目的管道安全保护协议	管道保护协议	管道副经理		
		安排专人每月走访管道沿线的地方政府、国土资源、自然资源和规划、住房和城乡建设、发改委等部门	第三方施工的各类工程建设规划信息	对外协调岗		
	第三方施工	开展了管道保护和第三方施工宣传，落实了对第三方施工条件确认	宣传资料 施工交底、开工许可记录	对外协调岗	10	
		开展了第三方施工规划跟踪、安全告知、违法行为制止、管道定位标示、施工点巡查监护，问题处理和施工动态，以及施工作业企业、机械设备、机械操作手的摸排和建档工作	第三方施工信息台账	站（队）长		
		建立健全了地灾信息获取、报告和协调机制	地灾信息报告和处置记录	管道副经理		
		定期研究部署和协调解决了防汛抗震抗灾重大问题，检查了防汛抗震抗灾工作的实施情况	会议记录、检查记录	管道副经理		
	自然灾害防治	按要求开展了地质灾害治理和应急管理工作	治理方案 应急预案及演练记录	阴极保护岗	10	
		开展了防汛、抗震、抗灾知识的宣传及地质灾害数据，按要求对地灾监测设备维护、雨后灾害排查、地灾初期应急处置等工作	培训记录、信息台账	阴极保护岗		
		及时收集了管道周边地质灾害信息收集、沟通	地质灾害管理信息台账	站（队）		

续表 3-31

子要素	审核要点	审核内容	验证资料	审核对象	标准分	实得分
设备设施管理（50分）	管理要求	运行设备符合相关安全法规和标准，未使用淘汰、报废设备，运行设备无脏、松、漏、缺现象，设备完好	设备档案现场验证	设备管理岗站（队）	10	
		操作规程、维护保养、巡视检查规程齐全、合规，档案齐全、填写及时准确	规程与设备台账设备档案	设备管理岗站（队）		
		开展了设备设施技术、操作培训，岗位员工达到"四懂三会"要求	培训记录现场提问	设备管理岗站（队）		
		设备实行了"三定"，按期开展维护保养	"三定"台账保养记录	生产技术部站（队）		
		春秋检有方案，要有验收	检修方案验收资料	设备管理岗站（队）		
	压缩机组	压缩机及辅助系统操作规程、维护保养规程、应急预案齐全、有效	规程是否齐全有效版本	设备管理岗压气站	5	
		压缩机组按维保周期开展了维保、检维修	维保记录（设备档案）检修方案	设备管理岗压气站		
		每年开展1次应急演练	应急预案演练记录、评估报告	设备管理岗压气站		
		每月开展1次专项检查，召开1次专题会	检查记录和问题整改反馈、会议记录	设备管理岗压气站		
		状态监测和故障诊断系统运行良好，及时整改设备缺陷，每月上报运行机组的状况分析报告	运行记录、缺陷记录分析报告	设备管理岗		
		定期送检润滑油，包机管理，"五位一体"特护巡检	分析报告、整改记录、总结	压气站		
		开展了特护管理，"五位一体"特护巡检	检查记录、整改记录	压气站		

续表 3-31

子要素	审核要点	审核内容	验证资料	审核对象	标准分	实得分
设备设施管理（50分）	特种设备	压力管道、压力容器、起重机械取得了政府机构的安全监督检验报告	检验报告、使用登记证	安全管理岗站（队）	10	
		"一台一档"和台账齐全、填写及时规范	档案、台账	安全管理岗站（队）		
		按年度计划开展了检验检测	检验计划、报告有效期	安全管理岗站（队）		
		每年开展了1次应急演练	专项预案演练记录、评估报告	安全管理岗站（队）		
		报废特种设备有注销手续、公司有备案	注销、备案手续	安全管理岗站（队）		
		站（队）开展了月度、年度检查	检查计划、检查记录	安全管理岗站（队）		
	电气设备	电气设备运行管理"三三二五"制度、操作规程齐全、合规	制度、票证	设备管理岗	5	
		按方案开展了电气设备设施检修、维修保养、更新改造、春秋检	方案、记录、验收资料	设备管理岗		
		电气设备运行缺陷、故障、事故的处理和上报及时	处理、上报记录	设备管理岗		
		仪器仪表、安全防护工器具、备件按期检验	检验记录、报告	设备管理岗		
		按规定开展了电气运行安全培训	培训记录	设备管理岗		
		按规定开展了用电安全检查	检查记录	设备管理岗		
	自控系统和仪表	相关操作、维护保养规程齐全、合规	操作、维护保养规程	设备管理岗	5	
		开展了专业培训、应急演练	培训、演练记录评估报告	设备管理岗		
		按规定开展了调试、维护、月检、检测和春秋检维护	检查、检验、维护记录	设备管理岗		
		对检查出的问题有汇总分析、有整改记录、有运行评估	分析报告、整改反馈评估报告	设备管理岗		

续表 3-31

子要素	审核要点	审核内容	验证资料	审核对象	标准分	实得分
设备设施管理（50分）	通信系统	站场、阀室通信网络设备和应急通信指挥车车载通信设备（含车载UPS）有运行、操作、调试、维护，故障处理及时	制度记录	设备管理岗 站（队）	5	
		通信设备故障、事故处理及时	抢修记录	设备管理岗 站（队）		
		按计划开展了站场、阀室通信设备和应急通信指挥车车载通信设备维护、维修	维保计划、记录	设备管理岗 站（队）		
		按计划申报、储备备品备件	储备计划、库存	设备管理岗 站（队）		
		开展了网络设备及软件件等安全检查，确保符合公司规定	检查记录、现场验证	科技信息岗		
		开展了网安全和信息安全教育培训	培训记录	科技信息岗		
		站（队）开展了光缆线路巡线检查	巡检记录	站（队）		
		现场监护第三方施工的，设置安全警示标识	监护记录	站（队）		
	HSSE设施及附件	HSSE设施按业务分工管理	责任分配清单	安全管理岗 设备管理岗	5	
		定期开展了HSSE设施及附件的检验、检测	检验检测记录、报告 有效期	安全管理岗 设备管理岗		
		建立了HSSE设施及附件的档案、台账	档案、台账	安全管理岗 设备管理岗		
		更新、检修、停用（临时停用）、报废、拆除有审批	审批、批复手续	安全管理岗 设备管理岗		
		按规定开展了HSSE设施的日常检查及维护，建立了台账与技术档案	检查维护记录、台账、技术档案	站（队）		
	盲板管理	组织建立了盲板台账和档案卡片	台账、档案卡	设备管理岗	5	
		盲板作业时，制定了盲板作业的生产运行方案和安全防护措施	生产运行方案	设备管理岗		
		建立了盲板台账和档案卡片，并进行编号，现场挂牌，做到现场一盲一牌	现场挂牌	站（队）		
		盲板作业现场落实了安全防护措施和安全监护	作业记录	站（队）		

续表 3-31

子要素	审核要点	审核内容	验证资料	审核对象	标准分	实得分
承包商监管（40分）	生产运行承包商	承包商人员资质审查符合要求，并接受了入场安全教育	人员资质证件、安全教育培训记录	设备管理岗	20	
		承包商人员按"四统一"原则进行管理、考核	HSSE日常管理资料、考核资料	设备管理岗 站（队）		
		专项施工方案、安全技术措施、应急预案按规定进行审批	审批资料	分管副经理		
		承包商人员HSSE资质、专业技术资质审查符合要求	人员资质证件	安全管理岗 专业部门		
		承包商项目管理人员接受了专项安全培训，并考核合格	培训记录、考试试卷	安全管理岗		
		施工前安全技术交底及风险告知到位，所有施工人员入场安全教育培训时间不少于4小时	安全技术交底培训记录	专业部门 安全管理岗		
	施工检维修承包商	对开工许可条件进行了检查确认，现场签发《项目施工作业许可证》《项目开工HSSE许可证》《开工报告》	《项目施工作业许可证》《项目开工HSSE许可证》	分管副经理 现场负责人	20	
		高风险作业许可管理落实到位	作业许可相关资料	专业部门		
		现场执行封闭化管理，施工人员持"临时入场证"进出，并进行了登记	临时出入证发放记录、进站登记记录	站（队）长		
		在同一作业区域内作业的两个及以上承包商之间签订了安全管理协议	安全管理协议	分管副经理		
		每月开展1次承包商HSSE综合检查，召开1次专题会议，对承包商进行了记分考核	检查、会议记录、考核资料	分管副经理		
		按程序要求对施工现场开展了安全督查，督查问题考核到位	督查记录、考核资料	HSSE副经理		
变更管理（30分）	过程控制	按照分管业务、属地对变更管理进行了分工、责任明确	分工、分级清单及职责	安全环保岗 站（队）	30	
		变更执行了申请、风险评估、审批程序	变更等级评估表、申请表、审批表	申请部门 站（队）		

续表 3-31

子要素	审核要点	审核内容	验证资料	审核对象	标准分	实得分
变更管理（30分）	过程控制	申请站（队/部门）变更实施前对参与实施的人员进行技术方案、安全风险防控措施、应急处置措施等相关内容的技术交底或培训	技术方案、风险防控和应急措施、交底或培训记录	申请部门站（队）	30	
		审批人确认了变更投运条件，签署变更批复	确认签字记录	申请部门站（队）		
		建立变更培训记录、制度、规程和工艺参数修订等记录、台账	培训记录、修订记录台账	申请部门站（队）		
		变更关闭有审批人的批复	确认签字记录	申请部门站（队）		
		紧急变更执行了应急处置规定，并完善了相关变更手续	相关记录、措施方案、审批手续	申请部门站（队）		
员工健康管理（40分）	职业病危害因素识别与告知	每年开展1次职业病危害因素识别，建立职业病危害因素清单	危害因素清单	健康环保岗站（队）	5	
		新员工签订了包括岗位职业病危害因素、工作过程中个人应采取的防护和应急措施以及后果的《职业病危害告知书》	新入厂人员告知书	健康环保岗站（队）		
	作业场所职业卫生管理	确定了职业病危害因素监测点	监测点分布表（图）	健康环保岗站（队）	10	
		开展了职业病危害因素监测，及时上报、整改危害因素超标等隐患	监测报告、公示牌超标、隐患台账	健康环保岗站（队）		
		配备了相应的职业病防护设施及应急救援设施	设施台账、现场核实	安全环保部站（队）		
	作业人员职业健康管理	开展了新员工及转岗员工岗前管理处和站（队）职业卫生培训，每半年站（队）职业卫生培训	培训记录	健康环保岗站（队）	10	
		个体防护用品有年度计划，建立管理处和站（队）员工个体防护用品发放登记档案，检查岗位正确佩戴个体防护用品	年度计划登记档案、检查记录	健康环保岗站（队）	10	

续表 3-31

子要素	审核要点	审核内容	验证资料	审核对象	标准分	实得分
员工健康管理（40分）	作业人员职业健康管理	开展了接触职业病危害因素的员工、专职驾驶员上岗前、在岗期间每年、离岗时及应急情况下的职业病危害因素员工及专职驾驶员职业健康检查，并书面告知员工检查结果	检查报告、告知记录	健康环保岗站（队）		
		建立接触职业病危害因素的员工及专职驾驶员职业健康监护档案	监护档案	健康环保岗站（队）	10	
		疑似职业病患者，安排进行复查，职业病诊断或医学观察，及时上报检查结果和处理建议、职业禁忌的员工，落实审批结果	复查报告、批复决定	健康环保岗综合管理部站（队）		
		不得安排女工从事有害妇女生理机能，引起不孕症、危害胎儿、婴儿健康的有毒有害作业	台账	健康环保岗站（队）		
	职业卫生档案	建立和及时更新了职业卫生档案，"四档四率"符合要求	档案	健康环保岗站（队）	10	
	身体健康和心理健康	推行员工帮助计划（EAP），每年开展1次员工心理调查，对发生工伤、存在重大疾病问题以及偏远、敏感地区的员工进行心理疏导	调查资料	书记	5	
		建设心理咨询室、健康小屋等EAP服务场所	咨询、服务场所	书记		
		每年开展员工健康检查，重点关注冠心病、2级高血压等心脑血管疾病员工的健康状况，督促其及时诊疗	健康检查资料	党群管理岗		
		每年开展1次EAP培训，开展EAP特色活动和业余健身活动	培训记录、活动总结	党群管理岗		
交通安全管理（40分）	管理要求	新聘驾驶员进行了驾驶技能、理论考核，报公司取得准驾证	准驾证	综合管理岗交通管理岗	10	
		租用车辆签订了安全协议，纳入了日常安全管理	安全协议	使用部门		
		节假日车辆落实了"三交一封"	"三交一封"台账	交通管理岗		
	安全监督管理	按规定建立了交通管理档案，档案记录齐全	管理档案	交通管理岗	15	
		每月组织1次驾驶员例会，每月开展1次驾驶员风险评估，每周开展1次交通安全专项检查	会议记录、检查记录	HSSE副经理		
		每年开展1次驾驶员风险评估，每月组织1次安全活动，每日运用GPS监控检查车辆运行状态	岗位记录	交通管理岗站（队）长		
	过程风险控制	出车前安全"三交"落实到位，驾驶员和带车人签字确认	调派记录	交通管理岗	15	
		所有特殊任务都开展了风险评估，落实了控制措施	特殊任务风险评估表	交通管理岗		

续表 3-31

子要素	审核要点	审核内容	验证资料	审核对象	标准分	实得分
公共安全管理（40分）	日常控制要求	重点安保风险部位实行24小时门禁管理，制度执行到位，记录完整	值班记录	各站（队）	20	
		每年组织1次公共安全风险自评估，建立风险清单，事件报告、编制评估报告	清单和评估报告	安全管理岗		
		与地方政府建立了信息通报、工作协作联络机制	工作记录	对外协调岗		
		每月进行安防设施检查	检查、演练记录	各站（队）	20	
	升级管理要求	"两特两重"时期，提前检查物防技防设施；与属地政府部门联系及时，突发情况报告及时	检查、联络记录	对外协调岗各站（队）		
生态环境保护（40分）	污染防治	废液、废气、噪声、固体废物、土壤等污染防控措施及施工作业环保措施落实到位	现场验证	健康环保岗站（队）	10	
		废液、固体废物、一体化污水处理装置等污染物防治设施运行良好、保养到位	台账、处置记录	健康环保岗站（队）		
		降噪设施、一体化污水处理装置符合规定要求，处置依法合规	维保记录	站（队）	15	
	危险废物管理	危险废物的储存、出入库符合规定要求，危废暂存间标识标牌齐全完好	转运、出入库、处置台账；现场验证	站（队）		
		废旧铅蓄电池办理了报废手续	报废手续	设备管理岗	5	
		危险废物处置依法合规	处置协议、转移联单	健康环保岗		
	节能降耗	节能、节水、低碳等节能降耗措施落实到位	节能报告、能耗分析台账、现场验证	站（队）	10	
	环境监测与生态保护	配合公司开展了周期性环境监测及应急环境监测	环境监测报告	健康环保岗		
		土方施工及检维修作业现场防止土壤扰动，土壤污染防治措施落实到位	现场验证	专业部门		
		穿越林区、耕地、水源保护区、生态红线区等区域的管道及其附属设施完好，问题整改到位	巡检及问题处理记录	巡线队		

续表 3-31

子要素	审核要点	审核内容	验证资料	审核对象	标准分	实得分
驻地安全管理（20分）	管理要求	明确驻地安全管理的责任部门、站（队）	公示牌	书记	5	
		建立安全卫生责任制，明确了责任人	制度文件	党群管理岗		
		每年组织开展1次用气、用电、卫生安全以及应急培训，每季度组织开展1次综合检查	培训记录	党群管理岗		
	用气安全	建立了食堂天然气使用操作规程	操作规程	设备管理岗	5	
		食堂配备消防器材	现场验证	安全管理岗站（队）		
		每周开展安全报警设施、消防器材等的设备设施的检查	培训记录、检查记录、测试记录	党群管理岗站（队）		
	用电安全	建立食堂、宿舍安全用电管理制度	制度文件	党群管理岗	5	
		宿舍区配备消防灭火器材	现场验证	安全管理岗站（队）		
		每月开展漏电保护器的测试	测试记录	党群管理岗站（队）		
	卫生安全	监督厨师每年进行了体检，取得卫生部门颁发的健康证	体检报告、健康证	党群管理岗站（队）	5	
		每天对食品原料进行检查，对菜品制作过程及成品进行抽查	检查记录	党群管理岗站（队）		
		与周边具备消防救援能力企业签订了消防联防协议	协议文本	经理		
消防安全管理（30分）	消防安全管理	每月开展1次消防安全检查	检查记录	HSSE副经理	30	
		半年至少组织1次灭火演练；每年开展1次建筑消防设施检测；建立消防重点部位清单，站全部人员持有消防设施操作人员资质	相关记录	安全管理岗		
		消防重点部位每季度至少组织1次灭火演练，消火栓每周检查1次，灭火器材每半年检查1次，火灾报警系统每月检查测试1次	演练记录	各站（队）长		
		消防泵每周试运1次	检查记录台账	各站（队）长		

续表 3-31

子要素	审核要点	审核内容	验证资料	审核对象	标准分	实得分
应急管理（40分）	预案管理	按管理处预案、企地联动预案、专项预案、现场处置方案、重点岗位应急处置卡五层级建立完善了预案体系，并正式发布	预案文本	经理 分管副经理 各站（队）	15	
		站（队）预案报管理处备案；管理处报公司和地方政府备案	备案记录	安全环保部 各站（队）		
		每年组织1次预案评估，三年至少修订1次；出现规定情形时及时修订	相关记录	经理		
	应急准备与演练	合理配备应急资源并建立清单，每月检查、维护1次	清单、现场查验	工程物资部	15	
		每月开展1次管理处（队）级应急演练；每月至少开展1次站（队）级应急演练	演练记录	经理 站（队）长		
		开展了演练评估，形成了演练报告，并逐级向上进行了报备	演练和报备记录	安全管理岗 各站（队）		
	应急预警与响应	接到预警信息后，对异常状况进行实时监控	值班记录	经理	10	
		二级、三级应急事件报告及时，响应正确，程序合规，处置有效	检查核对事件处置总结报告	经理 站（队）长		
		响应关闭后，现场恢复措施到位；组织应急评估并形成总结报告，提出问题整改措施并落实了整改	检查核对事件处置总结报告	经理 生产副经理		
HSSE信息管理（20分）	HSSE信息	按规定对本专业HSSE信息进行了收集、分析、反馈	部门相关记录	专业部门	10	
		周安全生产例会发布的相关HSSE信息有整理记录	会议记录本、相关台账	安全管理岗		
		会前5分钟事故案例分享有落实，有记录	会议记录、分享材料	安全管理岗 各站（队）	10	
		对风险、隐患、变更、高风险作业、职业性危害因素监测结果、主要环境因素进行了目视化公示	现场查看、登记台账	各站（队）		

续表 3-31

子要素	审核要点	审核内容	验证资料	审核对象	标准分	实得分
HSSE信息管理（20分）	文件与记录	工作指南，站（队）HSSE风险控制实施指南，操作规程，应急预案规定修订发布，发生变更及时动态更新	发布和变更记录	安全管理岗		
		HSSE工作指南管理处管理人员，站（队）长人手一册；HSSE风险控制实施指南管理处一部一册，站（队）一岗一册	发放记录，各岗位查证	安全管理岗 各站（队）	10	
		按照HSSE工作指南要素及表单对应表（附件）建立了HSSE记录、台账	现场查证	各部门 各站（队）		
检查与审核（50分）	外部HSSE检查	编制了问题整改计划并落实了整改；不能整改的，上报了隐患治理计划并制定和落实了防范措施	整改计划、立项手续	经理 专业管理岗	20	
		开展了问题整改验收，并反馈至检查单位	整改验收表、反馈单	安全管理岗		
	内部HSSE检查	每月开展了HSSE综合性检查，按规定开展了HSSE专项检查，问题反馈到站（队）	HSSE现场检查表 HSSE检查记录	经理 分管副经理	20	
		按照公司管理要求开展了日常检查	HSSE检查记录	专业部门		
		制定了问题整改计划，并对问题整改完成情况进行了复核验证。不能整改的，上报了隐患治理计划并制定和落实了防范措施	验收表、现场验证	专业部门 各站（队）		
		定期进行了问题统计分析，提出并落实了改进建议和HSSE考核意见	问题统计分析报告	专业管理岗		
	HSSE审核	每季度组织了HSSE管理体系内部审核	审核记录	经理	10	
		编制了HSSE管理体系审核方案和定量审核表	审核方案、审核表	安全管理岗		
		审核不符合项纳入了HSSE绩效考核并落实了整改	整改反馈表	专业部门 各站（队）		
事故事件管理（30分）	未遂事件管理	建立了及时报告未遂事件激励机制	相关文件	经理、书记	10	
		未遂事件有原因分析，有防范措施，有统计分析，有事件分享	事件记录、会议记录	安全管理岗	10	

续表 3-31

子要素	审核要点	审核内容	验证资料	审核对象	标准分	实得分
事故事件管理（30分）	事故管理	事故按规定、按程序进行了报告、初期处置合理有序	电话记录、事故快报	各级责任人	20	
		召开了事故分析会，形成了调查报告，上报了公司主管部门和安全环保部审查备案	会议记录 事故调查报告	经理		
		落实了"四不放过"措施，开展了事故分享	相关记录，现场验证	经理 安全管理岗		
		事故按规定、按程序进行了报告、初期处置合理有序	电话记录、事故快报	各级责任人	10	
		召开了事故分析会，形成了调查报告，上报了公司主管部门和安全环保部审查备案	会议记录 事故调查报告	经理		
绩效考核（30分）	考核办法	管理处每季度进行了1次自考核，对站（队）员工进行了评价考核。考核结果按《管理处HSSE体系审核检查表》定量评价产生	相关记录，现场验证	经理 安全管理岗	20	
	考核实施	考核结果按30%权重纳入了绩效工资兑现，并与年度HSSE评先挂钩	考核和评先相关资料	综合管理岗 党群管理岗		
持续改进（20分）		每年度召开了HSSE管理评审会，形成评审结论	会议资料	经理、书记	20	
		形成了评审报告，有运行整体评价，不符合项、改进措施与计划	评审报告	HSSE副经理		
		改进措施与计划纳入了下年度HSSE工作计划方案	工作计划	经理、书记		

3.2.22 生产安全事故分级标准

所属要素：2.25　　控制码：3.2.23-225-2019

表 3-32　生产安全事故分级标准

	人员伤亡	直接经济损失	火灾、爆炸、泄漏、停产及社会影响	提级管理
集团公司级事故	特别重大事故	·死亡 30 人（含）以上 ·重伤 100 人（含）以上（包括急性工业中毒，下同）	·1 亿元以上		·党中央、国务院领导高度关注，并有明确批示或者指示的事故。 ·受到公众广泛关注、引起省部级以上主流媒体报道、对集团公司造成重大负面社会影响的事故。 ·被政府挂牌督办、确定提级管理的事故。 ·隐瞒不报、被举报事故。 ·在敏感地区（人口密集、交通要道、沿江、海、湖周边等）、敏感时间（国家重大活动、节假日等）发生的生产安全事故。 ·已经查出的隐患未及时治理、安全防范措施不落实引发的事故。 ·事故隐瞒不报、谎报、故意拖延不报，故意破坏事故现场的。
	重大事故	·死亡 10～29 人 ·重伤 50～99 人	·5000 万元～1 亿元		
	较大事故	·死亡 3～9 人 ·重伤 10～49 人	·1000 万元以上，5000 万元以下	发生火灾、爆炸或危险化学品泄漏等事故，并造成重大社会影响的事故	
	一般 A 级事故	·死亡 1～2 人 ·重伤 3～9 人 ·轻伤 10 人以上	·100 万元以上，1000 万元以下	具备下列情况之一的，视同一般 A 级事故管理： 1. 导致设备停产、管道停输的爆炸事故。 2. 输气管道、站场发生持续燃烧 20 分钟以上火灾。 3. 未造成火灾、爆炸、人员伤亡的储气库注采井井喷失控事故。	
	一般 B 级事故	·重伤 1～2 人 ·轻伤 3～9 人	·100 万元以下	具备下列情况之一的，视同一般 B 级事故管理： 1. 输气管道、站场持续燃烧 20 分钟以下，未能自我扑救成功的火灾。 2. 设备、站场发生场所高后果区的严重泄漏（T1）。 3. 管道途径人员密集场所高后果区发生一般泄漏（T2）。 4. 因各种原因，单套生产装置非计划停车停产、长输管道故障停输 24 小时以上	

续表 3-32

	人员伤亡	直接经济损失	火灾、天然气泄漏、爆炸、泄漏、停产及社会影响	提级管理
上级直属企业级事故	• 造成人员 1~2 人（含）轻伤的事故 • 发生急性中毒事故但未造成员工死亡或重伤的	• 50 万元（含）~100 万元	因天然气泄漏等各种原因造成干线、支线管道降压、停输，但未达到上报集团公司事故的。 造成一定负面社会影响的事故	• 拒绝接受事故调查，拒绝提供资料和作伪证的。 • 承（分）包商无资质或资质不符合要求的违法行为。
公司级事故		• 5 万元（含）~50 万元	各类下水井、边沟、涵洞、管线、容器设备的轻微着火、爆炸，未造成人员伤害和设备损坏的。 事故性质较为恶劣，可能构成人员死亡或多人重伤，但未形成后果的。 因人为或管理原因引起设备损坏，造成站场一级 ESD 关断或一台压缩机停机的。 易燃、易爆、剧毒、有毒有害气体、液体大量泄漏排放，已达到着火、爆炸和中毒的危险程度，经及时处理未酿成事件的。 因自身管理责任导致光缆中断事件的。 因各种原因，长输管道故障停输 4 小时以上的。 发生其他各类事故苗头，经天然气分公司确认为管道公司级事故	• 对已列人事故隐患治理或安全技术措施计划的项目，不按期实施，又不采取应急措施而造成事故的主要责任者。 • 对工作不负责任，违反劳动纪律，不严格执行各项规章制度，造成事故的主要责任者。 • 对违章指挥、强令冒险作业，不听劝阻造成事故的主要责任者。 • 对忽视劳动条件、削减安全保护措施而造成事故的主要责任者。 • 对设备长期失修、带病运转，又不采取紧急措施而造成事故的主要责任者。 • 发生事故后，不认真吸取教训，不按"四不放过"原则处理，不采取整改措施，造成事故重复发生的
管理处级事故		• 5000 元以上，5 万元以下	站场设备故障（含微漏）、自控、电气、计量、通信系统短时故障等生产事故，但可以通过站内工艺调整和其他临时措施处理而不对管道运行和输气造成影响，且没有造成人员伤亡、中毒以及火灾爆炸责任事故 因第三方原因（排除自身管理责任）导致的管道光缆中断，未影响备用光缆线路切换，且未因光缆中断导致产生次生事故的 发生其他各类事故苗头，经管道公司确认为管理处级事故	

3.2.23 环境事件分级标准（表3-33）

所属要素：2.25

控制码：3.2.24-225-2019

表3-33 环境事件分级标准

级别\要素	人员伤亡	直接经济损失	环境污染及社会影响
特别重大环境事件	• 30人以上死亡 • 100人以上中毒或重伤的	• 1亿元以上	疏散、转移人员5万人以上的； 造成区域生态功能丧失或该区域国家重点保护物种灭绝的； 造成设区的市跨国境影响的境内突发环境事件； 发生重大水体环境敏感区的油品泄漏量10吨以上，或非环境敏感区油品泄漏量超过100吨
重大环境事件	• 死亡10～29人 • 中毒或重伤50～99人	• 2000万元～1亿元	疏散、转移人员1万人以上5万人以下的； 造成区域生态功能部分丧失或该区域国家重点保护动植物种群大批死亡的； 造成县级城市集中式饮用水水源地取水中断的； 造成跨省级行政区域影响的突发环境事件； 发生在水体环境敏感区的油品泄漏量1吨以上10吨以下，或在非环境敏感区油品泄漏量10吨以上100吨以下的
较大环境事件	• 死亡3～9人 • 中毒或重伤10～49人	• 500万元～2000万元	疏散、转移人员5000人以上1万人以下的； 造成国家重点保护的动植物种受到破坏的； 因环境污染造成乡镇集中式饮用水水源地取水中断的； 造成跨设区的市级行政区域影响的突发环境事件
一般环境事件	• 死亡3人以下 • 中毒或重伤10人以下	• 500万元以下	疏散、转移人员5000人以下的； 因环境污染造成直接经济损失的； 因环境污染造成跨县级行政区域纠纷，引起一般性群体影响的； 对环境造成一定影响，尚未达到较大突发环境事件级别的

3.2.24 事故直接单位各级人员责任追究标准

所属要素：2.2.25

控制码：3.2.25-225-2019

事故直接单位各级人员责任追究标准（表 3-34）

事故级别	处分对象					
	操作、作业人员	直接责任者	主要责任者	重要责任者	主要领导责任者	重要领导责任者
特别重大事故	直接责任者：留用察看、解除劳动合同 主要责任者：降级、撤职、留用察看、解除劳动合同	撤职、留用察看、解除劳动合同	经济扣款、撤职、留用察看、解除劳动合同	记大过、降级、撤职	降级、撤职、留用察看、解除劳动合同	记大过、降级、撤职
重大事故	直接责任者：留用察看、解除劳动合同 主要责任者：降级、撤职、留用察看、解除劳动合同	撤职、留用察看、解除劳动合同	降级、撤职、留用察看、解除劳动合同	记大过、降级	降级、撤职、留用察看、解除劳动合同	记大过、降级
较大事故	直接责任者：留用察看、解除劳动合同 主要责任者：降级、撤职、留用察看、解除劳动合同	降级、撤职、留用察看、解除劳动合同	降级、撤职、留用察看、解除劳动合同	记过、记大过	降级、撤职、留用察看、解除劳动合同	记过、记大过
一般A级事故	直接责任者：留用察看、撤职 主要责任者：记过、记大过、降级、撤职	记过、记大过、降级、撤职	记过、记大过、撤职	警告、记过、记大过	记过、记大过、降级、撤职	警告、记过

注：其他未列举情形的问责比照本标准执行。

3.2.25 责任追究原则

责任追究原则

1. 按照"谁主管、谁负责""管业务必须管安全"的原则和干部员工管理权限进行责任追究。

2. 党政同责原则。按照"党政同责、一岗双责"的要求,党政领导班子对安全生产工作共同负有领导责任。党政主要负责人对本单位安全生产工作全面负责,其他领导班子成员对各自分管业务范围内的安全生产工作负责。

3. 失职追责原则。依据事故等级和事故责任认定结果进行责任追究。对工作不力导致事故伤亡和经济损失扩大,或造成严重社会影响负有主要领导责任的干部,应从重追究责任。对主动采取补救措施,减少事故损失或挽回社会不良影响的干部,可从轻追究责任。

4. 尽职免责原则。对职责范围内发生生产安全事故,经查实已经全面履行了本岗位安全生产职责的,不予追究,或从轻追究责任。

5. 终身追责原则。对发生生产安全事故负有责任且后果严重的,不论是否已调离、转岗或退休,都严格追究其责任。

6. 承包商事故同等管理原则。承包商事故视同企业内事故处理。承包商为集团公司所属企业的,依据事故责任认定对甲乙方"双问责"。承包商不是集团公司所属企业的,责成其参照本办法对内部人员进行问责。

7. 从严问责原则。由地方政府组织调查的事故,责任人员的处理以政府调查和集团公司内部调查处理较重的意见为准。

8. 事故(事件)的处分类型包括警告、记过、记大过、降级、撤职、留用察看、解除劳动合同。对发生事故负有一定责任但尚未达到处分程度的,给予警示谈话、通报批评、调离岗位、责令辞职、降职、免职(解聘)等处理。

9. 事故调查及责任认定。

9.1 事故责任分为直接责任、主要责任、重要责任、主要领导责任、重要领导责任。

9.2 直接责任是指在职责范围内,不履行或不正确履行自己的职责,对事故的发生起决定性作用的责任。

9.3 主要责任是指在职责范围内,不履行或不正确履行职责,对事故的发生起主要作用的责任。

9.4 重要责任是指在职责范围内,不履行或不正确履行职责,对事故的发生起辅助或次要作用的责任。

9.5 主要领导责任是指在职责范围内,对直接主管的工作不负责任,不履行或不正确履行职责,对事故的发生负直接领导责任。

9.6 重要领导责任是指在职责范围内,对应管的工作或参与决定的工作不履行或不正确履行职责,对事故的发生负次要领导责任。

3.2.26 管理处员工记分实施办法

管理处员工记分实施办法

所属要素:2.26　　　　　　　　　　　　　　　　　　控制码:3.2.27-226-2019

1 记分管理

1.1 为进一步推进基层岗位 HSSE 责任制落实,规范岗位员工安全行为,特制定本办法。

1.2 本办法适用于管理处的岗位操作人员。

1.3 记分管理覆盖上级、公司、管理处三级检查发现的不安全行为(其中上级检查包括集团公司、上级直属企业等上级机关和地方政府检查)。记分考核主要针对《管理处安全行为负面清单》的一、二、三级不安全行为。

1.4 记分考核每月进行 1 次。

1.5 管理处工会应对安全记分管理进行全过程监督。

2 记分分值

2.1 记分总分 12 分,记分周期为一年度,从每年 1 月 1 日起计算。一个记分周期期满后,记分分值累加未达到 12 分的,记分清零。

2.2 发生三级不安全行为 1 次记 3 分;二级 1 次记 2 分;一级 1 次记 1 分。

3 记分程序

3.1 上级及公司检查提出的问题,由安全环保部提出初步意见,安全副经理审核。

3.2 管理处综合检查由安全环保部、各类专项(专业)检查由各专业部门提出初步意见,各专业分管领导审核,安全环保部统一汇总。

3.3 经理、书记召开月度 HSSE 领导小组会议,对当月记分进行对标审查、审核确认。

3.4 月度安全记分结果应进行公示。对记分存在异议的,向安全环保部申明异议原因、理由和查证依据,由安全环保部和工会联合组织复核,复核属实的,报经理签字核准进行变更。

4 记分考核

4.1 安全记分值作为岗位员工季度 HSSE 绩效考核的直接依据。

4.2 累计记分满 3 分的,不得参加先进评比;生产运行承包商人员由专业部门或站(队)组织开展培训。

4.3 累计记分满 6 分的,由综合管理部和安全环保部组织专项培训考核。

4.4 累计记分满 9 分的,应进行离岗培训,离岗期间扣发绩效工资;生产运行承包商人员通报至其所在单位。

4.5 累计记分满 12 分的,应视为不满足安全能力要求,调离原岗位,或者进行重新上岗前安全培训,培训期间扣发绩效工资;生产运行承包商人员通报至其所在单位,并清退出场。